列
国
志 新版

GUIDE TO
THE WORLD
NATIONS

雷　钰　黄民兴 等
编著

ISRAEL

以色列

社会科学文献出版社
SOCIAL SCIENCES ACADEMIC PRESS (CHINA)

以色列国旗

以色列国徽

以色列议会大厦

以色列国家博物馆主建筑"圣书之殿"

耶路撒冷老城制高点大卫塔（雷钰　摄）

耶路撒冷的橄榄山（雷钰　摄）

以色列犹太大屠杀纪念馆
（雷钰　摄）

耶路撒冷的圣墓教堂
（雷钰　摄）

海法的巴哈伊花园

内盖夫沙漠风光
（雷钰 摄）

内盖夫沙漠的犹太定居点
（雷钰 摄）

地中海之滨的特拉维夫

死海度假胜地（雷钰　摄）

红海之滨的埃拉特（雷钰　摄）

巴伊兰大学校园
（贾延宾 摄）

内盖夫本－古里安大学
贝尔谢巴校区的雕塑
（张瑞 摄）

特拉维夫大学校园
（雷钰 摄）

安息日祈祷

哈努卡节用品及食品

普尔节用品及食品

出版说明

　　《列国志》编撰出版工作自 1999 年正式启动，截至目前，已出版 144 卷，涵盖世界五大洲 163 个国家和国际组织，成为中国出版史上第一套百科全书式的大型国际知识参考书。该套丛书自出版以来，受到社会各界的广泛好评，被誉为"21 世纪的《海国图志》"，中国人了解外部世界的全景式"窗口"。

　　这项凝聚着近千学人、出版人心血与期盼的工程，前后历时十多年，作为此项工作的组织实施者，我们为这皇皇 144 卷《列国志》的出版深感欣慰。与此同时，我们也深刻认识到当今国际形势风云变幻，国家发展日新月异，人们了解世界各国最新动态的需要也更为迫切。鉴于此，为使《列国志》丛书能够不断补充最新资料，更好地服务于社会各界，我们决定启动新版《列国志》编撰出版工作。

　　与已出版的 144 卷《列国志》相比，新版《列国志》无论是形式还是内容都有新的调整。国际组织卷次将单独作为一个系列编撰出版，原来合并出版的国家将独立成书，而之前尚未出版的国家都将增补齐全。新版《列国志》的封面设计、版面设计更加新颖，力求带给读者更好的阅读享受。内容上的调整主要体现在数据的更新、最新情况的增补以及章节设置的变化等方面，目的在于进一步加强该套丛书将基础研究和应用对策研究相结合，将基础研究成果应用于实践的特色。例如，增加了各国有关资源开发、环境治理的内容；特设"社会"一章，介绍各国的国民生活情况、社会管理经验以及存在的社会问题，等等；增设"大事纪年"，方便读者在短时间内熟悉各国的发展线索；增设"索引"，便于读者根据人名、地名、关键词查找所需相关信息。

顺应时代发展的要求，新版《列国志》将以纸质书为基础，全面整合国别国际问题研究资源，构建列国志数据库。这是《列国志》在新时期发展的一个重大突破，由此形成的国别国际问题研究与知识服务平台，必将更好地服务于中央和地方政府部门应对日益繁杂的国际事务的决策需要，促进国别国际问题研究领域的学术交流，拓宽中国民众的国际视野。

新版《列国志》的编撰出版工作得到了各方的支持：国家主管部门高度重视，将其列入"'十二五'国家重点图书出版规划项目"；中国社会科学院将其列为创新工程学术出版资助项目，王伟光院长亲自担任编辑委员会主任，指导相关工作的开展；国内各高校和研究机构鼎力相助，国别国际问题研究领域的知名学者相继加入编辑委员会，提供优质的学术咨询与指导。相信在各方的通力合作之下，新版《列国志》必将更上一层楼，以崭新的面貌呈现给读者，在中国改革开放的新征程中更好地发挥其作为"知识向导"、"资政参考"和"文化桥梁"的作用！

新版《列国志》编辑委员会
2013 年 9 月

前　言

　　自 1840 年前后中国被迫开关、步入世界以来，对外国舆地政情的了解即应时而起。还在第一次鸦片战争期间，受林则徐之托，1842 年魏源编辑刊刻了近代中国首部介绍当时世界主要国家舆地政情的大型志书《海国图志》。林、魏之目的是为长期生活在闭关锁国之中、对外部世界知之甚少的国人"睁眼看世界"，提供一部基本的参考资料，尤其是让当时中国的各级统治者知道"天朝上国"之外的天地，学习西方的科学技术，"师夷之长技以制夷"。这部著作，在当时乃至其后相当长一段时间内，产生过巨大影响，对国人了解外部世界起到了积极的作用。

　　自那时起中国认识世界、融入世界的步伐就再也没有停止过。中华人民共和国成立以后，尤其是 1978 年改革开放以来，中国更以主动的自信自强的积极姿态，加速融入世界的步伐。与之相适应，不同时期先后出版过相当数量的不同层次的有关国际问题、列国政情、异域风俗等方面的著作，数量之多，可谓汗牛充栋。它们对时人了解外部世界起到了积极的作用。

　　当今世界，资本与现代科技正以前所未有的速度与广度在国际间流动和传播，"全球化"浪潮席卷世界各地，极大地影响着世界历史进程，对中国的发展也产生极其深刻的影响。面临不同以往的"大变局"，中国已经并将继续以更开放的姿态、更快的步伐全面步入世界，迎接时代的挑战。不同的是，我们所面临的已不是林则徐、魏源时代要不要"睁眼看世界"、要不要"开放"的问题，而是在新的历史条件下，在新的世界发展大势下，如何更好地步入世界，如何在融入世界的进程中更好地维护民族国家的主权与独立，积极参与国际事务，为维护世界和平，促进世界与人类共同发展做出贡献。这就要求我们对外部世界有比以往更深切、全面的了解，我们只有更全面、更深入地了解世界，才能在更高的层次上融入世界，也才能在融入世界的进程中不迷失方向，保持自我。

与此时代要求相比，已有的种种有关介绍、论述各国史地政情的著述，无论就规模还是内容来看，已远远不能适应我们了解外部世界的要求。人们期盼有更新、更系统、更权威的著作问世。

中国社会科学院作为国家哲学社会科学的最高研究机构和国际问题综合研究中心，有 11 个专门研究国际问题和外国问题的研究所，学科门类齐全，研究力量雄厚，有能力也有责任担当这一重任。早在 20 世纪 90 年代初，中国社会科学院的领导和中国社会科学出版社就提出编撰"简明国际百科全书"的设想。1993 年 3 月 11 日，时任中国社会科学院院长胡绳先生在科研局的一份报告上批示："我想，国际片各所可考虑出一套列国志，体例类似几年前出的《简明中国百科全书》，以一国（美、日、英、法等）或几个国家（北欧各国、印支各国）为一册，请考虑可行否。"

中国社会科学院科研局根据胡绳院长的批示，在调查研究的基础上，于 1994 年 2 月 28 日发出《关于编纂〈简明国际百科全书〉和〈列国志〉立项的通报》。《列国志》和《简明国际百科全书》一起被列为中国社会科学院重点项目。按照当时的计划，首先编写《简明国际百科全书》，待这一项目完成后，再着手编写《列国志》。

1998 年，率先完成《简明国际百科全书》有关卷编写任务的研究所开始了《列国志》的编写工作。随后，其他研究所也陆续启动这一项目。为了保证《列国志》这套大型丛书的高质量，科研局和社会科学文献出版社于 1999 年 1 月 27 日召开国际学科片各研究所及世界历史研究所负责人会议，讨论了这套大型丛书的编写大纲及基本要求。根据会议精神，科研局随后印发了《关于〈列国志〉编写工作有关事项的通知》，陆续为启动项目拨付研究经费。

为了加强对《列国志》项目编撰出版工作的组织协调，根据时任中国社会科学院院长李铁映同志的提议，2002 年 8 月，成立了由分管国际学科片的陈佳贵副院长为主任的《列国志》编辑委员会。编委会成员包括国际片各研究所、科研局、研究生院及社会科学文献出版社等部门的主要领导及有关同志。科研局和社会科学文献出版社组成《列国志》项目工作组，社会科学文献出版社成立了《列国志》工作室。同年，《列国志》项目被批准为中国社会科学院重大课题，新闻出版总署将《列国志》项目列入国家重点图书出版计划。

在《列国志》编辑委员会的领导下，《列国志》各承担单位尤其是各位学者加快了编撰进度。作为一项大型研究项目和大型丛书，编委会对《列国志》提出的基本要求是：资料翔实、准确、最新，文笔流畅，学术性和可读性兼备。《列国志》之所以强调学术性，是因为这套丛书不是一般的"手册""概览"，而是在尽可能吸收前人成果的基础上，体现专家学者们的研究所得和个人见解。正因为如此，《列国志》在强调基本要求的同时，本着文责自负的原则，没有对各卷的具体内容及学术观点强行统一。应当指出，参加这一浩繁工程的，除了中国社会科学院的专业科研人员以外，还有院外的一些在该领域颇有研究的专家学者。

现在凝聚着数百位专家学者心血，共计141卷，涵盖了当今世界151个国家和地区以及数十个主要国际组织的《列国志》丛书，将陆续出版与广大读者见面。我们希望这样一套大型丛书，能为各级干部了解、认识当代世界各国及主要国际组织的情况，了解世界发展趋势，把握时代发展脉络，提供有益的帮助；希望它能成为我国外交外事工作者、国际经贸企业及日渐增多的广大出国公民和旅游者走向世界的忠实"向导"，引领其步入更广阔的世界；希望它在帮助中国人民认识世界的同时，也能够架起世界各国人民认识中国的一座"桥梁"，一座中国走向世界、世界走向中国的"桥梁"。

《列国志》编辑委员会

2003 年 6 月

序　言

　　以色列是一个独特的国家。它的面积不大，人口不多，然而，它在世界上的影响与其人口远不成比例。翻开各国尤其是西方国家的报纸，就会发现有关以色列的报道数量之多令人震惊。打开西方国家有关历史、宗教和文化方面的图书出版目录，里面有关以色列和犹太主题的标题令人目不暇接。这充分说明了这个小国的复杂性。

　　下面列举这个国家的一些极为独特的地方。

　　第一，作为一个小国，以色列的犹太人对世界历史做出了巨大贡献，影响到整个西方世界的文化。众所周知，西方世界的一个突出特点是它的主体文化属于基督教文化，而这一文化发源于犹太教，犹太教的《圣经》构成基督教的《旧约》，而耶稣也是犹太人。尽管欧洲基督徒在传统上把耶稣之死归罪于犹太人，并在中世纪多次发起反犹运动，但基督教文化与犹太人文化的联系是割不断的。因此，一些美国犹太人甚至把1948年以色列国的建立视为上帝意志的实现。

　　第二，以色列国的建立是一种思想的产物，即犹太复国主义（Zionism，或者音译为锡安主义）的产物。犹太复国主义思想与欧洲历史上的反犹运动、近代资产阶级革命以来欧洲对犹太人的继续歧视以及犹太教中回归圣地的传统等有关。纵览世界各国的历史，以一种政治思想为指导，在异国他乡创建一个国家，这种情况是非常罕见的（大概只有非洲的利比里亚有些相似，这个小国是依据"回归非洲"的思想由美国黑人创建的）。而且，在以色列重建的过程中，早已成为死语言的希伯来语复活，成为能够反映20世纪科技的活生生的新语言，这同样是一个奇迹。

　　第三，以色列国也是犹太民族主义与巴勒斯坦民族主义冲突的产物，它因此与周边的阿拉伯世界处于长期的敌对状态，经历了多次战争和军事冲突。当欧洲犹太人在复国主义思想的推动下，一波又一波进入巴勒斯坦地区时，他们与当地的阿拉伯人发生了日益严重的冲突。双方都要在巴勒斯坦建立各自的民族国家，冲突必不可免，其结果是阿拉伯人的巴勒斯坦民族主义的失败。可以说，以色列是二战后经历地区性战争和军事冲突最多的小国，它经历了四次中东战争（1948 年、1956 年、1967 年和 1973 年）、黎巴嫩战争（1982 年）、巴勒斯坦两次起义（1987～1993 年，2000～2003 年）以及对黎巴嫩和加沙地带的两次进攻（2006 年、2009 年）等。中东也因此成为世界上最重要的热点地区。此外，阿拉伯国家对以色列进行了长期的经济封锁。尽管身处中东，以色列在本地区的地位相当孤立，只有北约成员国土耳其和 1979 年革命前的伊朗与其关系良好。

第四，由于阿以冲突长期未能全面解决，至今以色列国土未定，首都有争议。这在世界上是罕有的。以色列国的建立依据的是 1947 年联合国分治决议，决议规定耶路撒冷作为一个独立主体由联合国管理。此后，以色列与阿拉伯国家多次发生战争，领土不断扩大，1967 年战争中夺取了耶路撒冷旧城，并宣布包括旧城和新城在内的耶路撒冷为首都。但是，以色列始终没有对"六五战争"中夺取的约旦河西岸和加沙地带宣布吞并，而 1993 年以后的巴以仍未解决有关边界问题的争端，以色列至今仍不断通过扩建定居点蚕食巴勒斯坦领土。此外，世界各国绝大多数没有承认耶路撒冷为以色列的首都，许多国家的驻以使馆仍然设在特拉维夫。

第五，以色列政治体制存在内在的矛盾性。著名的建国三原则有两条规定了以色列国的民主性、犹太性。但是，既然是民主体制，就应当承认少数民族的公民权，以及以色列社会的多元性，但其犹太性的主张恰好削弱了阿拉伯人的公民权，表现出对后者的排斥性。事实上，建国后阿拉伯人曾长期生活在军事管制下，他们的土地被军事当局随意而无偿地征用，他们的出行受到严格限制。在阿拉伯被占领土上，以色列更是实行极为严厉的管理，近年来建立的隔离墙便是一个突出的例子。

第六，以色列社会具有明显的多元性。在民族上，它的主体民族是犹太人，阿拉伯人则是第二大民族，而犹太人又大致划分为西方犹太人和东方犹太人。由于西方犹太人一直居于支配地位，所以欧洲文化对以色列影响很大，如劳工犹太复国主义就属于欧洲的社会民主主义流派。在语言上，由于移民来自不同国家，以色列的语言更加丰富多彩，除希伯来语外，主要语言有阿拉伯语、英语、俄语和波斯语等。在宗教传统上，不同犹太人的宗教仪式存在差别，而受欧洲世俗化思想的影响，西方犹太人中存在着人数众多的世俗犹太人。这就导致了以色列的一个特点，即现代与传统并存。一方面，以色列有世界上最先进的科技；另一方面，它的文化在某些方面却呈现鲜明的传统色彩，如今天犹太人的婚姻仍受制于古老的犹太教法。

第七，以色列经济繁荣，科技发达。由于以色列的犹太移民早期主要来自欧洲，文化素质高，加上犹太人重视教育的传统，以色列在科技和文化教育方面取得了突出的成绩，尤其是在农业技术、信息技术和国防工业等领域。以色列经济也因此表现不俗，以色列成为中东经济最发达的国家。中国科学院中国现代化研究中心使用第一次和第二次现代化的概念来分析各国现代化的发展阶段，第一次现代化的特点为工业化、城市化和物质化，第二次现代化的特点为智能化、知识化、分散化、网络化、全球化、个性化、生态化等。根据他们的计算，以色列属于发达国家，第一次和第二次现代化的指数分别为 100 和 80，后一项指数 2007 年全球排名第 21 位，超过意大利、爱沙尼亚、葡萄牙、希腊等国。[①]

第八，犹太人与中国的关系源远流长，但也历经曲折。早在北宋时期，就有犹太人从中东来到中原，定居在开封等地，犹太教在中国以"挑筋教"（因犹太人吃牛肉不吃筋，故名）或"一赐乐业教"（我国旧时译名）而闻名。犹太人在中国安居乐业，最终融入本地文化。中华人民共和国成立后，两国曾一度出现建交的可能，但最终因"冷战"的世界格局而错失良机，直到 1992 年双方才正式建立外交关系，此后一直保持良好关系。

---

① 中国现代化战略研究课题组、中国科学院中国现代化研究中心：《中国现代化报告2010——世界现代化概览》，北京大学出版社，2010，第 267 页。

今天，世界正处在全球化不断发展的时代，和平与发展成为时代的主流。我们衷心希望以色列与阿拉伯世界早日实现全面和解，巴勒斯坦国早日成立，中东各国人民能够早日过上和平、幸福的生活！

雷　钰　黄民兴

CONTENTS

目　录

CONTENTS
目 录

CONTENTS

目 录

CONTENTS
目 录

CONTENTS

目 录

CONTENTS
目　录

CONTENTS

目　录

CONTENTS
目 录

第一章

概　览

第一节　国土与人口

一　地理位置

以色列国位于亚洲西部、地中海东岸，北与黎巴嫩接壤、东濒叙利亚和约旦、西南与埃及毗邻。它位于亚洲西部，是亚、非、欧三大洲结合处。它既是西濒地中海、南临红海并通向印度洋的海上枢纽，又是连接埃及与肥沃新月地带各国的唯一的陆路通道，地理位置非常重要。

二　地形气候

以色列国的面积虽然不大，但地形地貌、气候环境却复杂多变。根据地形，以色列可划分为4个区域。

1. 地中海沿岸平原地区

这是一条狭长地带，由北到南从海岸沿线平均伸进内地约40公里。地中海沿岸平原占国土面积的5%，土地肥沃，海法、纳塔尼亚、特拉维夫等大城市分布于此，集中了全国大部分的工业、农业、旅游业以及近一半的人口，是以色列人口最稠密的地区。

2. 中部丘陵山区

这一地带从北到南主要有加利利、撒玛利亚和犹地亚三个山区。最北部的赫尔蒙山脉常年积雪。加利利山海拔500～1200米，山间溪流和较充足的雨水使这里终年常青。加利利山和撒玛利亚山之间的杰茨雷埃勒谷地是以色列最富饶的农牧业区，占国土总面积的25%。蜿蜒起伏的撒玛利亚和犹地亚山地，展现出岩石山峦与肥沃河谷交相辉映、城镇与村庄点缀其间的景象。在政治意义上，约旦河西岸包括撒玛利亚和犹地亚山地的大部分地区，巴以间存在争议的圣城耶路撒冷坐落在犹地亚山地。

3. 约旦河谷地带

约旦河谷地带是一条纵贯以色列东部的大裂谷，属于东非大裂谷的一部分，构成了以色列与约旦的边境。自北向南，依次是约旦河、太巴列湖（加利利海）和死海。

约旦河全长约300公里，源自赫尔蒙山，流经胡拉谷地后进入太巴列湖，然后穿越约旦河谷进入死海。约旦河仿佛一条闪闪发光的银链，将太巴列湖和死海这两颗璀璨夺目的宝石串在一起。

太巴列湖位于加利利山和戈兰高地之间，是巴勒斯坦地区最大的淡水湖。戈兰高地南北长50公里，东西宽20多公里，海拔约为800~1000米，最高点在北部的赫尔蒙山上，海拔约1200米。戈兰高地地理位置特殊，地势险要，易守难攻，战略地位十分重要，乃兵家必争之地，目前由以色列控制。戈兰高地高出太巴列湖千余米，居高临下，对于严重缺水的以色列来说，戈兰高地具有重大的战略意义和经济价值。

死海南北长75公里，东西宽5~18公里，面积1020平方公里。死海是世界上最深的咸水湖，平均深度301米，最深处湖床海拔-800米。死海有"世界的肚脐"之称，湖面低于海平面422米，湖岸是地球陆地表面的最低点。死海无出口，进水量与蒸发量大致相等，是地球上盐度居第二位的天然水体，仅次于吉布提的阿萨勒湖。湖水富含镁、钠、钾、钙盐等矿物，含盐量高达23%~25%，为一般海水的8倍多，鱼类无法生存，只有细菌及浮游生物，因此被称为"死海"。因湖水盐分高，浮力大，人们可以平躺在水面上看书读报。

4. 内盖夫沙漠

内盖夫沙漠面积约为1.2万平方公里，约占以色列领土的一半，但居民仅占总人口的8%。内盖夫沙漠在地理上属于西奈半岛的延伸，地质构成主要是石灰岩和白垩岩，地势较平缓，外表呈现为低矮的砂岩山和峡谷以及干涸的河道。以色列建国后，进行北水南调和土壤改良，将内盖夫北部大片沙漠变成绿洲，出产的粮食、棉花、水果、蔬菜和鲜花甚至可供出口。

以色列北部地区属于地中海气候，夏季炎热干燥，冬季温和多雨，但在不同的高度气候有相当大的差别。低于海面的河谷地带，尤其是埃梅克谷，以及约旦河上游的邻近地区，酷热潮湿。气温从北向南递增，夏季为 24℃~40℃，冬季为 10℃~17℃。每年 11 月至次年 3 月为湿季，之后是连续 7 个月的干旱季节。降水年际变化大，降水量分布不均匀。年降水量由北向南递减，北部为 700~800mm，中部平原为 400~600mm，南部内盖夫沙漠只有 20mm，全国一半以上的地区年降水量不足 180mm，蒸发量却极大，这也是南部地区地下水多为咸水的原因。

三 国土面积

根据 1947 年联合国关于巴勒斯坦分治决议的规定，以色列国的面积为 1.49 万平方公里。1948 年 5 月 14 日，以色列国正式成立。经过四次中东战争，以色列实际控制的面积约 2.5 万平方公里。国土呈南北狭长形，从最北边的迈图拉到最南端的埃拉特，全长约 470 公里，东西最宽处仅有 135 公里，海岸线长 198 公里。

四 行政区划

以色列全国划分为 6 个行政区，自北而南依次为：

北部区 面积 4478 平方公里，首府拿撒勒，下设阿卡分区、戈兰高地分区、加利利海分区、耶兹列分区和采法特分区。

海法区 面积 863 平方公里，首府海法，下设海法分区和哈代拉分区。

中央区 面积 1276 平方公里，首府拉姆拉，下设佩塔提克瓦分区、拉姆拉分区、雷霍沃特分区和沙隆分区。

特拉维夫区 面积 171 平方公里，首府特拉维夫－雅法，仅设一个分区，即特拉维夫分区。

耶路撒冷区　面积 652 平方公里，首府耶路撒冷，仅设一个分区，即耶路撒冷分区。

南部区　面积 14231 平方公里，首府贝尔谢巴，下设阿什凯隆分区和贝尔谢巴分区。

五　人口语言

以色列是世界上唯一一个以犹太人为主要民族的国家。以色列国的《独立宣言》和《回归法》确认：世界上凡是犹太人均有在以色列国定居的权利。1952 年颁布的《国籍法》规定：无论是本地出生者、本地居民，还是归化者，不分种族、性别、宗教或政治信仰，均享有以色列公民权。每个公民可按其愿望持双重国籍。

1948 年建国时，以色列有人口 80.6 万，1949 年首次达到 100 万，1958 年人口达到 200 万。自 2003 年以来，以色列人口增长率为 1.8%，与 20 世纪 80 年代人口增长率相似。以色列中央统计局的数据显示，2013 年年底总人口已达 813.45 万，其中，犹太人为 610.45 万，占人口总数的 75%；阿拉伯裔以色列人为 168.32 万，占人口总数的 20.7%；其余 4.3%（约 34.68 万）为没有在内务部登记的犹太人、德鲁兹人和切尔克斯人等。① 近六成的阿拉伯人居住在北部，北部区有 43.1%，海法区占 14.5%；约 13% 的阿拉伯人（多为贝都因人）居住在南部区；18.8% 的阿拉伯人定居耶路撒冷区。

2012 年以色列独立日至 2013 年以色列独立日，以色列的净增人口为 13.8 万，增长率为 1.8%，其中有 16.3 万新生儿，新移民 1.95 万，死亡 4.1 万。近年来，犹太人的本土出生率稳步上升。在希伯来语中，将出生于以色列国的犹太人称为"萨卜拉"（Sabras）。建国初期只有 35% 的犹太人出生在以色列，到 2011 年年底，这一比例已升至 73%。

以色列人口的年轻化程度和人均寿命普遍高于其他西方国家。以色列

---

① http：//www. cbs. gov. il/reader/shnaton/shnatone_ new. htm? CYear = 2014&Vol = 65&CSubject = 2，2015 年 1 月 11 日。

人口中，0～14 岁的儿童占 28.2%；65 岁以上的老年人占 10.3%。但以色列的平均年龄越来越大，2000 年为 27.6 岁，2011 年则为 29.5 岁。以色列人的平均寿命持续增长，2011 年，男性的平均寿命是 80 岁，女性为 83.6 岁。犹太男子的平均寿命比阿拉伯裔男子长 4.2 岁，犹太女子的平均寿命比阿拉伯裔女子长 3 岁。

以色列人口分布不均衡，中部地区人口密度较高，2011 年超过四成的以色列人分布在这一地区，其中 24% 在中央区，16.5% 在特拉维夫区。此外，近 17% 的以色列人居住在北部，14% 定居于南部，耶路撒冷和海法地区均为 12%，4% 在约旦河西岸。2000 年以色列的人口密度为每平方公里 288 人，2011 年增至 347 人（不包括西岸）。特拉维夫区的人口密度最高，每平方公里 7522 人，耶路撒冷区和中央区的人口密度也很高，分别为每平方公里 1484 人和 1464 人。北部区和南部区相对较低，分别为每平方公里 292 人和 79 人。人口密度最高的城市是位于特拉维夫东北的贝内贝拉克，每平方公里 22145 人，其总人口超过 20 万。特拉维夫市的人口密度也居高不下，每平方公里 7505 人，紧随其后的是耶路撒冷市，为 6446 人。

以色列社会基本上已实现城市化，90% 的居民生活在城市。建国时，人口超过 10 万的城市只有特拉维夫 – 雅法市，现已增至 14 个，其中耶路撒冷、特拉维夫 – 雅法、海法、里雄莱锡安、阿什杜德和佩塔提克瓦六座城市的人口已超过 20 万。

希伯来语和阿拉伯语均为以色列的官方语言，通用英语。希伯来语曾是古代犹太人的语言，《旧约》的绝大部分就是用古希伯来语写成的。当犹太民族流散到世界各地后，他们在日常生活中逐渐接受了当地的语言，遂使希伯来语同当地语言混合使用，如西亚阿拉伯国家的犹太人基本上都说阿拉伯语；中、东欧的犹太人把希伯来语与德语相混合，形成了意第绪语；西南欧和拉美的犹太人讲古希伯来语与西班牙语混合而成的拉迪诺语。自中世纪以后，希伯来语逐渐成为犹太教拉比们在举行宗教活动和祈祷时使用的书面语言，以及学者们研究古代历史和宗教、进行诗歌创作及篆刻碑铭的文字，作为日常口语的希伯来语已经消亡了。在犹太复国主义运动中，本·耶胡达通过教育和写作实践，成功地把希伯来语从一种复杂、生硬、费解的老式语言转化成一种简明实用、逻辑性强、容易学习和掌握的现代语言。希伯来语的复兴不仅创造了语言学上的奇迹，还带来了希伯来文化的繁荣，是犹太民族复兴的重要标志。

在以色列，由于家庭和文化背景的影响，人们往往在正式的公开场合讲希伯来语，在家里或社团中仍说自己熟悉的语言。这一点在第一代移民中尤为突出。

六 国旗国徽国歌

1. 国旗

以色列国旗呈长方形，长宽之比为 3∶2。白色旗面，上下各有一条蓝色宽带。蓝白两色取自犹太教徒使用的祈祷巾的颜色。旗面中央是一个蓝色的六角星，这是古以色列国王大卫王之星，象征国家权力。大卫星（即六芒星，又名大卫之盾、所罗门封印、犹太星），是犹太教和犹太文化的标志。

2. 国徽

以色列国徽为长方形盾徽。蓝色盾面上有一个七杈烛台，据记载此烛台为耶路撒冷圣殿中点亮祭坛的物件。烛台两旁饰以橄榄枝，象征犹太人对和平的渴望。烛台下方用希伯来文写着"以色列国"。

3. 国歌

《希望》
只要心灵深处
尚存犹太人的渴望
眺望东方的眼睛
注视着锡安山冈
我们还没有失去
两千年的希望
做一个自由的民族
屹立在锡安山和耶路撒冷之上

以色列国歌《希望》（*Hatikvah*）的词作者是诗人纳夫塔里·赫尔茨·伊姆贝尔（1856～1909）。1871 年，他创作了《我们的希望》，共 9节，国歌仅为原诗的第一节。音乐采用犹太民族传统曲调谱成。这首歌原为犹太复国主义者的颂歌，在 1897 年第一届世界犹太复国主义者大会上首次演唱。1948 年，以色列建国后将其确定为国歌。

这首《希望》之歌，十分悲凉哀婉，被认为是世界上最悲怆的国歌。不过，最后高潮部分的乐曲激扬高亢，充满希望。

第二节　宗教与民俗

一　宗教信仰

以色列的《独立宣言》规定：全体国民宗教信仰自由，每个人都有选择信仰的权利。以色列是亚伯拉罕系宗教的发源地，教派林立，宗教信仰复杂。据以色列中央统计局公布的数据，2011 年全体公民的宗教信仰情况大致是：犹太教徒占 75.4%，穆斯林占 17.3%，基督教徒占 2.0%，德鲁兹教派占 1.6%，其他宗教信徒占 3.7%。在犹太人中，约 12% 属于哈西德派（极端正统派犹太教徒），9%"有宗教信仰"，35% 自认为是"传统派"，43% 自认为是"现世派"（一半的现世派相信上帝）。在阿拉伯裔以色列人中，有 82.6% 是穆斯林，8.8% 信仰基督教，8.4% 属于德鲁兹教派。

各宗教派别、团体均可获得受法律保护的自治地位，并保有各自的宗教、教育和慈善制度。各宗教团体都有自己的宗教理事会和宗教法庭，享有对诸如结婚、离婚、安葬等个人事务的管辖权，并管理自己的宗教建筑和礼拜场所、庆祝各自的宗教节日等。宗教事务部负责满足各宗教团体的礼仪要求，对圣地进行监督和保护。以色列法定每周休息日是星期六，即犹太安息日。穆斯林和基督徒可分别选择星期五和星期日为每周休息日。

二 民俗

1. 饮食

对于犹太人而言，由宗教决定的犹太教饮食规定，对烹调术和饮食习惯起着决定性作用。对于遵守这些教规的人而言，一般食用的多为牛、羊和禽类的肉，不吃猪肉、贝类、无鳞的鱼和任何种类的食腐动物的肉等。他们遵循《圣经·利未记》规定的禁止事项，不将肉制品和奶制品放在一起食用。

犹太人的主食是饼，用小麦面或大麦面烙成。由于饼在犹太人的食物中占头等地位，所以常被视为"生命线"。犹太人吃流质食物时，把饼掰成小块，然后蘸着吃。犹太人爱吃鹰嘴豆、蚕豆、扁豆、豌豆等豆类食物。雅各就是用红豆汤换得了以扫的长子名分和特权。《圣经》多次提到迦南是"流奶与蜜之地"，这说明犹太人经常食用奶和蜂蜜。他们常喝牛奶、羊奶、骆驼奶，还吃奶酪。犹太人常吃的蔬菜有番茄、茄子、土豆、葫芦科植物、灯笼椒、辣椒和韭菜等，并喜欢用葱、蒜及豆蔻、桂皮、生姜、芫荽、茴香和薄荷等烹制菜肴。犹太人爱吃的水果种类繁多，葡萄、石榴、无花果和橄榄等出现在《圣经》中的水果，寓意特殊。

由于以色列人来自四面八方，他们带来了风格迥异的烹调术和饮食习惯。在以色列人的餐桌上，你会看到来自约80个不同国家的许多独特的菜肴。在以色列影响较大的是西亚、北非、地中海盆地、中欧以及东欧的烹调风格。由于中东国家的居民多数是穆斯林，同时他们和犹太人一样禁食猪肉，以色列人很容易把这类风格的菜肴搬到自己的餐桌上。除了以色列阿拉伯人（他们自身受到黎巴嫩的先进烹调方式和巴勒斯坦田园风格烹调方式的影响）原有的烹调方式外，来自伊朗、伊拉克、叙利亚、埃及、利比亚和也门的犹太人也各自对以色列人的餐桌做出了独特的贡献。

意第绪式烹调，是中欧和东欧最出名的烹调方式，多数美国人和欧洲人认为这些是典型的"犹太式"烹调。常见的菜肴有："盖菲勒泰"（gefilte）鱼，用剁得很细的鲤鱼肉、梭鱼肉或两者混合做成的鱼饼或鱼丸配上鱼冻再浇上辣根汁；"霍伦特"（cholent），文火炖牛肉，传统上的安息日餐；

"基什凯"（kishke），像做香肠一样把面包皮、鸡油和洋葱等用辣椒拌好填在鸡脖皮或牛肠衣里；"克纳伊德拉赫"（knaidlach），主要用鸡蛋和未发酵面包与肉做成的饺子；"克雷普拉赫"（kreplach），用肉末或干酪做馅，用水煮或油煎的饺子；"拉特凯斯"（latkes），油炸土豆片；还有"马特亚斯"（matjas），鲱鱼菜。

自古以来，山羊奶和乳酪一直被视为珍品，深受贝都因人喜爱。近年来，在以色列出现了数家专门制作山羊奶酪和绵羊奶酪的奶酪场，一些产品甚至可与法国、意大利及巴尔干地区的上等奶酪相媲美。

2. 服饰

正统的犹太教徒一身黑色，头戴宽边黑礼帽，身着黑装，按《圣经》中关于不可剪去发鬓的戒律，理发时要保留两鬓的头发，以盖住耳朵。而对于多数犹太人而言，男子头戴无边小圆帽是很平常的装束，而其他正式的传统服饰仅限于安息日和其他宗教节日。从本－古里安执政开始，穿着随意、整洁便成为以色列的风尚。

德鲁兹男人蓄着浓密而漂亮的小胡子，女子裹白色头巾。

以色列的贝都因人，男人身穿白色长袍"格拉皮耶斯"，头上围着名为"卡啡耶哈"的格子花头巾；女子身着饰有大量刺绣的黑色长袍，佩戴头巾以及各种风格粗犷的饰品。

3. 礼仪

（1）出生

在以色列，婴儿呱呱坠地是一件令人兴奋的大事，人们习惯亲自或通过犹太国家基金会栽种一棵树来纪念孩子的出生，希望孩子像树苗一样茁壮成长。无论是男婴女婴，父母都要为其举行隆重而独特的庆生仪式。

通常，在女婴出生后的第一个安息日，父亲要在犹太会堂或家里举行起名仪式。在仪式上，女婴的父亲要在诵经坛上诵读《托拉》[①]，宣布女婴的名字，并讲明取名的原因。随后，众人在祈祷和诵读的赞美诗中反复

_____

① 《托拉》（Torah），即《律法书》或《摩西五经》，指《圣经》的前五卷，包括《创世记》《出埃及记》《利未记》《民数记》《申命记》。

念她的名字，为她祈福。祈祷仪式结束后，女婴的父母要招待来宾，共同庆祝女婴已成为一名犹太人。

（2）割礼

犹太人的男婴在其出生第八天要施行割礼，这是犹太人生活的一个重要组成部分。如果是家中的第一个男孩，在出生后的第31天还有一个赎子仪式。犹太人的割礼具有特殊的神圣含义，是上帝与他及其后代之间契约的一种象征。据《圣经》记载："上帝对亚伯拉罕说：你和你的后裔必世世代代遵守我的约。你们所有的男子都要受割礼，这就是我与你并你的后裔所立的约，是你们所当遵守的。你们都要受割礼，这是我与你们立约的证据。你们世世代代的男子，无论是家里生的，是在你后裔之外用银子从外人那里买来的，生下来第八日都要受割礼。这样我的约就立在你们肉体上，作永远的约。不受割礼的男子，必从族中剪除，因他背了我的约。"据说，亚伯拉罕99岁时在提斯利月的第十天即赎罪日——一年中最神圣的日子里行割礼，由此允许人们行割礼的时间不受安息日或赎罪日的限制。

传统上，犹太家庭男婴的割礼仪式与命名仪式合二为一。割礼一般在家里举行，也可以在医院举行。清早，亲朋好友应邀到场，共同欢庆。母亲先给男婴洗澡，穿戴整齐后把他交给他的教母。教母把男婴交给教父，教父转交给手术师。手术师将男婴放在右边的"以利亚的椅子"，让其得到上帝的庇护。据犹太经典《塔木德》记述，上帝曾经命令先知以利亚，在每一位犹太男人施行割礼之时都应该到场。因此，犹太人在举行割礼仪式时要先准备两把椅子，右边的椅子被称为"以利亚的椅子"，要以豪华的白布幔和丝绸装饰。在行割礼之前，婴儿要先被放在这把椅子上，让他成为一个健康的人，并得到上帝的庇护。随后，一位坐在左边椅子上的长者把孩子仰放在膝头上，以备施行割礼。割礼手术由专司割礼的"莫海尔"或医生来完成。这时婴儿的父亲吟诵一段特别的祈祷词："赞美你，我们的上帝，宇宙的主宰。你用圣谕使我们圣洁，你命令我们的孩子入我先人亚伯拉罕的约。"手术后，教父抱着孩子，手术师端起一杯酒，吟诵祈祷词，并当众宣布孩子的名字。在场的亲朋好友齐诵祷词"他立了约，因此进入了

《托拉》，进入婚姻许可的范围"，以表示祝贺。婴儿的父母为这个孩子成为犹太人而骄傲。在正统犹太人家里，还要请 10 个（法定的正式祈祷活动人数）13 岁以上的男人来专门负责祈祷和诵读赞美诗，之后是简短的餐饮庆祝活动，象征富裕幸福的鲱鱼和甜食是必不可少的食物。

（3）成年礼

犹太人十分重视成年礼仪式，其程度甚至不亚于婚礼。成年礼一般在满 13 周岁（女孩 12 周岁）的第一个安息日早晨举行，也允许在周一、周四以及新日节诵读《托拉》时进行。在仪式上，行成年礼的孩子第一次披上祈祷巾，在约柜前用希伯来语做一次正式祈祷，男孩诵读《托拉》，女孩诵读《哈费他拉》（从《圣经》各先知书中摘选的经文）。随后发表成年礼演讲，宣誓自己将终身遵照犹太教教义生活，献身《托拉》，并对父母的养育之恩以及宾客表示感谢。根据传统，除了犹太教书籍和镶着宗教图案的饰物等礼物外，受礼男孩的父亲要赠送儿子一条犹太男子披戴的祈祷巾——"塔利特"，男孩常收到的礼物还有圣日祝祷杯，供安息日和犹太圣日晚祷时盛葡萄酒，祈祷感恩上帝时用；女孩最常得到的礼物是烛台，作为未来的家庭主妇，成家后她将点亮安息日和圣日晚祷前的蜡烛。如果收到的礼物是钱，他（她）就会利用成年礼这个机会，捐一部分给慈善机构。

"他（她）已经过成年礼了"意味着，他（她）已经开始有义务诵读《托拉》了，加入到成年教徒行列。依照犹太律法，犹太成年男子必须谨守犹太教的 613 条诫命，因此成年礼又被称作受诫礼。

（4）婚礼

通常，犹太婚礼在新娘家或犹太会堂里举行，新娘身着洁白的长婚纱，新郎身穿西装。婚礼在犹太乐曲中开始，新郎和新娘分别由父母双亲陪同走进用鲜花或祈祷披巾装饰的婚篷。在婚篷下，新郎面向耶路撒冷站立，若在耶路撒冷举行则面向圣殿。在拉比和众人面前，新郎和证人签署用阿拉米语写的婚书。随后，拉比面对一杯酒，诵读祝福词。新郎新娘共饮这杯祝福酒后，新郎用右脚后跟踩碎玻璃杯，意在追忆圣殿被毁和犹太人的大流散。之后，新郎和新娘遵照古老的所谓"同处"习惯，在一间房中待上几分钟。按照犹太传统，婚礼当天，新郎新娘要禁食，同处时才能进食。最后，宾主欢聚一堂，亲朋好友们对新人表示衷心的祝福。

（5）葬礼

犹太教义规定，人死后必须要举办葬礼，否则不能进入伊甸园，但犹太人遵从一切从简和迅速下葬的丧葬习俗。犹太人去世后必须尽快掩埋，至多停放 24 小时。葬礼一般不在安息日、赎罪日和其他犹太节日期间举行。入殓前，须为死者洗净全身、涂抹上香料，然后以本色麻布或棉布缠绕放入棺内，男性可加上他生前所披戴的祈祷巾，但要去掉流苏，因为犹太教经典规定流苏仅用于生者。下葬前，亲人们要在亡者生前常去的犹太会堂中举行葬礼，仪式非常简单但很庄严，无任何献祭、鲜花。人们只是祈祷和诵读《圣经》。下葬时也无须任何陪葬品。

死者亲属从墓地回家后，便开始了为期 7 天的哀悼期——"息瓦"，要遵循一系列特殊的行为准则。他们要在衣领上挂一黑布条，不准洗澡或涂抹香料，不照镜子，只能坐在小矮凳或地板上，也不得开火做饭，其饮食由亲属朋友负责。每日要在家里举行祈祷仪式，诵读《卡迪什》（赞美上帝的祈祷词，有助于死者的灵魂得到安息）和其他哀悼祈祷词。其间，亲朋好友及有关社团人员不断到家中祭奠死者和慰问哀悼者。根据传统，在"息瓦"期间的安息日不守丧，因为安息日是不允许哀痛的，所有的家庭成员都要离开家，到一个犹太会堂参加聚礼活动。此外，如逢重大宗教节日，丧期立即终止。

犹太人相信，人死后会得到一种升华，救世主弥赛亚一旦出现，坟墓下的死者就能死而复生。犹太教不主张以具有生命的物品进行祭祀活动，因此，犹太人扫墓祭拜死者时常用小石子等无生命的物品来寄托哀思。

三　节日

1. 犹太新年（Rosh Hashana）

犹太新年约在公历 9 月。犹太新年为犹太历（阴阳合历）一年的开始，是犹太人最重要的节日之一。节日期间，全国放假两天。犹太会堂里吹起羊角号，取意与上帝通话，期望得到上帝祝福。朋友见面问新年好

（Shana tova）。根据传统，人们在新年期间要吃蘸了蜜的苹果，预示新的一年甜甜美美。

2. 赎罪日（Yom Kippur）

赎罪日约在公历9、10月。赎罪日是犹太新年过后的第十天，为重要的宗教节日。犹太人设此节日是为了向上帝忏悔，请求宽恕。犹太教规定，犹太人在赎罪日要禁食，去犹太会堂祷告、思过。人们在犹太会堂相遇时，彼此祝愿得到上帝良好的评价。傍晚时分，赎罪日在悠扬的羊角号声中结束。

3. 住棚节（结庐节，Sukkot）

住棚节是犹太教三大朝圣节日之一，约在公历9、10月，开始于赎罪日后第五天，持续8天。此节日是为纪念摩西带领犹太人出埃及后，流落西奈半岛40年的帐篷生涯，以及上帝对以色列人的荫蒙庇护。家家户户搭建棚舍，以色列国防军通常在特拉维夫市市政广场举办坦克展览。

4. 诵经节（Simhat Torah）

诵经节约在公历9、10月。通常，犹太教徒诵读犹太经典《托拉》需要一年的时间。诵经节即为庆祝读完《托拉》而设，宗教气氛浓厚。此节是欢乐愉快的节日，因此人们（主要是教徒）要唱歌、跳舞、吃甜食。庆祝仪式中，一个必不可少的项目是取下经卷，并拿在手中转七圈。

5. 哈努卡节（灯节，Hanukah）

哈努卡节约在公历12月。此节是为了纪念马卡比起义胜利，犹太人收复耶路撒冷，洁净圣殿。该节日持续8天，首尾两天放假。节日开始时，人们要吃一种特制的土豆饼，之后交换礼物。主要庆祝仪式是每天点亮一盏油灯（或是一支蜡烛）。带有9个灯座的灯台是哈努卡节的象征，其中位置较高的一盏灯是火种，用来点亮其他8盏油灯。以色列建国后，政府在节日期间举办火炬长跑等各种体育活动。

6. 普尔节（Purim）

普尔节约在公历2、3月。"Purim"意为抽签。据说，一恶官因痛恨曾得罪过他的一个犹太人而以抽签方式决定杀害所有犹太人，一个做了王后的犹太女子通过周旋，处死了恶官，挽救了犹太人。节日期间，剧院通常上演有关这一故事的剧目。人们（主要是儿童）还戴上故事中有关人物的面具参加晚会，因此也有人称之为化装节。晚会上，人们通常吃一种特殊的三角甜饼，象征恶官的耳朵或帽子。

7. 逾越节（Pessah）

逾越节约在公历3、4月。犹太教三大朝圣节日之一，为了纪念摩西带领犹太人成功逃出埃及。摩西带领犹太人出埃及走至红海时，举起手杖，使红海分开一条路，犹太人顺利走出红海，而追击的埃及军队被淹没在海水中。节日庆祝8天，首尾两天放假。节日前，人们要清除家中所有发酵面食。节日期间，禁止出售和食用发酵食品，只能吃一种被称为马特沙（Matsa）的特制无酵薄饼，以纪念犹太人出埃及时因时间紧迫而吃不上发酵饼的日子。

8. 燔祭日（大屠杀纪念日，Holocaust Day）

燔祭日约在公历4月。燔祭日是为了纪念1933~1945年惨遭纳粹杀害的600万犹太人。节日期间，全世界正统犹太教徒要禁食一天，家家户户点燃蜡烛，诵读祈祷文《卡迪什》。以色列国内要举行有总统、总理等重要人物出席的集会或游行，悼念受害者，庆祝犹太民族的生存。当天上午10时，全国鸣笛两分钟，国民停止一切工作，为死难者伫立默哀。

9. 阵亡将士纪念日（IDF Memorial Day）

此节日设在独立日前一天，约公历5月。以纪念独立战争以来，为保护国家安全而献身的国防军将士。节日前一天晚8时，全国鸣笛一分钟，国民伫立默哀，国防军举行有总统出席的正式纪念仪式。次日上午11时，再次鸣笛两分钟。

10. 独立日（Independent Day）

独立日为犹太历8月5日，约公历5月。为纪念以色列国于1948年独立而设。节日的前一天晚上8时，以色列议会在耶路撒冷城赫茨尔山举行正式庆祝仪式，议员及内阁成员参加。仪式包括点燃12支火把及鸣礼炮等。节日当天的主要活动包括国防军列队游行、飞行表演、总统为外交使团及优秀将士举行招待会、国际圣经比赛及"以色列国家奖"颁奖仪式等。此外，各市政府还举办娱乐晚会、燃放烟火等。

11. 篝火节 （Lag Ba – Omer）

逾越节首日后的第 33 天为篝火节。相传犹太拉比阿奇瓦（Akiva）在此日组织犹太人从罗马人手中夺回耶路撒冷城后，点起篝火通知周围村庄。犹太人从此以篝火纪念阿奇瓦拉比和他夺回耶城的功绩。

12. 耶路撒冷日 （Jerusalem Day）

耶路撒冷日约在公历 4、5 月，是为纪念 1967 年以色列统一耶路撒冷而设的节日。节日期间，耶路撒冷城内通常要举行盛大的庆祝活动。主要庆祝仪式于前一天日落时在西墙前进行。仪式开始前，首先点起 18 支火烛，以纪念在夺回耶城的战斗中阵亡的将士，随后是感恩仪式。节日当天，举行群众游行等欢庆活动。

13. 七七节 （Shavot）

七七节约在公历 5、6 月。犹太教三大朝圣节日之一，是摩西获得"十诫"的纪念日。因在逾越节首日后第 49 天（即 7 周后）举行，故名"七七节"，基督教徒称之为"五旬节"。此节恰逢小麦和水果成熟，因此也叫"收获节"或"新果实节"。节日持续两天，而犹太教改革派只过一天。节日前夜，人们欢聚一堂享用备有牛奶与奶酪的丰盛晚宴；节日期间则要诵读"十诫"。这是一个充满欢乐的节日，甚至成了孩子们的狂欢节。

14. 犹太哀悼日 （Tesha B'Av）

犹太哀悼日即犹太历阿布月初九，约在公历 7、8 月。公元前 586 年和公元 70 年的这一天，犹太圣殿两度被毁，所以该日为犹太人的哀悼日，也称"纪念耶路撒冷被毁日"。犹太人以禁食来纪念这一悲伤的日子，故亦称"禁食节"。

第三节　特色资源

一　自然资源

1. 土地和水资源

犹太人重返巴勒斯坦地区时，这里并非《圣经》中所描述的"流奶与蜜之地",呈现在犹太复国主义者面前更多的是一望无际的荒漠、绵延不绝的荒山秃岭,昔日的一些城镇竟也繁华不再。然而,在这块贫瘠的土地上,犹太人带来了组织方法、科学技能和资金,尤其是全心全意的献身精神,其最大贡献正是对土地资源的开发利用。他们开垦农田,改良农作物品种和耕作方法;植树造林,抗沙防沙,发展灌溉农业,让沙漠开出鲜花。

耕地一直是以色列国最重要的资源,占国土面积的 1/5 以上,其中半数得到灌溉。20 世纪 60 年代,以色列人终于找到了能够大面积开发干旱少雨地区的金钥匙——滴灌技术。该技术在以色列农业生产中的普及率达80%(世界第一),60% 以上的农田,几乎所有的果园、绿化区和蔬菜种植均采用滴灌技术进行灌溉。以色列人铺设管网,采用自动控制系统,按时按量将水、肥料直接送入作物根部,不会产生地面径流和深层渗漏,可节水 40%~50%,水资源的利用率更是达到了 95% 以上。自 20 世纪 60年代以来,以色列农业用水总量一直稳定在 13 亿立方米,而农业产量却翻了 5 番,农业产值不断增高。总之,以市场为导向,建立在低劳力、高技术、高投入和高产出基础之上的高科技农业已成为以色列的一个金字招牌,为全球沙漠农业的发展开辟了道路。

对于水资源匮乏的以色列国而言,保护和开发利用水资源是其生存发展之关键所在。建国初期,水就被定为国有资源,由政府掌控,并于1959 年颁布实施了《水法》。水资源委员会是管理和保护水资源的政府部门,负责收集信息(包括水文服务机构);制定发展水利经济的长期规划;通过颁发生产许可证来规范和监督供水单位、规定用水价格等。

以色列国的地表淡水资源集中在北部地区,主要是以约旦河和太巴列湖为中心的水系。约旦河年径流 5.2 亿立方米,上约旦河流入太巴列湖,下约旦河注入死海。太巴列湖是以色列最大的淡水湖,湖面长 21 公里,最宽处 12 公里,面积 166 平方公里,集水面积 2730 平方公里,蓄水量约40 亿立方米,其北部三条支流年补给水量约 5 亿立方米。太巴列湖是世界上最低的淡水湖,低于海平面 210 米,相当于是一座大型水库,已完全实现人工调节,每年的抽水量约为 4 亿立方米,约占全国用水量的 30%。

　　除了地表淡水资源，以色列的中部山区和沿海平原的地下含水层是其重要的淡水资源。中部山区的地下含水层，北起海法所在的卡梅尔地区，南至内盖夫沙漠北端的贝尔谢巴，每年从该含水层大约抽水 3.5 亿立方米，占全国用水量的 26%。西部沿海平原的地下含水层，与中部山区地下含水层平行，大致也是从卡梅尔地区延伸至南部的加沙地带。每年大约从地下抽水 2.5 亿立方米，占全国用水量的 19%。由于地下水超采导致沿海一些地区出现地面沉降和海水入侵等一系列问题，现在对地下水采集的控制已比较严格，并采用了地下水回灌的补救措施。整个以色列有 2800 口地下水开采水井，其中 1300 口属于国家供水公司（Mekorot）。在沿海平原区还有 150 口专门用于地下水回填的水井。

　　全国输水系统（National Water Carrier）工程 1964 年建成并投入使用。它通过水泵把太巴列湖水抽到海拔 152 米高处，经过消毒处理后通过管道运向沿海地区和内盖夫沙漠。如今，全国的大部分地区水资源都被并入一个由泵站、管道、沟渠组成的供水综合网，并实现由计算机联网控制。既根据需要对各处的需水做统一调度，还收集污水经处理后提供给农业灌溉使用。尽管人口、水质要求和农业生产用水不断增加，但自 20 世纪 60 年代以来，75% 的用水来自循环利用，这一利用率为全球第一（第二位是水循环利用率 12% 的西班牙）。国家输水系统不仅用于供水，而且还能排放过多的雨水，同时补给沿海地区的地下含水土层。大多数地区供水系统同全国输水系统相结合，从而形成一个较为平衡的供水系统网络，通过这个网络，人们可以根据不同的条件和需要将水从一个地方运往另一个地方。

　　此外，沿海城市的海水淡化，南部地区地下咸水净化以及直接灌溉也是以色列合理开发和利用水资源的重头戏。以色列水资源委员会认为，解决以色列乃至整个中东地区水资源问题的根本出路只能靠淡化海水，海水淡化是消除未来用水"赤字"的唯一途径。海水淡化是未来以色列新增水资源最大的行业。与一般的海水淡化标准不同，以色列水资源委员会要求淡化所生产的水必须高于饮用水的标准，尤其是氯化物浓度。其原因是以色列天然水资源的氯化物浓度偏高，注入这样的淡化海水可以使整个供水系统的氯化物以及硼离子浓度降低，并且使废水中的盐度降低，有利于农业灌溉。

自 20 世纪 60 年代起，以色列的科技人员就一直致力于咸水淡化技术的研究，实际生产量也逐年增加。进入新世纪后，由于技术成熟和成本降低，海水淡化生产量增长得尤为迅猛，以色列政府投资兴建了大规模的海水淡化厂。以色列共有 31 座海水淡化厂，规模较大的有阿什凯隆淡化厂、哈德拉淡化厂和帕尔拉其姆淡化厂。这些海水淡化厂从地中海和地下提取咸水，并将其转化成适合饮用与其他用途的淡水，年产量为 5.05 亿立方米。

2. 动植物资源

以色列国非常重视保护动植物资源。1964 年，政府专门设立自然保护局，与自然保护协会共同负责环保工作，既要满足发展基础设施的需要，同时还要保护自然环境。政府还制定了保护自然资源和野生动植物的法律，例如禁止采摘路边的野花。

以色列地处气候和植被分布的过渡区，动植物种类较为丰富。北部地区是地中海式气候，南部是干旱的荒漠气候，中部是这两种不同生物地理区的过渡带，最适宜于动物的繁衍生息和植物的生长。以色列有 25% 的国土面积被确定为自然保护区，其中 80% 位于干旱区。

以色列有数百种动物，其中有 300 多种鸟。以色列人的动物保护意识很强，不仅保护小瞪羚、大角山羊、豹和秃鹫等珍稀动物，还给狼和狐狸等动物建造饲养站，为鸟类搭建营巢的地方，收集并孵化地中海岸的海龟蛋，将小海龟放归大海，跟踪记录鸟类迁徙的路线，严禁飞机在这些路线上飞行。

对于圣经时代的动植物，以色列人情有独钟，政府则竭尽全力予以保护。以色列中部有一个"奴阿基杜明"风景保护区，专门收集栽培《圣经》中提到的尚未灭绝的植物，以及其他古老物种。以色列人在世界各地寻觅并引进濒临灭绝的动物，待其适应环境后再放归以色列故土上的自然栖息地，已成功迁回的有鸵鸟、波斯黄鹿、羚羊和索马里野驴等。

从北部赫尔蒙山坡的阿尔卑斯山植物，到南部阿拉瓦谷地的撒哈拉植物，以色列已识别的植物有 2800 多种。以色列很重视花卉的栽培，是世界第二大鲜花种植国，四季鲜花不断，诸如长梗玫瑰、郁金香、风信子、百合花、金盏花、藏红花等，大多销往欧美。以色列是继荷兰和哥伦比亚之后，世界第三大花卉出口国，其玫瑰花出口量居世界第一。在以色列农业出口中，花卉一直位居榜首，获得可观的经济收益。

3. 矿产资源

以色列钾盐丰富，为世界最大生产国，其他矿产资源较为贫乏，仅有磷酸盐、溴化物、镁、食盐、铜、石膏、石灰石、云石、石英砂和少量的石油、天然气等。

二　名胜古迹

以色列是个名胜古迹众多、旅游资源十分丰富的国家。

1. 西墙

西墙位于耶路撒冷的圣殿山上。公元前 957 年，希伯来王国所罗门王穷 7 年之工建造了一座规模宏伟的耶和华圣殿，史称"第一圣殿"。但不幸的是，公元前 586 年，巴比伦军队攻占耶路撒冷，"第一圣殿"被毁。后来，犹太人曾两度重修圣殿，然而又在罗马占领时期被损毁殆尽。犹太圣殿的可见遗迹仅剩下了西部的一段基座，即圣殿区西墙的一部分，一堵长 52 米、高 19 米的大墙，即"西墙"。犹太人认为这是当年圣殿的唯一遗迹，因而它成了处于流散状态的犹太人千百年来的精神寄托，被视为犹太教最神圣的地方和犹太民族往日辉煌的象征。每当犹太教徒在这里面壁祈祷时，不禁潸然泪下，"哭墙"因此而得名。犹太人在西墙前祈祷的特权是 16 世纪初期征服并重建耶路撒冷的奥斯曼苏丹苏里曼一世给予的。

2. 圣墓教堂

圣墓教堂位于耶路撒冷老城基督教区，又称"复活大堂"。4 世纪初，罗马君士坦丁大帝的母亲圣海伦娜巡游至耶路撒冷，下令在耶稣蒙难、安葬和复活的地方，建造一座教堂，即后来的圣墓大教堂。教堂外观像一个十字架，圆形大厅中央是圣海伦娜发现的安葬耶稣的洞穴遗址。洞穴周围的岩石全被削去，圣墓则被围在一个被称为"Edicule"（意为小房子）的建筑内，即整座建筑的核心，由希腊东正教士守卫。教堂内气氛庄严凝重，来自世界各地的朝圣者络绎不绝。

圣墓教堂是耶路撒冷的大教堂之一，耶路撒冷牧首的总部，而建筑本身则由基督教的 6 个教派（罗马天主教会、希腊正教会、亚美尼亚使徒教会、叙利亚正教会、埃塞俄比亚正教会、科普特正教会）共同管理。

3. 阿克萨清真寺和萨赫拉清真寺

阿克萨清真寺和萨赫拉清真寺都是伊斯兰教著名的清真寺，位于耶路撒冷老城东部的圣殿山上。"阿克萨"一词在阿拉伯语中是"极远"的意思，因此阿克萨清真寺又称"远寺"。在穆斯林心目中，世界第三大清真寺——阿克萨清真寺的地位仅次于麦加禁寺和麦地那先知清真寺。萨赫拉清真寺又称岩石清真寺，得名于阿拉伯文"岩石"的音译。清真寺呈八角形，每边长 21 米，圆顶由真金箔贴成，顶上有新月形标志柱子、墙壁由大理石砌建，以彩瓷马赛克装饰。寺内拱顶富丽堂皇，圆顶下方栅栏内有一块长 17.7 米、宽 13.5 米、最高处高出地面约 1.5 米的巨大浅蓝色岩石，石头上有类似脚印的痕迹，传说这是穆罕默德当年踩石登霄时留下来的。穆斯林奉该石为圣石，与麦加禁寺天房的玄石同样神圣。岩石下的比雷－阿尔瓦洞穴是灵魂之井，传说是世界的中心。

4. 大卫塔

大卫塔靠近耶路撒冷老城西面的雅法门，位于亚美尼亚基督徒区，是老城的最高点。"大卫塔"是由拜占庭基督徒命名的，他们认为该地是大卫王的宫殿。大卫塔城堡始建于公元前 2 世纪，是为了加强耶路撒冷老城的战略薄弱点，后来曾多次被毁并重建。公元 70 年罗马人攻入时，希律王（公元前 37～公元 4 年）建造的城塔固若金汤，未被摧毁。

大卫塔城堡遗迹是耶路撒冷城最重要的考古遗址之一，陆续被发掘出土的有古老的哈莫尼城墙，法赛尔塔、希皮库斯塔和米里亚尼塔三座城塔，以及罗马、拜占庭、十字军和土耳其时代的建筑遗迹。1988 年以色列在此建起了一座历史博物馆，收藏着迦南人、希伯来人、希腊人、十字军、土耳其人、阿拉伯人和以色列人的历史文物。夜幕降临后，几乎整座城堡都成了声光秀的"舞台"，美轮美奂的声光表演吸引着来自世界各地的观光客。大型声光秀把耶路撒冷几千年的沧桑巨变呈现在了观众面前，使人仿佛穿越了时空隧道，沉浸在一条有声有色波澜壮阔的历史长河之中。

5. 锡安山

锡安山位于耶路撒冷老城之南，对于犹太人和基督徒来说，极具宗教价值。多米森教堂是锡安山的地标性建筑，一座拥有圆顶钟塔的本笃会教堂，相传为圣母玛利亚逝世的地方。教堂地下室有座沉睡的圣母玛利亚雕像。此外，这里还有犹太人仍视之为神圣之地的大卫王墓，以及拉丁文原意为"饭堂"的马可楼，即耶稣与其12门徒共进最后晚餐的地方。马可楼始建于十字军时代，拥有美丽的拱形线条，15世纪伊斯兰教占领锡安山时将之改为清真寺，在长达约5个世纪的时间内禁止基督徒和犹太人进入。目前，耶路撒冷虽由以色列管辖，但是圣弗朗西斯教派却拥有一份1335年签署的地契。

6. 橄榄山

橄榄山位于耶路撒冷老城东面，周围遍植橄榄树。站在山上远眺，耶路撒冷的城市风貌尽收眼底。耶稣曾在此布道，基督教圣迹随处可见。据说，耶稣与其门徒在最后的晚餐之后，上到西南面的山坡，进入客西马尼园（客西马尼意为"榨酒器"），园中有8棵树干形似假山的橄榄树，相传在耶稣时期即存在。耶稣在这里被犹大出卖，并作最后的祷告。但东正教徒认为，客西马尼园是使徒安葬马利亚（耶稣的母亲）的地方。客西马尼园旁边的万国教堂又叫苦闷大教堂，祭坛前的岩石传说是耶稣度过最后一夜的地方。橄榄山上的圣玛丽神女教堂是沙皇亚历山大三世为纪念其母亲而兴建的，俄罗斯风格的葱头顶金光灿灿，熠熠生辉。旁有多米内斯弗列维特礼拜堂，上方有座升天教堂，传说留有耶稣升天时的脚印，不远处的彼德涅斯特教堂里面有以44国文字书写的主祷文，颇具宗教意义。此外，橄榄山上还有犹太人的古老墓园，是犹太人梦寐以求的归宿，因此对犹太民族来说，此地亦是值得纪念的神圣之地。

7. 赫茨尔山

赫茨尔山位于耶路撒冷西部，以犹太国的先知、犹太复国主义的先驱和世界犹太复国主义组织的创始人西奥多·赫茨尔的名字命名。犹太军事公墓建在赫茨尔山北部，是以色列阵亡军人和对国家有突出贡献的重要人物的墓地。1995 年 11 月以色列前总理拉宾遇刺身亡后，也安葬在这里。

8. 马萨达

马萨达希伯来语意为"堡垒"，屹立于死海西南的沙漠地带，高出死海海面 434 米。公元 70 年罗马军团进攻耶路撒冷城，九百多名犹太人退居易守难攻的马萨达要塞。公元 73 年 4 月 15 日，即逾越节的前一天，他们集体自杀，仅有 7 名妇女儿童幸免。因此，马萨达被视为犹太民族争取自由的象征，成为以色列爱国主义教育的重要场所。以色列国防军每年在此举行仪式，弘扬马萨达精神，高呼"马萨达永不沦陷！"

1963 ~ 1965 年，耶路撒冷希伯来大学伊扎尔·亚丁教授带领考古队对占据整座山头的马萨达遗址进行发掘，清理出与史料记载完全吻合的犹太希律王宫殿城堡。毋庸置疑，这是一个具有宗教和艺术考古价值的建筑奇迹，宫殿、居室、储藏室、古罗马蒸汽浴室、水窖、犹太会堂、墓碑、犹太教经卷、瞭望塔、防御工事和供水系统等一应俱全。2001 年，马萨达遗址被联合国教科文组织列入世界文化遗产名录。

马萨达要塞是以色列的旅游胜地，其地势险要，除空中缆车外，还有两条山路通往山顶：一条是西边希律王的"御道"，蜿蜒曲折；一条为古人的应急通道，坎坷陡峭。

9. 雅法老城

雅法老城是地中海东岸一个具有四千多年历史的老港口，在《圣经》里多次被提及，是世界上最古老的城市之一。关于雅法名称的来源有多种解释。犹太传统认为，在毁灭万物的大洪水消退后，幸免于难的挪亚之子雅弗修建了这座以其名字命名的城市，后来读音演变成雅法。还有人认为，"雅法"是希伯来语"美丽"一词的谐音，因为这里风景绝佳，秀丽如画。也有人认为，雅法的意思是"闪着白色光辉之地"，系指其近处白垩纪的断崖上闪耀的光辉。

雅法老城建在一座 37 米高的山丘之上，考古学家在此发掘出了公元前 18 世纪至 16 世纪人类居住的遗迹。雅法虽与现代化的大都市特拉维夫连成一体，但风格迥异，它是以色列著名的艺术街区和旅游景点。在这里，依山而建的清真寺与教堂共存，用石头修砌的店铺鳞次栉比，以星座命名的街巷曲径通幽，汇集十二星座雕像的许愿池巧夺天工，根植于大铁球的橘树空中悬吊……风景秀丽，游人如织，流连忘返。2003 年，雅法老城被联合国教科文组织列入世界文化遗产名录。

10. 阿卡老城

阿卡位于地中海东部海岸，也是世界最古老的城市之一，据文献记载已有五千多年的历史，最早的居民是属于闪族的迦南人。后逐渐发展成为从地中海东岸通往西亚内陆的重要商业口岸，是一座有城墙的港口城市，经历过繁华兴盛。阿卡也曾是巴勒斯坦重要的军事要塞，历尽战争的沧桑。1104 ~ 1291 年，阿卡老城是十字军建立的耶路撒冷王国的首都和最后据点。考古学家已发掘出部分的十字军城堡遗址，生动地再现了昔日耶路撒冷十字军王国的都城面貌。圣约翰地下城堡是十字军时期骑士们聚会的地方，巨大的石柱、拱形交叉的屋顶、精美的石雕都展示着中世纪建筑的巨大成就。

如今，阿卡老城里保存完好的城堡、清真寺、商栈和土耳其浴室等建筑都是土耳其人在 18 ~ 19 世纪时修建的。建于 1781 年的加扎尔清真寺，是阿卡最大的清真寺，也是土耳其建筑风格的典范。大厅内部用蓝色、棕色和白色三种颜色装饰，庄重典雅、美轮美奂。庭院呈长方形，四周是供朝觐者投宿的房间。穿过东侧的拱门，走下狭窄的石阶，是一个巨大的修建于十字军时期的蓄水池。历史上，阿卡曾数度被围困，几乎每次都是这一池水拯救了一城人。

因较好地保存了大量中世纪和近代文明遗迹，2001 年，阿卡老城成为以色列第一个进入世界文化遗产名录的文化古迹。

三 著名城市

1. 耶路撒冷 (Jerusalem)

耶路撒冷是一座举世闻名的历史名城和宗教圣城，距今已有 5000 多年的历史。耶路撒冷在希伯来语和阿拉伯语中都是"和平之城"的意思，但长期以来该城却饱受战乱之苦，其中宗教之争是一大原因。鉴于耶路撒冷是犹太教、基督教和伊斯兰教世界三大宗教的发源地，三教都把耶路撒冷视为自己的圣地。"世界若有十分美，九分在耶路撒冷。"这句源自犹太经典《塔木德》的话，是对耶路撒冷最恰当的比喻。

耶路撒冷既古老又现代，是一个多样化的城市，其居民代表着多种文化和民族的融合，既严守教规又有世俗的生活方式。老城位于东部，周围有一道高高的城墙，一些著名的宗教圣址都在老城，如萨赫拉清真寺、阿克萨清真寺、圣墓教堂和西墙等。耶路撒冷新城区位于西部，是在19世纪后逐渐建立起来的，比老城区大2倍，以色列的政府部门、科研、文化等机构大都集中于此。

1948年第一次中东战争爆发后，以色列旋即占领耶路撒冷西区，约旦控制老城和东城新区。1950年1月以色列议会通过决议，宣布耶路撒冷是以色列的永久首都。1967年第三次中东战争中，以军占领整个耶路撒冷。以色列议会随即宣布在东耶路撒冷及其周边地带实行以色列法律。1980年8月以色列议会通过法案，宣布"统一的耶路撒冷是以色列永久的、不可分割的首都"。1984年，伊斯兰会议耶路撒冷委员会特别会议决定5月18日为耶路撒冷日，以抗议以色列的占领。1988年11月，在阿尔及尔举行的巴勒斯坦全国委员会第19次特别会议通过了《独立宣言》，宣布耶路撒冷为新成立的巴勒斯坦国首都，并得到世界上多数国家的承认。

2. 特拉维夫 – 雅法（Tel Aviv – Yafo）

特拉维夫的全称是特拉维夫 – 雅法，面积51.76平方公里，是以色列第二大城市，仅次于耶路撒冷。

雅法是世界上最古老的城市之一。1869年苏伊士运河开通，古城雅法也随之兴旺起来，成为地中海东岸的一座重要港口城市。由于雅法城人口越来越密集，生活成本居高不下，1909年，来自俄国的一群犹太移民在市郊建立了一个叫艾布扎特·巴伊特的定居点。1910年，改名为特拉维夫，意为"春天的山丘"。特拉维夫突飞猛进地发展起来，其地位和影响很快超越了雅法老城。1947年，联合国关于巴勒斯坦的分治决议，建议雅法（当时人口为 10 万，包括 3 万犹太人）归阿拉伯人所有；特拉维夫（当时人口 23 万）归犹太人所有。1948 年，以色列军队占领了雅法，城中的阿拉伯人纷纷逃亡。

1948 年 5 月 14 日，本－古里安在特拉维夫宣布以色列国成立。特拉维夫作为政治首都虽然只有一年多的时间，但其地位独特，堪称圣地的大门。由于国际社会对于耶路撒冷的地位颇有争议，绝大多数国家的大使馆都设在特拉维夫，以色列外交部也不得不暂设于此。1950 年，特拉维夫和雅法两市合并成特拉维夫－雅法市，但人们习惯上称特拉维夫。

特拉维夫是中东地区首屈一指的国际大都市，宛如地中海东岸的一颗璀璨夺目的明珠。特拉维夫见证了以色列经济飞速发展的奇迹，是以色列的经济中枢。特拉维夫拥有除美国硅谷之外全球最集中的高科技企业群，英特尔、IBM、微软、惠普、雅虎、谷歌等世界顶尖的高科技产业都在此设有研发机构，创造了多项世界第一，因而被称为"硅溪"或"世界第二硅谷"，被美国《新闻周刊》评为世界十大最具影响力的高科技城市之一，被 CNN 财经频道列为全球网络行业的最佳经营场所。此外，特拉维夫的写字楼、银行、购物中心、博物馆、音乐厅、体育场、画廊、酒店、餐厅、犹太会堂、公园等荟萃，集地中海风情与多元文化于一身，具有活跃、摩登、世界主义的特征，其氛围与耶路撒冷大相径庭。特拉维夫以"不眠之城"而著称，海滨步行道旁酒吧、咖啡馆和餐厅林立，夜生活丰富多彩。

2003 年，包豪斯建筑风格的特拉维夫白城被联合国教科文组织列入世界遗产名录。2014 年，联合国教科文组织授予特拉维夫"媒体艺术之都"称号，纳入全球创意城市网络。

3. 海法（Haifa）

海法是以色列第三大城市、最大海港、重要的商业中心及工业重镇。海法城可分为四个区域：一是下城区，有繁忙的海港、美丽的海滩、雅致的民居；二是湾区，不少现代化工业云集于此；三是半山区（旧社区），酒店、餐厅和商店鳞次栉比；四是山顶区，休闲娱乐设施比比皆是。

海法是以色列风景最为秀丽的城市之一。海滩景色宜人，周围风景名胜众多，这里现代街区与古老城区并存，教堂与清真寺错落有致，山明水秀，营造出一种奇妙的和谐感。由于地处海滨，繁华忙碌的港口更为海法增色不少，吸引商旅、游客纷至沓来。美丽的海滩非常适合运动与休闲。每到夏季周末，海滩上总是人潮涌动。海法附近海域非常适合冲浪，所以每年都会吸引大批国内外的冲浪爱好者。此外，这里还经常举办各种帆船比赛和其他体育活动。因此，以色列人说，理想的生活状态是"在耶路撒冷求学，在特拉维夫游玩，在海法工作"。

海法是巴哈伊教（即巴哈伊信仰，旧译"大同教"）的圣地巴孛陵寝（巴哈伊空中花园）及其最高管理机构（世界正义院）所在地，举世瞩目。

4. 埃拉特（Eilat）

埃拉特是以色列第四大城市，位于内盖夫沙漠的南端，环山面海。埃拉特濒临红海亚喀巴湾，东南紧邻约旦的重要港口城市亚喀巴，西南与埃及的塔巴接壤，地处三国交界，地理位置极其重要。埃拉特是以色列通向红海、阿拉伯海乃至印度洋的唯一出海口。埃拉特即《圣经》中的以禄，曾多次被提及。

埃拉特的旅游资源异常丰富，旅游业是其支柱产业。埃拉特的宾馆饭店及各种休闲娱乐设施齐全，是世界著名海滨度假胜地和最佳潜水地之一，也是人与动物和谐相处的乐园。这里几乎终年阳光普照，炎热干爽，海水温度适宜珊瑚虫生长，碧海蓝天的埃拉特享有"珊瑚城"的美誉。埃拉特是候鸟在亚非大陆之间迁徙的必经之地。每年春秋两季，大量候鸟在其附近海域觅食，吸引了数万名鸟类学者和观鸟爱好者。埃拉特还有一个著名的"海豚公园"，成群的海豚在围网保护的海域里生活嬉戏，充分得到了人类的爱护和尊重。

四 建筑艺术杰作

1. 特拉维夫白城（White City of Tel Aviv）

特拉维夫市内有一群现代主义风格的建筑物，因其外墙大多为白色或浅白色，在地中海东岸强烈阳光的照射下白得耀眼，当地人习惯称之为

"白城"。

特拉维夫白城是 20 世纪早期新城镇规划和建筑的代表。1925 年，苏格兰建筑师帕特里克·盖德斯提出特拉维夫城市总体规划，并于 1938 年获得批准。一时间，特拉维夫成为来自欧洲的建筑设计师实践现代主义城市运动的试验场。他们中虽有师从柯布西耶和孟德尔松等建筑大师者，但多数是深受德国包豪斯学院的影响、在欧洲备受争议的建筑师。他们将现代主义运动的宗旨与特拉维夫的地理环境、气候特征和科技水平等因素结合在一起，创造出一种新的建筑风格，其作品被称为"包豪斯建筑"。此类建筑是以不对称的布局和有规律地反复来取代古典建筑的对称，同时避免使用任何没有实际用途的装饰。1931～1937 年，约有 2700 幢包豪斯建筑相继建成。二战后，特别是以色列建国后，世界各地的犹太人纷纷移民以色列，住房问题亟待解决。当时以色列人对其新住房有着美好的设想，不仅要有完善的给排水系统，而且门前还要有花园。事实上，这种设想与当时流行于欧洲的现代运动包豪斯建筑理念相契合。包豪斯建筑虽形态各异，但理念相同。建筑物多数是住宅，也有一些公共建筑，大多占地面积不大，楼高 2～4 层并涂有浅色的灰泥，阳台长而宽大美观实用，窗户窄小利于遮阳保温。这种现代主义风格、多功能、简洁而不重装饰的建筑，非常适合年轻而发展迅速的特拉维夫。

目前，特拉维夫市约有 4000 幢这样的建筑。2003 年，联合国教科文组织将罗斯柴尔德大街等数条大街上近千幢建筑物列入世界文化遗产名录，其理由是，白城"完美结合体现了城市对当地独特文化、传统和地理要素的需求，是 20 世纪早期现代建筑运动不同流派文化的杰出代表，是新兴城市建筑规划的杰出范本"。

2. 以色列犹太大屠杀纪念馆（Yad Vashem）

以色列犹太大屠杀纪念馆位于耶路撒冷纪念山上，是全球最大的犹太大屠杀纪念馆。2005 年 3 月 15 日，以色列犹太大屠杀纪念馆的主体建筑——犹太大屠杀历史博物馆正式开馆。博物馆始建于 1993 年，由著名加拿大籍犹太裔建筑师摩西·萨夫迪（Moshe Safdie）设计，造价 9 千万美元。这是一座长 183 米、高 16.5 米的三棱柱式建筑，由南向北横亘于纪念山上，两头悬空，中间部分埋入地下，只露出顶部长长的脊梁，面积1.77万平方米。三角形代表一半的大卫星（六芒星），意味着在二战中全球半数的犹太人死于纳粹大屠杀。建筑物由钢筋混凝土浇灌而成，阴森晦暗，沉重压抑。屋顶由天窗和网架组成，投射出变幻无穷的光与影。博物馆的出入口分别位于建筑物的两端，入口一头地势较高。内部有一条笔直的走廊贯通，在长廊两侧设有10个展厅，陈列有序地向世人展现了骇人听闻的犹太大屠杀。最后一个展室是颇具震撼力的"名厅"，由两个相对应的圆锥体构成。一个是吊在空中、高9米的圆锥体，内壁贴满了那些有名有姓的大屠杀受害者的照片或资料；另一个是在天然岩层中开凿的、倒置的圆锥体，以纪念那些永远也不知道姓名的受害者。地势较低的一头为博物馆的出口，两侧墙壁微张呈喇叭状。在博物馆的这一尽头，参观者可远眺耶路撒冷的市区美景，以缓解沉重压抑的心情。

3. 巴哈伊花园（Bahai Garden）

巴哈伊花园坐落在海法市负有"上帝之山"盛名的卡梅尔山上，面朝蔚蓝的地中海。这里是巴哈伊教的创教先驱巴孛（原名赛义德·阿里·穆罕默德，1819～1850）的安息之地，是巴哈伊教的圣地之一。

巴哈伊教（旧译大同教）起源于19世纪上半叶，是一个独立的一神论宗教。[1] 1844年，巴孛在波斯宣称接受天启开始传教，被当局放逐到阿塞拜疆，1850年遇难。巴孛殉教后，密尔萨·侯赛因·阿里（尊称为巴哈欧拉，1817～1892）自称巴孛预言的圣使，成为该教的创始人。1853年，巴哈欧拉被奥斯曼帝国流放，最终辗转至阿卡。1891年，他亲自在海法为巴孛选址建陵。2001年，经过数代信徒百余年的努力，以巴孛陵寝为中心终于建成了一座世界著名的巴哈伊花园，耗资2.5亿美元。

巴孛陵寝由加拿大建筑师威廉姆·麦克斯韦尔设计，金色穹顶的白色

---

[1] 巴哈伊教认为存世的九大宗教信仰都来源于同一上帝，相信灵魂永存，主张在正义和睦基础上实现人类大同。不参与党派政治，主张遵守本国法律，拥护政府，通过开展社区服务等活动积极传教。巴哈伊教在世界各大宗教中最为年轻，在新兴宗教里发展得最快，其信徒（巴哈伊）分布于全世界235个国家和地区，出自2100多个种族和部落。

楼阁完美地融合东西方的建筑风格，精妙地体现了巴哈伊教简约、明晰和包容的特点。在巴孛陵寝的基础上，巴哈伊世界中心在 1987 年任命加拿大建筑师法理博·萨巴主持设计和建造了巴哈伊花园。

巴哈伊花园沿袭了波斯花园简洁、细致和对称的设计准则，同时也吸收了古典欧洲花园的设计理念。巴哈伊花园呈梯田状，共有 19 层平台花园。以巴孛陵寝为中心，上下各有 9 层平台，设计为 18 个同心圆，象征着最初追随巴孛并为之献身的 18 位门徒。层层叠叠的平台中间有一条由大理石铺砌而成的笔直阶梯，是整座花园的中轴线，从山脚直达山顶，全长近一公里，垂直高度达 225 米，最大坡度达 63 度。中间通道两侧的园林景观、几何图案完全对称，所有的弧线和直线都将人们的目光引向巴孛陵寝。

尽管卡梅尔山地势陡峭，气候干旱，但由于具备完善的灌溉系统，巴哈伊花园一年四季绿草如茵、鲜花绽放，美轮美奂。距中轴通道稍远处，花园的设计不再严格追求对称，而是融合多种园林风格，博采众长，甚至还添加了中国元素，两尊铭刻着"大清乾隆年造"的铜鼎点缀其间，相映成趣。总之，依山而建的巴哈伊花园，气势恢宏，庄严肃穆，静谧圣洁，充满灵性。

巴哈伊花园因其具备着丰富的精神内涵，承载着浓厚的朝圣传统，2008 年被列入世界文化遗产名录，是该名录中第一个与近代宗教有关的建筑群（包括阿卡的巴哈欧拉陵寝）。巴哈伊花园不仅体现出虔诚的、普世的精神价值，使参观者的心灵得以净化，而且在建筑风格和设计上也有极高的艺术价值，独具魅力。如今，巴哈伊花园已成为以色列的旅游胜地，免费向游客开放，但每年的维护费高达 400 万美元。

第二章
历　史

第一节　古代简史

一　古代犹太国家的流变

约公元前 2000 年，属于闪米特人分支的希伯来人生活在阿拉伯半岛西南地区，过着逐水草而居的生活。希伯来人北迁至两河流域后，定居于乌尔。由于不堪古巴比伦国王的压迫，他们在亚伯拉罕的带领下又辗转到达了迦南（今巴勒斯坦地区）。迦南人称他们为"哈卑路人"，即"渡河（幼发拉底河）而来的人"，后来逐渐转音为"Hebrew"，即"希伯来人"。亚伯拉罕生子以撒，以撒生两子，即以扫和雅各。据《圣经》记载，雅各因与天神角力获胜，被后者赐名"以色列"（Israel，意为"与神摔跤者"）。雅各率领下的希伯来人也因此被称作"以色列人"，雅各生12 子，其后代繁衍成以色列人的 12 个支派。希克索斯人统治期间，迦南地区发生严重饥荒，希伯来人逃往埃及。

拉美西斯二世统治埃及期间，他肆意屠杀希伯来人，激起后者的强烈不满。公元前 1230 年（一说公元前 1250 年），摩西率领希伯来人逃出埃及，跨红海，入西奈旷野，历经磨难 40 载。其间，摩西以神的指示颁布了强调一神信仰、规范社会伦理秩序的"摩西十诫"①。"十诫"规

---

① "摩西十诫"的大致内容为：除了耶和华以外不可有别的神；不可雕刻、叩拜和敬奉任何偶像；不可妄称耶和华的名；当守安息日为圣日；当孝敬父母；不可杀人；不可奸淫；不可偷盗；不可作假证陷害人；不可贪婪他人的一切。

定了犹太教最基本的教义和信条，标志着犹太教的诞生。一神信仰明确结束了多神信仰时代的混乱局面，为希伯来民族的统一奠定了基础。犹太教既是犹太文明内部交往的产物，也是犹太文明与埃及文明、迦南文明互动交往的结果。

摩西的继承人约书亚继续利用宗教精神激励士气，希伯来人逐步成为迦南的霸主，同时融合了当地的一些居民。在迦南，希伯来人完成了从游牧民族向农耕民族的转变，进入了"士师时代"（约公元前1230～前1028年），即犹太历史上的军事民主制时期。"士师"的希伯来文含义为"审判者"或"拯救者"，他们是以色列人的先知、统帅和救世主的"三位一体"，相当于王（军事首领），对内管理政事，对外率众御敌。

重返迦南后，在与"海上民族"腓力斯人争战中，扫罗脱颖而出，他骁勇善战，屡次挫败腓力斯人，士师撒母耳选拔其为王。扫罗王（公元前1028～前1013年在位）统一了希伯来人的12个部落，建立希伯来王国。扫罗之后，大卫（公元前1013～前973年在位）成为希伯来王国的第二任国王。他开疆拓土，定都耶路撒冷，意为"和平之城"。大卫王之后，所罗门王（公元前973～前930年在位）继承并发展了其父大卫王的集权统治与宏伟蓝图。他将全国分为12个行政区，注重发展铜矿开采、金属冶炼和对外贸易等重要行业。公元前957年，所罗门在耶路撒冷圣殿山上建造了一所雄伟的圣殿，史称"第一圣殿"或"所罗门圣殿"。耶路撒冷因此而成为犹太民族的精神中心和向往的圣地。

然而，所罗门骄奢淫逸、大兴土木，希伯来王国内部矛盾尖锐，国势由盛转衰。公元前930年，所罗门去世，其子罗波安继位（公元前930～前913年）。此时，希伯来王国北部的10个部落，因不堪忍受苛杂重负，宣布独立，建立以色列王国（公元前930～前722年），定都撒玛利亚。南部的犹大和便雅悯两个部落组成联盟，建立犹大王国（公元前930～前586年），首都仍为耶路撒冷。公元前722年，亚述王萨尔贡二世占领撒玛利亚，灭掉以色列王国，并将以色列国王及臣民流放到边疆地带。离开故土的以色列人逐渐被同化，成为《圣经》中十个消失的支派。犹大王国国小力弱，先后依附埃及和亚述。公元前 586 年，新巴比伦国王尼布甲尼撒二世攻陷耶路撒冷，灭犹大王国，将犹大国王和贵族等亡国者掳到巴比伦，史称"巴比伦之囚"。对犹太人来说，"巴比伦之囚"的历史意义是双重的：一方面，犹太人遭受苦难，使他们坚信犹太教并回归故土；另一方面，作为世界文明中心的巴比伦的宗教和文化，使犹太人的视野大为开阔，他们崇拜的上帝从此从一个民族神上升为世界之神，犹太人的宗教观念大大强化。

公元前 538 年，波斯帝国灭新巴比伦王国，犹大成为其行省之一。居鲁士善待犹太人，允许他们回归耶路撒冷。公元前 516 年，在最高祭司约书亚和先知哈该的带领下，犹太人在"第一圣殿"遗址上重建了圣殿，史称"第二圣殿"。在此期间，在巴比伦犹太社团的帮助下，犹太律法体系初步形成。犹太文化表现出亚述、巴比伦和埃及文明相互交往的痕迹，而波斯文明的影响微乎其微。

二 希腊化和罗马时代的犹太人

公元前 332 年，马其顿国王亚历山大大帝（公元前 336～前 323 年在位）征服了犹大，巴勒斯坦进入希腊化时代。他死后，其将军托勒密建立的托勒密王朝统治犹大地区。其间，犹太文化逐渐吸收了希腊文化的基本元素。公元前 198 年，塞琉古王朝的安条克四世打败托勒密王朝，控制了巴勒斯坦。塞琉古王朝推行希腊化政策，禁止信仰犹太教，禁止行割礼，违反者处以绞刑或钉死在十字架上。公元前 166 年，犹太人犹大发起了"马卡比起义"以反抗当局的宗教压制政策。犹大收复了耶路撒冷，洁净了圣殿，张灯结彩，举行了为期八天的庆祝活动，此乃哈努卡节（灯节，Hanukah）的由来。公元前 160 年，犹大的兄弟约拿单和西蒙建立了以耶路撒冷为中心的哈斯蒙尼王朝（公元前 142～前 63 年），又称"马卡比王国"，犹太民族出现了短暂的中兴。马卡比王国是政教合一的王国，犹太教祭司享有较大的权力。

公元前 63 年，罗马人攻陷耶路撒冷，犹大地区成为罗马帝国的附庸。公元前 40 年，希律统治犹太人，成为犹地亚（罗马征服后对犹大的拉丁文拼写）地区的实际统治者。独裁专制的希律开疆拓土，引进希腊的建筑风格，耶路撒冷因其壮丽辉煌号称"希律的都城"。

公元前 4 年希律死后，犹地亚成为罗马帝国的一个行省。犹太民族产生分化，部分攀附罗马权贵的祭司阶层压迫犹太民众，犹太人起义不断。公元 66 年，犹太战争爆发，起义军因寡不敌众而失败，大批犹太人被屠杀。耶路撒冷被攻破后，九百多名犹太人退守马萨达要塞。公元 73 年 4 月 15 日，他们集体自杀。"马萨达精神"体现了酷爱自由、捍卫正义、视死如归的犹太精神与气节。

公元 132 ~ 135 年，犹太人再次发动声势浩大的起义，抗议罗马皇帝哈德良禁止割礼和放弃重修圣殿。罗马人镇压起义后实行焦土政策，将犹太人逐出巴勒斯坦。此后，犹太民族在巴勒斯坦地区定居的历史宣告结束，"第二圣殿"时期画上了句号，犹太人开始了长达 1800 多年的"大流散"（Diaspora）的历程，其地域包括小亚细亚、阿拉伯半岛、两河流域、北非以及欧洲各国。

就在巴勒斯坦的犹太人走向世界各地之时，巴比伦的犹太社团正处于上升之势。其原因一是"巴比伦之囚"后，许多犹太人没有回归故土，壮大了当地犹太社团的力量；二是巴勒斯坦犹太人衰落后，一些著名的巴勒斯坦学者也来到巴比伦。幼发拉底河畔小城内哈达被称为"巴比伦的耶路撒冷"，这里聚集了一大批潜心犹太宗教学说的犹太学者，他们著书立说，推动了巴比伦犹太社团的繁荣。犹太教经典《密西拿》就是巴比伦两所重要的圣经学院组织学者集体编纂的成果。此后，圣经学院的学生于公元 5 世纪完成了 250 万字的《巴比伦塔木德》，是仅次于《圣经》的犹太圣书。该书叙述了巴勒斯坦和巴比伦犹太人从公元前 6 世纪到公元 5 世纪的宗教与文化生活，其内容涉及犹太人日常生活的宗教规范与基本准则。巴比伦犹太人还汇编了布道书《米德拉希》与祈祷书《悉杜尔》。拥有较大自治地位的巴比伦犹太社团在犹太人历史上具有较高的历史地位，巴比伦成为犹太人的宗教学术中心。罗马帝国末期，巴比伦犹太人逐渐向周边国家流散，迁徙到印度、中亚和东亚（包括中国），形成了"东方犹太人"的一部分。

三　大流散时期阿拉伯世界的犹太人

犹太人与阿拉伯人在《圣经》时代就有了交往,早在公元 1 世纪,许多犹太人流散到阿拉伯半岛,在麦地那、也门等地定居下来。伊斯兰教兴起之前,阿拉伯半岛上的犹太人与阿拉伯人有一定的交往,而且保持着比较友好的关系。

犹太人与阿拉伯人的交往历史悠久,它体现在犹太教对伊斯兰教的影响上。公元 6 世纪,阿拉伯人兴起的"哈尼法运动",主张崇拜一神、反对偶像、追寻正道等思想,与犹太教主张相同。穆罕默德曾说,伊斯兰教是继承了易卜拉欣(阿拉伯人对亚伯拉罕的称谓)的宗教。伊斯兰教承认犹太先知,尊重犹太人和基督教的经典。《古兰经》所叙述的传说与故事,与《旧约》的内容极为相似。一些伊斯兰的经注学家利用《旧约》的内容与风格来诠释《古兰经》。伊斯兰教的教义和习俗继承了犹太教的某些成分。

公元 7 世纪后,由于伊斯兰教急于建立与巩固政权,对反伊斯兰势力采取了强硬措施,导致了犹太人与阿拉伯人之间的冲突。如犹太人曾与拜物教徒联合进攻穆罕默德及其穆斯林部队,双方在麦地那曾发生流血冲突。犹太人抵抗失败后,穆斯林将两个有名的犹太部落奈迪尔部落和古来扎部落驱逐出麦地那。当阿拉伯政权巩固后,阿犹关系趋于缓和,犹太人在阿拉伯世界拥有一定的发展空间,犹太文化得以繁荣。

阿拉伯大帝国时期,流散于阿拉伯半岛、巴比伦与波斯等地的犹太人处于阿拉伯帝国的统治之下。阿拉伯帝国允许犹太人保持宗教信仰自由,前提是缴纳"人丁税"。由于从事商业与手工业的特殊身份,犹太人成为穿梭于世界各文明间;从事商业、贸易与文化交往的载体。许多讲希伯来语以及阿拉伯语的犹太人都精通拉丁语和希腊语,成为阿拉伯帝国商界的弄潮儿。9 世纪,巴黎、巴格达、开罗的绝大部分商业用语已采用希伯来语,西班牙、法国、意大利、拜占庭、巴勒斯坦、埃及和突尼斯等地都不时闪现着犹太人的身影。一些经济地位较高、具有较好文化素养的犹太人,担任了阿拉伯帝国宫廷的外交、贸易和财政顾问。巴勒斯坦的犹太社团也逐渐复兴，耶路撒冷的犹太人日益增多，当地的希伯来语言文学和宗教文化等逐渐发展起来。奥马尔哈里发允许犹太人在耶路撒冷定居，甚至可以登上圣殿山。此外，犹太社团在叙利亚、埃及和马格里布地区也得到发展，特别以阿拉伯人控制下的西班牙最为突出。

犹太人约于公元 1 世纪来到西班牙。公元 711 年，阿拉伯军队进攻西班牙时得到犹太人的慷慨相助，前者允许后者享有信仰自由和司法独立。西班牙和葡萄牙的犹太文化被称为"塞法尔迪人文化"，并于 8 ~ 13 世纪繁荣昌盛。其间，出现了一些著名学者，如犹大·哈列维（1075 ~ 1141 年）和摩西·迈蒙尼德（1135 ~ 1404 年），前者被认为是 12 世纪上半叶最杰出的诗人与哲学家，代表作是《库萨里》；后者被誉为"最伟大的摩西"，代表作为《迷途指南》。不少西班牙犹太人也成为统治者的座上宾，有的还担任了哈里发的政治、经济、金融顾问和首席外交顾问。11 世纪，阿拉伯帝国统治下的西班牙四分五裂，犹太人成为各诸侯国的咨询、问政对象，格拉纳达的犹太人随处可见。西班牙犹太学者把希腊、罗马文化中的经典作品翻译成阿拉伯语和希伯来语，同时又把阿拉伯人的著作译成拉丁语，直接推动了东西方文化的交流。14 世纪后，随着基督教政权在西班牙的兴起，犹太社区遭受毁坏，反犹活动席卷整个西班牙。1492 年，约 20 万犹太人被驱逐出西班牙。同年 8 月，犹太人被全部逐出，流散到意大利、叙利亚、土耳其及北非等地，他们被称为"塞法尔迪人"。

四 大流散时期的欧洲犹太人

欧洲犹太人主要集中在法国、德国、英国、意大利及北欧地区。随着犹太人经济实力的增强和基督教主导欧洲，犹太人开始受到当地居民的排斥，双方矛盾十分尖锐。西欧的犹太人被迫向立陶宛、波兰、匈牙利、俄国迁徙，还有的移民到美国、南非和澳大利亚等地。欧洲犹太人被称为阿什肯纳兹人（西方犹太人）。

犹太人在加洛林王朝时进入法国，被迫宣誓效忠，并定期纳税。10 ~ 11 世纪，犹太社区遍布法国各大城区，犹太人建立了研究《塔木德》的学院，涌现出一批有名的《塔木德》学者。但随后，法国曾四次掀起排犹浪潮，到 16 世纪，大部分犹太人被驱逐出境。

德国犹太人集中在美因茨，这里还是犹太学术中心。11 世纪以前，德国犹太人享有自由贸易权。但在 1298 年和 1336 年，遍布欧洲的黑死病，促使欧洲教会对犹太人进行清洗，200 多个犹太社团被毁灭。到 15 世纪，德国的犹太人被大批驱逐。

1066 年，来自法国、西班牙、意大利和摩洛哥的犹太人进入英国，为国王提供高利贷业务，推进金融市场发展。12 世纪，英国犹太人仅占全国总人口的 1/400，但缴纳税额占全国的 8%。他们在帮助国王筹措资金方面起了很大作用，但 13 世纪以后其处境日益恶化，1290 年有 1.6 万犹太人被驱逐。

意大利犹太社团形成于公元 2 世纪。当地犹太人与基督徒关系和缓，过着平静的生活，并参与当地的经济与文化生活。13 世纪，从他们中涌现出一批翻译家、作家、音乐家、大银行家和医生等。16 世纪下半期，大部分犹太人被驱逐出境。

由于基督教会禁止犹太人从事农业生产劳动，西哥特人立法禁止犹太人拥有土地，他们又随时面临着被驱逐的可能，没有安全感，只能从事手工业与商业活动。欧洲犹太人在长期的社会实践中，掌握了高超的手工技艺，他们将亚非等地的手工业技术带到欧洲，并进一步实现创新。但好景不长，随着行会制度的确立，犹太人的手工业经营活动被禁止。被逼无奈的犹太人只得从事高利贷业务，或者经商。一些在经商中暴富的犹太人，引起当地主体民族的不满，二者矛盾重重。欧洲统治者也经常在没收犹太人的财产后将他们驱逐出境，当经济出现困难时，又将他们召回国内。犹太人缴纳的税收名目繁多，有人丁税、财产税、屠宰税、酒税、珠宝税和进口税等。犹太人必须在发生战争、国王加冕和巡游时"自由乐捐"。基督教会也是迫害犹太人的主体力量。基督教认为犹太教是异端邪说，马丁·路德曾把犹太人比作瘟疫。许多犹太人表面上皈依基督教，实际上秘密信仰犹太教，这些人被称为"马兰诺"，意为猪。教会的异端裁判所因此发起了迫害马兰诺运动。其间，受到审讯的犹太人多达 40 万，有 3 万人被处以死刑。

十字军东征期间，基督教徒宣布穆斯林破坏其圣地，阿拉伯海盗袭击基督教商人，其结果是犹太人成了牺牲品。在此期间，欧洲流行着各种反犹言论，如"杀一个犹太人，以拯救你的灵魂"，德国和法国的犹太人被强迫到教堂接受洗礼，拒绝者被处死。巴勒斯坦的犹太人被入侵的十字军大批屠杀。东征结束后，欧洲的反犹主义迅速兴起。许多国家还颁布了限制犹太人的法令，禁止他们从事某种职业，对其征收额外的赋税。

基督教会还以法律形式建立隔都，使犹太人完全孤立于主流社会之外。隔都是为犹太人划定的居住区，四周有围墙，留一出入的大门，白天有人把守，晚上禁止出入。犹太人在隔都之内保持自己的社会管理结构与交往模式。隔都拥有12人组成的帕尔纳斯，即犹太社区行政管理委员会，其领袖是拉比。他们还有自己的法院、公墓、屠宰场、旅馆和监狱，而最具代表性的是布拉格隔都。

欧洲犹太人在中世纪还创造了以意第绪语（散居犹太人将希伯来语和日耳曼方言混合而成的语言）为基础的意第绪文化，包括文学、戏剧。该文化兴起于13世纪，19世纪末20世纪初继续发展，到20世纪中叶逐渐衰落。

第二节　近现代简史

一　启蒙运动

由文艺复兴和宗教改革所引领的启蒙运动对欧洲犹太人产生了深刻的影响，它推动了犹太历史上的启蒙运动和追求解放的新时代，并导致了犹太复国主义的产生。在犹太史上诸多划时代人物中，启蒙运动思想家摩西·门德尔松首屈一指。他否定传统犹太教中的蒙昧主义，以理性主义重新解释犹太教，协调宗教文化与世俗文化，被尊称为"德国的柏拉图""犹太人的苏格拉底"。其思想核心是基于理性主义的宗教观，坚持政教分离，主张通过世俗化实现犹太民族的解放。他在践行自己的理想时，将希伯来文的《旧约》翻译成德文，普及世俗教育，主张犹太人走出隔都与非犹太人交往。他掀起了 18 世纪中后期至 19 世纪中欧及东欧的犹太启蒙运动。18 世纪，以门德尔松为首的犹太精英在柏林成立启蒙中心。19 世纪 40 年代，犹太启蒙运动在俄国兴起。犹太启蒙运动呼吁犹太人走出隔都，大力发展现代教育以及现代化的生活方式，主张改革犹太教的习俗、礼仪与观念。它是犹太人摆脱蒙昧状态，步入现代文明社会的第一步。

随后的法国大革命与 1848 年革命也推动了犹太人的解放意识。北美独立后，当地犹太人获得公民权。法国大革命后，欧洲各地犹太人也先后获得了公民权。革命洪流和民族主义激情促使许多犹太人不再沉溺于救世主的救赎，而是积极投入民族解放的大潮。革命锻炼了一批社会精英，更多的犹太人接受了启蒙与改革的思想。犹太解放运动加快了犹太文化的现代化进程，提高了犹太人在欧洲知识界的地位，弱化了犹太人的民族与宗教意识，推进了犹太人口的城市化进程，培养了大量精英，为犹太复国主义运动奠定了坚实的物质和思想基础。

二　赫茨尔与犹太复国主义

从犹太人大流散开始，就出现了犹太人问题，同化和启蒙运动即是欧洲犹太人在不同时期对犹太人问题的某种回应。尽管近代欧美的资产阶级革命给予了犹太人以平等的公民权，但欧洲根深蒂固的反犹思想依然如故。尤其是犹太人口众多的东欧和俄国，当地犹太人反对把同化和在保持犹太文化的同时寻求平等的公民权作为解决犹太人问题的出路，而把希望寄托于复国。

犹太复国主义[①]音译为锡安主义（Zionism），源于锡安（Zion），即耶路撒冷的一座山。在大卫王时期，"锡安"一词成为耶路撒冷和以色列之地的代名词。犹太复国主义形成于 19 世纪末，其基本内容是号召犹太人

---

① 1892 年 1 月 23 日，犹太作家内森·比恩鲍姆在维也纳的一次讨论会上首次公开使用犹太复国主义一词。事实上，1890 年前该词已多次在出版物中出现，但并没有明确的政治含义。

回归巴勒斯坦，建立民族国家。该思想源于《圣经》中的弥赛亚观念，但也是一场世俗的、民族主义的现代政治运动，被称为"世俗化的弥赛亚主义"（Secularized Messianism）。犹太复国主义包括不同的流派，有政治犹太复国主义、宗教犹太复国主义、文化犹太复国主义、劳工犹太复国主义（社会主义的犹太复国主义）、修正派犹太复国主义等。此外，犹太复国主义的兴起还受到反犹主义的强烈影响。犹太复国主义的先驱有波兰的兹维·希尔施·卡里舍尔（1795~1874）、"社会主义的犹太复国主义"之父摩西·赫斯（1812~1875）、生于波兰的俄国医生列奥·平斯克（1821~1891）、俄国的阿哈德·哈阿姆（1856~1927）。但最重要的先驱是出生于匈牙利的政治犹太复国主义代表人物西奥多·赫茨尔（1860~1904）。

赫茨尔最重要的作品是出版于1896年的《犹太国》，该书充满激情和希望，在犹太世界引起了广泛关注。它直接指出了犹太国家的重建这一犹太人几千年来的理想与信念，认为建立犹太民族国家是犹太人的最终归宿。赫茨尔为即将建立的犹太国家构想了宏伟蓝图，即由欧洲大国批准，国际法给予肯定，得到全世界犹太人财力支持的、政教分离的国家。《犹太国》不仅阐述了完整的、逻辑清晰的复国思想，而且设计了具有操作性的行动计划与具体步骤。1897年6月，他创办了《世界》周刊，大力宣传犹太复国主义思想。

赫茨尔的动员与宣传取得了效果。1897年8月29~31日，来自世界各地的犹太人在巴塞尔举行第一届犹太复国主义代表大会。他在开幕式上明确指出，代表大会的目的就是为犹太人未来的民族大厦奠定基础，复兴犹太民族意识。会议上形成了三个派别：以赫茨尔为首的"政治犹太复国主义"主张在大国支持的基础上，在巴勒斯坦建国；以"锡安山热爱者协会"为代表的行动派主张通过移民造成既成事实；而文化犹太复国主义者强调使巴勒斯坦成为犹太人的精神中心。会议最后通过了《世界犹太复国主义纲领》，即《巴塞尔纲领》，其主要目标是：鼓励犹太人到巴勒斯坦地区定居，建立团结全世界犹太人的地方性或国际性机构，培养犹太人的民族情感与民族意识。巴塞尔大会成立了世界犹太人复国主义组织，赫茨尔当选主席。大会预示着犹太复国主义运动进入了有组织的阶段，政治诉求、获得国际社会支持以及犹太人移居巴勒斯坦成为犹太精英的策略与目标。但赫茨尔先后向德国、奥斯曼帝国寻求支持未果。同时，犹太复国主义者在建国地点上存在各种争议：一是"艾尔－阿里什方案"，即在西奈半岛的艾尔－阿里什建国；二是"乌干达方案"，即在今肯尼亚（误传为乌干达，故称"乌干达方案"）划出一片 6000 平方英里的土地供犹太人建立家园。前者遭埃及反对，后者受到俄国与东欧犹太人的拒绝，赫茨尔为此奔波劳碌，1904 年 7 月 3 日，他在维也纳病逝，年仅 44 岁。

三　移民运动

巴勒斯坦被多数欧洲犹太人看作建国的理想场所。1730 年，一些犹太学者、商人和手工业者开始向巴勒斯坦移民。到 1845 年，耶路撒冷等地的犹太人大约有 1.2 万人。到 1882 年，巴勒斯坦的犹太人为 2.4 万人，耶路撒冷的犹太人约 1.5 万人，信仰正统犹太教。同年 8 月，犹太复国主义的"热爱圣山运动"组织开始向巴勒斯坦移民，这一运动被称为"阿里亚"（aliya），即"上升"。第一次阿里亚始于 1882 年，延续到 1903 年，约 2.5 万名犹太人从俄国、罗马尼亚等地移居巴勒斯坦。但由于奥斯曼帝国政府的抵制，阿拉伯人的反对，以及犹太人缺乏农耕经验，第一次阿里亚以失败而告终。第二次阿里亚始于 1904 年，结束于 1914 年，这期间共有 3.5 万名犹太人移居巴勒斯坦，巴勒斯坦犹太人达到 8.5 万。此次移民主要是俄国与东欧、东亚的犹太人，他们创建的基布兹（即集体农庄）令人瞩目。1914 年，巴勒斯坦地区一共有 14 个基布兹。后来，这些移民的 80% 都离开了，剩下的犹太人成为劳工犹太复国主义的核心。

1905 年后，巴勒斯坦的犹太社团迅速发展，并出现了政党组织。移民内部发生分裂，形成青年工人党和锡安工人党巴勒斯坦支部。锡安工人党巴勒斯坦支部的领袖是大卫·本－古里安，其行动纲领是在巴勒斯坦建立一个犹太国。20 世纪初，在语言学家埃利泽尔·本－耶胡达（1858～1922）的宣传推广下，希伯来语在巴勒斯坦的犹太移民中复活了。到 1916 年，巴勒斯坦已有 3.5 万人将希伯来语作为主要语言，占此地犹太人总数的 40%，在儿童中这一比例已经高达 70%。1922 年，英国委任统治当局将希伯来语、英语与阿拉伯语作为巴勒斯坦的官方语言。

第一次世界大战前夕，犹太复国主义运动领袖将建国希望寄托于奥斯曼帝国，但后者态度冷漠，并将入境的犹太复国主义分子驱逐出境。战争期间，巴勒斯坦犹太社团经济上损失惨重：一是战争使捐赠资金中断；二是犹太农民赖以生存的柑橘与葡萄酒出口被迫中止。巴勒斯坦的犹太人口不仅大幅度下降，而且分化出"亲德派"和"亲英派"。前者鼓励犹太人为德国而战，以弗兰茨·奥本海默为代表；后者认为巴勒斯坦应划入英国势力范围，以魏茨曼为代表。1917 年 5 月，英军占领巴勒斯坦，巴勒斯坦犹太人开始处于英国的统治之下。魏茨曼是典型的亲英派，要求在英国的帮助下在巴勒斯坦建国。经过与英国政府屡次交涉，1917 年 11 月 2 日，英国外交大臣贝尔福代表英国政府发表《贝尔福宣言》，其内容是赞成在巴勒斯坦建立犹太人的民族家园。这标志着犹太复国主义运动第一次得到一个大国的支持，而为此奔走的魏茨曼也成为犹太复国主义运动的新一代领袖。

四　英国对巴勒斯坦的委任统治

1919 年 6 月，巴黎和会召开。犹太复国主义组织也派出代表团与会。会议认可了《贝尔福宣言》的原则。而 1920 年在圣勒摩召开的协约国会议正式确认了英国对巴勒斯坦的委任统治。1921 年 3 月，英国当局以约旦河为界，将巴勒斯坦一分为二，约旦河以西仍称巴勒斯坦，由英国专员统治，约旦河以东成立外约旦酋长国。

巴勒斯坦阿拉伯人反对犹太人移民，开始袭击犹太人定居点。但在英国当局纵容下，移民人数继续增加。第一次世界大战结束后，犹太人的阿里亚出现了三次高潮，巴勒斯坦犹太人达到 9 万。1920 年 12 月，犹太人成立了"巴勒斯坦犹太工人总会"，简称犹太工总。该组织不仅是工人联合会，还是生产组织和政治组织。为了保卫犹太人的居民区，防御巴勒斯坦阿拉伯人的袭击，还建立了一支以工人为主体的地下军事组织"哈加纳"，希伯来语意为"防卫队"。1937 年，哈加纳发生分裂，其中一部分组成激进的、更富战斗力的军事组织"伊尔贡"。与此同时，犹太人的移民和收购土地等活动逐渐激化了阿犹矛盾。1929 年 8 月，阿犹双方因西墙事件发生冲突，犹太人死亡 133 人，受伤 339 人。

1932 年以后，犹太难民开始大批涌入巴勒斯坦，阿犹关系进一步恶化。1936 年，阿拉伯人发动总罢工，阿犹双方不断袭击与报复，阿拉伯人遭到哈加纳和伊尔贡的不断袭击。同年 11 月，英国派出以罗伯特·皮尔为首的皇家委员会来调查此事，并形成了皮尔报告。报告得出的结论是：阿拉伯人受到不公平待遇，二者建立共同家园已经不可能，并提出"皮尔委员会分治计划"①。犹太复国主义组织内部虽然对皮尔报告充满争议，但魏茨曼和本－古里安都赞同分治计划，而阿拉伯人表示拒绝。1937 年 9 月，埃及、伊拉克、叙利亚、黎巴嫩和外约旦在叙利亚的布鲁丹召开会议，强烈反对犹太人建国。阿拉伯人和犹太人的相互袭击活动仍在继续，1937～1939 年，阿拉伯人、英国人和犹太人丧生者分别有 3000～5000 人、700 人和 1200 人。

为了应对即将来临的世界大战，英国不得不考虑阿拉伯世界的利益。1939 年 5 月，英国政府就巴勒斯坦问题发表白皮书，此即《麦克唐纳白皮书》。白皮书反对犹太人在巴勒斯坦建国，而主张建立一个与英国有条约关系的巴勒斯坦国，限制犹太移民和购买土地。白皮书与《贝尔福宣言》相背离，标志着英国的政策从"扶犹抑阿"变成"扶阿抑犹"。但白皮书遭到阿拉伯人和犹太人的共同反对，前者认为英国没有结束犹太人向巴勒斯坦的移民，后者更认为英国背叛了犹太人。伊休夫②随后发动了大规模的反英示威和罢工。

二战爆发前夕，犹太代办处与哈加纳对英国当局采取了克制态度。由于英国当局严格执行白皮书，具有反英情绪的犹太人日益增多。1940 年，

① 皮尔委员会分治计划，即巴勒斯坦地区分为犹太国家（包括巴勒斯坦北部的加利利地区、埃斯德拉隆平原以及从黎巴嫩边界到雅法南部的沿海平原，其总面积占巴勒斯坦的 20%）、英国托管区（耶路撒冷、伯利恒、拿撒勒以及通往雅法的走廊）、阿拉伯国家（巴勒斯坦其他地区与外约旦）。
② 以色列建国前的巴勒斯坦犹太社团，也是犹太人的"民族之家"，具有高度自治性。

伊尔贡成员在亚伯拉罕·斯特恩的带领下组成了新组织——"以色列自由战士",简称"斯特恩帮"。该组织采用恐怖手段打击英国当局。

1942年,美国犹太复国主义者会议在纽约比尔特莫尔饭店召开,会议通过了《比尔特莫尔纲领》,第一次明确提出建国要求。会议的召开表明,以本-古里安为首的激进的亲美派已经取代以魏茨曼为首的温和的亲英派,成为犹太复国主义运动的领导,而美国也取代英国成为犹太复国主义的主要支持者。

五 二战中的犹太人及以色列建国

纳粹大屠杀是20世纪历史上的一场种族灭绝事件,是1933～1945年由纳粹德国主持的、有计划地迫害与消灭欧洲犹太人的行动。纳粹大屠杀共分为三个阶段:第一阶段(1933～1939年),德国制定反犹立法,扩大反犹宣传;第二阶段(1939～1941年),以驱逐为主的反犹政策;第三阶段(1941～1945年),"最后解决"政策,即肉体消灭。600万无辜的犹太人死于纳粹大屠杀,促使国际社会以及犹太人自身认真考虑犹太民族的前途命运,从而推动了犹太国的建立。

二战期间,巴勒斯坦的犹太人积极参与英国的反法西斯战争。1941年5月,设在耶路撒冷的犹太代办处的执行委员会决定建立一支独立的犹太突击队(希伯来语为"帕尔马赫"),以便武装保卫巴勒斯坦。帕尔马赫后来发展成为单独建制的常备军,与英军配合作战。到二战结束时,其人数达到1500人。1944年,为抵御德国军团入侵北非,在犹太社团的强烈要求下,英国同意成立由巴勒斯坦犹太人、无国籍犹太人与英国犹太人组成的犹太旅。犹太旅采用象征着犹太复国主义的军旗。

二战结束前后,大批犹太难民无家可归,英国面临着来自美国等国家要求其放开犹太人向巴勒斯坦移民和巴勒斯坦犹太组织恐怖活动的巨大压力。1945年8月,哈加纳、伊尔贡等联合成立"希伯来抵抗运动",发动反英暴动,遭到殖民当局的镇压。身处旋涡的英国人也一直在寻求解决巴勒斯坦问题的最佳办法。1947年4月2日,英国把巴勒斯坦问题提交联合国。

1947 年 4 月 28 日到 5 月 15 日，联合国在纽约总部召开巴勒斯坦问题特别会议，会上提出四种方案：一是成立阿拉伯－犹太联邦；二是成立犹太国和阿拉伯国两个国家；三是仅建立一个阿拉伯国家；四是仅建立一个犹太国。特别会议决定成立"联合国巴勒斯坦特别委员会"，到巴勒斯坦地区广泛听取犹太人和阿拉伯人的意见。同年 8 月 31 日，特别委员会提交了报告，要求结束英国委任统治，在巴勒斯坦实行自治。1947 年 11 月 29 日，经过长达数月的马拉松式讨论之后，联合国大会对巴勒斯坦分治决议进行表决。由于西方国家、拉美国家和苏联东欧国家的支持，尽管阿拉伯国家和其他伊斯兰国家强烈反对，大会最终还是通过了"巴勒斯坦未来治理问题的决议"，即有关分治的 181 号决议。决议规定，英国必须在 1948 年 8 月 1 日前撤出巴勒斯坦，在委任统治结束后的两个月内成立阿拉伯国与犹太国。其中阿拉伯国家的面积为 1.12 万平方公里，犹太国的面积为 1.49 万平方公里，二者国土比例分别为 42.8% 和 56.4%；耶路撒冷及其周围 158 平方公里的土地由联合国管理。

分治决议颁布后，阿拉伯人与犹太人之间发生了激烈的冲突。从 1947 年年底到 1948 年 3 月，阿犹双方各有 1000 人在冲突中丧生。但这些并没有阻挡犹太人建国的决心。1948 年 5 月 14 日，在英国军队离开巴勒斯坦当天，犹太民族委员会旋即在特拉维夫美术馆举行建国仪式，本－古里安宣读了《独立宣言》，宣告以色列国建立。

第三节　当代简史

一　建国后的社会变迁

以色列的政治、经济、国防体制和文化均受到西方的强烈影响。在政治上，它实行议会制，国家元首总统仅有象征性权力，由执政联盟产生的总理掌握行政权力，而 1977 年以前一直由工党主导以色列政坛。从 1948 年 5 月到 1949 年 3 月，由临时政府管理国家，1949 年魏茨曼总统授权工党领袖本－古里安组阁。随后，工党与宗教联合阵线、进步党等达成联合组阁的协议。3 月 10 日，以色列第一届政府宣布建立，本－古里安为首任总理。建国后的头十年，以本－古里安为首的马帕伊（巴勒斯坦工人党，即工党前身）联合政府一直执政，它出台了一系列重要政策，如军队国家化、加强国防建设、统一教育制度、国家干预经济等措施，规范了以色列国家政治、经济与文化诉求，同时号召世界各地犹太人移居巴勒斯坦，并力促其向沙漠地带定居。本－古里安对早期以色列国做出了巨大贡献，因此被尊称为"现代以色列之父"。

20 世纪 50 年代中期，以色列执政联盟中分为少壮派和元老派，前者支持国家主义和快速工业化以及强硬的外交政策，后者主张温和的内外政策。本－古里安归隐后，摩西·夏里特被任命为代总理，平哈斯·拉冯接任国防部部长。摩西·夏里特的任职并不顺利，拉冯事件①爆发后，本－古里安再次出山任总理，但与党内元老派的矛盾日益尖锐。1963 年 7 月，本－古里安辞去总理职务。随后列维·艾希科尔担任总理，他延续了本－古里安的内外政策。

1950 年 7 月，以色列政府颁布了《回归法》，要求居住在境外的犹太人"回归祖国"。1952 年 4 月，议会通过了《国籍法》，规定年满 18 岁的犹太人只要一踏上以色列国土，就自动具有以色列公民身份。该法于同年 7 月 14 日正式施行。在《回归法》和《国籍法》的鼓励下，以色列的入境移民飞速增加，到 1966 年，其人数已超过 100 万，以色列具有了移民国家的典型特征。移民对以色列国家的贡献是显而易见的，他们为以色列提供了充足的劳动力。腰缠万贯的犹太富翁带来的雄厚资金，成为以色列工业化建设所需资金的基本来源。移民还扩大了国内需求，促进了住房、教育、卫生等各领域的需求，推动了相关产业的发展。以色列经济学家得出的结论是：建国后国民经济的快速增长有 30% 归功于移民。移民潮所产生的一个不可忽视的负面影响是：以色列社会分裂为西方犹太人、东方

---

① 1954 年秋，以色列国防部与情报部门在埃及策划了针对英美文化机构的爆炸事件，目的是利用英国准备撤出苏伊士军事基地的机会，破坏埃及与西方国家的关系。后因计划败露，时任国防部部长的拉冯被迫辞职。

犹太人、阿拉伯人及其他少数民族,这造成了社会的鸿沟和矛盾,甚至在语言上,西方犹太人说希伯来语、英语和俄语等,东方犹太人讲阿拉伯语。

二战后初期,联邦德国与以色列关系十分微妙。波恩方面首先打破双方的尴尬,于1951年提出对以色列和来自欧洲的犹太人个人进行经济赔偿。以色列政府内部经过激烈的讨价还价,以微弱多数通过了联邦德国赔偿15亿美元的要求。1952年9月,两国签署《德国赔款协定》,规定大多数赔款用于以色列从德国进口货物。到1967年,联邦德国完成了全部的赔款承诺。联邦德国的赔款安抚了犹太人受伤的心灵,缓解了以色列建国初期经济拮据的局面,有助于新生的以色列国家的成长。

二 战争岁月

1948年5月15日,即以色列建国的次日,埃及、外约旦、叙利亚、伊拉克和黎巴嫩五个阿拉伯国家派兵进入巴勒斯坦,向以色列国开战。这次战争被称为第一次中东战争或巴勒斯坦战争,以色列称之为独立战争。阿拉伯人在战争初期取得了主动权,但由于联合国的干预,双方从6月11日起开始停火。1948年5月26日,以色列临时政府颁布建立国防军的命令,将哈加纳、伊尔贡等武装力量整合为统一的军队。8月底以前,以色列国防军的力量是7.8万人,12月达到9.6万人,而阿拉伯方的参战力量为4万人左右。7月9日,阿以重开战事,以军占据优势。此时,联合国再次干预,以色列和阿拉伯国家从7月18日开始进入第二次停火期。其间,以色列从国外获得大量物资和人员援助,而阿拉伯阵营却发生分裂。随后,双方战端再起,以色列军队先后实施了"约夫战役""希拉姆行动""霍雷夫行动",埃及被迫求和。在联合国的施压下,以色列接受调停,巴勒斯坦战争结束,除伊拉克以外的阿拉伯各国与以色列签订了停战协定。战争造成72.5万巴勒斯坦人沦为难民,他们流落到约旦河西岸、加沙地带以及阿拉伯各国。战争结束之时,以色列占领了原属阿拉伯国家的加利利地区和原定联合国托管的耶路撒冷西区,领土面积达到2.11万平方公里,比分治决议规定的1.49万增加了6200平方公里,占整个巴勒斯坦面积的80%，停火线成为双方的边界，并逐渐得到国际社会的承认。另外，外约旦兼并约旦河西岸并控制了耶路撒冷东区（老城），加沙地带由埃及控制，拟建立的"阿拉伯国"完全化为泡影。

以色列虽赢得了巴勒斯坦战争，但阿拉伯各国对以色列的敌意不减，它们对其实行贸易禁运，并且没有一个国家与其建交。以色列在阿拉伯世界处于完全孤立的状态。伴随着1952年埃及革命开始的阿拉伯世界的共和制浪潮，以色列面临的环境更趋严峻。由于埃及总统纳赛尔宣布苏伊士运河国有化，得到英法支持的以色列于1956年10月29日对埃及发动进攻，第二次中东战争即苏伊士运河战争爆发，以色列占领了西奈半岛。在美国施压和苏联下达最后通牒，以及亚非许多国家谴责的情况下，英、法、以决定停火，以色列被迫从西奈撤军。对以色列来说，苏伊士运河战争的影响是双重的：一方面，它确立了以色列在国际社会的地位，联合国设置的缓冲区使埃以之间出现10年的和平，战争还促使以色列社会整合力增强；另一方面，以色列参与英法对埃及的战争，遭到国际社会的谴责，而其敌人纳赛尔却在战争中声名鹊起。

苏伊士运河战争后，巴勒斯坦出现了不同的政治组织，其中最著名的当属法塔赫，即巴勒斯坦民族解放运动。1957年10月，法塔赫在科威特开始秘密活动。1963年，它的10名成员秘密组成了第一届中央委员会，领导人为亚西尔·阿拉法特。1964年5月，阿拉伯联盟成立了一个温和的巴勒斯坦解放组织，简称"巴解组织"，它受到埃及的控制，其成立后面临的第一件事就是抵制以色列的"国家引水工程"。1964年9月，阿拉伯国家在亚历山大举行会议，制订了约旦河截流的具体计划。随后，以色列对叙利亚的截流工程发动空袭。1967年5月13日，苏联给叙利亚和埃及发送了假情报，宣称以色列准备进攻阿拉伯国家。同月，埃及宣布关闭蒂朗海峡，对以色列实行封锁。以色列最高指挥部立即制订了占领加沙地带的军事计划，其总体计划有三个方向，即埃及、约旦和叙利亚。

1967年6月5日，以色列对埃及发动了代号为"穆克德"计划的军事行动。因此这次战争又称"六五战争"，即第三次中东战争或"六日战争"。以色列先发制人的打击行动取得了理想的结果，埃及空军遭受毁灭性打击。随后以色列地面部队出动，实施代号为"萨迪姆－阿多姆"的作战计划，占领加沙地带和西奈半岛。与此同时，在约旦战线，以色列军队占领了约旦河西岸和东耶路撒冷。以色列与叙利亚的战斗始于6月9日，以军占领具有重要意义的戈兰高地。在联合国的呼吁下，6月11日，以色列和阿拉伯国家实现全面停火，"六五战争"结束。阿以双方在战争中损失都很惨重，阿拉伯国家死亡人数为2万~3万，以色列有777名士兵阵亡。

拉宾在此次战争中获得了较高的声誉。战争对以色列社会也产生了重大影响：一是以色列的安全感增强，自信心增强，优越感明显；二是东方犹太人因在战争中屡立奇功而得到其他犹太人的重视，以色列社会融合加速；三是国防需求促进了经济复苏，推进了以色列经济的发展；四是对阿拉伯被占领土的占领，不但使以色列的战略腹地大大扩展，安全环境改善，而且使其控制了具有重要意义的圣地（约旦河西岸）和石油资源（西奈），推动了以色列社会宗教情绪和宗教政党势力的增长；五是世界各地的散居犹太人积极援助以色列，到以色列定居的人也越来越多。

联合国安理会于1967年6月22日一致通过了美国提议的242号决议，要求以色列撤出其在"六五战争"中占领的全部领土，尊重和承认该地区所有国家的主权、领土完整和政治独立。该决议为解决阿以冲突奠定了基础。同时，阿盟也在此后的喀土穆首脑会议上通过了对以色列的"三不"原则（不谈判、不缔和、不承认）。中东局势进入了"不战不和"的阶段，以色列与美国的关系空前加强，前者成为后者对抗亲苏的阿拉伯前线国家的有力工具。

1969年3月7日，果尔达·梅厄接替突然病逝的艾希科尔，成为以色列历史上第一位，也是唯一的一位女总理。梅厄夫人果断刚强，经常把部长们召集到家中商议国家大事，这一届内阁被称为"厨房内阁"。从1967年开始，以色列与埃及陷入低烈度冲突不断的"消耗战"，后在美国国务卿威廉·罗杰斯的积极调停下，双方于1970年8月实现了最后停火。

巴解组织在"六五战争"中遭受沉重打击。1968年，巴勒斯坦各派在开罗开会，修改了《巴勒斯坦民族章程》，认为解放巴勒斯坦的唯一途径就是武装斗争。这次会议选举阿拉法特为执委会主席。同年，法塔赫在卡马拉战役中重挫以色列，尽管自身也损失惨重，但阿拉法特却威名远播。20 世纪 70 年代，一些巴勒斯坦激进组织对以色列策划了一系列恐怖事件，尤其是 1972 年奥运会期间对以色列运动员实施绑架的事件。

1970 年 9 月，纳赛尔病逝，萨达特出任总统。萨达特决定对以色列发动一场有限战争，以战促和。1973 年 10 月 6 日，埃及、叙利亚向以色列发动袭击。历史上称此次战争为第四次中东战争（也称十月战争或斋月战争），以色列称之为赎罪日战争。在战争后期，以色列扭转了战局，尤其是沙龙在战争中表现突出。22 日、23 日，联合国安理会通过了要求双方停火、执行 242 号决议的 338 号决议和 339 号决议，埃及、叙利亚于 22 日和 24 日宣布接受停火协议，以色列于 25 日接受停火。十月战争是第二次世界大战后中东地区规模最大的一次现代化战争，人员与兵器都损失惨重。埃及以此洗刷了在 1967 年战争中所蒙受的耻辱，民族自信心得以恢复。以色列经济受到重大影响，增长速度下降，通货膨胀严重，公共消费扩大，贸易逆差严重。更严重的后果是，战争从心理上撼动了犹太人的自信心。

在国际上，许多第三世界国家纷纷与以色列断交。在阿拉伯国家石油武器的压力下，欧共体和日本先后发表声明，宣称 242 号决议是中东和平的基础，尊重巴勒斯坦人的合法权益，从而进一步孤立了以色列。美国也意识到解决阿以冲突的迫切性，开始参与中东问题的和平解决。十月战争标志着中东和平曙光的到来。1973 年 12 月，美、苏、埃、约、以五国参加了日内瓦国际和平会议。会后，美国的基辛格在埃以之间进行穿梭外交，促使双方于 1974 年 1 月和 8 月签署了两项埃以军事脱离接触协议，这是阿以之间第一次通过直接谈判签订的协议，它使埃及收回了西奈的部分领土，埃以承诺互不使用武力，苏伊士运河对以色列民用船只开放。5 月，叙利亚和以色列也签署了军事脱离接触协议。

1974 年，梅厄夫人辞职，拉宾担任总理。拉宾上台后，重整国防军，打击恐怖主义。拉宾政府也面临着许多困难，如与联合国关系紧张、经济滑坡、财政赤字严重、通货膨胀率直线上升。1977 年 4 月，拉宾被迫辞职，两周后，工党的佩雷斯出任看守内阁总理，他面临着贝京领导的利库德集团的挑战，后者得到东方犹太人的大力支持。1977 年 5 月，以色列举行第九届议会选举，利库德集团赢得 43 个议席，而工党联盟仅获得 32 席。利库德集团上台执政，标志着一个新时代的到来。

三 利库德集团上台

1977 年 6 月 20 日，贝京组成了以利库德集团为核心的新一届联合政府，强硬派人物阿里尔·沙龙和工党要员摩西·达扬均进入内阁。新政府的施政纲领主要体现在《利库德集团关于和平和建立一个正常的以色列的计划》，其核心内容是：增强以色列人的民族与宗教意识；消灭巴解组织；经济自由与政府保障相结合；缩小社会差距。

贝京当政时期，极端正统派势力迅速崛起，享有扩展宗教教育、信教妇女免服兵役、禁止堕胎、反对尸检等特权，而许多宗教思想浓厚的犹太人纷纷到西岸定居。同时，利库德集团实施了新经济政策，即出售国有企业，推行私有化，尝试对税收与退休制度进行改革，取消外汇管制和进口补贴，实现从混合经济体制向自由市场经济的转变。利库德集团所推行的政策并未取得实际效果，1973 年，国内通货膨胀率达 20%，1979 年高达 80%，到了 80 年代则达到 100%。恶性通货膨胀与军费开支过大、个人消费超支以及利库德集团的经济政策密切相关。

此时，以色列与美国的关系得以加强。1977 年 7 月，贝京抵达华盛顿，与卡特总统举行会谈，承诺接受联合国 242 号和 338 号决议。同年，美国向以色列提供了 18 亿美元的援助，以色列成为世界上接受美国援助最多的国家。

1977 年 11 月 19 日，埃及总统萨达特访问以色列，与贝京总理握手言和，标志着阿拉伯世界打破长期以来对以色列的孤立政策。随后，萨达特和贝京在以色列议会分别发表演讲，两人表达了实现两国和平的基本看法，但分歧也很明显：萨达特想实现中东问题的全面解决，而贝京只想解决埃以之间的问题。1978 年 9 月，在卡特总统的积极斡旋下，萨达特与贝京在美国总统的休养胜地戴维营举行会谈，双方签署了《关于实现中东和平的纲要》和《关于埃及同以色列之间和平条约的纲要》，即通常所说的《戴维营协议》。1979 年 3 月，经过艰苦谈判，萨达特和贝京在白宫正式签署了《关于阿拉伯埃及共和国和以色列的和平条约》，双方相互承认并尊重对方的主权、独立与领土完整等。协议签署后不久，贝京应邀访问埃及，受到欢迎。1979～1980 年，埃及从以色列基本收回了西奈半岛。1980 年 2 月，埃及同以色列建交。《戴维营协议》与埃以关系正常化打破了阿以冲突的僵局，但萨达特也受到了阿拉伯世界的指责，并因此遭暗杀。

1983 年，贝京面临着极其严重的统治危机，被迫辞职，外交部部长伊扎克·沙米尔接任以色列总理。沙米尔政府面临黎巴嫩战争，经济持续衰退，内阁出现危机，不久内阁宣告解体。1984 年 7 月，工党在议会大选中胜出。9 月，工党与利库德集团签署了组建联合政府、轮流担任总理的协议，佩雷斯首先出任为期 2 年的总理。新政府采取措施稳定经济，如冻结物价与工资，压缩政府开支，减少税收、教育经费、卫生保健经费及老年补助金，整顿货币等，取得了明显成效。美国随后向以色列提供大量军事援助，佩雷斯的支持率迅速上升。但工党与利库德集团仍在黎巴嫩撤军问题、中东和平进程等问题上存在矛盾。

1986 年 10 月，沙米尔总理上任后，决心阻止佩雷斯推进中东和平进程的努力，而以色列长期的占领终于导致被占领土民众的不满。1987 年11 月，巴勒斯坦难民营发生起义，遭到沙米尔政府的镇压。这次起义被称为"因提法达"（intifada），意为"驱逐""摆脱"，其后果有三：一是导致了以色列社会中犹太人与阿拉伯人的分裂，以色列阿拉伯人处于极为尴尬的境地；二是推进了巴勒斯坦伊斯兰极端势力的兴起，哈马斯在起义中异军突起，而巴解组织的威信也得到提高；三是催生了巴勒斯坦国，1988 年 11 月巴勒斯坦全国委员会在阿尔及尔召开第 19 次特别会议，宣布建国。

海湾战争结束后，美国决心推动和平进程。1991 年 10 月，举世瞩目的马德里中东和会召开，与会的有以色列、叙利亚、黎巴嫩、埃及的代表团和约旦－巴勒斯坦代表团，以及美国、苏联、海湾合作委员会、联合国和欧盟的代表。会议由布什总统主持。它的召开反映了"冷战"结束后国际格局发生的重大变化，即美国在中东的力量增强，希望推动阿以冲突的和平解决，而阿拉伯激进势力受到削弱，苏联则愿意配合美国的努力。会议的核心议题涉及阿以冲突的所有方面，包括被占领土、水资源、安全、难民和多边合作等问题。由此，阿以对抗在 43 年之后，冲突各方第一次面对面坐在谈判桌前展开会谈。但由于沙米尔政府的强硬立场，会谈未能取得明显进展。1992 年 1 月，沙米尔政府倒台。

四　和平进程的希望与失望

1992 年，以色列举行第 13 届议会选举，工党获胜，拉宾组建新政府。拉宾政府的政策包括：提倡"以土地换和平"，冻结在约旦河西岸与加沙地带修建定居点的计划，加大基础设施、教育和工业的资金投入力度，增加就业机会。拉宾对巴解组织的态度也较为温和，明确表示要与其进行接触。它与美国的关系也明显改善，后者解冻了对以的 100 亿美元贷款，政府将其用于安置移民和发展经济。拉宾还亲自访问埃及。

阿以会谈也出现了新气象。1993 年 1 月，巴解组织代表与以色列代表在挪威人的安排下，在挪威首都奥斯陆进行了为期 3 天的密谈，议题涉及安全、水资源以及双方官员的接触等。此后，双方又进行了多次会谈，谈判地点是森林地带，这些会晤被称为"挪威丛林中的密谈"。1993 年 8 月 20 日，巴以双方达成了《关于加沙 – 杰里科首先自治协议》，即《奥斯陆协议》，并获得以色列内阁会议投票通过。同年 9 月 13 日，拉宾与阿拉法特作为巴以双方的代表，在美国白宫草坪上实现了历史性的握手，并正式签署《以色列和巴勒斯坦解放组织临时自治安排原则宣言》，其内容包括 17 个条款。根据协议规定：巴勒斯坦立即在加沙 – 杰里科实行自治，以色列在西岸地区向巴勒斯坦人移交权力，以色列与巴勒斯坦达成自治和选举巴勒斯坦委员会，并规定了 5 年过渡期内巴勒斯坦自治的一系列基本原则；以色列从巴勒斯坦人口稠密的地区撤军并重新部署；巴解组织承认以色列并抑制暴力活动，以色列承认巴解组织是巴勒斯坦人的合法代表；在以色列和巴勒斯坦之间开展经济活动。《原则宣言》未对巴勒斯坦的永久地位做出决定，但是决定在不迟于过渡期第 3 年举行关于巴勒斯坦最终地位的谈判，以解决最终地位问题。根据《奥斯陆协议》的安排，巴以谈判总体上分为两个阶段：第一阶段为临时自治政府安排，解决巴勒斯坦自治过渡期问题；第二阶段为最终地位谈判，解决巴勒斯坦的最终地位、耶路撒冷、难民、边界、定居点和安全等问题。

《奥斯陆协议》是巴以和平进程中里程碑式的文件，它采取了渐进主义的模式，避开了核心问题。例如，协议对巴勒斯坦地位、耶路撒冷问题、难民问题、边界问题都没有做出清晰的、具体的说明，只是确立了巴勒斯坦人的自治。随着其后谈判的深入，问题日益复杂，双方更难让步，必然导致巴以和平进程举步不前。

1994 年 5 月 4 日，在埃及、美国与俄罗斯的调停下，阿拉法特与拉宾在开罗签署《关于实施加沙 – 杰里科自治原则宣言的最后协议》，内容包括以军从加沙 – 杰里科撤军，成立巴勒斯坦自治机构等。同年 7 月，阿拉法特回到加沙，巴勒斯坦民族自治机构开始运作。1995 年 9 月 28 日，在美国总统克林顿主持下，阿拉法特与拉宾在白宫正式签署了关于扩大巴勒斯坦自治范围的《塔巴协议》。

与此同时，约以谈判也取得进展。1993 年 9 月 14 日，约旦与以色列达成两国实现和平的框架协议。1994 年 7 月 25 日，拉宾与侯赛因国王在白宫签署《华盛顿宣言》，规定通过和平谈判解决争端，实现公正、持久与全面的和平。10 月 26 日，《约旦 – 以色列和平条约》正式签署。

然而，巴以双方的极端分子反对和平协议，暴力与恐怖的大戏开始上演。1994 年，约旦河西岸的一名犹太定居者闯进清真寺，杀死多名祈祷者，制造了"希伯伦惨案"。哈马斯也发动了一系列绑架、袭击与自杀性爆炸活动。1995 年 11 月 4 日，拉宾被一名犹太极端分子刺杀，佩雷斯接任总理。佩雷斯履行诺言，有条不紊地执行《塔巴协议》中规定的条款，与叙利亚的和平谈判也在进行之中。1996 年 5 月，以色列举行大选，稳操胜券的佩雷斯下台，而利库德集团的内塔尼亚胡出乎意料地取胜。

内塔尼亚胡这位"政坛黑马"上台后建立的政府危机四伏。他反对巴勒斯坦建国，反对巴勒斯坦难民回归以色列，反对归还戈兰高地，阻止以土地换和平。1997 年 1 月，经过双方的四轮谈判，内塔尼亚胡与阿拉法特签署了《希伯伦协议》，规定将希伯伦的大部分交还巴勒斯坦，但随后的哈尔霍马事件①导致谈判中断。1998 年，双方恢复和谈，并于 10 月在美国马里兰州签署《怀伊备忘录》，其内容包括撤军、释放战俘、逮捕恐怖分子等。但《怀伊备忘录》遭到巴以内部强硬派的反对，没有带来人们所期待的和平局面。

1999 年，工党的巴拉克在大选中获胜，并重启和平进程。1999 年 9 月 5 日，巴以在埃及的沙姆沙伊赫签署了《沙姆沙伊赫备忘录》，承诺履行 1993 年以来双方达成的所有协议，在 2000 年 1 月 20 日完成《怀伊备忘录》规定的撤军目标。2000 年 3 月，叙以恢复和谈，但由于分歧较大，并没有取得实质性的成果。7 月，在克林顿总统的再次主持下，阿拉法特和巴拉克在戴维营举行会谈。以色列做出重大让步，同意撤出 80% 的西岸领土，还流露出完全放弃加沙的打算。但由于耶路撒冷的主权归属、犹太定居点、巴勒斯坦难民等问题导致谈判破裂，戴维营会谈仍然无果而终。尽管如此，巴以双方仍未放弃和平的努力。9 月，以巴谈判代表在华盛顿会谈，巴拉克承认"一城（耶路撒冷）两都（以色列和巴勒斯坦首都）"。

戴维营谈判失败后，巴拉克政府出现危机，国内政局不稳。2000 年 9 月 28 日，利库德集团主席沙龙强行"参观"耶路撒冷有争议的圣殿山，引发了巴勒斯坦人的强烈抗议。事实上，《奥斯陆协议》实施以来，被占领土上的巴勒斯坦人并未得到实惠，和平进程进展迟缓，不断扩展的犹太人定居点把巴勒斯坦领土分割得四分五裂，居民出行困难，失业率居高不下，人们的不满已经达到了顶点。因此，沙龙进入圣殿山之后，哈马斯号召巴勒斯坦人在阿克萨清真寺举行示威活动，随后演变为巴勒斯坦人的第二次起义——"阿克萨起义"。阿克萨起义标志着和平进程的重大停滞，以色列民众对以土地换和平的空前失望。同年 12 月，总理巴拉克辞职。

---

① 1997 年 2 月 26 日，以色列政府批准在东耶路撒冷的哈尔霍马地区兴建一个新的犹太定居点，遭到巴勒斯坦和国际社会的强烈反对。

2001年2月，沙龙以绝对优势赢得总理大选。沙龙上台后，以色列与巴勒斯坦陷入相互暴力袭击的恶性循环之中。5月，以美国前参议员米切尔为首的巴以冲突国际调查委员会经过数月调查，公布了"米切尔报告"，指出结束暴力袭击，实现内部和解是以巴的主要任务。由于沙龙的强硬反对，该报告成为一纸空文。

2002年6月，美国总统布什宣布允许建立一个与以色列和平相处的巴勒斯坦国，前提是阿拉法特必须下台，巴勒斯坦必须无条件制止和打击针对以色列的恐怖袭击。这是美国首次公开认可未来建立巴勒斯坦国的可能。之后，美国助理国务卿威廉·伯恩斯草拟了中东和平"路线图"。12月，中东问题国际四方委员会（联合国、美国、欧盟和俄罗斯）在华盛顿会议上通过了该计划，而此前该计划也吸收了沙龙政府提出的许多意见。2003年4月，"路线图"正式公布。这一计划的实现预计分三个阶段：2002年12月至2003年5月为第一阶段，巴以相互承认与支持，以色列支持建立独立的巴勒斯坦国；2003年6~12月为第二阶段，以色列撤出巴勒斯坦被占领土，巴勒斯坦建立民主制度并象征性地建国；2004~2005年为第三阶段，为巴以最终地位谈判达成协议，巴勒斯坦建国。"路线图"为巴以谈判提供了一次机会。

2003年11月，沙龙在内阁会议上提出了单边脱离计划，即以色列单边撤离加沙。单边脱离计划也叫单边行动计划，即以色列主动与巴勒斯坦相脱离。其背景之一是加沙地带人口众多，贫困率高，是哈马斯的大本营，而对以色列没有像西岸那样的宗教意义，战略价值不大。"脱离计划"提出后，沙龙政府对哈马斯等激进组织实行"重点清除"，对加沙展开了清剿行动。哈马斯领袖亚辛被以色列武装直升机炸死，哈马斯随即进行报复。"脱离计划"并没有得到很多以色列人的拥护，但沙龙却竭尽全力地予以推进。2005年9月，以军完成了从加沙地区的撤离行动，在当地和西岸4个定居点的8000多名犹太定居者同时撤出。

沙龙的单边"脱离计划"在利库德集团内部招致了强硬派的批评，进而推动了以色列政治格局的变动。2005年11月9日，摩洛哥移民阿米尔·佩雷茨当选新一任工党主席，带领工党退出沙龙领导的联合政府。21

日，面对利库德集团内部难以弥合的分歧，加上工党退出联合政府，沙龙正式决定退出利库德集团，并另组建新党"前进党"。30 日，以色列政坛泰斗、工党前主席西蒙·佩雷斯正式宣布退出工党，并决定在次年 3 月的议会选举中支持沙龙。但不幸的是，2006 年 1 月 4 日，沙龙中风陷入深度昏迷，其政治生涯结束。4 月 11 日，以色列内阁召开特别会议，宣布因沙龙永久失去履行其职权的能力，任命代总理埃胡德·奥尔默特为临时总理。奥尔默特总理宣布，他要把以色列建设成为一个"公正、强大、和平与繁荣的国家"，并强调以色列准备为和平而让步。前进党在 2006 年 3 月的大选中胜出，奥尔默特担任总理。

2006 年 1 月，哈马斯在巴勒斯坦立法委选举中首次历史性地胜出，并于 3 月组建巴自治政府，从而在巴领导层中形成了事实上的"双轨制"。哈马斯拒不接受中东问题有关四方提出的承认以色列、放弃武装斗争和承认业已达成的巴以协议的三项要求，因此以色列立即对哈马斯进行抵制，还逮捕哈马斯内阁成员，加强对自治区的封锁。巴以关系日趋紧张。

2007 年 11 月，在美国总统布什的主持下，新一轮中东和会在美国马里兰州安纳波利斯的美国海军学院开幕。布什宣布了巴以达成的一项联合声明，声明内容为双方同意立即进行双边谈判，争取在 2008 年年底前达成一项解决所有问题的和平条约。此次中东和会的主要议题为国际社会支持巴以和平进程、建设巴勒斯坦机制、寻求解决阿以问题的方法。巴勒斯坦、以色列、中东问题有关四方、安理会五常、八国集团成员、"阿拉伯和平倡议"后续委员会成员国等 40 多个国家及国际组织代表出席会议。但是，由于双方长期的互不信任和缺乏有利的外部环境，此后巴以的和谈很快陷入僵局，直到奥巴马政府执政以后仍旧没有真正的进展。但是，这一时期以色列的经济发展却相当顺利。

2009 年 2 月，以色列举行第 18 届大选，尽管前进党获 28 席，多出利库德集团 1 席，但利库德集团为首的右翼阵营赢得 65 席，因此利库德集团主席内塔尼亚胡成功组阁，出任总理。鉴于奥尔默特"铸铅行动"对加沙地区的持续军事打击和伊朗核威胁，以色列的外交重心转向伊朗核问题，内塔尼亚胡总理对于巴勒斯坦问题的强硬态度有所缓和。美国方面，刚上任的奥巴马总统决意重启巴以和平进程。为了回应美国政府的战略调整，2009 年 6 月，内塔尼亚胡表示愿意在不设置任何前提条件下重启巴以和谈，并首次表示愿意有条件地承认巴勒斯坦国。9 月 22 日，在联合国大会开幕前夕，美以巴三方领导人举行峰会，但未取得成果。

2010 年 1 月，哈马斯领导人马哈茂德·马巴胡赫遭暗杀事件被疑摩萨德所为，加之以色列持续在东耶路撒冷地区建设定居点，巴以和谈陷入停滞，美以关系降至冰点。2010 年 5 月 31 日，以色列海军袭击了开往加沙的国际人道救援船队，使巴勒斯坦问题再度引起国际社会广泛关注。8 月 31 日和 9 月 1 日，约旦河西岸发生两起针对以色列平民的枪击案。在此背景下，经过奥巴马、埃及总统穆巴拉克和约旦国王阿卜杜拉二世等的极力斡旋，内塔尼亚胡和巴勒斯坦民族权力机构主席阿巴斯于 9 月 2 日在华盛顿举行和平谈判。尽管双方都采取克制态度，但仍未取得进展。9 月 14 ~ 15 日，双方又在埃及的沙姆沙伊赫和耶路撒冷举行第二次谈判，因以色列拒绝犹太人定居点限建令，谈判依旧未果。此后，巴以和谈在短暂重启后陷入近 3 年的僵局。

2011 年 1 月，巴勒斯坦同以色列的首席谈判代表埃雷卡特和莫尔霍一起造访华盛顿，就如何推动巴以和平进程分别同美国官员举行磋商，但之后巴以和谈一直处于搁置状态。之后，中东地区陷入"阿拉伯之春"之中，巴以双方内部局势都发生了一系列变化。

2013 年 1 月，以色列举行第 19 届大选，内塔尼亚胡总理成功连任，自称其首要任务之一就是解决 1967 年中东战争期间占领领土的问题。7 月 29 日，在美国国务卿克里的斡旋下，中断了近 3 年的巴以和谈以开斋节晚餐的形式重启。为期两天的初始会谈确定了本轮谈判的框架和日程，在之后长达 9 个月的秘密谈判中，双方就巴勒斯坦军事问题、释放巴勒斯坦战俘等达成一些谅解，但在犹太定居点、耶路撒冷地位、巴勒斯坦难民、巴勒斯坦国家等核心问题上仍未能达成一致。2014 年 4 月 23 日，法塔赫和哈马斯在加沙宣布达成"和解协议"。随后，巴勒斯坦申请加入 15

个国际组织。消息传出后，以色列迅速中断所有谈判，奥巴马和国务卿克里也先后表示暂停巴以和谈。

第四节　著名历史人物和当代政治人物

西奥多·赫茨尔（Theodor Herzl，1860－1904）　　生于布达佩斯，后移居维也纳。1884 年获得律师资格。1885 年受聘为《新自由报》驻巴黎记者。1894 年目睹了德雷福斯案件审判过程，深受打击，转而成为犹太复国主义者。1895 年发表小说《新犹太区》，提出通过移民而获得民族解放的思想。1896 年在维也纳出版《犹太国》，提出建立犹太国的完整纲领，完善了早期犹太复国主义理论。他认为，犹太人问题并非社会或宗教问题，而是一个民族问题。犹太人是一个民族，要永久性地解决"犹太人问题"，唯一的办法是犹太人建立自己的国家。1897 年，他在瑞士巴塞尔主持召开了第一次世界犹太复国主义者代表大会，成立了世界犹太复国主义组织，并当选为该组织的主席。之后，他在各国展开频繁的外交活动，谋求建立犹太国，但均以失败而告终。因积劳成疾，1904 年在维也纳逝世。他是犹太复国主义运动的先驱，被誉为"新摩西"和"现代以色列之父"。1949 年其遗骸被安葬在耶路撒冷的赫茨尔山上。

哈伊姆·魏茨曼（Chaim Weizmann，1874－1952）　　生于俄罗斯平斯克省莫托尔。1899 年毕业于瑞士弗赖堡大学化学系，获博士学位。1906 年在英国曼彻斯特大学任教。1910 年入英国籍。一战期间，他发明了生产弹药必不可少的丙酮的新工艺，得到英国政府的高度重视，因而促成《贝尔福宣言》的发表。1918 年赴巴勒斯坦参与领导犹太复国主义运动。1920 年担任巴勒斯坦犹太代办处主席。1920～1931 年、1935～1946 年任世界犹太复国主义组织主席。建国之初任临时议会议长。1949～1952 年任以色列国首任总统。1949 年在雷霍沃特建立研究所，即后来的魏茨曼研究院。他终身致力于科学研究和社会活动，著述颇丰，其自传《磨炼和错误》流传最广。1993～2000 年，其侄子埃泽尔·魏茨曼担任以色列总统。

大卫·本－古里安（David Ben-Gurion, 1886 – 1973） 原名大卫·格伦。生于波兰的普朗斯克（今属白俄罗斯），其父是当地热爱圣山运动的领袖之一。1903年加入锡安工人党。1906年移居巴勒斯坦。1910年任《联合》刊物编辑，以笔名"本－古里安"发表文章。1911年赴土耳其伊斯坦布尔学习法律。1917年在纽约协助组建犹太军团，翌年随军重返巴勒斯坦。1919年创建劳工联合党。1921~1935年任犹太工人总工会总书记。1930年促使劳工联合党与青年工人党合并，组成巴勒斯坦工人党。1933年当选为世界犹太复国主义组织执委会主席。1935~1948年任巴勒斯坦犹太代办处主任。建国之初担任临时政府总理兼国防部部长，后连任总理（1949~1953年、1955~1963年），是以色列任职时间最长的总理，被誉为"以色列国之父"。1965年工党分裂，他先后组建以色列工人党（拉菲党）和国家党。1970年退出议会，定居于内盖夫沙漠的斯德博克基布兹。他睿智博学，著述颇丰，著有《以色列：个人的经历》等26部书。

果尔达·梅厄（Golda Meir, 1898 – 1978） 以色列政治家、外交家、首位女总理，通称"梅厄夫人"。生于乌克兰基辅，父母均为犹太复国主义运动支持者。1905年随家人移居美国。1916年就读于密尔沃基州立师范学校（威斯康星大学密尔沃基分校前身）。1921年移居巴勒斯坦。1934年担任犹太工人总工会女工理事会书记。1946年担任犹太代办处代理主任和伊休夫首席发言人。1947年联合国通过关于巴勒斯坦的分治决议后，她赴美国募集资金。建国后她担任耶路撒冷市长。1948年出任以色列驻莫斯科大使。1949年任劳工部部长，1956年任外交部部长，被本－古里安总理誉为"内阁中的最优秀的人"。1965年担任巴勒斯坦工人党总书记。1968年联合其他政党，成立以色列工党。1970~1974年担任总理。退出政坛后，她撰写了回忆录《我的一生》，迅速成为畅销书，并由好莱坞拍摄成电影。

梅纳赫姆·贝京（Menachem Begin, 1913 – 1992） 生于波兰布列斯特－立托夫斯克（今属白俄罗斯）的一个正统犹太家庭。1929年参加修正犹太复国主义联盟领导的青年运动"贝塔尔"。1935年毕业于华沙大学法律系。1941 年加入"自由波兰军",翌年随军开赴巴勒斯坦。1943 年组织领导犹太秘密军事组织"伊尔贡",主张以武力解放巴勒斯坦,并开展一系列恐怖活动。1948 年联合修正联盟成员组成自由运动党,任主席。1949 年当选议员。1965 年联合以色列自由党组成加哈尔集团,任主席。1973 年加哈尔集团与自由中心、国家党联合组成利库德集团,当选为主席。1977 年出任总理。1978 年签署《戴维营协议》,为中东和平做出巨大贡献,因此荣获诺贝尔和平奖。1979 年签署《埃以和平条约》,1980 年埃以正式建交。1982 年发动入侵黎巴嫩的战争,引起国内外的强烈反对,被迫于次年辞职。贝京知识渊博,擅长演讲,主要著作有《起义》《白夜》《在地下》等。

伊扎克·拉宾(Yitzhak Rabin, 1922 – 1995) 生于耶路撒冷。1940 年毕业于南加利利的卡多里农业学校。1941 年加入犹太武装组织哈加纳的突击队"帕尔马赫"。第一次中东战争时任旅长。建国后历任参谋部作战部部长、军训部部长,北部军区司令,国防军总参谋长等职,并参与指挥了第三次中东战争。1968 年退役后任驻美大使、劳工部部长。1974 ~ 1977 年担任总理。1984 ~ 1990 年任国防部部长。1992 年领导工党在大选中击败利库德集团,出任总理兼国防部部长。1993 年访问中国,是第一位访华的以色列总理。他坚持"以土地换和平"的原则,着力推动中东和平进程,从而使以巴关系取得历史性突破:1993 年以巴签署《奥斯陆协议》,1994 年约以签署《和平条约》。1994 年,他与佩雷斯、阿拉法特共同荣获诺贝尔和平奖。1995 年 11 月 4 日,他在特拉维夫遭以色列右翼极端分子刺杀身亡。

西蒙·佩雷斯(Shimon Peres, 1923 –) 生于波兰,后移居以色列。曾在本 – 西门农业学校学习,是约旦河谷阿卢摩特基布兹的创建者之一。1943 年任"工人青年运动"书记。第一次中东战争期间负责采购军需。1952 ~ 1959 年任国防部副总司长、总司长。1959 年当选议员,任国防部副部长。1965 年成为拉菲党总书记。1968 年参与重组工党。1969 年任占领区经济发展和难民安置部部长。1970 ~ 1974 年任运输和通信部部长。1974 ~ 1977 年任国防部部长。1977 年任工党总书记。1984 年任工党主席。1984～1986 年在联合政府中任总理。之后，在历届政府中屡任要职，并于 1994 年与拉宾、阿拉法特同获诺贝尔和平奖。2005 年退出工党，加入前进党。2006～2007 年任副总理兼内盖夫和加利利开发部部长。2007～2014 年担任以色列国总统，中国是其任内最后一个出访的国家。他喜爱文学和写作，主要著作有《下一阶段》（1965 年）、《由于这些人》（1979 年）、《新创世记》等。

阿里尔·沙龙（Ariel Sharon, 1928 – 2014） 生于特拉维夫附近沙龙地区的马拉勒村。原名阿里尔·沙因内曼，因眷恋故乡改姓沙龙。1922 年父母从苏联移居巴勒斯坦，都为崇尚武力的激进犹太复国主义者。1957 年，赴英国坎伯利参谋学院学习军事指挥和参谋。参加过历次中东战争，骁勇善战，声名卓著。历任步兵学校校长、装甲旅旅长、北部军区参谋长和总参军训部部长等职，1967 年晋升少将。1969 年任南方军区司令。1973 年 7 月解甲从政，倡议组建利库德集团。第四次中东战争爆发后，再次应召入伍，担任装甲师师长，一举扭转战局。1975 年后曾任总理安全事务顾问、农业部部长、国防部部长、不管部部长、工业贸易部部长、住房部部长、基础设施部部长和外交部部长等职。1999 年当选利库德集团领袖。2001 年在总理直选中以优势当选。2003 年连任总理。2005 年执行脱离接触计划，结束对加沙长达 38 年的统治。同年退出利库德，组成新中间党"前进党"。2006 年因中风陷入深度昏迷，直到 2014 年去世。

埃胡德·奥尔默特（Ehud Olmert, 1945 – ） 生于以色列北部的宾亚米纳地区。祖父是中国哈尔滨的犹太侨民，父亲在哈尔滨长大，1932 年移居以色列。毕业于耶路撒冷希伯来大学，获心理学与哲学学士学位和法律学位。曾当过记者，从政前是一名律师。1973 年当选议员。1988～1990 年任不管部部长，1990～1992 年任卫生部部长。1993～2003 年担任耶路撒冷市市长，致力于改善城市基础设施。2003 年任副总理、工业贸易及劳工部部长、财政部部长、内务部部长和社会福利部部长等。2006 年当选为前进党代理主席，并接替沙龙担任临时总理，同年 5 月当选为总理。2008 年因涉嫌多项腐败丑闻，辞去总理及前进党主席职务，但他继续担任看守总理直至 2009 年以色列大选后。

2014 年特拉维夫一家法院以收受贿赂罪判处他 6 年有期徒刑。

本雅明·内塔尼亚胡（Benjamin Netanyahu，1949 –　　）　以色列总理。生于特拉维夫，是迄今唯一一位在以色列建国后出生的总理。麻省理工学院建筑学学士、管理学硕士。1967～1972 年在以国防军特种部队服役。1976～1988 年在尤纳森反恐怖研究机构执委会任委员、主任。1982～1984 年任以驻美国使团副团长。1984～1988 年任以色列常驻联合国代表。1988 年当选议员，先后担任副外长、政府发言人、国防部副部长等职。1993 年当选为利库德集团主席。1996～1999 年担任总理。1998 年兼任外长。2002～2005 年，先后任看守内阁外长和财政部部长。2009 年再度出任总理至今。主要著作有《恐怖活动：西方如何获胜》《在世界民族之林占有一席之地：以色列和世界》等。

第三章

政　治

以色列实行资产阶级议会民主制，其政治体制由立法机构、行政机构和司法机构组成。它的组织体系是：总统、议会、政府（总理和内阁）和司法机构。这一体制是基于互相制衡的三权分立的原则。在政体内部，行政机构（政府）要得到立法机构（议会）的信任，司法机构的独立性得到法律保证。

第一节　政治制度的演变

一　犹太复国主义与伊休夫的自治机构

以色列是中东最为独特的一个国家，其政治制度起源于建国前欧洲的犹太复国主义运动和巴勒斯坦的伊休夫（犹太移民社团）。犹太复国主义运动因意识形态、社会基础和宗教观念千差万别而呈现出明显的政治多元化现象。同时，作为对未来国家发展的保障，各党派达成了共识，即不论何种党派，都有权利发表自己的政见并加入犹太复国主义运动，这也反映了欧洲政治制度对犹太复国主义运动的影响。

犹太复国主义运动包括的主要流派有：第一，政治犹太复国主义，以赫茨尔和魏茨曼为代表，主张争取奥斯曼帝国、德国、英国等大国发表正式文件，同意犹太人建立民族家园，从而使后者获得国际认可。第二，文化犹太复国主义，以阿哈德·哈姆为代表，高度重视犹太文化和历史，主张在巴勒斯坦建国并复兴希伯来语。第三，宗教犹太复国主义，由正统派拉比亚伯拉罕·库克等倡导，主张在巴勒斯坦建立基于犹太教的犹太国家。第四，一般犹太复国主义，为犹太复国主义运动中的温和派，代表中产阶级和自由主义思想。第五，劳工犹太复国主义（也称"社会主义的犹太复国主义"），代表犹太复国主义运动的左派和工人组织，主张通过在巴勒斯坦定居、以农村基布兹和城市无产阶级为组织形式的犹太工人阶级的阶级斗争创建犹太国家。第六，修正派犹太复国主义，由弗拉基米尔·亚博廷斯基领导的犹太复国主义运动中的民族主义右翼，主张对政治犹太复国主义和劳工犹太复国主义进行"修正"，实行最高纲领，即在包括外约旦在内的整个巴勒斯坦地区建立由作为主体的犹太人领导的自治共和国；该流派的一些组织后期转而进行反对委任统治当局的暴力活动。①

从一开始，世界犹太复国主义组织就以比例代表制作为选举制度，因为这一制度能最大限度地反映各个党派的实际力量，保证其发言权，并直接关系着伊休夫的发展和壮大。伊休夫是犹太复国主义思想在巴勒斯坦的成功实践，即犹太人建立的具有高度自治权的组织机构。1918 年巴勒斯坦犹太人临时委员会成立，决定举行"直接的、平等的、秘密的、普遍的和按比例的"选举，年满 20 岁的移民均有选举权，年满 25 岁的男子有被选举权。此后，成立了具有议会性质的伊休夫代表大会。在 1925 年召开的代表大会第二次选举中，代表工人阶级、资产阶级和宗教阵营的 29 个党派均有人参加，劳工阵营获得 42.6% 的选票。因此，劳工犹太复国主义对以色列国家的诞生起了关键作用。劳工党派并未因为自己在伊休夫自治机构中占据主导地位而排挤其他党派，它们继续推行多党制，并在犹太工人总工会里同样实行民主选举，以确定各党派的委员名额，因为只有如此才能最大限度地巩固伊休夫内部的团结。这显示出马帕伊（巴勒斯坦工人党）思想的民主社会主义性质。同时，各党派在伊休夫内都拥有

---

① Wikipedia（The free encyclopedia），13 July 2007，http：//en. wikipedia. org/wiki/Zionism# Types_ of_ Zionism；〔英〕沃尔特·拉克：《犹太复国主义史》，徐方、阎瑞松译，上海三联书店，1992，有关各页；徐向群、余崇健：《第三圣殿：以色列的崛起》，上海远东出版社，1994，第 31～35 页。

自己的定居组织、工会、青年组织、文化机构、学校、报刊、劳工介绍所甚至准军事组织等。①

二　工党主导以色列政坛的时代

从 1948 年建国至 1977 年，马帕伊及其与劳工联盟和拉菲党合并而成的工党一直主宰着政坛。马帕伊排斥右翼的自由运动和左翼的共产党，而与其他工人政党和温和自由主义及宗教党派结盟执政，维持了近 30 年的统治。

马帕伊的施政措施主要包括如下三个方面。

（1）实施国家主义。即结束各党派各自为政的局面，统一军队、教育、劳工介绍所和医疗体系，实施文官中立和改革选举制（实行多数选区制和两党制）。其中多数成功，只有医疗体系和选举制的改革失败。国家主义的成功实施为以色列从一个政党纷争的民族社团向统一的民族国家的发展奠定了基础。②

（2）维特与宗教党派的平衡关系。为了保证宗教党派支持国家体制，马帕伊与宗教党派于 1947 年达成政教互不干涉的协议，并避免颁布宪法，而以一系列单独的基本法取代之。宗教党派也在政府中控制了司法、教育、宗教、内政等部的部长职务。但是，宗教势力与世俗党派围绕着"谁是犹太人"以及妇女权利、妇女服役等问题进行了尖锐的斗争。③

（3）在社会经济方面，重视国家干预经济和集体经济，但同时鼓励私人企业和外国投资，实施指导性计划。同时，与建国前重视农业和体力劳动不同，政府极力强调工业化、现代科技的重要性，并大力发展教育，安置移民，提高知识分子的地位。

随着以色列社会政治的演变，工党的地位出现动摇。私人企业的发展，现代工业和科技的发展对早期重视农业劳动观念的冲击，钟情于私有

---

① 黄民兴：《试论劳工犹太复国主义的特征》，《史学月刊》1996 年第 2 期。

② 阎瑞松主编《以色列政治》，西北大学出版社，1995，第 80 页。

③ 黄民兴：《论工党统治时期（1948～1977 年）以色列政教关系的特点》，《西亚非洲资料》1995 年第 3 期。

制而非社会主义的东方犹太人的大批入境，等等，都削弱了工党宣扬的社会主义、平等主义和集体主义原则。[①] 在马帕伊内部，出现了奉行实用主义的本 – 古里安及少壮派与元老派的对立，本 – 古里安另立拉菲党。同时，一般犹太复国主义党出现分裂，部分成员加入加哈尔集团（以自由运动为主建立的联盟）。在宗教党派内部，因为 1967 年以色列夺取了约旦河西岸而激发了部分青年党员的宗教情感和激进思想，党内形成了激进的信仰者集团，要求在被占领土建立定居点，该党与工党的关系出现裂痕。因此，以色列政坛出现两极化趋势。

"六五战争"前夕，马帕伊第一次邀请加哈尔集团入阁，建立民族团结政府。战后马帕伊、拉菲党和劳工联盟组建工党，1969 年 1 月工党与马帕姆联合成立工党联盟，完成了工人党派的大联合。在 1969 年大选中，工党联盟获得 56 个议席，但仍不足议会的一半议席，不能单独组阁。1970 年，加哈尔集团因政府接受"罗杰斯计划"而退出内阁。它联合其他右翼组织，于 1973 年 9 月成立利库德集团。左右翼两大政党对峙的局面形成了。

1973 年十月战争的失败引发了政治危机，梅厄夫人辞职，实用主义的第二代领导人伊扎克·拉宾在工党中央委员会第一次领袖选举中当选。但是，工党的政治影响力进一步下降，它在 1973 年大选中仅获 51 席，利库德获 39 席。经济问题、工党上层的腐败、内部分裂等原因最终使工党在 1977 年大选中失利，仅获 32 席，而利库德凭借东方犹太人和青年人的支持夺得 43 席，成为第一大党。

三 两党轮流及联合执政的时代

1977 年大选以后，利库德与宗教党派联合组阁，从工党分裂出来的争取变革民主运动后来也入阁。贝京领导的利库德政府的主要施政措施如下。

（1）经济上奉行自由化政策。如以色列货币自由浮动，取消外汇管

---

① 黄民兴：《工党统治时期（1948～1977）以色列价值观念的演变》，《西北大学学报》1995 年第 4 期。

制、进口补贴和食品补贴，出售国营企业。匆忙的经济改革导致了严重混乱，1980 年年底通货膨胀率高达 130%。

（2）推动定居点建设。工党时期的定居点建设规模小，而且为"安全性"的，即主要分布在约旦河谷约以边境和阿拉伯居民稀疏的地区。利库德政府则完全放开，在被占领土的腹地和阿拉伯人密集地区大规模建立定居点。

（3）在宗教上推行非世俗化政策。政府增加对宗教教育的拨款，立法禁止堕胎、尸体检验和男女混泳，反对旨在改变犹太教信仰的传教活动，禁止在安息日等犹太宗教节日工作，等等。

由于利库德在经济政策上的失误、在巴勒斯坦自治谈判问题上的僵硬态度等，政府内部出现危机。在 1984 年大选中，工党胜出，经过艰苦的谈判与利库德联合组阁。相互对立的两大政党组建联合政府，两党领袖佩雷斯和沙米尔轮流担任总理，这开创了世界政治的先例。其原因主要是两大党具有一些共同利益（避免向小党过多让步、防止党内其他政治家夺取领袖宝座）和共同观点（遏制通货膨胀、拒绝撤出所有被占领土、不承认巴解组织等）。佩雷斯领导的联合政府在治理通货膨胀、从黎巴嫩撤军等方面取得了成果，但两党在阿以和谈问题上矛盾尖锐，最终导致 1990 年联合政府的解体。此后又恢复了两党轮流执政的局面。

1991 年，利库德政府被迫参加了马德里和会，但其僵硬态度使阿以和谈裹足不前。此时，以色列政坛出现变化。一贯支持利库德的东方犹太人新兴宗教党派沙斯党和大批涌入以色列的俄罗斯移民都开始支持工党，在 1992 年大选中工党获胜，拉宾任总理。拉宾在总理任内，完成了与巴解组织的自治谈判，签署了《奥斯陆协议》。在国内政策上，积极进行包括私有化在内的经济改革，利用"和平红利"推进经济和高科技发展，努力增加就业，打破外交孤立，促进阿以地区合作，取得了明显成效。

但是，和平进程的发展遭到阿犹恐怖活动的打击，1995 年拉宾遇刺。1996 年，以色列同时举行了议会选举和历史上第一次总理直选（根据1992 年立法），内塔尼亚胡当选总理。利库德集团获胜的原因主要是包括沙斯党在内的宗教党派和俄罗斯移民组成的移民党的支持，同时两大党的票数双双下降，而宗教党派和阿拉伯政党的得票明显上升。选举结果说明，以色列两大党的影响下降，而游移的中间党派和执政党的施政情况对选举至关重要。

新的利库德政府使和平进程陷于停顿，以色列经济也遭受挫折。1999年5月，工党以"一个以色列"的名义参加大选，其领袖巴拉克以55.9%的高票获胜，当选总理。工党获27席，利库德19席，沙斯党17席。选举的特点是大党和老的党派得票减少，而包括世俗党派、宗教党派、阿拉伯党派、俄罗斯移民党派在内的中间党派力量上升（议会15个党派中6个为新党），似乎表明以色列政治再次进入了"战国"时代。同时，阿以和谈成为以色列政治中的首要问题，而内政（如宗教）与外交政策问题相互交织。

四　政治特点[①]

1. 独特的政党体系

以色列的政党分为三大阵营。（1）工人阵营，包括马帕伊、马帕姆（统一工人党）、劳工联盟和以色列共产党。除共产党外，其他工人政党政治上信仰社会主义的犹太复国主义，属于社会民主主义党派。（2）自由主义和民族主义阵营，其中一般犹太复国主义党为自由主义党派，自由运动、泰西亚党等为民族主义党派，属于修正派的犹太复国主义。（3）宗教阵营，包括正教党、正教工人党、全国宗教党、泰米党和沙斯党等。其中全国宗教党为宗教犹太复国主义党派。在独立前上述政党中的大党均拥有自己的军事组织、基布兹（集体农庄）、工会、企业、学校、社会团体和劳工介绍所，独立性很强。虽然工人党派在政治和外交上属左翼，但它们代表阿什肯纳兹人，即以色列社会中的中上层，而自由运动在政治上属右翼，却较多地代表了下层的东方犹太人的利益。因此，以色列政治中的"左翼"和"右翼"不同于一般欧美国家。

---

① 参见彭树智主编《二十世纪中东史》，高等教育出版社，2001，第276～278页。

2. 三权分立

犹太移民早期主要来自欧洲，受到西方民主制度的影响，社会主义政党的主流是民主社会主义。为了保证复国事业的成功，必须最大限度地发扬民主。因此，犹太社团包括了不同党派、阶层和教派，政治上实行三权分立。以色列实行代议制，总理掌握实权；议会选举实行比例代表制，这保证了许多小党进入议会，大党难以获得过半议席（60 席），须多党联盟执政。这导致了政府的不稳定性和小党的身价倍增。

3. 社会主义影响强大

在早期的移民运动中，一批犹太复国主义者深受东欧社会主义思想的影响，从而形成了劳工犹太复国主义运动。巴勒斯坦出现了强大的社会主义党派、工会和农业合作运动。从 1932 年起，马帕伊获得了犹太社团的领导权。

4. 容纳阿拉伯人的犹太国家

以色列是作为犹太国家建立的，凡海外犹太人自动获得以色列国籍。但在犹太人内部，来自欧美的阿什肯纳兹人控制了政权，而东方犹太人地位较低，双方存在矛盾。同时，以色列的阿拉伯人尽管早期受到种种限制和控制，但也是以色列公民，其人口迅速增长，政治权利逐渐扩大。因此，以色列国家的资产阶级民主性与犹太复国主义者建立犹太国家的初衷实际上构成矛盾。维持国家的犹太性，是以色列始终不吞并除东耶路撒冷以外的被占领土的原因之一（被占领土上居住着大量阿拉伯人口）。

5. 宗教色彩浓厚

犹太教与伊斯兰教一样，也广泛地干预社会生活，尤其是正统派的正教党要求严格实施中世纪的犹太教法，包括有关禁食、安息日、婚姻等方面。在司法上，以色列大体沿袭了奥斯曼的做法，即由犹太法院、伊斯兰法院、基督教法院和德鲁兹法院处理各自教派的婚姻案件，而宗教事务部其实只处理犹太教事务。犹太宗教党派的宗教学校也得以保留。如果以恪守犹太教法典和习俗的程度来确定正教派的话，那么以色列犹太人中，遵守所有宗教戒律的占 20%，根据个人意愿和民族传统遵守某些戒律的占

60%，而不严格遵守教规的占20%。① 因而世俗派与信教者的矛盾对以色列政治影响很大。

6. 军队非政治化

本 - 古里安领导的马帕伊采取强有力的手段解散了其他党派的军事组织，并以深受英国军队影响的犹太旅老兵为骨干组成国防军，禁止军队干政。此外，军队的机构设置也模仿西方，国防部部长为文职官员。不过，由于军官退役年纪较轻，退役军官往往跻身政界。

五　政治新动向

2000 年 9 月，巴以戴维营和谈失败，此后利库德集团领导人沙龙对圣殿山的访问导致了巴勒斯坦人的"阿克萨起义"，即第二次起义。在 2001 年的总理直选中，沙龙当选。同年 3 月，议会表决同意废除总理直选制，恢复 1968 年《选举法》中有关总理的规定，因为总理直选的结果是大党受到削弱、小党数量增加、小党尤其是宗教政党力量加强、总理组阁更加困难、内阁危机频发等。②

沙龙上台后，以色列的中间派政党力量进一步壮大。在 2003 年选举产生的第 16 届议会中，90 年代由一些对工党和利库德集团不满的成员分化组成的变革党占 15 个席位，成为继利库德集团和工党之后的第三大党。2003 年美国提出中东和平"路线图"计划后，沙龙表示愿意结束对巴勒斯坦的"占领"，承认巴勒斯坦的"建国"权。2005 年 8 月，沙龙政府启动单边行动计划，于 9 月完成了从加沙地带的撤离工作，此举遭到党内以内塔尼亚胡为领导的右翼势力的强烈反对。2005 年 11 月，沙龙宣布退出利库德集团，另组"前进党"，并自称中间派政党，一些工党成员也宣布加入，尤其是佩雷斯。这标志着以色列政局的"重新洗牌"。2006 年 1 月，沙龙突发严重中风，此后长期住院并淡出政坛。同年 4 月，前进党赢得大选，党的新领袖奥尔默特当选以色列总理。

---

① 以色列新闻中心编《以色列概况》，耶路撒冷，2007，第 114 页。
② 雷钰：《以色列总理直选制的兴废》，《西亚非洲》2004 年第 1 期。

　　中间派政党的壮大有着深刻的时代背景。巴以和谈经过多次曲折之后，一方面，以色列的一些右翼势力开始认识到归还部分被占领土的必要性；另一方面，2000 年以来自杀性爆炸事件的频发使以色列人对安全感到担心，一些左翼人士开始向右转，从工党中分离出来，从而使中间派政党势力异军突起。① 然而，中间派政党的力量并不稳固。2006 年 7 月以军与黎巴嫩真主党爆发武装冲突之后，政治能力远不如沙龙的奥尔默特的支持率一路走低。此外，受政治腐败、性丑闻等事件影响，前进党和工党组成的联合政府人气低迷。2008 年 9 月，第一副总理兼外交部部长齐皮·利夫尼（女）取代丑闻缠身的奥尔默特当选前进党主席。

　　与此相关的，是保守的利库德集团再次崛起。继沙龙的追随者相继加入前进党之后，利库德集团的实力大减，在 2006 年的议会选举中仅获 11 席，比前进党少了 17 个席位。但在 2005 年内塔尼亚胡成为利库德集团领袖以来，他利用其政治影响力以及前进党的失误，逐渐收复失地。2009 年 2 月，以色列举行第 18 届议会选举，各党获得的议席为：前进党 28 席、利库德集团 27 席、"我们的家园以色列"党 15 席、工党 13 席、沙斯党 11 席；右翼势力总计获得 63 ~ 64 个席位，明显超过左翼。

　　这一选举结果是在工党内部大变动的背景下发生的。2005 年 11 月，摩洛哥移民阿米尔·佩雷茨当选新一任工党主席，而工党一向是由来自欧洲的犹太精英主导的。一些政治家与评论家甚至把此事视为 1977 年以来以色列国内最大的政治事件。佩雷茨主张在政治、经济问题上进行革新，在巴勒斯坦问题上追随拉宾倡导的和平路线。2005 年 11 月，在竞选工党主席中失败的党内元老佩雷斯宣布退党。在国内，这一时期工党往往支持沙龙政府，2006 年之后又加入前进党政府，在政治上进一步发挥配角的作用。2007 年 6 月，巴拉克在工党主席的竞选中胜出。但是，他难以改变左翼党派衰落的大局。在 2009 年的议会选举中，工党仅名列第四，而中左集团难以获得组阁需要的半数议席。其深层原因在于民众对中左翼政党在维护国家安全和推进巴以和平进程中的表现深感失望。最终，巴拉克

---

　　① 冯基华：《沙龙之后的以色列政党政治与巴以冲突发展态势》，《亚非纵横》2006 年第 2 期。

率工党于 2009 年加入内塔尼亚胡组建的联合政府中，而他在政府内的无所作为引起了一些工党成员的不满。2011 年 1 月，因有关巴以和谈的分歧工党退出联合政府，而巴拉克也宣布辞去工党主席的职务，并永久退出工党，同时退党的还有其他 4 名工党议员。巴拉克与他的追随者建立了秉承中间路线的新党"独立党"。巴拉克的退党产生了重大影响。工党的议席因此只剩下 8 个。同时，它还影响到和平进程的走向。前进党议员什洛莫·莫拉宣称：此举"宣布了和平的终结"。

2011 年以来，西方世界经济的普遍不景气影响到以色列，加上周边形势不稳（伊朗核威胁、中东和平进程的僵局及"阿拉伯之春"以后中东安全形势的剧变），以色列政局发生了进一步变化，即左翼、右翼甚至中间派政党的分化和新兴政党的兴起。中间派政党前进党衰落，作为前进党新任主席的齐皮·利夫尼失去了前进党的信任，在 2012 年 3 月以大比分差距在党主席竞选中失利，于 5 月宣布辞去议员职务，退出政坛。此举凸显了以色列中间派缺乏核心领袖的困境。但 2013 年 1 月的议会大选出人意料地证明了以色列新的政治格局的形成。根据大选结果，利库德集团与右翼政党"我们的家园以色列"组建的竞选联盟获 31 席，其得票比上届少了 11 席，这源于民众对国内贫富分化加剧和经济问题的不满；2012 年 4 月成立的世俗中间党派未来党异军突起，一举获得 19 席，成为议会第二大党；工党获 15 席，较上届增加 2 席；"犹太家园"党获 12 席，沙斯党获 11 席，前进党仅获 2 席。总起来看，右翼党派获得 61 席，而中左派政党为 59 席，旗鼓相当，但未来党取代前进党成为最大的中间党派。2013 年 3 月 18 日成立的第 33 届联合政府由利库德－"我们的家园以色列"竞选联盟为首组成，在议会中占 68 席，其中吸收了中间党派未来党和运动党（6 席）。

第二节　宪法与司法体系

一　宪法

以色列没有一部成文宪法，理由之一是一些保守的宗教人士反对宪法拥有高于《塔木德》等宗教典籍的权威。以色列只有一系列的"基本法"（Basic Laws），是未来宪法的基础。1995 年，议会通过立法确认"基本法"拥有超过普通法律的特殊地位。2003 年，议会的宪法、法律和司法委员会开始起草一份正式的宪法，但至今仍未完成。迄今，以色列议会共颁布了 14 部"基本法"，但尚未包括宪法应当涉及的所有领域。14 部"基本法"如下：

《基本法：议会》（1958 年）；

《基本法：国家土地》（1960 年）；

《基本法：总统》（1964 年）；

《基本法：政府》（1968 年）；

《基本法：国家经济》（1975 年）；

《基本法：军队》（1976 年）；

《基本法：耶路撒冷——以色列的首都》（1980 年）；

《基本法：司法》（1984 年）；

《基本法：国家监察长》（1988 年）；

《基本法：人的尊严和自由》（1992 年）；

《基本法：政府》（1992 年，取代 1968 年的相关法律）；

《基本法：职业自由》（1992 年）；

《基本法：职业自由》（1994 年，取代 1992 年的相关法律）；

《基本法：政府》（2001 年，取代 1992 年的相关法律，恢复 1968 年法律而有所变动）。

除"基本法"和《独立宣言》外，还有一些特定法律具有宪法性质，尤其是《回归法》（1950 年）。它规定每个犹太人都有权返回以色列，入境时自动获得公民身份，从而确认了《独立宣言》提出的"流亡者聚集"概念。

二 法律和司法体系

独立伊始，以色列即通过了法律和行政命令，规定建国之前在该地区通行的法律，只要不违背《独立宣言》中所载原则和议会未来颁布的法律，便将继续生效。因此，以色列的法律制度包含了奥斯曼法律（1917年之前生效）的残留部分、英国委任统治当局的法律（其中包括很大一部分英国普通法）、犹太宗教法的成分以及其他法律制度（如大陆法系）的一些内容。所以，以色列属于"混合司法"的法律体系。20世纪60年代以来，几乎所有的奥斯曼法律逐步被废除，以色列按照欧洲法律和普通法理念编纂了各种单行法规。到80年代末，与英国普通法形式上的联系被取消了，同时，以色列司法机关开始发展自己的普通法，即"以色列风格的普通法"，今天国家法律的大部分都是以色列普通法的产物（例如行政法）。90年代，颁布了两部涉及人权问题的"基本法"，它们构成了以色列的《人权法案》；在私法领域，开始进行编纂活动的统一化和现代化工作，2004年起草了一部新的现代民法典，它不包括商法、家庭法或劳动法，也不涉及消费者保护法。在司法实践中，所有"基本法"都被认为是国家的最高法，直到"基本法"被统一为宪法时为止，因而法律宪法化的整个过程开始了。[①] 总之，以色列法律制度的主要特点体现在1948年以来逐步形成的独立的成文法和判例法这一法律主体上。

如同英美法系，以色列的法律体制建立在先前判例的基础上。法庭采取抗辩制度，而不是审讯制度，当事人（原告和被告）必须自行将证据带到法庭上，法庭并不会做任何独立的调查。如同大陆法系，以色列不设陪审团制度，案件是由专业的法官判决。

影响以色列法律的是西方法律文化，前者的基本路径是"世俗的、自由的和理性的"。社会制度追求的是通过法律和法院解决问题；法律被认为是确保社会进步和变革的概念；个人享有权利，也负有义务。不过，以色列仍然受到它所在地区的传统的影响，这表现在宗教法的存在，它们处理不同宗教社团的个人身份问题（结婚和离婚事宜），相关事宜完全由宗教法庭（犹太教法庭、伊斯兰教法庭和基

---

① 参见上海社会科学院法学研究所编译室编译《各国宪政制度和民商法要览》亚洲分册，法律出版社，1987，第280～310页；阿伦·巴拉克（以色列最高法院院长）《对以色列法律制度及其司法机关的反思》，于庆生译，法制网，http://www.legaldaily.com.cn/misc/2006-11/28/content_471249.htm。

督教法庭）处理，不存在民事的结婚或离婚。① 2000 年，以色列最高
法院院长阿伦·巴拉克在一篇名为《对以色列法律制度及其司法机关
的反思》的论文中指出，这一做法违背了人权，它是以色列应该尽快
解决的一个问题。

以色列的《基本法：人的尊严和自由》和《基本法：职业自由》中
规定："这一基本法的目的是为了保护人的尊严和自由，是为了将作为犹
太的和民主的国家的以色列的价值确立在基本法中。"而作为犹太国家的
以色列国家价值意味着两点：其一，以色列是犹太复国主义者的国家，它
意味着以色列的存在理由是通过建立每个犹太人都有权到达的一个国家来
解决犹太人问题。《回归法》的颁布就是这一理念的表达。其二，以色列
是犹太传统的国家，这意味着犹太价值和犹太传统是以色列基本价值的一
部分。但是，作为犹太国家的以色列国家价值和其作为民主国家的价值之
间存在着张力。

以色列的司法部门由三层架构。最下层是地方法院，分布于大多
数城市。中间层是地区法院，兼具上诉法院和地方法院的功能，分布
于 5 座城市：耶路撒冷、特拉维夫 – 雅法、海法、贝尔谢巴以及拿撒
勒。最上层的法院则是以色列最高法院，位于耶路撒冷。最高法院是
最高的上诉法院，也身兼高等法院的功能，高等法院主要是负责解决
个别公民对于法院提出的请愿，这些请愿通常由政府部门回复（包括
以色列国防军）。这样的请愿促使高等法院做出决定，指导政府部门纠
正原来的行政决定。

法官由议会相关委员会、最高法院法官以及以色列律师行会的会员联
合选出并由总统任命。根据普通法制度，法官来自律师，法律规定法官在
70 岁时退休。最高法院拥有 12 名法官，其首席大法官由司法部部长批
准，负责指派所有法庭的常务官员。以色列不是国际刑事法院的成员，因

---

① 早在阿拉伯帝国时代，各宗教社团即在法律上实行自治，它们奉行各自的宗教法，尤其
是在家庭法（涉及结婚、离婚、子女监护、财产继承）领域。这一传统延续到奥斯曼帝
国时期。

为担心若加入将会导致以色列在被占领土的定居者遭到起诉。司法机构的独立性得到法律的保证。

三 国家审计长

国家审计长是为确保政府的责任而依法设立的。国家审计长执行外部审计并就公共行政的合法性、正常性、经济状况、效率、效益以及道德规范提出报告。自1971年以来，其还行使监察官的职能，受理公众对需经审计长审计的国家机构或公共机构的投诉。国家审计长由议会以无记名投票方式选出，任期7年，只对议会负责。国家审计范围包括审查政府各部、国家机构、国防单位的分支机构、地方当局、国有公司等部门和机构的活动。此外，国家审计长还有权检查在议会占有议席的政党的财务及其选举账户。凡被发现有不法行为者，即可实施罚款。

四 警察机构

以色列警方的任务是打击犯罪、协助当局执行法律和实施交通法规，指导相关部门采取预防性安全措施，保护全体居民。

警察当局的主要机动特遣部队是边防警卫队。它主要处理国内治安问题，并包括一个专门的反恐怖机构。恐怖事件的威胁导致公民积极要求警察机构参与保护其社区，因此，1974年建立了一支公民志愿警卫队以维持社区治安机构，其中包括指挥中心、武装巡逻队等。

五 监狱

以色列设有多处监狱设施，分别关押成年男性犯人、治安犯、少年犯和女犯。针对犯人的情况及罪行制订了各种改造方案，目的在于帮助他们重新参与社会生活。这些方案包括：教育和职业培训课程；缓刑制度；辩护咨询；监狱内外的就业及收入分配；等等。每隔两三个月，允许所有犯人探家一次，但可能危害公共治安者除外。法律规定犯人有争取减刑的权利。刑期在6个月以上的犯人，在服满2/3的刑期之后，经赦免委员会斟酌决定，可提前获释。被判处终身监禁的犯人可向总统请求赦免或减刑。

除了以色列国公民，以色列监狱中还关押了被占领土的不少巴勒斯坦人。巴勒斯坦自治当局一直要求释放他们。

第三节　立法机构和选举制度

一　议会

以色列立法机构为一院制议会，希伯来语称为"Knesset"，由120名议员组成。议会议席的分配是由各政党在大选中的得票比例决定的。议会选举通常是4年举行一次，但议会可以在选举前经由表决自行解散，这种表决即不信任投票。政党进入议会的门槛较低，只要获得2%的选票，就可得到议席，所以进入议会的政党一般都在10个以上，无法形成英美式的两党制。建国以来，历届政府都是联合政府。在组阁和治理国家的过程中，一些小党的作用往往超过其自身的规模。

作为以色列的立法机构，议会负责颁布法律、监督政府行为，并有权任免总统。议员的选举制度决定了任何政党都很难在议会里获得有效的多数派地位。总理由议员选出，因此都是由最有能力组成联合政府并争取最多议员支持的人出任。在议会选举之后，总理有42天时间组阁，而内阁必须由议会集体批准。1996~2001年曾实行总理直选，但此后继续沿用议会选任制度。

二　选举制度

以色列的议会选举制具有非常鲜明的特点，即全国为一个选区，以政党或集团为单位参加竞选，根据各党派所得的总票数，按比例分配议席。其后果是无一政党或团体能在议会中拥有单独组阁所需的半数以上的简单多数议席（61席），最终不得不组成联合政府。

比例代表制是以色列议会选举制度的核心，它与英、美等国通行的选区多数选举制截然不同。在以色列，大选结束两周后，中央选举委员会在政府公报上正式公布选举结果，并根据各政党得票数按比例分配议席。从2006 年起，只要在大选中获得 2%（此前为 1.5%）选票的党派就有资格进入议会，这是分配议席的最低起点，即"马哈绍姆"（"门槛"）。按比例计算选票后，即可分配议席。例如，某党分得 31 个议席，那么该党候选人名单上的前 31 人将成为议员；若其中某个议员死亡或辞职，候选人名单上的第 32 位候选人将填补空白，以此类推。此外，政府要向分得议席的政党退还保证金，并承担其竞选经费，每个议席的代价大约是 10 万美元，不到美国的 1/10。① 比例代表制给有政治理想的人士带来了希望，体现了高度的民主性和自由性，同时也激发了广大选民的政治热情和参政议政的积极性。

但比例代表制也给国家政治带来了严重的负面影响。它为代表少数人利益的小党充斥政坛提供了契机，是导致以色列党派滋生和政坛混乱的主要根源。比例代表制不仅促成新党的产生，而且还刺激了老党内部的分裂。总之，在比例代表制下，以色列建立了典型的多党制。迄今为止，先后有上百个党派和集团参加过以色列的 19 届大选，仅进入议会的政党就超过 50 个。最具代表性的是，阿拉伯人的政党也通过选举进入了议会。在第 15 届议会选举中，以阿拉伯民主党为中心的阿拉伯联合党一举获得5 个议席，空前绝后。

在议会里，党派林立、议席分散，而促使党派合并的因素则少之又少，因此很难形成一个多数派，这对组织一届稳定的政府非常不利。每个参加竞选的政党都要提交一份候选人名单。在以色列，凡在议会中已占有议席的政党自动具有参选资格，其他任何政党、团体以及个人，只要能征集到 2500 名选民的签名支持，并缴纳 12000 美元的保证金，就可提交候选人名单参加竞选。但是，根据 1985 年议会通过的修正案，"假如一个党的宗旨或行动，不管是明白无误的，还是含糊不清的，包含以下各点之一，它将不得参加议会大选：（1）否定以色列国作为犹太人的国家的存在；（2）否定国家的民主性质；（3）煽动种族主义。"

---

① 雷钰：《以色列议会选举制度研究》，博士论文，西北大学，2004。

凡年满 18 周岁的公民均有选举权，年满 21 周岁的公民均有被选举权。针对候选人资格，以色列有关议会选举的法律规定，以下人员若参加竞选，须在大选前 100 天辞职：（1）总统，两位犹太教大拉比，国家审计长和以色列国防军总参谋长；（2）各级法院的法官，包括拉比和其他宗教法庭人员；（3）各种神职人员，如职业拉比、牧师等；（4）军官和高级文职人员。

比例代表制使政党具有浓厚的集体性和思想性，有助于建立组织严密、纪律严明的政党，一些散漫的、缺乏组织纪律性的小党派往往会被淘汰，客观上对政党数目有一种限制作用。在以色列，历届议会的政党数目比较稳定，保持在 10~15 个，而真正能长期保存下来的也只有工党联盟、利库德集团和全国宗教党等为数不多的几个政党联盟或政党。然而比例代表制的集体性质严重影响了候选人的独立性，其结果是议员与选民严重脱节，他们不受选民的约束和监督，缺乏政治责任心，导致选民无法直接参政。所以，以色列的议会选举制度远不如选区多数选举制民主。

第四节 政府

一 内阁

以色列国家的行政机构是政府。它主管包括安全事务在内的国内外事务。政府的决策权非常广泛，并决定自己的工作和决策程序。通常，每周举行一次内阁会议，但可视需要增加会议次数。它还可以通过部级委员会采取行动。

以色列的部长在履行职务上向总理负责，其行为向议会负责。大多数部长负有专职，并主管一个部；不管部部长可接受委派负责特别项目。总理亦可充任负有专职的部长。所有部长都必须是以色列公民和居民。经总理或政府批准的部长可在各自的部里任命一名副部长；而且部长一般必须是议员；部长总人数不固定。

政府同议会一样，任期一般为 4 年，但其任期可因总理辞职、死亡或议会投不信任票而缩短。政府必须得到议会的信任，即在议会 120 名议员中，至少有 61 位支持政府。政府工作接受议会的监督。政府的组织和职能，1968 年前由《过渡法》（俗称"小宪法"）调整，1968 年 8 月起由《基本法：政府》调整。如果总理辞职或去世，整个政府必须辞职，由原总理所属政党的第二号人物出任总理，领导原政府继续工作，直到议会大选后新政府接替为止。政府在行政上有广泛的权力，除议会之外，其他任何机构都无权对其进行干预，最高法院只能审议政府的行动是否合法。

以色列的新议会组成后，总统任命议会最大党的领袖为总理，授权他在 3 周内组成内阁，必要时可再延长 3 周。在此期间，新任总理必须联合若干政见相近、利益相合的小党，以凑够组成政府所需的半数以上的支持议席，建立联合政府。工党在第 7 届大选中获得 56 个议席，取得了议会选举史上最大的胜利，但仍未超过议会中的半数，不能单独组阁。在当代历史上，左右翼执政联盟相互交替上台执政，要么工党联盟联合几个中间性小党组阁执政，要么利库德集团联合几个小党组成政府，从而形成"一党为主，多党联合"的模式。总的来说，左右翼联合政府的更迭还是相当规范和平稳的，为了维护政局稳定，新内阁一般都不排斥上届政府的基本政策，并保持一定的连续性。

在联合政府内部，多数党与若干小党之间，必然要在大政方针、内外政策等方面进行协商和互相妥协。既要体现执政大党的意志，又要采纳友党的一些政策主张，达到联合政府内部的利益平衡，从而保障内阁的稳定运行。同时，各党领袖或骨干各司其职，极力维护本党的利益；各党相互监督和制约，从而有效地防止一党专制以及个人独揽大权，有利于发挥议会民主。

联合政府的缺陷非常突出，集中体现在以下两个方面。

一是总理难当。在以色列，组阁一直都是政治生活的重要组成部分，与政府的决策和统治能力密切相关。漫长而烦琐的组阁往往是新总理面临的第一个严峻考验。为了凑够组成内阁所需的半数以上支持议席，总理必须分别与有望入阁的小党谈判，就新政府施政纲领的各个细节、部长职位的分配等重要问题达成联合协议。总理受联合执政的友党的制约，通常都会妥协让步，友党提出的部长人选总理一般只能采纳，而各部的设置则根据组阁的需要而定。总理甚至还"因人设岗"，任命多位不管部部长，从而造成机构臃肿、人浮于事的现象。内阁部长只对其党负责，而将国家和选民的利益置于脑后，导致政党化的官僚主义盛行。同时，由于联合执政的需要，总理必须在政府工作中力求平衡，迁就中小党派，其在重大问题上的决策能力受到极大影响，实用主义的成分较多。

二是内阁危机频发。由于联合政府各党派的议席总计刚好超过议员总席位之半，任何一方的退出都可能导致内阁危机。组阁的大党对小党的依赖性越强，后者就越有机会对前者施加压力。因此，小党入阁后，一直起着"四两拨千斤"的特殊作用。为了维持内阁的"生存"，总理一再向友党让步，于是，一些小党，尤其是宗教党派往往在某些政策方面获得了超出其自身政治实力的影响。其结果是以色列内阁危机频发。从 1949 年到 1979 年的 30 年里，共有 16 种原因引起了 103 次内阁危机，其中因宗教问题（犹太教教育、安息日法、领土问题、反对养猪等）的就有 35 次，几乎占 1/3。总之，以色列联合政府只不过是一个十分脆弱、充满矛盾的联合体，入阁党派彼此政见不一，任何对政治现状的改变都有可能引起内阁危机。以色列建国后仅有 19 届议会，却有 33 届内阁，几乎一半内阁都是提前解散的。

脆弱的联合政府严重削弱了总理的决策能力，使其难以制定出明确、果敢的政策，从而使以色列的行政管理缺乏一个真正的领导中心。通常，总理所执行的政策大都是各政党妥协的产物，从而严重阻碍了国家按部就班的发展，也不能进行重大的社会政治改革，甚至连一部反映大多数公民意愿的宪法都难以制定出来。建国后，不少以色列政治家和有识之士都深刻地认识到：单一比例代表制是以色列政治制度不成熟的表现，不能真实地反映选民意愿，甚至认为它是"以色列政治制度的最大弱点之一"。

现任政府（第 33 届）于 2013 年 3 月 18 日成立，由利库德－"我们的家园以色列"竞选联盟、未来党、"犹太家园"党、"运动"党联合组成，在议会中占 68 席，包括总理和 21 位部长，主要成员如下：

总理兼外长、公共外交和大流散事务部部长本雅明·内塔尼亚胡（Benjamin Netanyahu），利库德集团；

国防部部长摩西·亚阿隆（Moshe Ya'alon），利库德集团；

通信部部长兼后方防卫部部长吉拉德·埃丹（Gilad Erdan），利库德集团；

财政部部长亚伊尔·拉皮德（Yair Lapid），未来党；

宗教服务部部长、耶路撒冷兼大流散事务部部长、经济部部长纳夫塔利·本内特（Naftali Bennett），"犹太家园"党；

公安部部长伊扎克·阿罗诺维奇（Yitzhak Aharonovitch），"我们的家园以色列"；

司法部部长齐皮·利夫尼（Tzipi Livni），"运动"党。

以色列历任总理：

大卫·本－古里安（David Ben－Gurion，1948～1953年）；

摩西·夏里特（Moshe Sharett，1954～1955年）；

大卫·本－古里安（1955～1963年）；

列维·艾希科尔（Levi Eshkol，1963～1969年）；

果尔达·梅厄（Golda Meir，1969～1974年）；

伊扎克·拉宾（Yitzhak Rabin，1974～1977年）；

梅纳赫姆·贝京（Menachem Begin，1977～1983年）；

伊扎克·沙米尔（Yitzhak Shamir，1983～1984年）；

西蒙·佩雷斯（Shimon Peres，1984～1986年）；

伊扎克·沙米尔（1986～1992年）；

伊扎克·拉宾（1992～1995年）；

西蒙·佩雷斯（1995～1996年）；

本雅明·内塔尼亚胡（1996～1999年）；

埃胡德·巴拉克（Ehud Barak，1999～2001年）；

阿里尔·沙龙（Ariel Sharon，2001～2006年）；

埃胡德·奥尔默特（Ehud Olmert，2006～2009年）；

本雅明·内塔尼亚胡（2009年至今）。

二 总 统

以色列总统是国家元首，为超党派的国家统一的象征。总统通常由执政党领袖，即政府总理向议会推荐对国家贡献大、德高望重的政治活动家或科学家，获得简单多数即可当选，任期7年，不得连任。总统的职责主要是礼节性事务，包括召开新议会、协助组阁、接受国书、签署议会通过的条约与法律、任命外交使团团长、法官、国家银行行长、大赦囚犯等。

以色列历任总统：

哈伊姆·魏茨曼（Chaim Weizmann，1949~1952年），科学家、政治家；

伊扎克·本－兹维（Yitzhak Ben–Zvi，1952~1963年），政治家、历史学家；

扎勒曼·夏扎尔（Zalman Shazar，1963~1973年），政治家、历史学家、作家；

伊弗雷姆·卡齐尔（Ephraim Katzir，1973~1978年），生物化学家；

伊扎克·纳冯（Yitzhak Navon，1978~1983年），政治家、教育家、作家；

哈伊姆·赫尔佐克（Chaim Herzog，1983~1993年），情报部部长、外交家；

埃泽尔·魏茨曼（Ezer Weizman，1993~2000年），空军将领、政治家、企业家；

摩西·卡察夫（Moshe Katsav，2000~2007年），政治家；

西蒙·佩雷斯（Shimon Peres，2007~2014年），政治家、作家；

鲁文·里夫林（Reuven Rivlin，2014年至今），律师、政治家。

第五节 主要政党

利库德集团 利库德集团简称利库德（希伯来文为HaLikud，意为"团结"；英文为Likud），为民族主义的保守派政党。1973年9月由加哈尔集团、自由中心、拉姆党、人民党、国土完整运动等党联合组成。利库德集团奉行"以安全换和平"政策，在巴勒斯坦问题上立场强硬，但近年来相关政策也做了适当调整。在经济方面该党主张建立自由市场经济，积极推行私有化政策，在文化方面主张复兴犹太文化。主要支持者来自东方犹太人和犹太教正统派。1977年和1981年两次大选获胜执政。1984年和1988年两次同工党组成联合政府。1990年6月与其他一些宗教党组成新政府。1992年大选失利后成为在野党。1996年内塔尼亚胡带领利库德击败工党，成为以色列历史上最年轻的总理。1999年沙龙当选利库德集团主席，并于2001年当选总理。2005年8月，沙龙大力推行"脱离计划"，造成党内分裂，沙龙率领支持者于11月退出利库德，该党受到严重削弱。同年12月，内塔尼亚胡再次当选利库德集团主席，并于2007年连任。在第18届议会选举中该党获27席，成为议会第二大党并成功组阁，内塔尼亚胡任总理。在2013年1月的第19届议会大选中，利库德与"我们的家园以色列"组建的竞选联盟获31席，再次组阁。

工党　工党（希伯来文为HaAvoda；英文为Israel Labour Party）为劳工犹太复国主义的左翼政党，1930年成立，党员约30万人，领导人多属阿什肯纳兹人。该党亦承认巴勒斯坦人的自决权，认可建立一个拥有有限主权（如不能拥有军队、不能与任何国家军事上结盟、以色列空军享有领空使用权）的巴勒斯坦国。在社会领域，工党主张社会公正和平等，实现宗教与世俗、东方犹太人与西方犹太人、以色列犹太人与阿拉伯人等少数民族之间的和解与融合。2007年6月，埃胡德·巴拉克在工党主席选举中再度当选。工党在第18届议会选举中是第四大党。巴拉克于2011年1月退出工党，后者的力量因此受到严重削弱，在议会中的议席下降到仅有8席。2011年9月，工党举行党主席选举，记者出身的谢利·雅齐莫维奇（女）当选。在2013年议会选举中，工党获15席，其实力明显得到恢复。

"我们的家园以色列"　"我们的家园以色列"（Israel Beiteinu）系1999年成立的右翼民族主义政党，主要支持者是苏联犹太移民，主席为阿维格多·利伯曼。该党在巴勒斯坦问题上持强硬立场，认为以色列籍阿拉伯人口上升威胁到了以色列作为犹太国家的属性，主张鼓励更多犹太人移居以色列，同时敦促以色列籍阿拉伯人迁往巴勒斯坦控制区或其他阿拉伯国家。在社会经济领域，该党主张私有化，打击腐败，重视犹太文化教育。在 1999 年第 15 届议会选举中该党获 4 席，2001 年进入联合政府，2003 年再次进入联合政府，2005 年因反对"脱离计划"退出联合政府。2006 年第 17 届议会选举中，该党获 11 席，成为议会第五大党。同年加入奥尔默特内阁，利伯曼担任副总理兼战略事务部部长。2008 年，利伯曼因反对与巴勒斯坦就最终地位问题进行谈判而退出内阁。在第 18 届议会选举中该党获 15 席，成为议会第三大党，并与利库德组建联合政府。在 2013 年 1 月的议会大选中，与利库德组建的竞选联盟获 31 席，再次组阁。

未来党　未来党（Yesh Atid）成立于 2012 年 4 月，为世俗中间党派，主要支持者为中产阶级，主席为亚伊尔·拉皮德。该党在 2013 年第 19 届议会选举中一举获得 19 席，成为议会第二大党，并加入政府，获得财政、教育、科技等 5 个部长职位。

沙斯党　沙斯党（Shas）是代表东方犹太人的正教派犹太人政党，1984 年成立。主席为埃利亚胡·伊沙伊。在第 19 届议会选举中获 11 席，为议会第五大党。该党在宗教上持正统派立场，主要关心本党及其选民在宗教、社会及经济方面的利益。在以巴冲突等问题上立场较温和、灵活。

"犹太家园"党　"犹太家园"党（希伯来文为 Habayit Hayehudi；英文为 The Jewish Home）为极右翼、极端民族主义的宗教政党。2008 年 11 月成立，由历史悠久的全国宗教党与另两个右翼小党——家园党（Moledet）和"政治"党（Tkuma）联合形成。但不久三个党就分道扬镳。2012 年，"政治"党脱离极右政党联盟"全国联盟"，再度与"犹太家园"党合并，该党在 2013 年第 19 届议会选举中获得 12 席，加入政府，党主席、前高科技富翁纳夫塔利·本内特任宗教服务部部长、耶路撒冷兼大流散事务部部长和经济部部长。

前进党　前进党（希伯来文为 Qādīmāh，中文或音译"卡狄马党"）为中间派政党。由前总理沙龙于 2005 年 11 月脱离利库德集团后成立。

2005 年年底，工党元老佩雷斯脱离工党，加入前进党。2006 年 1 月，沙龙中风昏迷，埃胡德·奥尔默特被推选为代理主席，后成为正式主席。该党在 2009 年举行的议会选举中获 28 席，以一席优势领先利库德集团，成为议会第一大党。但此后前进党影响不断下降。2008 年 9 月，第一副总理兼外长齐皮·利夫尼取代奥尔默特当选前进党主席。她在 2012 年 3 月党主席竞选中失利，暂时退出政坛。此后，前国防部部长沙乌勒·莫法兹成为党主席。该党在 2013 年议会选举中，仅获 2 席。

独立党　独立党（Independence）是从工党分裂出来的政党，领导人为前工党领袖埃胡德·巴拉克，2011 年 1 月成立。该党主张"中间主义、犹太复国主义和民主"的路线，并加入了利库德集团的联合政府。巴拉克于 2012 年 11 月 26 日宣布自己将在 2013 年年初大选后退出政坛，不再参加议会选举。他兑现了自己的诺言，该党没有参加 2013 年大选。

第四章

经　济

第一节　概述

　　以色列自然环境相对恶劣。但建国以来，以色列克服了许多困难，从一个以农业为主的国家迅速发展成为发达的新兴工业化国家，并且农业、工业、科技及军工等部门的技术水平均走在世界前列。

　　以色列现代经济是从建国前的伊休夫（巴勒斯坦的犹太移民社团）经济发展而来的。从 1882 年开始，来自欧洲的犹太移民浪潮（阿利亚）开始推动巴勒斯坦的工业化和城市化。第一次世界大战后，委任统治建立，殖民当局投入巨资发展诸如教育、卫生等服务事业，并建立了道路、铁路、通信系统以及机场和港口等基础设施。1929 年至 1933 年建设的海法港不久即成为本地区最重要的港口之一。然而，建立技术性强的基础设施，尤其是本地区的电气化，却几乎完全是由伊休夫兴建的。以色列学者埃利·巴尔纳维在其主编的《世界犹太人历史——从〈创世记〉到二十一世纪》一书中指出："在委任统治时期，它（以色列）经历了典型工业革命的所有阶段，只是步伐超乎寻常。"[1] 同时，未来犹太国独特的经济组织基础也已经确立，就是国有经济和合作制经济占重要地位的多元经济体制，无论是在城市还是乡村。

　　当代以色列经济为混合型经济，国有经济、合作制经济和私有经济共

---

[1]　〔以色列〕埃利·巴尔纳维主编《世界犹太人历史——从〈创世记〉到二十一世纪》，刘精忠等译，中国人民大学出版社，2007，第 208 页。

存。私有经济虽然比重较大，但一些重要部门由政府严格控制。以色列经济的独特之处还在于其合作制经济。许多大型企业由以色列总工会（原犹太工人总工会）掌管；在农业中，以基布兹和莫沙夫①为主的合作制经济则占有很大成分。在国民经济体系下的三种经济成分既相互竞争，又互补合作，使以色列能够在如此短的时间和如此小的空间里，取得经济快速稳定的增长。以色列在孤立的地缘政治形势下较为成功地应对了人口激增、经济危机、失业等问题，成为新兴工业化国家的典范。下面对以色列经济发展历程的主要阶段作一概括介绍。

一　经济快速增长时期（1948～1973 年）

以色列经济起点很低，却增长很快。在建国后的 20 多年里，其国内生产总值年增长率平均为 10%，实际工资增长率为 4.7%。到 1958 年，以色列人均收入已经同奥地利、芬兰、荷兰等欧洲国家相差无几。

建国初期，以色列最需要解决的国内问题是接收移民和进行经济建设。由于二战后欧洲犹太幸存者及阿拉伯国家犹太人大量涌入，以色列人口从 1948 年（75 万人）到 1961 年激增了 3 倍，安置远超过本国人口的大批移民成为大问题。刚刚建国的以色列得到世界犹太人的大量捐款和美国的贷款援助以及联邦德国从 1952 年起开始提供的赔款，这些公共资金由以色列的三大公共机构——政府、以色列总工会和犹太代办处掌握，它们为移民修建了大量房屋、大批学校等。三大机构还将资金投入农业发展，在农村普及电力系统，开发新的水资源，帮助阿拉伯农民建立运销合作社以及发展小型工业。大多数农民开始用拖拉机犁地，灌溉和收割也都机械化了。此后 20 年间农业经历了相对的繁荣时期。

在农业发展之后，为了扩大就业和减少贸易逆差，以色列开始了国家的工业化进程，利用廉价劳动力创建了进口替代型工业。为了促进工业发

---

① 以色列建国前出现的一种以土地国有、家庭经营、合作互助、集体销售为其基本特征的社会组织。

展，1957年，在政府的主导下，总工会、地方银行、制造商协会等机构共同成立了工业发展有限银行，为企业提供长期贷款。凡是对"国家贸易平衡或出口面向或进口替代作出贡献者，或企业建在特别开发区，能就地提供就业机会，使该地区低收入集团人均收入得以提高者，或采用有利于工业现代化的技术创造和发明者，可以向该银行申请借贷"①。该银行还与政府各以50%的股份参与工业发展投资公司，为工业公司筹集资本，形成雄厚的流动资金。

规模宏大的公共建设活动导致经济高度集中化。国有经济和合作经济在建国后很长一段时间占主导地位，对整个经济具有决定性影响。尽管后来以色列经济出现私有化趋势，国有经济和合作制经济仍然超过了私有经济。在本阶段一次关于"对劳资关系影响最大的机构是什么"的调查中，1200个受访者（具有代表性的以色列成年人口，不限于总工会成员）中有64%的人回答是以色列总工会，26%为政府，还有10%为雇主。② 这种状况"有助于维护建国前形成的经济组织模式，在这一模式中，政府及准政府机构，劳工合作组织和私人企业各自控制着经济的一个部分"。③

关于这一时期各种经济在国家经济总量中所占的比例，以及劳动力的行业结构情况，见表4-1、表4-2和表4-3。从经济结构的情况（表4-1）看，1958年的以色列和表中列举的欧洲三国1950～1951年水平相当。以色列的农业比重接近瑞士，而大大低于奥地利和意大利；其制造业比重接近意大利，而低于瑞士和奥地利。从所有制的情况（表4-2和表4-3）看，无论是在国内产值还是在雇佣劳动力方面，私有部门都大大高于国有部门和总工会各部门的总和，尤其是在产值上。

① 徐向群、余崇健：《第三圣殿——以色列的崛起》，上海远东出版社，1994，第236页。
② Roby Nathanson and Associates, *Union Responses to a Changing Environment: The New Histadrut - the General Federation of Labour in Israel*, Bethesda, MD: Congressional Information Service, Inc., 2001, p.4.
③ 〔英〕诺亚·卢卡斯：《以色列现代史》，杜先菊、彭艳译，商务印书馆，1997，第337页。

表 4 – 1　20 世纪 50 年代以色列和其他国家劳动力的部门结构

单位：%

国　别	以色列（1958）	奥地利（1951）	意大利（1951）	瑞士（1950）
农业	17.6	32.2	40.0	16.5
制造业	21.7	28.3	22.8	38.5
建筑业	9.8	8.0	7.1	8.1
商业和银行	12.3	8.8	12.4	11.6
交通和通业	6.8	5.3	3.8	4.6
服务业	29.8	15.3	8.1	19.8
其他	2.0	2.1	5.8	0.9

资料来源：Alex Weingrod, *Israel: Group Relations in a New Society*, Frederick A. Praeger, New York, 1965, p.18。

表 4 – 2　1953 ~ 1960 年以色列各部门国内生产净产值

项目	国内生产净产值（1）	国有部门（2）	以色列总工会（3）	私有部门 (1) – [(2) + (3)] = (4)
百万谢克尔（时价）				
1953	1120	217	227	676
1957	2489	521	513	1455
1958	2848	570	571	1707
1959	3222	695	653	1874
1960	3610	761	737	2112
百分比（%）				
1953	100.0	19.4	20.3	60.3
1957	100.0	20.9	20.6	58.5
1958	100.0	20.0	20.0	60.0
1959	100.0	21.6	20.3	58.1
1960	100.0	21.1	20.4	58.5

资料来源：*The Falk Project for Economic Research in Israel*, Sixth Report, 1961 ~ 1963, Jerusalem, April 1964。

表 4 – 3　1959 年以色列各部门雇佣劳动力人数

机构	所有部门 (1)	国有部门 (2)	以色列总工会 (3)	私有部门 (1) – [（2）+（3）] =（4）
人数（千）				
所有部门	675.4	119.2	152.6	403.6
农业、林业、渔业	110.4	1.6	52.5	56.3
矿业、矿山开采及加工业	157.1	3.7	27.6	125.8
建筑业	63.6	4.0	16.9	42.7
公共服务（水电供应）	7.1	7.1	—	—
交通运输业	47.0	15.2	10.5	21.3
银行、金融、不动产、商业、服务业、政府服务及非营利性机构	287.5	87.6	45.1	154.8
未知	2.7	—	—	2.7
百分比（%）				
所有部门	100.0	17.6	22.6	59.8
所有部门：全部劳动力 *	100.0	(24～25)	(21)	(55～56)
农、林、渔业	100.0	1.4	47.6	51.0
矿业及加工业	100.0	2.4	17.5	80.1
建筑业	100.0	6.3	26.6	67.1
公共事业	100.0	100.0	—	—
交通运输业	100.0	32.4	22.3	45.3
银行、金融、不动产、商业、服务业、政府服务及非营利性机构	100.0	30.4	15.7	53.9
未知	100.0	—	—	100.0

* 全部劳动力在各行业的分布数据参照军队人力资源部 A. Hovne 的统计。见《以色列人力资源》，第 82 页，附录表 B。

资料来源：纵列（1）国家统计局，《以色列统计摘要》，第 11 卷，1959～1960，第 302 页，表 2；（2）*The Falk Project for Economic Research in Israel*，*Sixth Report*，1961～1963，Jerusalem，April 1964；（3）以色列银行，《年鉴报告》。

二　经济结构转变时期（1973～1985 年）

本阶段是以色列经济不景气的时期。1973 年中东战争后，以色列的工农业特别是军工和高科技产业仍有所发展，但整体经济开始走下坡路。由于 70 年代到 80 年代世界石油价格的上涨以及 1973 年和 1982 年的两场战争等原因的影响，以色列经济出现明显的波动，通货膨胀加剧，外债不断攀升。尽管美国对以色列从贷款转向赠送的援助方式及时控制了以色列外债的继续增加，但其经济形势到 1985 年一直处于低迷状态。据《国际金融统计年鉴》数字，从 1973 年到 1985 年的 10 多年间，以色列国民生产总值共增长 38%，平均年增长率仅为 2.7%，其中最好的 1978 年和 1981 年的增长率分别为 5% 和 4.5%，而有些年份（如 1984 年）还出现了负增长。

这一时期通货膨胀严重。1973 年以色列的通货膨胀率为 11%，1974～1977 年上升为 40%，1981～1983 年高达 141%，1984 年猛增到 450%。政府被迫于 1985 年 9 月进行币制改革，发行新谢克尔。1985 年 4 月，以色列外汇储备下降到不足 21 亿美元，低于 30 亿美元储备的"警戒线"，只能支付两个月的进口。因此，国家预算经常入不敷出，外债和国际收支逆差激增。1982～1984 年预算赤字为国民生产总值的 12%～15%。1970 年以色列外债总额只有 66.5 亿美元，1983 年年底上升为 225.6 亿多美元，人均 5550 美元，居世界第一。1958～1967 年的 10 年间，以色列的国际收支逆差每年平均只有 5 亿美元，1983 年年底上升为 22.48 亿美元。[①]

与这一时期经济低迷相悖，大多数以色列人的高消费意识抬头，消费品生产和消费大幅度增加。消费结构也发生了变化，用于食品的开支在整个消费中的比重下降，而各种各样的服务、耐用消费品以及住房的支出增加了。很多家庭更新电器，争购电子产品、汽车，并出现了住宅建筑热和出国旅游热，消费的增长速度超过了国民经济发展速度。70 年代末，以色列 1/4 的家庭拥有小汽车（1962 年为 4%），90% 的家庭有电视机（1970 年为 50%），97% 的家庭有电冰箱（1960 年为 47%），70% 的家庭有洗衣机（1960 年为 16%）。80 年代初，每 7 个以色列人中就有 1 人到国外度假。[②] 这虽然在一定程度上刺激了经

① 高博、葛迪夫：《以色列的经济发展道路》，《现代国际关系》1992 年第 5 期。
② 〔美〕纳达夫·萨弗兰：《以色列的历史和概况》下册，北京大学历史系翻译小组译，人民出版社，1973，第 290 页。

济发展与就业，但也潜伏着很大的危险。这一时期的失业率不断下降，从 50 年代初的 11% 降至 50 年代中期的 7%，到 60 年代初已降为 3% 多一点。[①] 从 1967 年到 1979 年下半年，以色列经济基本上在充分就业的状况下运行。[②]

这一时期的经济结构发生了巨大变化。建国初期封闭、垄断性质的公有经济与合作制经济面临严重困难，所属企业经济效益日益恶化，社会各界要求改革的呼声日高。1977 年利库德集团组阁后，企图在短期内实现由混合经济体制向自由市场经济体制的转变，开始鼓励私有化，扩大私人企业，放宽政府对经济的控制，引进竞争机制，大量减少或取消政府补贴。这一政策被后来历届政府所沿用。宏观经济政策的变化，导致以色列劳资关系发生了重大变化，首当其冲的就是以色列总工会所属经济体。在野的工党反对大幅度削减社会福利，利用其在公有和集体经济中的巨大影响力以及它所领导的总工会组织群众与政府对抗，结果使国民经济陷入困境。

这一阶段也是以色列经济从以农业为主转变为以工业为主的重要阶段。农业人口从最初占全国劳动力的 18% 下降到 80 年代初的约 6%，同期农业产值在国民生产总值中的比例也从 11% 下降到 6% 多一点。[③] 工业生产在整个经济中所占比例从 1968 年的 27.6% 增长到 1980 年的 39.1%，同期工业就业人数占全部就业人数的比例从 26% 增长到 30.2%。城镇人口迅速增加，1983 年占全国居民总数的 70% 以上。[④] 在出口贸易中，农产品出口减少而工业品出口增加。与此同时，农业也得到发展，以色列已经从一个必须进口 50% 以上食品的国家变成一个能生产国内所需食品的 90% 并可出口农产品的国家。实际上，以色列已发展成为经济以工业为主体的国家。[⑤]

---

① 〔英〕诺亚·卢卡斯：《以色列现代史》，第 343 页。

② 〔美〕劳伦斯·迈耶：《今日以色列》，新华出版社，1987，第 139、123～124 页。

③ 参见纳达夫·萨弗兰《以色列的历史和概况》下册，第 309 页；劳伦斯·迈耶《今日以色列》，第 103 页。

④ 张俊彦主编《中东国家经济发展战略研究》，北京大学出版社，1987，第 3 页。

⑤ 赵云侠：《试论以色列主观条件对经济发展的作用》，《世界历史》1989 年第 4 期。

以色列

三 转折时期（1985～1990 年）

1985 年以后几年是以色列遏制恶性通货膨胀的改革期。1984 年工党和利库德集团联合执政后，表示要"和衷共济"以拯救经济。联合政府连续抛出了三个治理经济的"一揽子计划"，但先后失败，经济危机进一步加深。国家领导人深刻地认识到，要制止恶性通货膨胀，唯有进行全面的综合治理，而这必须获得全国各阶层、各政治集团的支持，尤其是以色列总工会和企业主的支持。政府与总工会、制造商协会反复谈判，最后达成三方一致同意的以遏制恶性通货膨胀为主旨的"经济稳定计划"，即"经济紧缩计划"。该计划的主要措施有四项。[①]

第一，全面冻结物价 3 个月。政府放弃了在原有价格基础上冻结物价的办法，允许商品价格在平均增加 25% 的基础上实施冻结价格 3 个月。同时颁布了严厉惩处超限价格的法令，成功遏制了物价上涨。1986 年通货膨胀降低至 19.7%，这是 1972 年以来首次低于 20%。

第二，货币贬值，规定新的汇率。首先，谢克尔与美元的比价贬值 18.8%，这既把部分经济损失转嫁到居民身上，也刺激了商品出口。其次，在两个月后，政府发行新谢克尔，新旧货币之比为 1∶1000，谢克尔与美元的兑换率为 1.5∶1。政府还保证在一年内，银行存款同美元比价脱钩，使任何人都不能从事大规模的金融投机。上述措施实施后，外贸情况明显好转，出口迅速增长，逆差减少。1985 年与 1984 年相比，出口从 56.22 亿美元增加到 60.8 亿美元，增长 8.1%，而进口却从 80.72 亿美元减少为 80.2 亿美元，外贸赤字从 24.49 亿美元减少到 19.4 亿美元。1986 年外贸赤字虽增加到 23.61 亿美元，但仍低于 1984 年。

第三，大幅度压缩政府开支，裁减冗员。政府硬性规定国家财政开支削减 7.5%。除国防外，几乎所有政府部门的预算都削减了，从国民教育、卫生保健到家庭津贴和老年补助金无不如此。政府对基本商品的补贴，从 13 亿美元减少到 5 亿美元以内。为此，政府各部门共解雇了 1 万

---

① 参见张士智《以色列遏制恶性通货膨胀的经验》，《世界经济与政治》1989 年第 11 期。

多人，甚至对自建国以来从未遭到解雇的教师也进行了裁减。政府机构工作人员的实际工资减少了近30%。大幅度削减开支和厉行节约的措施，消除了以色列连续15年存在的每年达10%~15%的赤字现象，1986年预算赤字降低到3%。

第四，全面冻结工资3个月。在物价上涨、货币贬值、补贴减少和税收增加的情况下，政府冻结了工薪阶层工资。随着通货膨胀被遏制，经济趋向稳定，对工资的限制也开始解冻。根据政府、总工会和制造商协会三方协议的规定，工资的增长幅度应略高于消费品的物价指数，以补偿职工在治理经济中的损失。到1986年4月，工资共增加了20%以上。失业率也从8%下降到6%左右。

此外，政府还采取了一些相应措施。如银行提高了利息，年利率高达100%以上，从而增加了居民的储蓄热情，遏制了企业投机性的借贷。政府还以增税抑制社会消费。如提高出国旅游税，将每人每次缴纳100美元的收费提高到300美元，并对机票和船票征收15%的附加税。出国旅游人数大幅度减少。

经济紧缩措施实行后，以色列经济转危为安，各方面情况都有所好转。1986年和1987年，国民生产总值增长率由1984年的负数分别变为3.7%和5.9%。国家预算收支接近平衡，国际收支还出现了30年以来的第一次盈余。1984年的国际收支逆差达14.11亿美元，而1985年出现了11亿美元的顺差（包括美国为以色列经济稳定计划提供的7.5亿美元援助），1986年又出现了13.71亿美元顺差（包括美国提供的7.5亿美元资助）。到1986年4月，外汇储备增加了50%，达30.54亿美元。但好景不长，1987年12月被占领土上的巴勒斯坦人掀起反以起义后，以色列经济又遭受沉重打击，国民生产总值增长率到1988年下跌为2.7%，1989年只增长了1.6%。[①]国家预算和国际收支重新出现了赤字。

---

① 高博、葛迪夫：《以色列的经济发展道路》，第15页。国家预算和国际收支重新出现了赤字。

以色列继续对资本市场、税收制度等领域进行改革，推进私有化改革，对公共和私人部门进行调整。政府不再对亏损的公共企业提供大量补贴，许多企业在激烈的竞争中倒闭。上述措施提高了企业的竞争力和效益。政府还对外汇市场和能源、农业、建筑、运输等部门进行了相应的改革。税制的改革降低了企业和个人所得税及其他商业税，同时增加了外资企业在税收及补贴方面享有的优惠待遇。

在这一时期，以色列国家的社会主义意识形态迅速减退，政府对劳资关系的控制开始松弛。私有企业比重大幅上升，很多国有和合作制企业则面临改制或破产的命运。如总工会所属的龙头企业库尔公司债务高达13亿美元，这迫使总工会对所属各公司进行结构性重组。从1985年到1989年，总工会所属企业虽然在没有增加工作人员的情况下产值有所上升，但是这些企业失业率却从6%上升到9%。宏观经济政策的变化给劳动力市场带来了翻天覆地的变化，雇主获得了自由决定雇佣方式和制定工资政策的权力，大量就业人员通过人力公司以个人合同的方式就业，越来越多的工人成为计件工人，总工会的劳资协议适用范围逐渐缩小，在劳资关系方面的统治地位发生动摇。

四　经济自由化时期（1990年以来）

20世纪90年代以色列经济整体发展很快。1994～1996年的增长率非常高，而1997～1999年的增长率下降，甚至变成了负数。经济的高增长率主要归功于两方面的发展：首先，这一时期以色列吸收了大量俄罗斯移民，正是他们促成了高科技产业的崛起；其次便是中东和平进程。1997～1998年的经济萧条主要缘于移民人数的减少，这直接导致了耐用消费品及房地产业投资的下降。世界经贸增长速度放慢也影响了以色列经济。所幸的是由于其宏观经济的稳定，1997～1998年的全球金融风暴没有影响到以色列。1999年的经济形势在第一季度的惯性下降后，国内生产总值开始强劲反弹。

90年代，以色列接纳了100万来自苏联的犹太移民，其中很多是教育程度甚高、充满创业精神的高科技人才。在移民浪潮的带动之下，1990

年和 1991 年国民生产总值增长率提高到 5.1％ 和 5.2％。与大量移民相伴而来的还有失业问题。1992 年年初，国内劳动力的失业率为 11％，苏联新移民的失业率高达 36％。此外，国家预算和国际收支逆差再次扩大，1991 年的预算赤字相当于国民生产总值的 6.2％。1990 年国际收支逆差为 51 亿美元，1991 年上升为 75 亿美元。

1994 年是以色列经济大变革的年份。一方面政府继续调整经济结构，在加速国营企业私有化进程、降低关税、调节利率、扩大贸易自由化及鼓励竞争等方面进一步推行改革，使经济继续保持快速增长，通货膨胀率下降，失业人数减少，总体形势趋好。拉宾政府成立了一个包括总理、财政部部长和司法部部长在内的私有化委员会，该委员会有权推行国有企业私有化，而无须经过公司上级部门的同意。到 1994 年年底，政府已部分或全部出售了 22 家公司的股权，获得了大批资金。1995 年以来，一批大型的国营企业或总工会企业，如以色列化学集团、以色列航空公司、以色列炼油公司、国家电话公司等也都程度不同地进行了私有化改革。随着经济体制改革的深入，私营部门在经济中发挥了更重要的作用。

另一方面，以色列总工会也经历了革命性变化。在 1994 年 5 月举行的总工会选举中，工党失去了长达 74 年的统治地位。选举获胜的政党右翼拉姆党①对总工会进行了彻底的改革。总工会历史上发生的第二件大事是 1994 年《国家健康保险法》的颁布（实施于 1995 年）。此前，总工会会员囊括了国家的大多数人口，即缴纳医疗保险金的所有公民。而该法律切断了总工会和医疗服务之间的联系，工会会员人数因此急剧减少，从原来的 150 万锐减至 1995 年的 65 万。会员缴纳的会费和医疗保证金也急剧减少，进一步恶化了总工会的财政状况。自从政府推行私有化改革和引进竞争机制以后，总工会失去了政府的经济支持，面临着破产的威胁。为缓解债务压力，1991 年，总工会被迫将拥有数百家企业的库尔公司出售，其后出售的企业包括以色列最大的商业银行——工人银行。尤西达昂对这

---

① 该党后成为组成利库德集团的政党之一。

一行径深感震惊:"这是本世纪最大的一次抢劫。数天或数周内,曾经控制国民经济25%的实体破产了。"[1] 他指出在这起"抢劫案"中,房地产公司及其房屋建筑仅以300万谢克尔的价格出售,几个月后其价值竟然达到12亿谢克尔。由此,以色列的合作制经济比重急剧下降。

近十来年,尽管西方先后发生互联网泡沫和金融危机、以色列先后与黎巴嫩真主党和巴勒斯坦的哈马斯发生军事冲突,但以色列经济的发展相对健康,并且主要由出口带动。2000年,以色列的国内生产总值的年增长率约为7.5%,几乎是发达国家的两倍;其人均值在经历了两年的负增长后取得了3.4%的增长率,达17500美元,高于西班牙、葡萄牙以及希腊等欧盟成员国。2001年和2002年,以色列的国内生产总值增长受世界市场波及呈现负数,2003年开始恢复为正增长,2004~2007年再度大幅度领先发达国家。[2]但2009年国内生产总值(GDP)的增长率仅为0.5%,之后迅速上调,并趋于平稳,通货膨胀率则有所下降(见表4-4)。

表4-4 2006~2013年以色列主要经济指标

单位:%

年 份	2006	2007	2008	2009	2010	2011	2012	2013
GDP 增长率	5.21	5.26	4.1	0.5	4.6	4.8	3.3	3.3
人均 GDP 增长率	3.37	3.45	3.0	-1.3	4.1	4.0	1.4	1.5
通货膨胀率	2.10	0.52	3.8	3.9	2.7	2.2	1.7	1.8

资料来源:以色列中央统计局。

2012年,以色列的国内生产总值按官方汇率计算估计为2540亿美元,人均33900美元,国内生产总值比上年增长3.4%;该年国内生产总值的部门比例为农业2.4%,工业32%,服务业65.6%;当年失业

[1] Dani Ben Simhon, *The Unmaking of the Histadrut*, http://www.workersadvicecenter.org/Challenge88 - Histadrut.htm.
[2] 〔美〕丹·塞诺、〔以色列〕索尔·辛格:《创业的国度——以色列经济奇迹的启示》,王跃红、韩君宜译,中信出版社,2010,第13页。

率为 6.9%，人口贫困率为 23.6%。①失业率看起来比较高，这主要是因为正统派犹太教学生不就业和阿拉伯人口中妇女的就业率低。

以色列在世界经济中的独特地位反映在全球顶尖企业，包括英特尔、IBM、微软、惠普、雅虎、谷歌等在以色列都有研发中心，而且这些研发中心是它们的所有海外中心里最为重要的。2006 年，巴菲特斥资 40 亿美元买下以色列大型金属企业 Iscar 80% 的股份，这是股神的第一笔美国境外投资。美国著名的信息企业思科在以色列收购了 9 家企业，现在仍在搜寻其他合适的收购目标。2007 年，外资为以色列经济注资逾 100 亿美元。目前，以色列被世界经济论坛认定为全球技术创新领域的领先国家之一。在 2011 ~ 2012 年世界经济论坛全球竞争力指数报告中，以色列在最具竞争力国家的整体排名中居第 22 位，比 2009 年上升 5 位。②

然而，以色列经济也存在不健康的一面，即社会分化。一些以色列学者认为，20 世纪 80 年代以来政府大力推行的新自由主义政策造成大批公共服务机构被私有化或外包，政府不再主导食品、公共交通、医疗和教育等商品或服务的价格。这场私有化运动缺乏良好的规划，金融行业没有得到足够的监管。例如，居民的养老金被错误地用于为少数企业大亨提供信贷，他们控制着银行、市场和媒体，却未带来实际的生产和高薪工作。

因此，以色列的经济改革导致贫富差距越来越严重。在以色列，前 20% 最富有家庭占有全国家庭总收入的 40%，后 20% 最贫困家庭的收入只占到 6%。其余 60% 中产家庭占有全国家庭总收入的 54%，而这一比例自 2000 年以来未曾改变。根据以色列中央统计局公布的 2010 年家庭开支报告，前 20% 最富有家庭月消费 21300 谢克尔，其中 36% 花费在食品和住房上，而后 20% 最贫困家庭每月仅消费 8264 谢克尔，其中 3956 谢克

---

① 参见美国中央情报局网站，Israel，January 28，2014，http：//www.cia.gov/library/publications/the – world – factbook/geos/is.html。

② Israel Ranked 22nd in Global Competitiveness，January 6，2014，http：//www.globes.co.il/serveen/globes/docview.asp? did = 1000680340。

尔用于食品和住房。再以房价为例，2011 年一季度特拉维夫一套四室公寓均价达 247 万谢克尔，而 2010 年以色列人均月净收入只有 12020 谢克尔。一个以色列家庭中通常有 3.3 口人，但是只有 1.3 人外出赚钱。可见，买公寓对一般年轻夫妇来说绝无可能。基尼系数是衡量一国贫富分化的重要指标。2010 年，以色列的基尼系数是 0.384，超过了经济合作与发展组织的平均水平 0.31。它虽然比 2009 年的 0.389 有所下降，但依然高于 2000 年的 0.353。本－古里安大学社会学家迈克尔·菲戈认为，"以色列曾经是一个非常公平的国家，但是现在，数据表明它是西方世界中最不公平的国家。"①

在这种形势下，随着"阿拉伯之春"的开始，以色列人也开始走上街头。2011 年 7 月 17 日，数百年轻人在特拉维夫中央区的大街上建立帐篷营地，抗议高房价，媒体称其为"帐篷革命"。30 日，抗议活动扩散到 10 个城市，8 月初示威人数达到 30 万人。9 月 3 日，以色列历史上最大规模的抗议爆发了，有 40 万各阶层民众涌上了特拉维夫、耶路撒冷等城市的街头，呼喊着"社会公平"的口号，要求改变整个经济体系。示威群众反对的特权阶级之一是极端正统派犹太人，他们不服兵役，甚至根本不工作，许多人的家庭有 8～10 个孩子，享受政府的大量补贴，从而让承担了兵役和纳税义务的世俗犹太人十分不满。此后，政府对有关价格和税收等领域的法律进行了局部调整。2012 年 7 月，有 2 万人在特拉维夫再次举行游行，抗议正统派犹太人免服兵役。

第二节　农业

一　先进的节水农业

以色列的水土资源均较贫乏，但在严重缺水的干旱条件下，以色列人用高科技创造出农业的奇迹，其原因主要是在充分开发与利用水土资源上

---

① 唐逸如：《以色列的内忧》，《国际》2011 年第 10 期。

狠下工夫，特别在水资源方面。其水资源开发方式主要有以下几类。

一是充分利用北部太巴列湖进行长距离提水灌溉。以色列政府自1953 年起投资 1.5 亿美元，兴建庞大的北水南调工程，历经 11 年，终于在 1964 年完成了主渠长 130 公里的从太巴列湖至内盖夫沙漠的输水系统。每年引灌的水量达 3.5 亿立方米，使那里的不毛之地成了一片片生机勃勃的绿洲。二是打井抽灌，井深一般达 150 米左右，地区仅限于南部。三是通过排咸蓄淡，或咸淡兼用的方式，充分开发水资源。以色列现在灌溉用的许多水是含盐的、无法饮用的微咸水及咸水，人们专门开发培养了适宜于咸水灌溉的小麦、番茄、西瓜、棉花等品种，并适当用淡水稀释，使内盖夫沙漠中的苦咸水也能浇灌出甘甜果实。用咸水灌溉的番茄，不仅提高了甜度，而且可以储存半月不变质。该品种番茄以诱人的价格卖到了西欧市场。以色列还专门培育了用海水灌溉的灌木和以这种灌木为主要饲料的羊。含盐的水塘也引入了珍贵的鱼种——海鲈鱼。

此外，政府将大量降雨所产生的地表径流汇集起来，并在最需要的时候灌溉作物。以色列科学家开发了一种技术，以预测雨水流量和安排其流向，使大量雨水渗流回地下或通过堤坝蓄积起来。他们还成功地在年降水量仅 94 毫米的内盖夫沙漠，通过微型集水区技术创造绿洲。同时，以色列在利用云层人工降雨、增雨方面也处于世界领先水平。人工降雨已成为一种常规性作业，可以比季节性降雨增加约 15% 的平均降雨量。为了最大限度地发挥淡水资源效益，以色列将 30% 的城市生活废水进行无害化处理，重新用于灌溉农作物，例如棉花。

除了开发水资源外，以色列人依靠科学技术，最大限度地提高了水资源的利用率，成功地发展了节水型农业。在以色列，农业灌溉全部实行节约淡水资源的地表滴灌、地下滴灌、喷灌和微型喷灌，而不使用传统的地面灌溉如漫灌和沟灌等。

喷灌是利用专门的系统将水加压后送到喷灌地段，通过喷洒器喷射到空中，并使水分散成细小水滴后均匀洒落在田间进行灌溉的一种灌水方法。喷灌灌溉效率可达到 70% ~80%。在以色列，喷灌主要采用大型喷灌机组，用于大田作物如小麦等。近年来，喷灌技术有较大改进：一是提高喷灌水流均匀度，具体措施有调整喷点最佳间距、在夜间无风时灌水、提高压力稳定性等；二是喷头采用新设计，在喷头上可以调整角度、水滴大小和喷洒图形，使用很方便；三是使用计量阀门，以水量控制灌溉时间，消除了压力波动的影响，提高了灌水均匀度并减少了喷头阻塞；四是在小块面积上采用部分旋转式喷头，减少不必要的喷洒；五是采用低压节能喷头向下喷洒，从而使得喷灌技术的运用范围进一步扩大。

微型喷灌是通过旋转喷嘴和固定喷洒台向空中喷洒水分的方法。喷洒面积不大，最适合于果园、茶园灌溉。它只是湿润果树根部周围的有限土壤，而不是湿润每一棵果树所覆盖的全部土壤，灌溉效率最大可达到85%。

滴灌是将水加压、过滤，必要时添加可溶性化肥、农药、除草剂等，通过管道系统与安装在末级管道上的滴头，将作物需要的水分和养分以较少的流量均匀、准确地直接输送到作物根部附近的土壤表面或土层中的灌水方法。这不仅避免了浇灌和喷灌对水资源的浪费，而且可以使植物得到合理的水量，增加产量。滴灌的水分利用率高达90%～95%。由于滴灌只湿润作物根系附近土壤，水分直接被根系吸收利用；且滴灌全部使用管道输水，滴灌速率可以调整为与水渗入土壤速率相当，灌水均匀，不易产生地面径流和渗漏损失，一般比地面灌溉省水50%～70%，扩大灌溉面积2～3倍，也比喷灌省水15%～20%。滴灌在灌水的同时施肥，肥料直接被作物根系吸收，肥料利用率高达70%～85%，较地面撒施提高一倍以上，达到省肥和减轻化肥对环境污染的目的。在以色列，80%的灌溉地采用滴灌施肥方式。滴灌的作物产量高，品质好。运用滴灌技术，每公顷的农田可出产番茄80吨、黄瓜30吨、茄子70吨、香蕉44吨、花生4.2～4.4吨、甜玉米28吨、马铃薯57吨、棉花4.5吨，比传统灌溉方法产量提高2～3倍，甚至7倍。

滴灌还具有节省劳力、方便灵活、能用电脑控制灌溉等特点，可在任何时候实施灌溉。在以色列还用污水、微咸水等劣质水灌溉，因为滴灌水可以与作物根部形成一个椭球状湿润体，在不断滴入的水流作用下，土壤中的盐分可被推移到椭球体的边缘，从而在作物根部形成一个正常的生长环境，保证作物的正常生长。滴灌还可以减少杂草生长，减轻或防止作物病害的发生。滴灌适合于大多数作物特别是果树、蔬菜。无论是不规则的田块、薄层土壤、石质土、沙土、黏土或是沙漠戈壁等都可实施滴灌，而不必平整土地，也能保证灌水均匀。如在内盖夫沙漠地区，年降雨量不到30毫米，但气候温暖，光热条件好，当地农户在沙漠中盖大棚，用滴灌技术种植瓜果蔬菜花卉，出口欧洲，被称为欧洲冬天的厨房。

滴灌的局限性在于系统建设的一次性投资太大；再者，滴头易堵塞，因而对灌溉水质量要求较高。灌溉水一定要经过过滤处理后才可利用。以色列生产的过滤设备是世界上最先进的，有沙过滤器、网过滤器、旋转式水沙分离器以及叠片式过滤器。在田间以叠片式过滤器应用较为普遍，它有自动清洗功能，工作可靠，可以解决滴灌最令人头痛的堵塞问题。在滴灌系统中加入一种能释放氯的物质，使阻塞滴头的有机物质氧化而减轻滴灌的堵塞。虽然滴灌投资比传统的灌溉方法要大，但收益也高，而且投工少，见效快，一般2~3年就能收回设备投资，且只要合理使用，滴灌设备的使用年限一般在10年以上。滴灌系统可在果树、花卉、蔬菜种植中应用，也可在甘蔗生产中应用。

滴灌技术给世界农业发展带来的影响是巨大的。目前，仅滴灌技术的先行者耐特菲姆公司的业务就已经覆盖了110多个国家。日本灌溉专家曾在《科学美国人》杂志撰文说，犹太人为世界做出了两大贡献，就是《圣经》和滴灌。

二　独具特色的温室农业

以色列温室享誉世界，国内大约有3000公顷的温室，平均每家农户拥有的温室面积约0.3公顷。温室种类多样，如纱网温室、塑料温室、玻璃温室等，其中塑料温室是以色列特制的。现在，以色列可以生产多种多样的塑料覆盖薄膜，这些薄膜还有多方面的功能。如加强型三层迭式聚乙烯膜，厚度为200微米；它在500纳米的光波段内的透光率是92%，导热系数为0.4。由于该膜加有特种添加剂和聚丙烯编织网，可延长使用寿命，防止因光线、气温变化而老化变质。红外线型添加剂主要防止夜间温室内红外线散发出去，保持室内温度；紫外线薄膜可抗紫外线对作物的损害；防凝露添加剂能防止膜上结水珠及水珠滴落，此膜安装后，可承载2～3个正常体重的人在上行走。覆盖膜用特制卡具固定在框架上，两面侧墙及温室顶膜均有可开关的卷帘，以调整室温。此外还可通过改变塑料颜色来控制温室的病虫害，如蓝色塑料膜可减轻黄瓜的发病率。

部分温室用电脑控制，可自动供肥、供水、调温、调湿等。以色列部分温室也有降温设备，降温的方法多种多样，如水帘、黑色纱网及在温室顶棚覆盖反光材料、热屏等。水帘降温是在北墙设水帘，南墙设置排气扇，当室温上升到设定值上限，就自动开启排风扇，将水帘滴下的水汽化后吹向南侧而吸热降温。该技术比较适合于高温低湿地区。

温室栽培作物主要用无土栽培，其方式多种多样，如水培营养膜技术、沙培、岩棉培等。无土栽培具有多方面的功能，与土壤栽培相比，产量高 1 倍以上；省水、省肥、省工；能免除土壤连作障碍和土壤污染，生产出高品质无公害的产品。温室栽培作物种类很多，主要是各类蔬菜作物，如黄瓜、番茄、辣椒、生菜；花卉作物如玫瑰、康乃馨；水果如桃、油桃、葡萄、香蕉、枇杷；还有观赏植物和香料植物等。温室作物产量高，品质好。如每个生产季节辣椒的产量达 75 吨/公顷，番茄 300 吨/公顷，玫瑰 30 万枝/公顷。花卉是以色列农业的出口大宗，每年有大批高品质的花卉出口欧洲、日本等地。出口的旺季是冬天，特别是圣诞节前后。冬季是欧洲气候最寒冷的日子，鲜花供不应求，而以色列则气候温和，填补了欧洲市场这段时间的空白。以色列每年可出口鲜花 10 多亿枝，价值 2 亿多美元，平均每人每年从鲜花出口中收入 40 多美元。

20 世纪 50 年代和 60 年代，以色列的农业是粗放型的，而此后依靠调整作物结构和技术革新走上了集约型发展道路。1992 年，高附加值的园艺作物种植面积已占全国耕地面积的 49.7%，但在农业总产值中却占到 84.2%，成为主导产业，而最重要的产品是柑橘，向海外大量出口。2010 年，以色列农产品出口总额达 14 亿美元，占以色列出口总额的 3%。

蔬菜、水果和花卉三大类出口分别为 6.3 亿美元、4 亿美元和 1.2 亿美元[①]。在科技方面，除上述的节水和温室技术外，农业机械化、化学化和生物技术的发展同样令人瞩目。不仅如此，由于各种生产要素效率的提高，在农业生产不断发展的同时，20 世纪 60 年代以来以色列的耕地数量、用水量和农业劳动力数量都出现了下降。[②]

三 特有的农业合作组织

基布兹和莫沙夫是以色列独特的社会和经济组织。基布兹，是希伯来语 Kibbutz 的音译，原意为"聚合""集体"，是一种建立在平等和公有原则之上的以色列独具特色和主要的社会经济组织之一，它是由 20 世纪初的巴勒斯坦犹太开拓者发展而来，国内有人译为"公社""农业公社""集体农庄""集体定居点"等。

基布兹最早出现于 1909 年，一部分来自东欧，主要是俄国、波兰、捷克斯洛伐克的犹太人怀着重建民族之家的炽热理想，在巴勒斯坦北部加利利湖畔组建了第一个基布兹。在一个世纪的发展历程中，基布兹为以色列国家的建立和发展做出了特殊贡献。以色列的农业在很多方面居世界领先地位，创造了沙漠中的奇迹，这些成就与基布兹的独特贡献密不可分。

21 世纪初，基布兹的总数为 266 个，基布兹人口占以色列总人口的 1.7%[③]，而农业产值和出口的农产品最高时却达到全国总量的 40%。基布兹也是以色列政治、军事力量的重要源泉。自 1948 年建国以来的 12 位总理中，就有 4 位来自基布兹，内阁成员和以色列国防军军官中也有不少基布兹成员。长期以来，基布兹对这个国家政治、经济的影响远远大于其人口所占的比例。

基布兹采用集体劳动生活的准军事共产主义模式。他们生活的基本准

[①] 中华人民共和国驻以色列国大使馆经济商务参赞处网站，http://il.mofcom.gov.cn/article/zxhz/tjsj/201105/20110507538171.shtml，2015 年 3 月 24 日。

[②] 杨光：《中东的小龙——以色列经济发展研究》，社会科学文献出版社，1997，第 18、20 页。

[③] 以色列新闻中心编《以色列概况》，耶路撒冷，2007，第 106 页。

则是：一切财产归集体，社员完全平等，实行"各尽所能、各取所需""公有、自愿""来去自由"。管理人员无偿为社员服务，民主选举，任期3年。这里没有工资，衣食免费，日用品登记领取，住房按资历分配，医疗费用集体支付。现有基布兹规模最大的有2000多人，小的仅40人左右。基布兹早期主要以农业为主，现在工业和旅游收入已超过农业。

随着时代的推移，基布兹越来越受到现代观念的强大冲击。基布兹的管理方式显然已跟不上日益激烈的市场竞争的步伐，其生存状况堪忧。2002年，在全国范围内，大约2000名基布兹成员出外另谋出路，而选择进入基布兹生活的只有619人。[①] 据以色列议员维兰统计，除少数经营状况较好的基布兹外，200个基布兹拖欠政府债务，其中65个已资不抵债，135个只能勉强支付到期欠款；2004年，已成立62年的麦祖巴基布兹成为第一个破产的基布兹，从而成为基布兹近百年发展史上的一大历史事件。[②]

今天，已有不少企业脱离基布兹而独立，它们以发放工资或采取合资、发行股票等竞争机制的方法向基布兹的分配方式挑战。为适应新形势，一些基布兹取消了部分供给制，允许成员出外工作，并打破了内部雇用劳动力的禁忌。目前，以色列共有270多个集体农庄，成员共有12万多人。[③]

莫沙夫（Moshav）又称合作社，意思是"合作定居点"。这是"介于私有居住点和集体居住点之间的，以土地国有、家庭经营、合作互助、集体销售为其基本特征的一种社会组织形态"。[④]

最早的莫沙夫于1921年9月在巴勒斯坦北部的杰兹瑞尔山谷建成，被命名为纳哈拉莫沙夫。之后莫沙夫发展迅速，目前，全国农业人口的36%生活在450多个莫沙夫中。莫沙夫经营全国33%的耕地，生产了全

---

① 刘素云：《以色列"人民公社"的兴衰》，《世界新闻报》2004年2月18日。

② 吴菲越：《以色列"共产主义"农庄经历蜕变》，《青年参考》2004年6月8日。

③ 高鸣、曾福生：《以色列农业发展与资源、环境的协调性分析》，《世界农业》2012年第8期。

④ 徐新、凌继尧主编《犹太百科全书》，上海人民出版社，1993，第559页。

国近一半的粮食，其产品占农业总出口的 50%。[1] 每个莫沙夫大约由 60 户组成，住房、耕地的收成均归农户所有，供销、教育、医疗和文化服务由合作社负责。目前，莫沙夫已经成为以色列最盛行的农业社区模式，其总数共有 450 多个。[2]

莫沙夫与基布兹的区别在于，前者的部分生产资料和房屋归农民个人所有，生产过程由个人或与集体协作完成，按劳分配的特征突出。

20 世纪 80 年代中期，莫沙夫遇到了严重的财政危机，有许多面临破产。为此，莫沙夫组织对其内部结构进行了改革，在自愿和互助的基础上加强了相互间的经济合作，从而摆脱了危机。

四 主要农业部门

以色列的农业已发展到一个相当高的水平，其农产品不仅能满足国内 95% 左右的需求，还大量出口，并向全球 60 多个国家输出农用物资设备和传授农业生产技术。

以色列的主要农业部门分为种植业与畜牧业。在农业总产值中，种植业与畜牧业之比为 6∶4，二者的发展相对均衡，按照产值高低排序，各种种植业与畜牧业产品依次是：蔬菜、水果、家禽、牛、大田作物、花卉和水产。

种植业主要由大田作物和园艺作物两大部门构成。大田作物又分为冬季田间作物（主要是粮食作物）和夏季田间作物（主要是经济作物）。园艺作物主要是蔬菜、水果和花卉栽培。种植业发展侧重于附加值较高、资金和知识密集度突出的园艺作物。

蔬菜种植在以色列农业生产所占的比重约为 21%，总产值接近 7 亿美元。种植蔬菜的露地约 4.5 万公顷，温室约 0.4 万公顷，主要品种有番茄、辣椒、黄瓜、茄子等。受自身自然条件的制约，以色列注重研发温室

---

[1] 张雅燕等：《以色列农业合作社——莫沙夫对完善我国农村社区合作经济组织的启示》，《农业经济》2005 年第 2 期。

[2] 高鸣、曾福生：《以色列农业发展与资源、环境的协调性分析》，《世界农业》2012 年第 8 期。

和无土栽培技术，蔬菜能在各种气候条件和地理条件下生长，不仅可以在冬季培育出夏季的蔬菜，还可以大大提高产量。如在露天种植番茄，每公顷产量为 60~80 吨，而在气候可控的温室中种植，产量可达 400~500 吨。以色列开发的番茄新品种，不仅可以用沙漠中的微咸水浇灌，还具有产量高、外观好、品质佳、耐贮运、保鲜期长的特点，深受市场热捧。由于以色列在食品安全标准方面要求非常严格，其生产的优质蔬菜大量出口欧洲，素有"欧洲厨房"之称。

水果生产在以色列的现代农业中占有重要的地位，其果园面积约 3.6 万公顷。生产水果主要有柑橘、鳄梨（牛油果）、葡萄、苹果、香蕉、李、杏、桃等，种类繁多，品质极佳。柑橘是以色列农业的传统产品，占农产品出口量的 1/10、水果类的 2/5。鳄梨、香蕉、西瓜等水果大量出口欧洲，其中鳄梨占据了 1/3 的欧洲市场。以色列水果生产具有很多优势：一是利用其独特的自然地理环境，能够生产出从温带到热带种类繁多的水果，一年四季都有水果上市。二是采用先进的生产技术提高单位面积产量，如苹果 60 吨/公顷，李子 30 吨/公顷，杏子 35 吨/公顷，桃子 40 吨/公顷。三是严把水果品质关，在水果的生产、分类、包装、运输、贮存过程中采用了大量先进技术，其出口的水果被华尔街杂志誉为最新鲜、最高品质的水果。四是致力于开发生态水果，在水果生长期间，最低限度地使用化学物品，以保护生态环境。其绿色有机水果的理念，使以色列水果在西方市场享有很高声誉。

以色列花卉、观赏植物用地只有 2750 公顷，却成了农产品的出口大户，占新鲜农产品出口的 3/10。以色列国土南北狭长，地区自然环境差异大。他们因地制宜生产不同的花卉种类。如北部的戈兰高地海拔 1000 多米，气温较低，在那里种植的是山龙眼科的来卡木。南部半干旱地区主要种植百合、补血草（勿忘我）等花卉。中部平原主要种植玫瑰和康乃馨等，中部丘陵主要是海桐、八角金盘、一叶兰等切叶植物。受地中海式气候影响，以色列冬季气候温暖、沙漠阳光充足，以色列人采用温室技术，使一些夏季生长的花卉在冬季生长开花，在隆冬季节采摘，利用"时间差"抢占市场。以色列利用距离"世界花卉消费中心"欧洲较近的优势，出口上百种优质花卉。准确的市场定位和气候资源的充分利用，使得以色列的花卉产业快速起步并获得飞速发展。

以色列的畜牧业主要有养牛业、家禽养殖业和养羊业，前二者的自动化程度颇高。

养牛业产值约占农业总产值的14%，牛奶与牛肉的产值比大致为4:1。以色列养牛业是在气候干燥、炎热的地带发展的。他们对习惯于欧洲自然环境的荷尔斯坦牛进行改良，培育出了环境适应能力强、产奶量高的奶牛。单头奶牛的日产奶量为40升、平均年产奶量达1.2万升，位居世界第一。养牛业自动化程度非常高，从繁育、饲养到牛奶加工基本上都用计算机进行管理。以色列还出口与奶牛饲养技术相关的产品，如冷冻精液、供移植用的胚胎、自动挤奶器、电脑控制的喂食系统等。

以色列的家禽养殖业主要饲养鸡、火鸡和鹅，其产值约占农业总产值的19%。养鸡业后来居上，甚至超越了养牛业。饲养的鸡多为反复选育成功的优良品种，抗病能力强，耐热，生长快，产蛋多，肉中脂肪含量低。以一年生产6个周期计算，每平方米鸡舍可出鸡肉195公斤，一只蛋鸡一年能产280枚鸡蛋。养鸡业的自动化程度也很高，从繁殖、饲养到鸡肉加工都已完全实现了机械化。除自动投食、喂水和捡蛋外，还采用了鸡舍环境自动控制系统，能够自动监控鸡舍的温度、湿度、供水、采光和通风等。以色列人甚至还发明了一种仿真鸡，置于蛋鸡中间以减少相互攻击，从而提高产蛋量。以色列有各色各样的火鸡加工产品销往欧洲。

养羊业是以色列的传统行业，约有2500家养羊户，其中半数为内盖夫沙漠的贝都因人，另外半数中阿拉伯人和犹太人各占一半。以色列绵羊、山羊肉的总产量约1.2万吨，生产羊奶2045万升。饲养的绵羊主要有阿瓦希羊（Awassi）和阿萨夫羊（Assaf），前者以产奶量高著称，每头母羊年产奶量为500升，最高可达到1300升；后者是乳肉兼用羊，产奶量高，而且肉质细嫩，是奶肉两用品种。萨嫩山羊（Saanen）是优良的圈养品种，其产奶量非常高，每头母羊年均产奶量可以达到700升，繁殖力也非常强。

以色列水产养殖分为淡水养殖和海水养殖两种，以淡水养殖为主，内陆养殖产量占总产量的 80%。淡水养鱼的水源主要来自水库，水库和鱼塘之间设置了水循环系统，水库中还安装了过滤器，以确保水质达标。鱼塘养殖是高度集约化的养殖模式，投饵、换水、充氧、溶氧及水温检测皆由电脑控制，根据设定程序自动完成，甚至连疫苗注射和收鱼都实现了机械化。海水养殖有两种方式。一种方式是在海滨挖鱼塘，使鱼塘的水和海水形成循环。另一种方式是在近海和远海设置网箱，用锚稳定。当暴风雨袭来时，可将这些网箱沉入水下 50 米，以免遭风浪侵袭。水产养殖的主要品种有鲟鱼、石斑鱼等，以及从美国引进的巴斯鲈（淡水鲈鱼）和从澳大利亚引进的淡水蟹，经济价值颇高。此外，还培育了品种繁多的观赏鱼和水生植物，包括色彩艳丽的热带鱼、冷水鱼和观赏性很强的睡莲等，远销欧洲。

第三节　工业

以色列工业发展引人注目，它是在委任统治时期巴勒斯坦犹太工业的基础上发展起来的。经过七十多年的努力，以色列克服自然资源匮乏以及地缘政治关系紧张等困难，注重教育与科技创新，形成了以军工、钻石加工、电子、通信、计算机软件、医疗诊断设备和生物技术等产业为主的高技术产业群。目前，以色列高技术产业产值约占工业总产值的 70%，高技术产品的出口额已占工业出口总额的 80%。2010 年以色列工业产品进出口总额为 801 亿美元，其中出口 406 亿美元，进口 499 亿美元。除钻石外（出口 89 亿美元），以色列主要出口工业产品均为技术含量较高的产品：通信医疗和科学仪器（76 亿美元）、医药产品（66 亿美元）、电子元件和计算机（42 亿美元）、机器设备（25 亿美元）、基础金属品（24 亿美元）和交通设备（23 亿美元）。主要进口产品以原材料、能源为主：原材料类的燃料（104 亿美元）、机电制造用料（78 亿美元）、化工用料（42 亿美元）、橡胶塑料（20 亿美元）、钢铁（18 亿美元）和食品原料（17 亿美元）；投资品类的机器设备（57 亿美元）和商用小汽车（20 亿美元）；消费品类的家具电器（21 亿美元）、食品饮料（19 亿美元）、服装鞋类（14 亿美元）和交通设备（12 亿美元）。①

一 所有制形式

以色列工业就其性质和结构而论，属于混合型经济，包括国营经济、合作制经济及私营经营三大部分。商贸企业多属私人经营，其贸易额约占国民生产总值的 1/2。以色列有关国计民生的重要行业，则由国家垄断，如自然资源、国防军工、公路铁路、邮电、银行、电力、水利、绿化等。对于大型私营企业，国家和地方政府及犹太代办处、犹太民族基金会也采取各种措施进行全面干预。它们严密控制主要经济部门，并制定有关政策，如预算、投资、补贴、货币发行等，以便进一步对这些部门施加影响。与此同时，以色列的合作制经济，如以色列总工会下属的控股公司等也都对以色列国家的建立、犹太人的定居及今天的经济发展起到了极为重要的作用。

1. 国营经济

以色列的国营经济主要包括关系国计民生的重工业和其他经济部门，如军火、冶金、化工、铁路、银行、邮电等。目前，政府控制着 170 多家影响民众生活的企业，并通过投资、预算、补贴、发行货币等多种形式对国民经济施加影响。

以色列的国营经济可分为两大类，即民族经济和政府直接控制的经济部门与实体。所谓民族经济是指以犹太代办处为总管的、靠世界犹太人的资产发展起来的经济。犹太代办处成立于 1929 年，是世界犹太复国主义组织的代表机构，在伦敦和耶路撒冷设有两个执行委员会。伦敦执委会主要负责同英国殖民部、外交部的接触，耶路撒冷执委会的具体任务是组织犹太人向巴勒斯坦移民，安置、归化移民，并使移民参与犹太民族的经济发展。1952 年 11 月，以色列议会通过了犹太复国主义组织和犹太代办处

---

① 参见中华人民共和国驻以色列国大使馆经济商务参赞处网站，http：//il. mofcom. gov. cn/article/zxhz/tjsj/201105/20110507538171. shtml，2015 年 3 月 24 日。

在以色列国的地位的法令。1954 年 7 月，政府又与犹太代办处签署协议。根据协议，犹太代办处将自己的行政职责置于政府的管辖之下，在犹太代办处名下的世界犹太人总资产不变，但代办处委托政府直接进行管理，使之服务于以色列的经济。此后，犹太代办处除了为以色列组织外援、继续管理移民安置事务之外，还在全国各地发展工业，拥有许多不动产和直属企业，并在一些大企业中拥有控股权。犹太代办处所代管经营的民族经济虽然资金来源并非以色列政府，但属于以色列国民经济的一部分，所以可以视为国营经济的一种特殊形式。

以色列政府直接控制的经济部门与实体大致包括两类：一类是政府的直属企业，如直属于国防部的军事工业、以色列银行及港口管理局等，这些部门是国民经济的基础，不以短期营利为目的。另一类是各级政府与犹太代办处、以色列总工会或者与私人投资者合作兴办的企业，如以色列电话电信公司、电力公司、飞机工业集团、化学工业集团、死海工程公司、内盖夫磷酸盐公司等。以色列的国有企业数量很少，1961 年仅占全国企业总数的 0.6%，1972 年占 0.2%，1983 年占 0.3%,[①] 但却控制了国民经济的基本命脉。

2. 合作制经济

以色列总工会的前身为 1920 年成立的犹太工人总工会（Histadrut）。总工会从一开始就不是单一性质的工会组织，而是一个职能广泛的组织，直接从事各类经济活动。委任统治时期，犹太工总已拥有自己的建筑公司、购销公司、保险公司及各类金融机构，到 1942 年，它代表了巴勒斯坦地区 3/4 的工人组织，成为该地区最大的生产部门。建国后，以色列总工会（1959 年改用此名）所属企业在国家经济建设中占很大比重，其产值在农业中占 80%，在工业中占 25%，在建筑业中占 10% 以上。建国后的头 10 年内，总工会在以色列各经济部门中的投资总额估计约达 6 亿美元，占很大比重。虽然总工会企业仅占全国企业总数的 4% 左右，但是在

---

① 杨光：《中东的小龙——以色列经济发展研究》，第 46 页。

100 家最大的企业中则占到 35%。①

总工会积极参与工业活动，生产领域涉及金属、化工、钢铁、电子、建材、日用消费品等多方面，而且多兴办大型企业。工业化建设初期，总工会在原有企业的基础上，或单独或与政府和民族机构联合组建了许多新的企业。1949 年，总工会与芬兰投资商联合创办了一家水泥厂。此外，总工会还在新兴城镇建立了几家工厂，如拉姆安拉的机械厂、洛德的卷烟厂、阿什凯隆的水泥管厂。它控制了以色列最大的建筑公司路建公司、拥有 300 多家工商企业的库尔公司、以色列第二大银行工人银行、房地产公司、保险公司和果品联合加工企业等。总工会还拥有一些大型合伙公司，如梅科罗特水资源公司、齐姆航运公司和克莱尔集团等。此外，它还控制着所有的集体农场、农业合作社，以及数百家生产、运输、零售合作社以及旅行社和出版社。总工会控制的合作组织有特努瓦和哈马什比尔两个大型企业，其中特努瓦垄断了水果、蔬菜、蛋、禽、鱼等新鲜农产品的购销市场；哈马什比尔是主要的进口商，垄断了许多定居点的物资供应。总工会在地面运输方面也处于垄断地位，其经营的运输公司拥有 4000 辆公共汽车，占全国公共运输业务的 80%。② 1952 年，总工会共拥有 725 家制造厂，雇用了 10700 名职工。③ 总工会创办企业往往从社会经济的需要考虑，而不是从追求利润出发，因此在以色列工业化起步阶段贡献突出。

总工会下辖数百家企业，其经营范围涉及社会生活的许多方面。根据企业的直接所有权以及总工会执行委员会对企业的掌控程度，可以将企业分为 4 类。④

第一，平衡资金归成员所有的合作企业。总工会对于这类企业具有一般的控制权，向其提供信贷、技术指导及法律和政治上的保护等。这类企业主要包括控制着全国汽车运输的运输合作社，还包括拥有全国 3/4 以上

---

① 赵伟明：《以色列经济》，上海外语教育出版社，1998，第 91 页。

② 郭懋安主编《国际工会运动知识手册》，中国工人出版社，1993，第 203 页。

③ 赵伟明：《以色列经济》，第 89 页。

④ "平衡资金"指用购买股票的方式投入某个企业的资金，尤为新创办的企业。参见纳达夫·萨弗兰著《以色列的历史和概况》下册，第 234～236 页。

农业人口的大约 600 个基布兹和莫沙夫。它们所提供的农产品占全国农产品的 87%。

第二，所有权全部或部分属于合作社的公司。总工会对于这类企业也具有一般性的控制权，向它们提供相同的帮助。属于这类企业的主要有特努瓦公司和哈马什比尔公司。这两家公司在建国前已经建立，建国后规模迅速扩大。特努瓦公司扩大到原有规模的 17 倍，哈马什比尔公司则扩大到原有规模的 11 倍。两家公司建立了面粉厂、选种站、罐头厂、汽车库和修理车间、乳制品加工厂、皮鞋胶靴厂、信贷机构、连锁商店等许多企业。

第三，由总工会与政府或犹太代办处合办的公司。这类公司主要有：梅高罗特公司（国家自来水公司）、齐姆公司（全国最大的海运公司）、埃尔·阿尔公司和阿尔基亚公司（两家分别经营国际和国内业务的民航公司）。总工会对这些公司控股虽然不超过半数，但是因为这些公司经理部门的某些政府或犹太代办处的代表本身就是总工会的会员，所以总工会对于这些公司的影响是很大的。

第四，直接属于总工会执行委员会所有，在它所任命的经理领导下进行业务活动的公司。这类公司主要是工人银行和路建公司。

20 世纪 80 年代以来，以色列总工会的企业饱受机构臃肿、官僚主义作风的困扰，因此，要求改革的呼声越来越高。总工会被迫进行私有化改革。1991 年，它将拥有数百家企业的库尔公司出售，以缓解债务压力。随着《国家健康保险法》的颁布，总工会会员大减。为了解决经济困境，总工会继续出售所属企业，其中包括以色列最大的银行——工人银行。今天的以色列总工会虽然仍掌握着一些重要企业，但其在以色列工业中所占的比重已经下降。

3. 私营经济

私营经济在建国初占以色列国民生产总值较小。企业多为规模较小的轻纺、食品、商业及服务型企业。1977 年利库德执政后，国家大力推行自由竞争与资本主义市场经济。工业所有制也开始逐步向私有化方向发展，一些家族和个人已控制了许多大公司，形成企业集团。如坎内特家族，控制了 19 家公司（资产总额达 14.3 亿美元），塞缪尔·爱森堡控制了 9 家公司（资产总额 3.5 亿美元）。

80 年代以后，以经济自由化促进私有经济部门的增长已成为以色列政府的经济政策，目的是大力促进市场竞争，提高国营垄断企业的效益及现代化水平。政府于 1984 年颁布《工业研发鼓励法》，以鼓励本国公司投资工业研发项目。同时，政府与企业共担研发项目风险。其目标是通过使用和扩大现有科技设施，促进科技的产业化；通过增加在境内开发的高新技术产品的生产和出口，改进本国的贸易平衡；创造工业领域就业机会并发现本国的高素质科技人才。拉宾政府时期还成立了一个包括总理、财政部部长和司法部部长在内的私有化委员会，该委员会负责推行国有企业私有化，而无须经过负责该公司的部长的同意。到 1994 年年底，政府已部分或全部出售了 22 家公司的股权，获得了大批私有化资金。1995 年以来，一批大型的国营企业或总工会企业，如以色列化学集团、以色列航空公司、以色列炼油公司、国家电话公司等也都程度不同地进行了私有化改革。随着经济体制改革的深入，私营部门在以色列经济中发挥了日益重要的作用。

近年来以色列私营经济发展的一个重要特征是风险投资的发展。风险投资在以色列起源于 20 世纪 70 年代初，80 年代开始迅速发展，并有几家公司成功地在纽约股票交易所上市。80 年代后期，以色列政府采取了进一步的经济宽松政策，经济的稳定、基础设施的改善、地区紧张局势的进一步缓和以及阿拉伯国家贸易抵制影响的减弱等因素，特别是政府对研究开发的支持政策，为 90 年代风险投资事业的大力发展奠定了良好的基础。1992 年，政府成立了国有独资的风险基金公司 YOZMA。由此，以色列进入了风险投资的高潮。1992～1996 年，以色列共有 150 家企业得到了风险投资公司的支持，其中有 22 家企业成功上市，进一步筹集资金近 10 亿美元。大部分上市公司选择了美国纳斯达克股票交易市场，上市公司的数量超过了欧盟所有国家在该市场上市公司的总和，成为仅次于加拿大的第二大外国公司板块。还有 18 家公司被国际知名公司收购，其中包括西门子、英特尔、微软、NEC 等。

以色列风险投资的对象主要为高新技术产业的中小企业，电信、软件、生命科学、互联网和半导体为五大投资热点。风险投资如同催化剂和助推器，把以色列强大的国防科技同市场对接起来，使之成为世界上军用技术民用化最成功的国家；它把以色列领先的教育、科研力量同市场对接起来，使之成为世界上学术成果产业化最成功的国家；它也把众多雄心勃勃的创业者同市场对接起来，使以色列成为世界公认的主要创业和创新技术中心之一。今天，以色列已经成为世界上风险投资最发达的国家之一，被誉为"第二硅谷"。近十多年来，以色列风险基金投资的萌芽企业在1000 家以上。2004 年，以色列共有 428 家高科技企业分享了 15 亿美元风险基金，其中有 1.08 亿美元投给了 54 家萌芽公司，超过任何一个欧洲国家。1996 ~ 2002 年，以色列有 50 多家高新技术企业被跨国公司收购或兼并，购并总额达 194.42 亿美元。2006 年，进入以色列的外国直接投资高达 271 亿美元，此后因世界金融危机而下降，2012 年为 23 亿美元。①

二　发展概况

二战前，巴勒斯坦地区的工业主要是一些农具制造、修理和农产品加工作坊。在大战中，为适应盟军的需要，犹太企业家加速发展轻工业，尤其是服装和罐头食品，从而刺激了当地的工业生产。建国后的前十余年，以色列继续发展传统工业，如食品加工、纺织、家具、化肥、制药、橡胶、塑料、五金制品，并兴建供水、交通及能源等基础设施。由于犹太工人素质高及本国缺乏最基本的生产原料，以色列自 1967 年起，便把力量集中在高附加值制造业上，开发基于本国科学技术革新的产品，包括电子医疗设备、农业加工产品、通信设施、精制药品、太阳能设备、计算机硬件、软件以及加工钻石等。这样既满足了国内生产、生活需要，又带来了出口创汇效益。70 年代后，电子、光学和航空工程已成为以色列的主要工业。滴灌设备、海水发电设备、太阳能照明装置、电脑程控图片编辑机等产品，不仅生产工艺达到了国际先进水平，而且产品跻身世界一流行列。尤其是钻石加工工业，其出口的各种磨光钻石和小宝石已跃居世界同行业之首。2004 ~ 2012 年，以色列工业年平均增长率为 3.8%，其中高技

---

① Ministry of Finance, State of Israel, *Economic Highlights Presentation*, 3rd Quarter, 2013。

术产业高达 6.7% ，中等技术产业为 2.3% ，中低等技术产业为 2.9% ，低等技术产业仅为 0.5% 。①

以色列工业的发展带动其出口不断增长。到 2009 年，主要工业品出口达 443.905 亿美元，占主要出口商品总额的 92.6% 。其中钻石出口一项就达 94.308 亿美元，占主要工业品出口总额的 21.2% ；电子、机械等高科技产品为 169.467 亿美元，占 38.2% ，成绩非常显著。2012 年，以色列工业品出口中，高科技产品比例高达 79.5% 。②

以色列工业发展的特点，主要是重视和重用人才。它依靠各类专业技术人员，把高校、科研单位、生产企业三者紧密地结合起来，做到优势互补，不搞封闭式经营，实现了科研产出快、产品质量高。国家对科学技术的研发方面的投入每年至少占国民生产总值的 3% ，这一水平超过多数工业发达国家，所以以色列技术和资金密集型的产业发展最快。由此可见，以色列把工业发展重点及时转移到高科技及高附加值出口产业上的方针是十分正确的。

以色列是一个缺乏能源的国家，自 20 世纪 90 年代末以来，以色列政府基于环保、成本和资源多元化的考虑，出台了鼓励天然气使用的政策，而天然气的供应均来自进口的液化气。2005 年，以色列与埃及签署协议，规定埃方自 2008 年起每年向以方出口 17 亿立方米天然气，合同期为 20 年。此后，以色列国内天然气使用量逐年增加，2010 年达到 52 亿立方米。但 1999 年发现的第一个海上气田及随后发现的多个气田（其中塔马尔气田和利维坦气田属于过去 10 年间世界上发现的储量最大的天然气田之列）改变了以色列能源进口的格局。据初步估计，按照目前的天然气消耗量计算，现有探明的天然气储备足够以色列持续使用 200 年。③ 海上天然气田的发现将对以色列政府的能源政策、国际收支和

---

① Ministry of Finance, State of Israel, *Economic Highlights Presentation*, 3rd Quarter 2013.
② Ministry of Finance, State of Israel, *Economic Highlights Presentation*, 3rd Quarter 2013.
③ 中国驻以色列使馆经商处：《以色列天然气储备开发情况》，http://www.mofcom.gov.cn/aarticle/i/dxfw/gzzd/201210/20121008407346.html? 2565055544 = 470702029，2012/10/29。

地区格局产生重大影响。政府已经决定，把生产的 40% 的天然气用于出口。2013 年 3 月，处于公海上的塔马尔气田正式投产。目前，以色列正在与本地区的潜在客户就出口的可能性进行谈判，如约旦、埃及、巴勒斯坦民族权力机构和土耳其。预计利维坦气田将于 2016 年投产，届时以色列天然气将开始出口。

因此，能源状况的改善对于未来以色列的经济是一个重大的利好消息。

三　主要工业部门

由于自然资源匮乏，以色列的工业集中于科学创造力和技术革新领域，主要包括军事工业、钻石业、生命科学、化工产业、电信业等部门。这些工业部门致力于开发和生产高附加值产品，达到或领先于国际水平，半数以上的产品出口国外。

军事工业是以色列国民经济的支柱产业。受其特殊的地缘政治影响，以色列一直将国防工业视为立国之本，其年度国防经费占国民生产总值的比重平均为 25%；对国防工业的投资占整个工业投资的一半。以色列的国防工业在中东地区增长最快、技术最先进，半数以上的产品用于出口。全国从事武器装备研制和生产的公司近 300 家，各类从业人员高达 30 万人，每年向全球 130 多个国家和地区出口军火，年收入达到 20 多亿美元。其中，以色列军事工业公司、以色列飞机工业公司、拉斐尔武器开发集团、埃尔比特系统公司、以色列造船厂等军工企业规模巨大，涵盖了从军工科研到武器生产，从各种军用飞机、坦克、舰艇到电子、通信设备等几乎所有军用产品领域。

钻石业是犹太人的传统行业，历史悠久。据说，英文中"宝石"（jewel）一词是从"犹太"（Jew）转变而来。以色列是当今世界钻石加工和交易中心之一。以色列钻石加工工业被公认是全世界最先进的。以色列包揽了全世界一半以上的钻石加工，拥有大量知识渊博且经验丰富的技术人员，掌握先进的切割和抛光技术，引领着世界钻石加工工艺潮流。以色列拥有世界上最大的钻石交易所，每年钻石交易额达数百亿美元，并且成立了钻石交易行会。近年来，针对钻石业的发展变化，以色列及时进行行业调整，力图在钻石加工和交易方面寻求新的国际合作伙伴，表现出极大的灵活性和卓越的适应能力。

在以色列，与生命科学相关的研发与生产主要集中在医疗器械与设备、生物技术与医药等领域，居世界领先水平。20 世纪 90 年代，以色列政府为了给来自苏联的新移民科学家和工程师提供就业机会，创建了 23 个技术人才培养中心，其中将近一半的技术人才培养中心专注于生命科学或生物技术人才的培养。目前，以色列从事生命医药研究的企业有 1250 多家，并以每年 70～80 家的速度增长。以色列在一些重大疾病如癌症、帕金森综合征、阿尔茨海默病、多发性硬化、糖尿病、神经系统疾病的治疗方面取得突破性成果，在干细胞研究方面也走在世界最前列。以色列在医疗卫生 IT 应用领域也处于领先地位，从事卫生医疗 IT 产品开发的公司就有 70 多家。

化工产业是以色列国民经济的支柱产业之一，主要包括矿产和化肥、农业化工、石油化工以及化妆品等行业，占工业总产值的约 26%。以色列约有 400 家化工厂，雇佣员工超过 3 万人，主要代表企业为以色列化工集团（Israel Chemicals Ltd.）、海法化工公司（Haifa Chemicals Ltd.）和克西姆－阿甘公司（Makhteshim-Agan Industries Ltd.）。化工企业主要集中在南部的内盖夫－死海地区、北部的阿科－海法地区和中部沿海的阿什杜德，充分利用本地矿产储量丰富、开发成本低廉的优势，研制出多种高效新型化肥，远销国外。以色列的农药研发生产处于领先水平，涵盖除草剂、杀虫剂、杀菌剂及植物生长调节剂等。虽然以色列的能源基本依赖进口，但拥有发达的石油提炼和石化工业，其产品不仅满足了国内需求，还可少量出口。近年来，以色列相继发现储量丰富的利维坦、塔玛尔和坦尼三个油气田，极大地推动了以色列石化产业的发展。以色列最大的炼油和石化企业是以色列炼油集团。死海丰富的盐、泥和矿物质以其独特的疗效闻名于世，同时也支撑了以色列化妆品工业的快速发展。以色列有近 50 家企业生产富含死海成分的化妆品，出口额达 5.4 亿美元，远销美国、欧洲以及东南亚。其中，最著名的是阿哈瓦死海化妆品公司。

以色列电信业凭借其在某些高科技领域的独创性，处于全球领先地位，集合了半导体开发、硬件设计、软件和系统集成等领域的一大批优秀公司。以色列促进电信业发展的重点集中于尖端技术的研发，这形成了在国际电信市场上的独特竞争优势，并成功地向思科、阿尔卡特和诺基亚等大型跨国公司和美国在线、德意志电信和沃达丰等电信服务运营商推销自己的产品和服务。以色列拥有720多家电信高科技公司，其中约450家为新创公司。2006年出口了31亿美元的电信设备和20亿美元的电信软件。

第四节　对外贸易

以色列由于自然地理和人文因素的特点，决定了它的经济既是一个以先进科技为基础的工业型经济，又是一个在原料、能源和产品销售市场严重依靠国际市场的外向型经济。因此自建国以来，以色列对外贸就非常重视，对外贸易尤其是出口贸易在国民经济发展过程中起着举足轻重的作用。

一　发展状况

为了促进出口贸易，政府于1958年成立了以色列出口协会（Israel Export Institute，IEI）。该协会的成立，旨在促进出口贸易，为外国厂家、新闻界和商业团体提供接触以色列制造业、商业的机会，扩大与外国的交流与合作。协会目前设有4个部门：市场部、战略和销售数据库部、出口服务部和展览部。各部门工作人员服务热情，忠于职守，在他们的竭诚努力下，数十年来协会参与全国性的出口业务占90%以上。

由于国家小，经济规模小，以色列国内市场当然也相对较小，国家只能靠扩大出口来推动经济增长，工业产品的1/2都用于出口。为了解决资源相对不足的问题，以色列也非常重视开发智力资源。通过来自东西方的科学家和工程技术人员的相互合作，教育、科研和产业的开发、合作，以及对建立工业基础的承诺，以色列出口产业的发展具备了良好的条件。

以色列的出口贸易模式随时间的推移而变化。在20世纪50年代，对外输出的主要是劳务、农业初级产品、轻工业产品和传统工业品。其中劳务输出占贸易额的 2/5，包括国际民航、商船队、保险业、旅游业等的收入；商品输出占 3/5，主要有农产品（各种水果蔬菜）、工业品（磨光钻石、化学制品、轮胎、纺织品、机器、车轮、胶合板、水泥、纸张）以及加工食品等。从 60 年代到 90 年代，以色列的出口商品构成变化很大。首先是燃料、矿产品和金属制品的比重下降，从 1960 年占出口总额的4% 下降至 80 年代末期的 2%；到 90 年代，燃料基本不出口。其次是机械、运输设备、电子产品、军火的出口猛增。80 年代中期，高科技产品出口的扩大更是大大压低了传统工业、工艺产品出口的比重，高科技产品的出口额遥遥领先，达 55.9%。最后是初级产品（主要是农产品）的出口逐年减少。1960 年，初级产品占出口总额的 35%，到 90 年代还不到10%；其他如食品、纺织品、服装、皮革等的出口也同样受到限制。2009年，以色列出口总值为 479.358 亿美元，其中农业品仅占 2.6%，工业品比例高达 92.6%。[①] 尽管以色列外贸出口发展很快，但进口增长更快，外贸逆差成为一大问题。根据《国际金融统计年鉴》，1950 年以色列的外贸逆差为 2.67 亿美元，1960 年为 3.39 亿美元，1970 年为 13.37 亿美元，1980 年达到峰值，为 41.47 亿美元，1990 年下降为 35.29 亿美元，2010年降为 1.3 亿美元。但近年来外贸逆差又有所上升。2012 年，以色列的出口总值为 615 亿美元，外贸逆差上升为 9.9 亿美元。[②] 以色列进口的物资，主要是工农业和建筑业所需的原料、燃料、润滑油以及生活消费品、轻工设备等。因此，进口的增加，既有国内资源贫乏、人口增加、国际商品价格上涨的因素，也有本国建材、轻工、机械、电子工业无法满足内需的原因。

二 主要贸易伙伴

以色列建国以后，在外贸方面面临的一个困境是阿拉伯世界的抵制，

---

① "Exports, by Industry", Central Bureau of Statistics, Israel, http://www.cbs.gov.il/hodaot2010n/16_ 10_ 232tl.htm.

② Economist Intelligence Unit, *Country Report*: *Israel*, April 2013, United Kingdom.

它是阿拉伯国家联盟从 1943 年开始正式实施的。以色列建国前 5 年，抵制的内容是禁止购买"犹太人在巴勒斯坦生产的产品"。后来，这项禁令延伸到了外国企业，禁止任何国家的企业与犹太人做生意（"二级"制裁）；再以后，这项禁令演化为禁止与列入黑名单的企业进行贸易往来（"三级"制裁）。韩国和日本几乎所有的大型汽车制造商都遵守了"二级"制裁禁令，包括本田、丰田、马自达和三菱在内，它们的产品不能出现在以色列的公路上。每个阿拉伯国家都有一个官方的制裁办公室，专门督促日常抵制工作。1951 年由阿盟成立的"抵制以色列中心办公室"总部设在大马士革，据悉，该办公室曾列出 8500 家企业、产品或个人作为制裁对象。"阿拉伯大马士革会议拟对以色列进行经济抵制"，① 但美国学者克里斯托弗·乔伊纳说："在所有同时期的制裁活动中，阿拉伯联盟国家对以色列的制裁，从意识形态上来说，是最致命的；从组织上来说，是最复杂的；从政治上来说，是持续时间最长的；从法律上来说，是最富争议性的。"在过去 60 年里，阿拉伯国家的制裁和其他国际性禁令对以色列造成的损失估计高达 1000 亿美元。②

自从 1979 年埃及和 1994 年约旦与以色列签署和平协议、巴以开始和平谈判以及个别海湾国家开始忽视黑名单后，抵制行动受到削弱。但巴以谈判陷入僵局促使阿拉伯世界再次加强抵制。2001 年 7 月，阿拉伯国家抵制以色列专家级会议在大马士革闭幕。会议通过的公报认为，只要以色列仍然占领阿拉伯领土，拒绝执行联合国有关决议和枪杀被占领土上的巴勒斯坦人，阿拉伯国家对以色列的经济抵制就将成为合法手段。会议通过了旨在启动阿拉伯国家对以色列抵制以及实施抵制的具体机制的一些建议。但埃及、约旦等 9 个阿拉伯国家没有派代表与会。

以色列因而不得不把本国产品出口到遥远的市场，其最主要的外贸伙伴是欧盟和美国。根据协定，双方可以在无限额、无关税的互惠条件下进

---

① 杭州思诺博会展服务有限公司网站，2004 - 08 - 05，http：//www. sinobal. com/ArticleShow. asp？id = 1548。

② 〔美〕丹·塞诺、〔以色列〕索尔·辛格：《创业的国度——以色列经济奇迹的启示》，第 62 ~ 63 页。

行贸易。1975 年 5 月，以色列与欧共体签订了自由贸易协定，据此以色列的工业产品和部分农产品可以自由进入欧共体国家市场。1985 年 4 月，以色列和美国也达成了自由贸易协定，以色列进入美国市场的工农业产品可享受免税或优惠关税待遇。此外，以色列也和加拿大、斯洛伐克、捷克、土耳其、匈牙利、波兰、斯洛文尼亚、约旦、埃及等国家签订了自贸协定，并享受澳大利亚、奥地利、日本、芬兰、新西兰、挪威、瑞典、瑞士等发达国家的普惠制优待。2010 年 5 月，以色列加入经济合作与发展组织（OECD）。

2009 年，以色列的出口商品，有 25.8% 运往欧盟国家，35% 运往美国，19.8% 运往亚洲。至于进口，有 32.3% 来自欧盟国家，9.6% 来自其他欧洲国家，12.7% 来自美国，25.5% 来自亚洲国家和地区。[①] 2012 年，欧洲国家在以色列出口商品中的比例为 34.0%，北美国家为 29.8%，亚洲国家为 25.2%。[②] 以色列的主要出口对象国依次是美国、中国、比利时、卢森堡、英国、印度、荷兰、德国、土耳其、法国、瑞士，主要进口来源国依次是美国、中国、德国、瑞士、比利时、卢森堡、意大利、荷兰、英国、土耳其、日本。以色列的货物既可进入这些国家和地区，又可吸引这些国家和地区的企业家、投资商前来寻找商机。

与外国实业公司建立合资企业，既可发挥以色列公司在创新方面的优势，又可发挥外国公司在大规模生产及市场渗透方面的优势。现已开展的合资项目涉及许多领域，包括电子、计算机软件、医疗设备、印刷和计算机制图等，其中很多具体项目已得到双方机构的支持和援助。如以色列－美国工业研究发展基金会，它的基金由两国政府资助，并向美以合资企业提供资金。又如 1995 年 4 月，美国罗伊·迪士尼的私人投资公司沙姆罗克控股公司曾花费 2.52 亿美元，收购了以色列最大的工业公司库尔公司 22.5% 的控股权，这是一家外国私人企业对以

---

① 以色列中央统计局（CBS）网站有关出口的网页资料汇总，http：//www1.cbs.gvo.il/Feader/newhodaot/tables_ template_ eng. htm/？ hodaa = 201016232。

② Ministry of Finance, State of Israel, *Economic Highlights Presentation*, 3rd Quarter 2013.

色列经济的最大投资。同年先后在以色列宣布投资的还有：美国计算机芯片制造业巨头英特尔公司在以色列南部兴建一座耗资 16 亿美元的半导体工厂，这是迄今为止以色列所获得的最大一笔外国私人投资之一；德国大众汽车公司与死海工程公司签署的一项投资 6 亿美元建造一座镁加工厂的谅解备忘录；美国富豪公司收购以色列最大的汽车制造公司梅卡维姆公司 50% 的股份。美国设在英国的玛奇公司以 3 亿美元收购了兰内特公司。以色列莱曼兄弟公司总裁罗恩·卢巴什说，"欧洲的一些大公司都以相当规模的投资在以色列积极经营；所有的欧洲大银行都在以色列设了营业机构，亚洲的银行也陆续到来。发展得最快的是合并或兼并……"

第五章

军　事

第一节　概述

一　国家安全体制和军事战略

1. 影响以色列国家安全的主要因素

在国际上，以色列所面临的安全形势是非常特殊的，影响其国家安全的主要有以下因素。

第一，以色列国土狭小，缺乏战略纵深；人口有限，难以建立庞大的军队；工业、人口分布高度集中，经受不住敌国突袭和战争破坏。

第二，与周边的阿拉伯国家（所谓"前线国家"）长期处于敌对状态和国际法上的战争状态，这也使以色列无法加入西方建立的军事联盟（西方国家担心因此与阿拉伯国家发生矛盾），从而迫使以色列对国防给予非同寻常的重视。

第三，以色列不仅面临着常规的国家安全问题，而且面临着在本土和国外对付非国家的军事组织（法塔赫、哈马斯、其他巴勒斯坦组织、黎巴嫩真主党等）的重大问题。

第四，以色列军队不仅仅要保卫国土，而且在 1967 年以后控制了阿拉伯被占领土，因而承担了负责在国际法上不属于以色列国土防备的任务（例如，被占领土以军的重要职责之一是保卫定居点居民及相关交通线的安全)。①

第五，以色列长期以来在国际市场上难以购买到军火，这一问题直到1967年以后美国开始向以供应军火才得到完全解决。

第六，建国之初在以色列政府和军队内部，围绕着在以色列这样的小国是否有必要建立一个完整的军事工业体系（包括飞机制造业）进行了激烈的争论。

第七，以色列在国内有一个被视为"异类"的阿拉伯少数民族，需要其应对。

第八，许多国家历史上对犹太人的长期歧视、迫害，犹太人长期流散和二战时期德国纳粹的屠犹等，在以色列人心灵上留下了深深的创伤，而阿拉伯世界对以色列的政治孤立和封锁更加重了以色列人的这种心理，从而形成了犹太民族被包围、封锁的"马萨达心态"。

第九，除了传统安全的严峻形势外，以色列作为一个资源有限的小国还面临着许多非传统安全问题，尤其是能源和水资源的安全。

2. 以色列在国防体制上采取的应对措施

以色列为此在国防体制上采取了如下一系列应对措施。

第一，将军队现代化建设置于优先地位，保持较高的军费开支水平。以色列的年度国防预算一般占国家总预算的 1/3 左右，有时甚至超过40%。据统计，1981～1990 年，以色列年均国防预算占国家总预算的38%，占国民生产总值的 10.3%，国防预算一直保持较高的增长率。以色列还对军费比例结构进行了调整，减少行政人事费用，增加国防科研和军品采购的费用。如 1994 年，以色列用于采购军品的费用占国防预算的22%，人事费用比例由 40% 减少至 35%。②

第二，在和平时期维持一支基于义务兵役制、人员精干、训练有素、指挥有力、装备精良、保障及时的现代化军队，在战时主要依靠迅速动员

---

① 以色列宣布耶路撒冷为首都，并且吞并了戈兰高地，但同时撤出了加沙地带，西岸的领土划分需要与巴勒斯坦谈判决定。

② 汤晶阳、张小平主编《世界主要国家军事战略》，国防工业出版社，2005，第205页。

后备役来扩大部队人数，实现既定战略目标。这一做法被证明是十分有效的。从表 5-1 可以看出，从 1976 年到 2006 年的 30 年中以色列军队的人数只有很小的增长，而周边的阿拉伯国家军队人数则增加了一半。与阿拉伯国家不同，以色列高度发达的教育体制保证了军人有很高的文化素质（士兵几乎都是大学生），从而在军事技战术和掌握先进装备方面大大领先于阿拉伯对手。

表 5-1　以色列与周边邻国现役武装力量人数比较

单位：万人

年份	以色列	埃及	叙利亚	约旦	黎巴嫩	以色列邻国合计
1976	15.6	32.25	17.75	8.03	1.53	59.56
1982	17.2	36.7	22.25	6.75	2.38	68.08
1988	14.1	44.5	40.75	8.03	1.67	94.95
1994	17.6	43	40.8	10.6	4.13	98.53
2000	17.35	45	31.6	10.4	6.79	93.79
2006	16.83	46.85	30.76	10.05	7.21	94.87

资料来源：International Institute for Strategic Studies （IISS），*Military Balance*，2007。

　　为了精简人员，以色列对总部机关进行改革，取消或合并一些职能部门，精简部分参谋人员。目前，以军总参谋部设总长、副总长、副总长助理各一人，副总长兼任作战部长。各级司令部一般只设主官一人，配有少量作战、情报和后勤参谋军官。以军还十分注意加强部队的技战术训练，培养官兵在各种复杂条件下的临时处置能力，强调灵活机动的战术。在作战思想上注重诸军兵种协调作战能力及官兵对高技术装备的掌握运用，为此，以军增加了部队训练经费和时间。为保留技术骨干，以军的一些专业兵种，特别是空、海军及装甲兵部队，均保留了一大批专业军官，他们在部队长期服役，对部队装备的有效使用起到了技术保障作用。

　　以色列还建立了一整套高效而独具特色的战争动员体制。其预备役部队的战备水平不亚于现役部队。只编有 4% 现役人员的一类预备役部队在接到动员令后，24 小时之内就可迅速完成动员展开，而编有 2% 现役人员的二类预备役部队在接到动员令后完成动员展开的时间也只有 48 小时，因此预备役部队与现役部队一样可随时投入战斗。在 1973 年的中东战争中，动员时间竟然缩短到 20 小时，达到了令人难以置信的程度。①

第三，建立一支既能保障外部安全，又能维护国内稳定的军队。一方面，以色列军队的征兵对象反映出国家的政治意图。能够参加国防军的只有犹太人、切尔克斯人、贝都因人和德鲁兹人，后两个群体被认为不是阿拉伯人，且犹太人以外的这些群体只能参加"少数民族部队"和巡逻队。另一方面，阿拉伯逊尼派穆斯林不但不能参军，而且是政府防范和控制的对象。在 1948 年的战争中，当局建立了隶属于国防部的军政府，专门管理阿拉伯人居住区，这一体制一直延续到 1966 年。军政府根据委任统治时期颁布的紧急状态条例限制阿拉伯人的行动自由，并剥夺其土地。②

第四，将灵活的对外军事采购与建立自主、完整的国防工业体系结合起来，武器装备现代化程度高。二战后初期，西方世界中只有法国向以色列出口军火，之后联邦德国也愿意提供一定数量的军火，但这在以色列议会引起极大争议。最后，基于现实考虑，以政府予以接受。同时，以色列积极谋求建立一个自主、完整的国防工业体系，从而保证了军队对武器装备的需求。

第五，建立以核武器为主导的大规模杀伤性武器系统，作为对阿拉伯国家的威慑。以色列奉行"三不"政策，即"不承认（对外不承认拥有核武器），不否认（对外不否认拥有核武器，保持模糊态度），不接受核查（不接受国际机构的核查）"，这种核战略被称为"累积威慑"。其主要内容是：暗中积极研究、制造、生产核武器；利用本国具有的高新技术优势，改进和提高核武器的质量；主要用于隐形威慑，一旦需要便不惜一切代价率先使用核武器，给对手以快速、沉重的有效打击。③ 同时，它又避免了国际社会的监督和批评。

---

① 汤晶阳、张小平主编《世界主要国家军事战略》，第 205～206 页。
② 阎瑞松主编《以色列政治》，西北大学出版社，1995，第 251～254 页。
③ 汤晶阳、张小平主编《世界主要国家军事战略》，第 202 页。

第六，建立一个平战结合的防卫体系。例如，1967 年以后，政府允许犹太人在具有重要战略意义的约旦河西岸建立定居点，为定居者配备武器，这些定居点的房屋按照军事要求建造，具有防御作战需要的功能，可以在战争爆发时有效地阻滞约旦军队的进攻。预备役的迅速动员也是这一体系的组成部分。

3. 以色列军事战略的特点

以色列的军事战略具有以下四个特点。

（1）强调进攻的作战思想①。以色列长期以来一直奉行以先发制人为基本内容的"进攻性防御战略"，即立足于本国军事力量，在发现战争征兆时，采取出敌不备的突然袭击方式，摧毁敌人的大部分作战能力，先声夺人，争取战略主动。一旦对方先发动战争，以色列则发挥军事质量优势，迅速转守为攻，尽快将战场引向敌国境内。这一战略主要有以下内容。

其一，强调"遏制"，即以自己的实力镇住对手，使其不敢妄动。以色列前外长埃班曾说："以色列的遏制在于首先使阿拉伯人对他企图从地图上把以色列抹掉的愿望产生怀疑，其次使他感到无法达到自己的愿望，使他打消消灭以色列的念头。"因此，以色列在与阿拉伯世界的抗争中，总是不失时机地充分显示自己的实力和优势，动不动给对方以"教训"，先让对方受点小损失而受到告诫：不要挑起大战，以免国破人亡。核威慑在这方面具有重要意义。

其二，发起先发制人的突然进攻，对敌人实施"预防性打击"，以战阻战。以色列在作战指导上历来注重实施先发制人的攻势作战。以军往往利用其质量上的优势，突然袭击，先声夺人，克敌制胜，以掌握战场的主动权，形成有利于以军的战争结局。在以往半个多世纪的战争中，以色列与邻国的战事，绝大部分都将战争推向对方领土，在他国领土上进行作战。这样既弥补了以方战略纵深浅的缺陷，又减少了本国经济和人民生命财产可能遭受的巨大损失，还可置对方于不利境地，为战

---

① 详见汤晶阳、张小平主编《世界主要国家军事战略》，第 202～204 页。

后谈判中的讨价还价创造有利条件。1956年、1967年两次中东战争都是这样的典型战例。

其三,强调速战速决。在战争中,以色列往往集中优势兵力彻底打击敌方要害目标,迅速突破敌方防线,消灭敌方有生力量,摧毁敌方战争意志,并占领其领土,迫使对手让步。如第三次中东战争只打了6天,第四次中东战争只打了18天。在绝大部分的阿以战争中,以色列往往都以速战速决赢得战争,取得战场主动权。即使在战事暂时失利的情况下,以色列仍强调尽快调整部署,迅速夺取主动权,如第四次中东战争中,以军初战失利,但很快扭转战局,赶在联合国停火决议生效前包围了埃及第三军团,威胁开罗。以色列认为速战速决的军事行动可有效遏制对方军事行动。

因此,以色列的进攻性防御战略的核心是以攻代守,力争保持主动地位。这就要求以军是一支攻击型的部队,善于打进攻战。

(2)对外战争和军事行动具有多重战略目标。一是主动出击,夺取巴勒斯坦和阿拉伯国家领土,扩大自身的战略纵深。通过三次中东战争,以色列先后占领了加利利、包括东耶路撒冷在内的约旦河西岸、加沙地带、戈兰高地和西奈半岛等领土,以及在亚喀巴湾的出海口,有效地扩大了战略纵深。二是打击巴勒斯坦游击组织来自境外的袭击,拔除巴解组织在周边国家的行动基地,确保国土安全;打击境外的巴勒斯坦组织和反以恐怖行动。三是完成重要的非战争行动,达成政治、经济甚至宗教目标。例如,以军曾参加在国外保护外籍犹太移民返回以色列的运送移民行动,而在战争中占领的新的领土则实现了安置移民、开辟能源来源(如西奈半岛的石油)、控制水源(如戈兰高地)、收回具有重要宗教意义的犹太"故土"(西岸)等目标。

(3)奉行各个击破的战略,瓦解阿拉伯国家的反以阵营。在巴勒斯坦战争中,以色列与作为阿拉伯联军领袖的外约旦秘密达成协议,允许后者吞并约旦河西岸,从而破坏联军的攻势,约旦此后再未参加对以色列的任何战争。1973年以后,通过与阿拉伯世界的头号军事强国埃及达成和约,使其退出前线国家阵营,大大削弱了阿拉伯国家的实力。此后,以色列将主要打击目标转向叙利亚和巴解组织，在 80 年代把巴解组织赶出黎巴嫩，使巴解组织失去了对以色列发动武装袭击的基地，并直接控制黎巴嫩南部，打击了叙利亚在黎巴嫩的防空力量，从而对叙黎两国形成有力的牵制。在 1991 年的海湾战争中，伊拉克受到以美国为首的多国部队的有力打击，为以色列清除了又一个强敌。通过上述举措，以色列的安全环境在一个时期内有了明显好转。

（4）军事行动实行公开和隐蔽结合的战略。将公开的军事行动与隐蔽行动相结合，达到"不战而屈人之兵"的目的。例如，以色列用各种方式对阿拉伯和伊斯兰国家发展核武器的计划或核活动进行破坏、打击。国外媒体认为，20 世纪 50 年代和近年来一些暗杀埃及和伊朗的核专家（包括外国专家）行动的幕后力量是以色列，它还通过电脑病毒破坏伊朗的核工业。

以色列的军事战略取得了明显成效。1973 年 1 月底，阿拉伯国家的军队首脑聚集一堂，埃及军队总参谋长萨德丁·沙兹利中将在会上坦言："我们阿拉伯人是一个拥有 11 亿人口的民族；我们阿拉伯民族的年收入达 260 亿美元。我们的敌人的人口不到 300 万，国民收入为 35 亿美元。我们必须惭愧地承认，尽管我们占优势，然而历来总是失败。"①

二 军队简史

以色列国防军（Israel Defense Forces，IDF）始建于 1948 年，迄今它参加了 5 次重大的地区战争，是世界上作战经验最为丰富的武装部队之一。以色列军队的建立，首先经历的是部队的统一和军队的中立化，其次是机构建置的形成。

以色列建国前夕，国内共有隶属于不同政党的哈加纳、帕尔马赫、伊茨尔和莱希等多支武装力量。根据国家主义的要求，1947 年，本-古里安开始改组哈加纳，其目标是军队的职业化及其对政府的依从；具体做法是任命受过英国训练（英国有军队中立的传统）的哈加纳军官担任高级

---

① 转引自汤晶阳、张小平主编《世界主要国家军事战略》，第 205 页。

指挥官，以义务兵役制代替志愿兵役制；同时使国防部参与军事决策，总参谋部服从国防部，撤销中间机构。为加强对军队的控制，本－古里安于1948 年 5 月亲自担任国防部部长，总理（或副总理）兼任国防部部长遂形成制度。改革的第二步是将具有强烈政治倾向的各支武装力量合并为统一的职业军队。1948 年 6 月 20 日"阿尔塔纳"号事件①后，本－古里安解散了伊茨尔。之后，他又利用 9 月莱希刺杀联合国调解专员伯纳多特伯爵之机，将其宣布为恐怖组织而予以取缔。最后，作战骁勇、深受左翼政党影响的帕尔马赫也被并入以哈加纳为主体形成的国防军。1948 年 10月，帕尔马赫的指挥机构被解散，人员并入总参谋部。巴勒斯坦战争结束后，帕尔马赫部队被解散，中级军官大多留任，而高级军官则纷纷离去。军队的统一最终实现了。起初，军人仍可参加选举，但以后逐步施加了一些限制，包括禁止军人积极从事政党活动、限制军营中的竞选活动及规定有意竞选的军官必须在大选开始前 100 天辞职等。此外，非马帕伊军官在军队中的提升也未受到影响，个别前帕尔马赫军官甚至日后晋升为总参谋长。作为一个高度军事化的国家，以色列在军队中立化方面取得的成就令人惊叹。但毋庸置疑，以色列军队在社会和政治生活中仍发挥着独特的作用。

建国后，以色列的军队体制开始受到美国的影响，突出表现在文人可以出任国防部部长，以及国防部的机构和官职设置上。

据 2004 年 8 月的非官方估计，以色列国防军现役部队有 16.8 万人，其中陆军 12.5 万人，3 个地区司令部（北部、中部、南部），1 个国内前线司令部。海军 8000 人，基地设在海法、阿什杜德、埃拉特。空军有 3.5 万人，装备作战飞机 446 架、武装直升机 133 架。准军事部队约 8050 人。经动员可迅速增加预备役 40.8 万人，使武装力量总数达到 57.6 万人。②

三　兵役制度与军衔

以色列实行义务兵役制，服役年龄为 18 岁，所有合格的男女均应征

---

① 巴勒斯坦战争期间，伊茨尔动用"阿尔塔纳"号将自己从海外购买的军火运到巴勒斯坦，但拒绝将军火交给政府。最后，政府军奉命开炮，击沉了这艘人员已经撤离的货轮。

② *The Europa World Year Book*, *2005*, Vol. 1, London & New York: Routledge, 2005, p. 2301.

入伍。军官服役期 4 年；士兵服役期男性 3 年，女性 21 个月。此后作为预备役人员每年服役 39 天，男性直至 51 岁（部分专业人员至 54 岁），女性至 24 岁（或至结婚）。飞行员服役期为 9 年。以色列兵役豁免对象极少（主要是阿拉伯人），延续应征也受到各种限制。

近年来，以色列面临着年轻男女不愿意应征的问题。目前有 1/4 男性和近 1/2 的女性延期入伍，而且这一比例还可能继续上升。长期以来，约 10% 的延期入伍者是极端正统派犹太人，其理由是宗教学习。为了让更多极端正统派犹太人入伍，军方不得不一再向宗教当局让步，如一些连、营级的军事单位只包括正统派犹太官兵，男兵和女兵必须隔离，等等。① 世俗派犹太人对此十分不满，而军方和政府部门也致力于解决这一问题。

军官分 3 等 9 级：将官 3 级（中将、少将、准将），校官 3 级（上校、中校、少校），尉官 3 级（上尉、中尉、少尉）。

四 指挥体制

总理为武装力量统帅。最高军事决策机构为国防委员会，成员有总统、总理以及国防、外交、内政、财政、交通、邮电等部部长和总参谋长等，由总理兼任主席。战时，则成立以总理为首的战时内阁，成员有国防、外交、财政、交通和邮电等部部长。国防部是最高军事行政机关，部长由文官担任，平时负责兵力的动员、国防预算、国防科研与军工生产、军队规章制度的颁布等军事行政和技术业务，战时国防部部长可行使总司令职权。武装力量由正规部队、预备役部队和准军事部队组成。正规部队分陆、海、空三个军种。最高军事指挥机构为总参谋部，总参谋长为最高军事指挥官，在总理领导下通过 3 个军区司令部、2 个军种司令部及其所属的 14 个兵种司令部对全军实施指挥。

---

① 《以色列军队内部的敌人》，美国战略之页网站，2011 年 11 月 16 日。

五 国防教育结构

以色列有完善的军事教育体制，拥有各类军事院校 30 所，分初、中、高三级。初级军事院校 28 所，按军兵种划分，负责本军兵种新兵训练和军官军士专业培训。中级军事院校为指挥参谋学校，负责培养陆、海、空三军的营至旅级指挥和参谋人员，学制 1～2 年。学员为上尉至中校级军官，毕业后将成为部队营、旅级主官。高级军事院校为国防学院，学制 1 年。学员中中校以上军官占 60%，来自外交部、国家安全总局等部门的地方学员占 40%。

六 军费开支

以色列的军费开支位居世界前列，远高于与其相邻的四个阿拉伯国家。埃及、叙利亚、约旦和黎巴嫩每年军费的总和从未超过 100 亿美元（表 5-2）。近年来，以色列的军费开支在国内生产总值中所占比例呈下降趋势，2009 年为 7%，2010 年为 6.5%，2012 年为 5.69%[①]，2013 年为 5.6%。

表 5-2 以色列与周边邻国军费对比

单位：亿美元，按 2010 年美元汇率计算

国 家	2005 年	2006 年	2007 年	2008 年	2009 年	2010 年	2011 年
以色列	147.04	156.68	152.13	146.10	147.37	142.42	152.09
埃 及	47.32	48.42	48.77	45.42	44.08	42.89	41.07
叙利亚	23.19	20.86	22.17	20.10	22.82	23.46	24.90
约 旦	8.09	8.85	12.36	13.98	14.74	13.67	13.10
黎巴嫩	12.38	12.30	13.49	12.37	14.90	16.33	16.57

资料来源：瑞典斯德哥尔摩国际和平研究所网站，Stockholm International Peace Research Institute 2012，http：//milexdata. sipri. org/result. php4，2015 年 3 月 24 日。

---

① 美国中央情报局网站，http：//www. cia. gov/library/publications/the - world - factbook/geos/is. html，2014 年 1 月 28 日。

第二节 实力、编成和装备

一 陆军

以色列在巴勒斯坦战争中的军队基本上只有陆军。如上所述，它包括不同党派的准军事武装组织。建国后，它重新建立了真正职业化的陆军。建国以来，以军高度重视武器装备现代化。目前，陆军15个师除3个边防守备师外，其余均为装甲师。近年来，陆军把应付突发性的局部战争作为未来战争的主要样式，更加重视加强部队的应急反应能力和兵力投送能力，重点加强装甲兵建设，加速装备先进的第三代、第四代主战坦克，以增强其火力和突击力。与此同时，以军加速指挥、控制、通信和情报系统的现代化，提高了部队统一指挥、信息传递、情报互通的效率。在大量采购和引进国外先进装备的同时，以军注重加强对现有武器装备的改进，以提高其性能，延长其寿命，充分发挥原有装备的潜力。

以色列国防军现役人数为16.8万人，其中陆军12.5万人、海军0.8万人和空军3.5万人。经动员可迅速增加预备役40.8万人，使武装力量总数达到57.6万人。

以色列国防军的地面部队分为三个军区（北部、中部和南部）和一个卫戍司令部，部队编制如下。

3个装甲师，每个师下辖2个装甲旅、1个炮兵旅、1个机械化步兵旅（动员中）、1个装甲旅（动员中）、1个机械化师（空中机动）、1个伞兵旅、1个特种作战营。

8个预备役装甲师，每个师下辖1个炮兵旅、2~3个装甲旅、1个机械化步兵旅、10个地区性步兵旅（边境巡逻）、1个机械化步兵师（空中机动）。

以色列的地面部队不设陆军航空兵联队，空中支援由空军提供。在近程火力支援中使用眼镜蛇和阿帕奇武装直升机，另外还有几架固定翼飞机用于空降作战。

2000 年 6 月，以色列陆军的主要装备如下。

坦克 4080 辆："梅卡瓦"（Merkava）Ⅰ/Ⅱ/Ⅲ型主战坦克 1100 辆；美制 M60、M60A1 式 300 辆，美制 M60A3 式 600 辆；英制 A41 "百人队长"式 1080 辆；美制 M48A5 型 300 辆；俄制 T－54/55 型 200 辆；俄制 T－62 型 100 辆；美制 "马加奇"（Magach）7 型（改进型 M60/A1）400 辆。装甲侦察车 408 辆：俄制 RAMTA、RBY、MK1/BRDM－2（部分装备了萨格尔导弹）等型 400 辆；德制 Transportanzer－Fuchs NBC 型 8 辆。

装甲运兵车 11600 余辆：英制 Puma（Nagmashot）/Bardehlass 2（A41 "百人队长"）型 200 辆；俄制 Achzarit（T－54/T－55）型 300 辆；美制 M113A1/A2 Zelda 型 5500 辆；美制 M2/M3 半履带式（包括预备役；多数在储存中）4000 辆；俄制 BTR－152（边防兵装备）1600 辆；OT－62 型（预备役），数量不详。

加农炮 585 门：美制 175 毫米 M107 自行式（正在撤装）140 门；俄制 130 毫米 M46 野战炮 100 门；美制 106 毫米 M40A1 ATK 无坐力炮（美国）250 门；俄制 23 毫米 ZSU－23－4 四联装自行式高炮 60 门；美制 20 毫米 M163 "火神" 自行式 35 门。

榴弹炮 1156 门：美制 203 毫米 M110 自行式 36 门；国产 155 毫米 "索尔坦" 式 M－68/M－71 型 50 门；155 毫米 M－839P 型 50 门；155 毫米 M－114A1 型 50 门；155 毫米 L33 自行式 150 门；法制 155 毫米 M－50 Rotzehach 自行式（50 式，储存中）120 门；美制 155 毫米 M109A1/A2 自行式 530 门；俄制 122 毫米 D－30 牵引式 100 门；美制 105 毫米 M101 牵引式 70 门。

迫击炮 7740 门：国产 160 毫米 "索尔坦" 式 M66 牵引式（包括一些自行式）240 门；国产 120 毫米 "索尔坦" 式 M65 牵引式 900 门；国产 81 毫米 "索尔坦" 式牵引式 1600 门；60 毫米迫击炮 5000 门。

多管火箭炮 148 门：290 毫米 MAR－290 型 20 门；俄制 240 毫米 BM－24 型 30 门；美制 227 毫米 MLRS 型 48 门；俄制 122 毫米 BM－21 型 50 门。

地空导弹 1548 枚：美制 FIM－92A/FIM－92C "毒刺" 式 500 枚；美

制 FIM－43 Redeye MANPADS 式 1000 枚；"小檞树"式 48 枚。地地导弹
20 枚以上："长矛"式（储存中）20 枚；"杰里科"式 1/2 型若干。反坦
克导弹 1225 枚：RBY MK 1 MAPATS 式 25 枚；美制 BGM－71 陶（包括
"拉姆塔"自行式）300 枚；美制 M47 "龙"式 900 枚。

雷达：TPQ－37 型瞄准器反炮兵雷达；AN/PPS－15A 型地面监视
雷达。

以色列陆军部署在以下地区：北部司令部总部（Zefat）、中部司令部
总部（Neva－Yaacout）和南部司令部总部（Neva－Yaacout）。

以色列在撤军前的加沙地带和约旦河西岸常年部署特种步兵旅。其
中在西岸驻军分为三个司令部，分别驻守在本加明、希伯伦和纳布卢
斯。随着以色列与巴民族权力机构之间达成协议，以色列逐步从西岸和
加沙地区撤军。1995 年 4 月，以色列宣布驻西岸的三个司令部撤出，重
新进行部署。

以色列与黎巴嫩和叙利亚的边界地区包括戈兰高地，在当地仍保留
有军队，每隔几英里就设有用于监视的防御堡垒。以色列与约旦的边界
地区已经解除了军事管制，1994 年 10 月签署和平协议后，关口检查站
和分界篱笆已被拆除。与埃及毗邻地区的驻军情况基本上维持在和平时
期状况。

表 5－3　2006 年以色列与阿拉伯邻国陆军装备数量对比

单位：辆/门

类别	以色列	埃及	叙利亚	约旦	黎巴嫩	周边邻国合计
主战坦克	4031	3855	4600	1120	310	9885
装甲输送车、步兵战车及其他装甲战斗车辆	10419	5270	4600	1576	1275	12721
自行火炮	620	489	430	399	0	1318
牵引火炮	456	946	1530	94	147	2717
多管火箭炮	224	498	480	0	25	1003

资料来源：International Institute for Strategic Studies（IISS），*Military Balance*，2007。

表 5 - 4　2006 年以色列与阿拉伯邻国第三代高性能坦克数量对比

单位：辆

型号	以色列	周边国家合计	埃及	叙利亚	约旦	黎巴嫩
T - 72		1600		1600		
挑战者 - 1		390			390	
梅卡瓦系列	1681					
M - 1		755	755			

资料来源：Anthony H. Cordesman, *Arab - Israeli Military Forces in an Era of Asymmetric Wars*, Westport, Praeger Security International, 2006, p. 27。

二　海军

1. 简史和构成

由于中东地区持续存在的紧张的军事政治形势，多年来以色列一直十分重视海军，并将其作为一个独立的军种进行发展。到 2003 年年初，以海军共拥有 9000 人和包括潜艇在内的各种舰艇 70 余艘，是地中海沿岸一支重要的海上力量。

海军的最高长官是海军司令。他通过其司令部（位于海法市）对海军兵力实施日常领导，负责海军的战备、发展、组织战斗战役训练和物质技术保障。司令部包括 6 个部：作战部、训练部、侦察部、干部部、通信部和后勤部。在海军的组织结构中还包括数个指挥部，即海军作战部队指挥部、导弹部队指挥部、潜艇部队指挥部、巡逻部队指挥部、海岸警卫指挥部、海军基地和海军驻泊地指挥部。

以色列海军的所有舰艇编为两个集群：地中海集群和红海集群。潜艇分舰队、轻型护卫舰分舰队和导弹艇分舰队是海军的主要舰艇编队。

截至 2003 年年初，以色列海军战斗编成中包含 4 个作战舰艇分舰队（1 个潜艇分舰队、1 个轻型护卫舰分舰队和 2 个导弹艇分舰队）、6 个战斗艇支队（5 个护卫艇支队和 1 个导弹艇、护卫艇支队）、1 个基地巡逻机中队、2 个直升机大队和 2 个海军独立营（海军陆战营和破坏侦察营），以及 12 个海岸炮兵连。目前，以海军基地有 3 个，即海法基地、阿什杜德基地和埃拉特基地。此外，它还有阿卡、阿特利特和阿什凯隆等几个驻泊地。

一旦发生战争，以色列海军的分舰队和编队数量虽然在初期不会有什么变化，但作战舰和战斗艇的数量却可以在 30 昼夜后增加 21 艘。在采取各种动员措施的情况下，以色列海军的总人数将会达到 1.5 万人。

海军军官通常由位于海法市的海军学校培养，在该校学习的有现役海军中士以及已顺利地从阿卡市的航海学校毕业的人员。训练期限为两年，毕业生将被授予中尉军衔。每年约有 50 名军官从这所学校毕业。

位于海法市的海军训练中心也是为海军培养指挥干部和工程技术干部的地方，主要是培养在舰艇上工作的初级技术人员。另外，位于特拉维夫和阿什杜德的商船队航海学校的毕业生亦可应征到海军服役。

担任指挥职务和司令部职务的中层军官的训练通常在本国的指挥学院和北约国家的军事学院进行。其战役战术训练按照以色列武装力量总参谋部的计划进行。训练的主要目的是教授和完善海军各兵种协同行动的技能。其内容之一，就是与美国和土耳其海军联合进行的"可靠的美人鱼"演习。该演习定期在地中海东部举行，目的是在协同搜救行动过程中不断完善三国海军的协同动作。在组织参谋人员训练时，广泛采用计算机设备，包括能模拟各方战斗行动的设备和能在减少兵力投入情况下提高指挥人员训练水平的设备。

在"军队 – 2010"重新装备国家武装力量一揽子计划框架内，以色列领导层尤其关注海军的现代化改装。海军部队的完善是从以下几个方面进行的：装备新的水面舰艇和潜艇，配备现代化武器，实现各种舰艇编成的现代化。据此，以色列一方面要自行建造新式军舰，如"超级德沃拉"级护卫艇和"舍尔达格"级护卫艇，另一方面要依靠进口。

以色列现有的 3 艘潜艇是由德国建造的，其费用主要由德国政府支付。2005 年，以色列向德国采购了两艘新潜艇，2013 年和 2014 年交付使用。它们的性能类似于德国最新式的 U212 级潜艇，拥有依靠燃料电池的"不依赖空气推进"（AIP）系统，可以在水下连续潜行 3 周。2012 年 3

月，以色列与德国签订了建造第 6 艘潜艇的协议，计划于 2016 年交付，德国政府将为此承担 1/3 的费用（约 1.35 亿欧元）。

据国际军事分析家估计，以色列新的海军发展计划将进一步提高以色列海军的作战能力，巩固其对中东地区的阿拉伯国家海军的优势地位。

2. 作战编成

海军人员约为 8000 人，动员时达 1.5 万人。海军司令部有约 300 人。以色列海军的主要装备如下。

潜艇："海豚"级（德国 212 型改进）3 艘，装备"鱼叉"式舰舰导弹，650 毫米 4 联装鱼雷发射管，533 毫米 6 联装鱼雷发射管，以及以色列自主研制的巡航导弹。

巡逻和沿海作战舰艇：共 47 艘，其中小型护卫舰 3 艘，为"萨尔 - 5"级。护卫舰装备"鱼叉"式舰舰导弹 8 枚，"迦伯列" 2 型舰舰导弹 8 枚，"巴拉克"式垂直舰空导弹发射架 2 座（每座 32 枚导弹），76 毫米机枪 1 挺，324 毫米反潜鱼雷发射管 6 具，SA - 366G 型直升机 1 架。

导弹艇：共 10 艘，其中"阿利亚"级 2 艘，装备"鱼叉"式舰舰导弹 4 枚，"迦伯列"式舰舰导弹 4 枚，SA - 366G 型"海豚"式直升机 1 架，"海兹"级 6 艘，装备"鱼叉"式舰舰导弹 8 枚，"迦伯列"式舰舰导弹 6 枚，"巴拉克"式垂直舰空导弹发射架 6 座，76 毫米机枪一挺，"雷谢夫"级 2 艘，装备"鱼叉"式舰舰导弹 8 枚，"迦伯列"式舰舰导弹 6 枚，76 毫米机枪 1 挺。

近岸巡逻艇：共 34 艘，其中"超级德沃拉"级 13 艘，部分装备 324 毫米鱼雷发射管 2 具；"纳萨尔"级 3 艘；"达布尔"级 15 艘，装备 324 毫米鱼雷发射管 2 具；1012 型"巴布卡特"式 3 艘。

两栖战舰艇："阿什杜德"级坦克登陆艇 1 艘；美制机械化登陆艇 1 艘。

三　空军

1. 简史

以色列空军是在巴勒斯坦战争中成立的，其前身是哈加纳的航空部队

（希伯来语为 Sherut Avir，意为"航空勤务队"）。以色列空军最初只有一些杂乱的被征用或捐助后改作军用的民用飞机。此后，通过各种渠道获得的一批各型过时或过剩的二战战机加入到机队中，构成其主力的是 25 架捷克的阿维亚 S-199 型战斗机（从捷克斯洛伐克购得，实为纳粹德国在战时制造的梅塞施密特 Bf 109）和 62 架超级马林喷火 LF Mk IXE。因此，刚刚成立的以色列空军即参加了巴勒斯坦战争。

在 20 世纪 50 年代，法国成为以色列军机的主要供应国。但法国在六日战争前夕对以宣布武器禁运。其后果是以色列航空工业公司明显增加了在武器生产上的投入和能力（起初基于法国机型），以及美国取代法国成为以色列主要的军机供应国。

在六日战争（1967 年）、赎罪日战争（1973 年）和黎巴嫩战争（1982 年）等一系列地区战争中，以色列空军发挥了重要作用。此外，它还参与了境外的其他军事行动，如 1976 年在乌干达解救人质的"霹雳"行动、1981 年 6 月摧毁伊拉克核反应堆的"歌剧行动"、1985 年 10 月对巴解组织在突尼斯总部的轰炸、1991 年把埃塞俄比亚犹太人转移到以色列的"所罗门行动"等。然而，近年来由于使用美制飞机对巴勒斯坦自治区目标进行轰炸，以色列受到了国际社会的抨击。

从 20 世纪 70 年代开始，以色列的大部分军用飞机均从美国获得。其中包括 F-4"鬼怪"、A-4"天鹰"、E-2"鹰眼"等机种。以色列还拥有一定数量的自产机型，如"鹰"式战斗机和后来开发的更先进的"幼狮"战斗机，它其实是以色列自行生产的法国"幻影"5 型衍生机型。以色列起初向法国购买了 50 架"幻影"5 型飞机，但后来由于六日战争遭法国禁运而未能交货。"幼狮"战斗机采用的是美国授权以色列生产的美式发动机。在 80～90 年代，以色列空军装备了一系列新型的美制军机，如 F-15、F-16、AH-1"眼镜蛇"和 C-130。

进入新世纪以来，以色列空军购买了 F-15I"雷电"和 F-16I"风暴"。这两种最先进的 F-15 和 F-16 改型机是美国专为以色列的需求生产的。以色列空军是美国之外最大的 F-16 拥有国，截至 2008 年装备了 102 架 F-16I。新装备的还有以色列自产的具有全向攻击能力的"蟒蛇"

5型空空导弹，以及特殊改型的AH–64DI长弓"阿帕奇"攻击直升机。2005年以色列空军装备了特殊改型的"湾流"5型喷气机，机上装备了以色列军事工业公司制造的具有世界先进水平的侦察系统。2010年10月，以色列与美国签订了购买约20架最新型的F–35I隐形战斗机的协议，价值27.5亿美元，以色列因此成为世界上第一个F–35买家。而且，该型飞机安装了大量以色列生产的设备，如辅助油箱、显示器头盔等。这批飞机将于2016年交货。

外界认为，以色列空军驻扎在塞多米克哈（Sedot Mikha）空军基地的三个中队（150中队、199中队和248中队）是以色列的地对地核打击力量，并认为这里装备着数量在21枚到100枚之间的杰里科1型和杰里科2型中程弹道导弹。据美国媒体报道，能够覆盖整个中东和欧洲，以及非洲和亚洲大范围目标并可以携带核弹头的杰里科3型远程弹道导弹在2007年已经投产。

2. 作战编成

以色列空军是中东地区规模最大、作战能力最强的空军之一，其肩负的主要任务如下：本国空域和以色列国防军作战区域的防御；夺取战区的空中优势和参与地面作战；攻击敌方领土的战略性目标；参与海上作战；执行空中运输行动；提供空警情报，作为一般性情报的一部分；执行满足所有以色列国防军需求的航空摄影任务；执行空中搜索与救援任务；协助民航局的指挥、控制与服务。

由于以色列空军是集成化编制结构，因此，空军单独负责为整个国家提供"保护伞"。以色列正在开发反战术弹道导弹，很可能部署在空军，以协助完成保卫国家的职能。

以色列空军的编制如下：空军总部（在特拉维夫）；10个攻击机中队；9个防空/攻击机中队；2个防空中队；4个运输中队；1个突击运输中队；1个加油/运输中队；3个联络中队；1个效用机中队；1个侦察中队；1个运输电子战中队；1个电子情报/运输中队；1个电子战/电子情报中队；1个电子情报/通信情报中队；1个空中预警中队；1个搜索与救援中队；1个海上巡逻中队；2个敌方火力压制/攻击中队；3个教练中

队；4 个无人机中队；3 个中程弹道导弹基地；1 个导弹试验中队；10 个雷达中队（其中 6 个为预备役）；5 个防空旅。

空军的其他编制单位包括：特种部队，名为 Yechidat Shaldag，其职能类似于美国陆军的第 160 特种作战航空团；防空司令部，自 1970 年 12 月起由空军负责管理，约有 17 个防空营，负责协助地面部队作战和保卫空军基地。

2000 年 6 月，以色列空军的主要装备如下。①

战斗机/攻击机 374 架，另库存 280 架：美制 F－15I "霹雳" 型 25 架；美制 F－15A "猎鹰" 型 38 架；美制 F－15C Akef 秃鹰型 16 架；美制 F－4 "鬼怪" 2000 型（F－4E）50 架；美制 F－4E "鬼怪" 型 40 架（库存中）；国产 C7 "幼狮" 式 110 架（库存中）；美制 F－16A "鹰" 型 92 架；美制 F－16C "闪电" 型 79 架；美制 F－16D "霹雳" 型（包括 SEAD 变形机型）49 架；A－4N/A－4H "秃鹰" 型 25 架（另有 130 架库存中）。

电子战/侦察飞机 43 架以上：RF－4E "大鸦" 式战术侦察机 10 架；F－4E（S）"大鸦" 式战略侦察机，数目不详；美制 RC－12D "杜鹃鸟" 式电子侦察机（C－12 "休伦人"）6 架；美制 RC－12K "杜鹃鸟" 式电子侦察机（C－12 "休伦人"），数目不详；RU－21A "画眉" 式电子侦察机，数目不详；E－2C "鸢" 式空中预警机，数目不详；波音 707 "孔雀" 式空中预警机 2 架；RC－707－320 "天鹅" 式通信情报侦察机 4 架；EC－707 "鹳" 式电子侦察机 2 架；EC－130 "秃鹰" 式电子侦察机，数目不详；RC－47 "野鸭" 式通信情报/电子侦察机，数目不详；国产 IAI201 "阿拉瓦" 式通信情报/电子侦察机 19 架；70－m LASS 空中预警机，数目不详。

海上巡逻机 3 架以上：国产 IAI1124N "海鸥" 式，数目不详；IAI1124 海上扫描海岸侦察机 3 架。

---

① "以色列空军实力展示"，国防在线，http://www.defenseonline.com.cn/forces/slzs/Israel_kj.htm。

运输机 48 架，另有 30 架库存：波音 707－320 "独角兽"型 2 架；KC－707 "鹈鹕"型 3 架；C－130E/C－130H "犀牛"型 22 架（另有 30 架库存中）；C－47 "野人"型 12 架（正在撤装）；国产 IAI102 "阿拉瓦"式 9 架。

加油机 3 架：KC－130H "犀牛"式加油机 3 架。

效用/通信飞机 35 架以上：U－21A "朱鹭"式效用飞机，数目不详；法制 TB 20 "云雀"型通信飞机（TB 20 "特里尼达"），数目不详；"超级空中大王"式 200 效用飞机，数目不详；德制 Do 28 B1 "克兰"式（"空中仆人"）15 架；"锡斯纳"式 U206C/D/E 型 20 架。

教练机 150 架以上：美制 F－15B "猎鹰"型 8 架；美制 F－15D Akef 型（Buzzard）11 架；美制 F－16B "鹰"型 17 架；美制 TA－4H "秃鹰"（A－4 "天鹰"）9 架；法制 CM170 画眉（"教师"）77 架；美制 PA－18－150 "鱼鹰"（"超幼熊"）28 架；"山毛榉空中大王"B80 "埃米尔"型（"夜莺"），数目不详。

直升机 274 架以上：美制 AH－64A "眼镜蛇"式攻击直升机 42 架；AH－1F/AH－1Q/AH－1S "毒蛇"式反坦克直升机 36 架；UH－60A "猫头鹰"式效用直升机 10 架；MD500 "杂技演员"式反坦克直升机 30 架；"贝尔"式 206B "剑兰"型/"贝尔"式 206L Seyfaneet 型直升机 43 架；美制 "奥古斯塔－贝尔"式 212 "苍鹭"型运输机（UH－1N "休伊"）54 架；CH－53 2000 "海燕"型重型运输机 38 架；法制 HH－65A "海豚"式 SAR 型 4 架；法制 AS 365 "蝙蝠"式（"海豚"2 型）2 架；S－70A－50 "和平鹰"式 15 架。

无人机/遥控飞行器：包括 "壮士"式、"黛利拉"式、"火蜂"式 147 型、Teledyne 324 型、"鸥鹆"式Ⅲ型、"侦察兵"式、"搜索者"式、"苍鹭"式、Eye View 式、"先锋"式、"猎人"式和 "银箭"式。

战略导弹：包括国产 "杰里科" 1/2 型反弹道导弹、美国以色列联合生产的 "箭"空空导弹、美制 AIM－120A/B 型、美制 AIM－7F 火焰（"麻雀"）、美制 AIM－7F 火焰/AIM－7M Shalhevet（"麻雀"）、美制 AIM – 9L Lulav/AIM – 9M（"响尾蛇"）、美制 AIM – 9P（"响尾蛇"）、"蜻蜓" Ⅰ/"蜻蜓" Ⅱ 型、国产"岩钉" Ⅲ/Ⅳ（"巨蟒"）型、R530 型。

空地导弹：包括美制 AGM – 45A"铁锤"（"伯劳鸟"）、美制 AGM – 45B"铜锤"（"伯劳鸟"）、美制 AGM – 62B Deker/Bayonete 型（"白星眼"）、美制 AGM – 65A/AGM – 65B"标枪"（"小牛"）、美制 AGM – 65D Romach/"长矛"（"小牛"）、美制 AGM – 78D"标准"、美制 AGM – 88A HARM 型、美制 AGM – 114A"海尔法" Ⅰ 型、美制 AGM – 114K"海尔法" Ⅱ 型、美制 BGM – 71A"陶" 2 型、美制 BGM – 71C 改进型"陶"式、美制 BGM – 71D"陶" Ⅱ 型、国产"瞪眼" Ⅰ 型（美制 AGM – 142 "哈弗纳普"）、国产"瞪眼" Ⅱ 型（美制 AGM – 142"哈弗纳普"）、国产"迦伯列" Ⅲ AS 型、国产"迦伯列" Ⅳ 型（未经证实）、国产"卢兹"式。

2006 年以色列与周边国家第三代高性能战斗机数量对比情况见表 5 – 5。

表 5 – 5　2006 年以色列与周边国家第三代高性能战斗机数量对比

单位：架

型号	以色列	周边国家合计	埃及	叙利亚	约旦	黎巴嫩
F – 16I	12					
米格 – 29		80		80		
F – 16C/D	127	113	113			
F – 16A/B	110	42	26		16	
F – 15I	25					
F – 15C/D	28					
F – 15A/B	36					
幻影 2000		15	15			
苏 – 27		8		8		
总计	338	258	154	88	16	0

资料来源：International Institute for Strategic Studies（IISS），*Military Balance*，2007。

2010 年 6 月，防空部队拥有地空导弹 252 枚以上：美制 MIM - 104 "爱国者"式 48 枚；美制 MIM - 23 改进型霍克 204 枚；美制 FIM - 92A "毒刺"，数目不详；俄制 SA - 7 "杯盘"式导弹，数目不详；"箭" 2 导弹，数目不详。防空发射车 108 台以上：美制 MIM - 72C "小檞树"式导弹发射车，数目不详；美制 MIM - 72D 改进型"小檞树"式，数目不详；M163 "火神"式高炮 - "毒刺"炮弹结合发射器 48 台；"小檞树""毒刺"发射器，数目不详；俄制 23 毫米 ZSU - 23 - 4 "跨德"式 63 台。高炮 476 门以上：瑞典制 40 毫米 L70 牵引式（装有超级"蝙蝠"式雷达系统），数目不详；俄制 37 毫米 M1939 高炮；23 毫米双管高炮，数目不详；20 毫米 Mk 1 Polsten 高炮 370 门；20 毫米 TCM - 20 双管牵引式/自行式高炮（装有 EL - M2106 点防御雷达），数目不详；瑞士制 20 毫米 HS - 804 型高炮，数目不详；20 毫米 M167 "火神"牵引式高炮系统 106 套。

四　特种部队

除了常规部队以外，以色列三军还有一些完成特定任务的特种部队，如总参谋部侦搜队，它曾参加过著名的 1976 年乌干达恩德培国际机场反劫机行动，成功解救人质。

2011 年 12 月，以军方将所有特种部队合并，成立了一支名为"深度部队"的特种部队，其首要任务是"把以色列边防军的联合行动扩展为兼具战略深度"。据接受外国媒体采访的以色列军官说，其主要任务是在远离边界的"第三个圆圈内"开展行动，这一般指的是海湾地区和非洲之角，而该部队的具体目标是伊朗。以色列媒体估计，它将在伊朗境内采取行动。

近年来，网络作战日益受到以色列军方重视。据披露，其密码行动部队即 8200 部队已经将黑客入侵列入其技能项目。而国际上一直认为，入侵伊朗核设施的"震网"病毒即为以军相关单位的杰作。2011 年 5 月，以色列宣布成立网络特别部队，以保护重要的基础设施网络。

第三节　军工产业

一　国营军工产业

军事工业是以色列国民经济的支柱产业。① 近年来，以色列在世界军贸市场上获利年均达 10 亿美元左右。出于战争需要，以色列军事工业起步很早（50 年代末 60 年代初），当时只能生产部分轻武器，改装和维修一些武器装备。著名的 1967 年"六五战争"（即六日战争）后，巨大的军品需求拉动了以色列军工企业的迅速发展。到 80 年代中期，以色列已经形成了较为完善的军工科研和生产体系，全国从事武器装备研制和生产的公司达 250 多家，并涌现出如以色列军事工业公司（IMI）、以色列武器发展管理局、以色列飞机工业公司（IAI）、拉斐尔武器开发集团、以色列造船厂等十几家规模巨大、举世闻名的军工企业。这些企业涵盖了从军工科研到武器生产，从各种军用飞机、坦克、舰艇到电子、通信设备等几乎所有军用产品的生产领域，从业人员近 8 万人。

以色列的军事工业包括国营（占 80%）、私营和与美、英、法等国合资的企业三大类，由政府其他部门和国防部共同管理。著名的军工科研机构有十几家，如拉斐尔武器开发集团、海法技术大学、武器研究中心、航空航天学会、魏茨曼科学研究院（研究核技术）等。其中拉斐尔武器开发集团是以色列最大的军工管理机构，也是最具实力的武器装备研制和生产综合体。

以色列的兵器生产公司约有 150 家，著名的有以色列军事工业公司、索尔塔姆有限公司、梅卡维姆公司等，其中以色列军事工业公司是以色列最大的军工企业，下设 9 家分公司和 1 个研究院，共有 15 万名职员从事

---

① 本节有关以色列的国营军工，主要参考《以色列的武装力量、国防体制和军工实力》，腾讯网，http://news.qq.com/a/20090106/001118_1.htm，2009/01/06；〔以色列〕汉南·谢尔：《以色列国防工业》，犹太网，http://www.jewcn.com/ShowArticle.asp?ArtideID=1979。

武器装备研制和生产。2013 年，以色列国防部削减预算，并通过出售土地和私有化以色列军事工业公司（IMI）增加额外收入。据 UPI 新闻服务消息，以色列国防部计划出售以色列军事工业公司在特拉维夫的土地，标价高达 57 亿美元，以抵消 2013 年和 2014 年的预算削减。以色列 2013 年的国防预算为 584 亿谢克尔（165 亿美元），2014 年削减到 557 亿谢克尔（157 亿美元）。土地出售的消息证实，将以色列军事工业公司私有化的进程取得了进展。2014 年 9 月，当地新闻媒体曾报道，以色列军事工业公司董事会已经批准了公司私有化计划，会大幅削减公司员工，并将公司搬迁到内盖夫沙漠地区。以色列《国土报》报道称，以色列军事工业公司的私有化将通过提前退休和自愿离职裁掉公司 3000 名员工中的 950 名。《国土报》补充说，出售土地将会使以色列政府勾销以色列军事工业公司 22 亿 ~25 亿谢克尔的债务，但会保留公司在特拉维夫当前的土地所有权。到 2020 年，剩下的员工将被安置到规划的内盖夫地区的新公司。

军用航空工业也有数十家公司，可生产战斗机、侦察机、运输机、直升机等各类军用飞机。其中"幼狮""狮"等型的战斗机是以色列军事航空工业的代表作。导弹与航天工业在以色列军工产业中占有举足轻重的地位，也是以色列在武器装备方面对其周围的阿拉伯国家保持优势的支柱。以色列据此成为世界上第八个可以发射卫星的国家，并有能力生产各类导弹，科研"孵化"实力强劲。

80 年代末期，以色列已经形成了人员齐整、设备先进、门类齐全的军工体系，并且具备了研制和生产各类轻重武器、超音速飞机、重型坦克、作战舰艇、空空和反舰导弹、电子战设备、各式雷达等武器装备的能力。其中自产的作战飞机、导弹、坦克和大炮均已接近或达到世界先进水平，军用航空电子设备、预警机、无人机在世界航空武器装备市场上独领风骚。每年的军工产值都在 20 亿 ~30 亿美元，占本国工业总产值的四成以上。以色列军工企业所生产的武器装备除满足本国军队需求外，还向世界上 60 多个国家出口，年军火出口额高达十几亿美元。以色列飞机制造公司所拥有的无人驾驶侦察机制造技术在世界上遥遥领先，可以生产全系列的无人机，包括"搜索者""猎犬""苍鹭"等最先进的侦察机。1998年，以色列又研制出最新型的"狙击手"近程无人机，其飞行半径为50~150公里，续航能力6小时，最大飞行时速176公里。除无人侦察机外，以色列现已研制出反雷达无人攻击机，携带有32公斤的战斗部，航速高达每小时500公里，能在各种天气条件下执行作战任务。

以色列自行研制的主战坦克"梅卡瓦"系列，以军已装备有千余辆。这种坦克采用140毫米滑膛炮作为主炮，并装备有主动防护系统。1999年，拉斐尔武器开发集团向世界公布了自己的最新作品——"花花公子"型直升机和车载反坦克导弹，该导弹采用串联式高爆战斗部，既可从地面平台发射，也可由直升机空中发射；发射后既可自找寻目标，也可跟踪直至命中目标。

90年代，被以色列视为敌对国家的伊朗、叙利亚等国的军事实力大增，以色列因此决定增加军费（每年总额达100多亿美元），在充分挖掘本国军工企业最大潜力的同时，加强与美英等国军工企业的合作，共同研制最先进的武器装备。在与外国军火公司合作的过程中，以色列军工企业掌握了许多最先进的武器研制技术，使本国武器装备的现代化水平大大提高，收到了借"鸡"生"蛋"的效果。

继1986年以色列与美国共同开发研制"箭"2导弹防御系统之后，90年代以来，双方加快了研制过程，并几次成功地进行了模拟拦截"飞毛腿"导弹试验。这套防御系统包括雷达、预警和发射控制，以及"箭"2导弹等分系统，可搜索500公里以内的来袭导弹，能同时跟踪监视和截击14个目标。

在海军装备研制方面，以色列海军科研部门与美国海军麦克马伦造船公司联合设计了"萨尔5"级轻型护卫舰，舰上装备了11个导弹发射装置、2个Mk32三联装鱼雷发射管，舰尾机库内可存放1架SH–2F或"海豚"或S–76N直升机。由此可以看出，该舰具有很强的反舰和反潜能力。由于中东动荡不安的局势还将持续，以色列还将继续大力发展军工企业，研制和生产先进的武器装备，以保持地区军事优势，维护国家安全。

以色列约有 150 家防务公司，其年度总收入估计达到 35 亿美元。以色列航空工业公司、以色列军事工业公司以及拉斐尔武器开发集团是最大的三家国有公司。这三家公司产品范围很广，从常规武器到先进防卫电子系统均在其中。中型私有公司如埃尔比特（Elbit）系统公司等将生产重点放在防御电子系统上。小型公司产品范围比较窄。这些企业总共雇用了近 5 万名员工，他们承担了高水平的研发工作并具有实战经验。

以色列国防部对外军事援助和武器出口办公室（SIBAT）负责国防出口的调控和管理。其职责包括审批所有的防务出口以及向军队出售国防工业产品。这些产品包括电子组件、导弹艇和坦克。该办公室每年都发布一份销售目录，这份目录是工业部门必须提供的权威性销售指南。

尽管有广阔的用户群，以色列本土最大的防务公司在全球防务市场中所占的比重还是相对较小。随着来自世界航空领域其他对手与日俱增的竞争，以色列试图专攻一些特殊领域的市场，并通过合并和联合来寻求合作。另外，全球削减国防开支的大气候也给以色列军工企业带来了新的机遇。一些国家试图升级现有武器装备而不是重新购买新装备。"鬼怪" 2000 战斗机就是这个升级过程的一个典型，它是以色列对 20 世纪 70 年代初从美国进口的 F - 4 战斗机的完全翻新型。

随着 "狮" 项目的重新启动，以色列飞机工业公司开始多样化生产并因吸收来自美国的投资而逐渐壮大，生产了 "阿莫斯" 通信卫星和 "地平线" 侦察卫星以及世界上第一个反导系统——"箭"。目前，该公司的第一架无人驾驶飞机已经成为世界上许多国家军事机构的标准。该公司还负责飞机的修理和维护以及飞机航电系统的升级，同时设计、开发和生产电子战雷达装备和导弹等装备。2000 年以色列飞机工业公司的销售总额达到 21.8 亿美元，其中出口额为 17 亿美元。同年，该公司还签署了约 1600 份新的合同，总值约 26 亿美元。

以色列军事工业公司成立于 1933 年，当初是一个秘密的轻武器制造工厂。1948 年建国后，公司由国防部直接管理，生产制造了一流的乌齐冲锋枪以及"塔沃尔"突击步枪等轻武器、重武器、飞机和火箭系统、"梅卡瓦"坦克之类的装甲车辆以及综合安全系统。1990 年，公司被国有化。公司生产了约 350 种产品，雇用了 4000 多名员工。其产品除了内销，还出口到美国、挪威、比利时、菲律宾以及希腊等国。它的 60%（约 5.5 亿美元）的收入来自出口。

拉斐尔武器开发集团是第三家国有防务公司。它生产制造了"蟒蛇"和"突眼"导弹，这两种导弹都是与美国主要的航空公司（如洛克希德·马丁公司）联合生产的。另外，公司还生产各种被动装甲、海军诱导装置、侦察飞艇系统、声波鱼雷对抗系统、陶瓷装甲、空中推动器以及空空、空地、地地导弹。

二　私营军工产业

除了国有公司，以色列还有许多私营的防务公司。[①] 位于海法的埃尔比特系统公司主要进行飞机和装甲车的系统升级，它开发制造并组装了先进的高性能防卫电子系统。公司还生产 C3 系统，为西方和东欧国家升级武器平台与电子系统和产品。2000 年，该公司合并了另一家私营防务公司——光电工业有限公司。收购后的交易额达到了 5.91 亿美元，比上一年增加了 1.55 亿美元。

另一家主要的私营防务公司是塔迪兰－埃利斯拉集团公司，隶属于库尔工业公司。集团公司的子业务是防御电子系统。埃利斯拉公司的电子分公司为军队提供了一系列电子战系统，如雷达预警系统、主动对抗系统、全方位自我防护系统、电子支援和电子情报系统以及先进的数据链，该数据链配有非常轻便和优质的组件。公司雇用了 800 多名职员，其中 2/3 是工程师。塔迪兰电子系统公司设计和开发了许多军事产品，包括情报、侦察和电子硬件以及专门的海军通信系统。所有这些产品都满足了客户提出的规格要求。塔迪兰频谱链路（Tadiran Spectralink）有

---

① 参见知远《以色列私营防务公司》，搜狐网（引自人民网），http://mil.news.sohu. com/20070823/n251739187.shtml，2007/08/23。

限公司生产适用于机载平台和地面设施的各种数据传输系统。BVR 系统公司负责开发革新的战斗机飞行模拟器。该集团公司 2000 年的营业额为2.84 亿美元。

除此以外,一些较小的专业私营公司也取得了不俗的业绩,如旋风航空(Cyclone Aviation)、乌尔旦(Urdan)、Magal、BVR、RSL、Elul 以及索尔塔姆公司(Soltam)。旋风航空的主要业务是直升机升级和飞机零部件生产。乌尔旦工业公司利用其下属的联合钢铁铸造厂生产梅卡瓦坦克部件。Magal 安全系统公司的产品包括全方位的安全预警探测器以及在机场和其他一些公共场所使用的爆炸侦测装置。BVR 技术公司生产空中防撞击安全系统、飞行和智能武器操作训练系统以及各种空中格斗训练和驾驶情况汇报模拟器。Elul 集团公司主要负责协调发展以色列国内的海外公司与海外的以色列公司的防务交易。RSL 电子系统公司生产固定翼飞机与直升机的机载电子系统、野战炮兵使用的初速测定雷达。索尔塔姆公司生产迫击炮和重型火炮零部件,同时还生产以色列最著名的不锈钢炊具系列产品。

冷战结束后,一些私营的以色列公司或者合并或者进行了裁员,或走向军转民的道路。它们在互联网、医用电子和机器人等领域设计了许多高科技产品。这些技术都是源自军方或国防工业。"友好机器人"就是一种从军品转化过来的高科技民用产品,生产"友好机器人"的公司高层均供职于军队技术部门,这家公司研制的机器人剪草机也是基于先进导弹制导技术开发的,提供了精确的定位和导航功能。埃利斯拉公司研发生产了迎合商业市场的电子微波产品。

近年来,以色列的国营和私营企业又研制了一系列新型产品:MSHRS - 300X 传感器,是一种微型雷达监视系统,可以在恶劣天气或低能见度条件下监视远距离图像和追踪多个目标;MPRS 多功能步枪系统,是一种精密的瞄准具,可以对步枪上的 40 毫米榴弹发射器进行准确制导;AMP 多用途坦克炮弹,可以立即引爆、延迟引爆或在空中引爆,穿透加固的混凝土墙;高密度惰性金属高爆炸药(DIME),可以对被"低致命性"武器击中的人产生强烈影响等。

第四节 大规模杀伤性武器与导弹防御

一 核武器的运载工具

从 20 世纪 50 年代末起，刚刚结束苏伊士运河战争的以色列总结了两次中东战争的教训。以色列高层认为，与阿拉伯国家的战争还将继续。为在战争初期就能够对敌方的战略设施进行毁灭性的打击，以色列决定开发弹道导弹，相关研制工作于 1962 年全面展开。1970 年，以色列的第一代弹道导弹——"杰里科"–1 型①导弹研制成功，后来该型导弹被"杰里科"–2型导弹取代。1977 年"杰里科"–2 型中程弹道导弹进入研制阶段并于 1986年试射。"杰里科"–2 型全长 14 米，弹径 1.56 米，导弹发射重量 26 吨，有效载荷 1 吨，弹头威力为 15 万吨 TNT（单弹头）或 3×30 万吨 TNT（多弹头），采用惯性制导方式，弹头可以为常规高爆炸弹，或者是爆炸当量在 10 万吨 TNT 当量的核弹头。1989 年，美国军控与裁军局估计杰里科 2 型的改进型的最大射程达 1450 公里。"杰里科"–2 型服役后，以色列开始秘密研制"杰里科"–3 型远程导弹。据称该导弹采用 3 级固体火箭发动机，导弹全长 15.5 米，弹径 1.56 米，导弹发射重量在 29 吨左右。该导弹将以以色列下一代运载火箭作为研制基础，其射程为 4800～6500 公里，完全可以覆盖整个中东地区，而其有效载荷达 1.3 吨。据称"杰里科"–3 型能携带 750 公斤的核弹头，它可以从容易组装的活动发射台上发射。

以色列空军装备的 F–4"鬼怪"式飞机、A–4"天鹰"式飞机以及 F–16 和 F–15E 飞机均具有核打击能力。2001 年 1 月，以色列从美国订购了 50 架价值 25 亿美元的 F–16I 飞机，2003 年年初开始接收飞机。同年 12 月，又订购 52 架 F–16I 飞机，这些飞机于 2008 年交货完毕。2000年 6 月，以色列的"海豚"级潜艇在印度洋成功地进行了核巡航导弹的

---

① 杰里科即是《圣经》中著名的古城耶利哥。据《圣经》记载，耶利哥城墙高大，城市易守难攻。约书亚按照上帝的指示，召集所有祭司围绕耶利哥城吹羊角号。到了第七天，城墙轰然倒塌，以色列人随即攻占城池。随着犹太人的离开和巴勒斯坦的阿拉伯化，该城也转译为"杰里科"。因此，导弹名称译为"耶利哥"更为妥当。

潜射试验，并准确命中 1800 公里外的目标。这表明以色列已经成为继美、俄之后第三个掌握潜射核巡航导弹的国家，同时也是继美、俄、英、法、中之后第六个拥有水下核打击能力的国家。以色列因此在中东地区拥有有限的二次核打击能力。每艘潜艇可携带 4 枚核导弹。以色列将保持两艘潜艇在海上值勤：一艘在红海活动，另一艘在地中海活动，第三艘则在母港内待命。一旦这些潜艇接到由以色列总理、国防部部长、总参谋长和海军司令四人联合下达的命令，它们就可以立即向预定目标发射核巡航导弹。以色列还计划从德国进口两艘同型号潜艇，以保证任何时候都能执行任务。总之，以色列已具备准"三位一体"核体系，其核打击范围覆盖整个中东地区，核打击手段已经多样化，参见表 5-6。

表 5-6 以色列准"三位一体"核投掷系统

型号	射程/作战半径（公里）	有效载荷（公斤）	数量及部署
F-16A/B/C/D/I"隼"式战机	1600（作战半径）	5400	249 架 1980 年开始部署，其中一些被认为具备投掷核武器能力
F-15I"雷电"战机	3500（作战半径）	11000	25 架 1998 年部署，其中一些可执行远程核发射任务
"杰里科"-2 型导弹	1500~1800	750~1000	大约 50 枚 1990 年首次部署
潜射巡航导弹	1800	不详	不详

资料来源：瑞典斯德哥尔摩国际和平研究所编《SIPRI 年鉴 2006：军备、裁军和国际安全》，中国军控与裁军协会译，时事出版社，2007，第 943~944 页；International Institute for Strategic Studies（IISS），*Military Balance*，2007。

二 大规模杀伤性武器[①]

以色列的核武器计划开始于 20 世纪 50 年代，最早是在法国帮助下

---

① 参见 Magnus Normark et al., "Israel and WMD: Incentives and Capabilities", User report, December 2005, Swedish Defense Research Agency, http://www.foi.se/upload/pdf/israel。

展开研究的。1952 年，以色列成立了原子能委员会。1979 年，南非与以色列合作进行核试验，使用的氚由以色列提供。美国的科学和国际安全研究所在 2004 年估计，以色列拥有大约 560 公斤军用钚，相当于约 110 个弹头。南非至少向以色列出售了 550 吨天然铀。2008 年 5 月，美国前总统吉米·卡特宣称，以色列核武库共有约 150 件核武器。早在 20 世纪 60 年代末，以色列每年就已经可以生产 4 ~ 5 枚核弹头。以色列的核武器质量处于世界前列。以色列核技术先进性的另一个例子，是其核基地迪莫纳从未发生过灾难性事故。2005 年，以色列成世界第十大核能专利发明国。①

以色列于 1982 年建立生产芥子气和神经毒气的工厂。投送武器包括炸弹，火箭弹和导弹。以色列也拥有生产生物武器的能力，其生物战制剂有非常先进的微粉剂型，但可能未部署。

以色列核威慑战略大体可以分为三个阶段。20 世纪 70 ~ 80 年代是以色列的单向核威慑时期，以色列不必担心报复，主要发展地面和空中核打击力量。90 年代，以色列开始面临先进的生化武器和弹道导弹威胁，核优势被抵消，所以以色列在强化第一次打击的同时开始发展第二次核打击能力，建成了准"三位一体"投掷系统。2000 ~ 2010 年，以色列开始重点建设末段反导系统，建立拒止性威慑。目前以色列主要以拒止性威慑为主（见表 5 - 7）。

在国际上，以色列没有签署《核不扩散条约》和《禁止生物武器公约》，但它于 1993 年 1 月签署了《禁止化学武器公约》，然而未予批准。美国对以色列拥有核武器一事在事实上给予默认，而对伊朗发展核工业的活动给予强烈批评。阿拉伯国家对以色列的核武器高度警惕，坚持要求其签署《核不扩散条约》，在中东建立无核区。1995 年，《核不扩散条约》审议大会首次倡议建立中东无核区。2010 年 5 月，各国代表在美国纽约联合国总部参加《核不扩散条约》第八次审议大会，决定 2012 年就建立

---

① 〔美〕丹·塞诺、〔以色列〕索尔·辛格：《创业的国度——以色列经济奇迹的启示》，第 225 页。

中东无核区召开国际会议，呼吁以色列签署《核不扩散条约》并把所有核设施纳入国际原子能机构安保机制。

表 5-7 以色列核威慑战略的演变

年代	核威慑类型	特点
1970~1990	报复性威慑早期型——大规模报复	重点建设第一次打击能力
1990~2000	报复性威慑晚期型——确保相互摧毁	重点建设第二次打击能力——准"三位一体"投掷系统
2000~2010	报复性威慑与拒止性威慑并重	重点建设末段反导系统
2010~	拒止性威慑为主	重点建设多层反导系统

三 导弹防御系统

以色列的导弹防御系统主要由"爱国者"和"箭"式导弹等组成。1991年，它首次部署"爱国者"导弹，到2006年已装备7个"爱国者"PAC-2型导弹连，可以拦截射程600公里的弹道导弹。不过该型导弹的拦截率还不高，在海湾战争中其拦截"飞毛腿"导弹的概率仅为9%。[1] 2007年8月，以色列宣布从美国购买最新型的PAC-3型"爱国者"导弹防御系统。[2] PAC-3型系统较PAC-2型系统无论是雷达还是导弹均有很多改进，其最重要的改进是采用洛克希德公司研制的全新的增程拦截弹（Erint）导弹，它采用直接碰撞、动能杀伤的KKV技术。增程拦截弹在末段可达到6马赫高速，拥有杀伤目标的巨大动能。2002年8月，美国宣布"爱国者"PAC-3型导弹系统已具有作战能力，对弹道导弹的最大杀伤高度为15公里，对弹道导弹的杀伤距离为20公里。PAC-3型导弹系统比PAC-2型导弹系统的保卫区面积增加约7倍。[3]

---

[1] 方有培、汪立萍、赵霜：《从改进型"爱国者"看TBM突防技术》，《航天电子对抗》2006年第4期。

[2] 朱剑慧、华春雨：《以色列强化导弹防御》，《人民日报》2007年8月24日。

[3] 徐斌：《"爱国者"系列地空导弹》，《地面防空武器》2004年第3期。

从 1997 年 9 月到 2001 年 10 月，PAC - 3 型共进行 11 次飞行试验，成功率为 92%。2002 年，PAC - 3 型共进行 4 次作战飞行试验，成功率为 62.5%。

"箭"2 系统是世界上第一家试验性实战部署的常规装药高层反战术弹道导弹专用型地空导弹武器系统，也称为"箭"2 战术弹道导弹防御系统，由以色列和美国联合研制，主要用于拦截近、中程战术弹道导弹。伊拉克在 1991 年的海湾战争中，向以色列特拉维夫发射 39 枚近程地对地"飞毛腿"弹道导弹，导致人员受伤。虽然美国在以色列部署"爱国者"地空导弹系统进行拦截，也取得一定战果，但以色列认为还存在诸多不足。海湾战争促使以色列开发更先进的两层"箭"2 导弹防御系统。

2000 年 3 月，以色列正式开始部署"箭"2 导弹防御系统；同年 10 月，"箭"2 系统正式开始战备值班，以色列也因此成为世界上第一个部署战区弹道导弹防御系统的国家。在 2003 年 1 月伊拉克战争爆发前夕，"箭"2 导弹连第一次进行实战部署，目前部署有 3 个"箭"2 导弹连，保护特拉维夫、海法和中部地区，覆盖了以色列绝大部分人口居住区。同时，以色列正在研制国家导弹防御指挥控制中心，它将整合"箭"导弹防御连和"爱国者"导弹防御连，该中心还能兼容未来以色列海军装备的"宙斯盾"平台。2006 年 4 月，以色列宣布开始改进"箭"2 Block3 型，2007 年开始改进其软件系统。"箭"2 Block4 于 2012 年部署，装备诱饵弹头和 700 公里以上射程的导弹。继"箭"2 导弹之后，以色列又进行了"箭"3 导弹的开发。2009 年，"箭"3 导弹成功进行了首次试射，2014 年 1 月成功进行了外大气层飞行。该型导弹与"箭"2 导弹采用同样的火控雷达和作战管理系统，但体型较小、更为灵巧，可在外大气层摧毁来袭导弹，可以拦截距以色列 500 公里的来袭"流星"导弹，射程接近"箭"2 的 2 倍。以色列计划于 2016 年部署。

拉斐尔武器开发集团进一步开发了"铁穹"导弹防御系统，它可以击落射程在 70 公里以内的火箭弹或炮弹，主要对付加沙和黎巴嫩武装组织的短程火箭弹。2011 年 3 月,"铁穹"系统正式部署。截至 2012 年 11 月初,该系统共拦截 100 多枚火箭。据以官方称,其成功率约达 85%。但美国专家指出,哈马斯的火箭弹相当原始,"铁穹"是否可以对付更先进的敌人尚属疑问。[①]

拉斐尔武器开发集团还与美国雷神公司合作开发了"大卫投石索"导弹防御系统,该系统于 2012 年 11 月进行了第一次成功测试。它主要负责拦截射程在 50~250 公里的导弹,预计于 2014 年开始部署。

因此,以色列正在建设中的导弹防御体系包括四个层次。第一防御梯次是大气层外的"箭"3 导弹,第二防御梯次为"箭"2 导弹,其拦截高度为 20~50 公里,拦截距离在 90 公里以内。据估计,完全覆盖以色列全境的"箭"式系统大约需要 1200 枚"箭"2 导弹,约需 10 亿美元。[②]第三和第四防御梯次分别为"大卫投石索"战术反导系统以及"铁穹"防御系统。上述导弹防御体系除了导弹外,还有防御炮弹和火箭弹,它将于 2016 年建成。这是世界上第一个真正意义上的国家导弹防御体系。

第五节　安全战略的演变

以色列安全战略的演变可以分为 4 个阶段。[③] 第一阶段从 1948 年以色列建国至 1956 年第二次中东战争。这一阶段军事战略的首要目标是把 1949 年同邻国签订的停战协议转变成最终的和约,谋求周边阿拉伯国家的外交承认。但是由于阿拉伯国家对以色列的仇视,这一战略在当时特定的情况下未能奏效。

第二阶段从 1956 年第二次中东战争至 1973 年第四次中东战争。以色列安全战略选择先发制人的军事打击。这是阿以冲突最为激烈的阶段,先

[①] 《以色列尚未面临真正的导弹威胁》,《美国新闻与世界报道》2012 年 11 月 19 日。

[②] 孙亚力:《"箭"2 高层反导地空导弹武器系统四次发展飞跃》,《地面防空武器》2005 年第 4 期。

[③] 参见许维娜《以色列安全战略的演变》,《国际资料信息》2006 年第 9 期。

后爆发三次中东战争，以色列在战争中获得 4 倍于己的土地，将领土的实际控制线向前推进了数十至数百公里。战争的胜利使以色列期望以地理空间缓冲来自阿拉伯国家的进攻。

第三阶段从 1973 年第四次中东战争到 2000 年。第四次中东战争证明地理空间并不能有效抵挡阿拉伯国家的进攻，以色列拥有的西奈半岛并未有效地遏制埃及的进攻，以色列军队不可战胜的神话被打破，以色列开始寻求与邻国的和解。1979 年 3 月签署埃以戴维营和平协议标志着以色列安全战略发生重大转变，即以先发制人为重点来谋求战略优势的同时，开始谋求通过直接谈判以"土地换和平"，实现阿以之间的和平共处。在此模式下，以色列先后与埃及和约旦签订和平协议以及 1993 年开始的奥斯陆和平进程是这一阶段的典型事件。以色列的安全战略进入一个新阶段。寻求一个和平稳定、和睦发展的地缘环境是以色列战略的根本抉择。

2000 年以来以色列安全战略进入第四阶段。这一阶段以色列遭受的威胁开始多元化，包括大规模杀伤性武器和亚常规威胁。威胁的主体呈现多元化趋势，既有伊朗式的国家行为体，也有真主党和哈马斯式的亚国家组织，还有大量的个人恐怖主义威胁。中东大规模杀伤性武器和其投掷系统的发展对以色列产生了重大威胁，以色列的战略安全形势有所恶化。以色列开始建立导弹防御体系，通过拒止性核威慑应对伊朗等国的大规模杀伤性武器威胁，这一体系目前还不完善。周边国家的常规军事力量迅速增强，以色列面临周边国家的常规威胁，真主党在北部边境对以色列形成新的常规威胁。通过 2006 年的军事行动，以色列打击了真主党，但没有彻底打垮其作战能力。以巴冲突方面，奥斯陆和平进程在2000 年后停滞不前，巴勒斯坦发生第二次起义即阿克萨起义。以色列面临低烈度战争的持续威胁，政府与国民对于"以土地换和平"的有效性表示怀疑。以色列一方面通过军事打击消灭极端武装的有生力量；另一方面通过隔离墙和单边撤离实现与巴勒斯坦的脱离接触，以"自助"来实现安全。这些战略措施取得了一定效果，2005 年之后巴以大规模冲突基本结束。不过哈马斯在加沙仍然不断通过火箭弹袭击以色列，迫使以色列发展火箭弹防御体系。2009 年以来，哈马斯的军事实力有所削弱，以色列"铁穹"火箭弹防御系统有效地遏制了哈马斯土制火箭弹。2012年叙利亚内战爆发进一步削弱了真主党接受伊朗和叙利亚武器的能力，也加剧了真主党在黎巴嫩内部的斗争，短期内削弱了真主党袭击以色列的能力。总体看，2010 年以后以色列军事拦截技术飞跃发展，安全态势有了一定好转。

从目前以色列与周边国家的地缘政治关系出发，根据亲疏程度，以色列的地缘政治关系大致呈现出一个基本格局：南缘冲突，中部平稳，北缘冷战，间或热战。① 首先要加强和稳固南缘。南缘国家主要是埃及和约旦，继续加强和稳固与埃及、约旦的政治和经济关系，能够保证以色列南部边境的安全和发展。埃及政局的变化不会在短期内对以色列构成威胁。哈马斯与以色列的低烈度冲突会持续，但烈度会越来越低。中部的巴勒斯坦是与以色列冲突的前沿，而且地处以色列中部心脏部位，对以色列的安全具有极大影响。黎巴嫩和叙利亚是以色列北缘邻国，由于戈兰高地问题没有解决，以色列与两国仍处于敌对状态，黎巴嫩真主党与以色列处于斗争的前沿，而问题的解决有赖于以色列与叙利亚和伊朗关系的改善，但这不是短时间内可以解决的。

总之，以色列目前采取的安全战略就是保持核威慑，建立有效导弹防御体系；继续保持常规力量优势；打击极端势力，建立火箭弹防御体系和边境防御体系，适应亚常规冲突，增强城市低烈度作战能力。

以色列安全战略的一个重要特点是倾向于使用硬实力，即军事力量和战争手段。这一手段在短时期内保障了国家安全，但以色列与阿拉伯人，尤其是巴勒斯坦的冲突在经历了 60 年之后，今天仍然没有解决的迹象，而伊朗更成为一个新的重大威胁。2010 年年末开始于突尼斯的阿拉伯世界政治动荡，牵涉埃及和叙利亚，使以色列所处的地区环境更趋复杂。显然，军事手段不可能解决所有的矛盾。

---

① 陈俊华：《试论新世纪初地缘视觉中的以色列》，《世界地理研究》2002 年第 2 期。

第六节 对外军事关系

一 军火贸易与对外军事技术协议

以色列作为一个军事大国，在全球军火市场中占有重要地位。2012年，以色列的防务产品出口达到创纪录的 74.7 亿美元，成为全球第六大军火出口国，位于美国、英国、俄罗斯、中国和德国之后，位居法国和意大利之前。这一数据是以色列国防和安全公司在 2012 年签署的全部合同金额。近年来，以色列还与印度、新加坡、罗马尼亚等国签订了军事技术合作协议。亚洲依然是以色列国防工业最大的市场，销售额达 37 亿美元，约占军火出口总量的一半。2006 年 3 月 9 日，罗马尼亚和以色列两国的国防部部长签订了一份为期 5 年的军事合作协议。该协议为两国在反恐行动中的合作和共同努力提供了保证。在这份军事合作协议的框架内，两国签订了若干技术合作协议。罗马尼亚国防部计划在 2010～2012 年将其苏联米格 - 21 战斗机全部替换掉，以色列方面主动提出向罗马尼亚出售以军的 F - 16 战斗机。罗马尼亚国防部部长表示，罗方更希望购买新型多用途飞机，但如果军费预算不够的话，罗方将考虑以色列的提议，因为 F - 16 战斗机是世界上最先进的战斗机之一。

印度是最大的单一客户。以色列制造的"长钉"反坦克导弹（ATGM）再一次被提上印度陆军采购日程。此次潜在的采购在国防采办委员会（DAC）于 2013 年 11 月 11 日召开的会议上被提出。来自印度国防部的消息称，国防采办委员会将在 11 月晚些时候举行的会议上着手处理该议题。2013 年 4 月，由于以色列拉斐尔武器开发集团是单一供货商，印度搁置了"长钉"反坦克导弹的采购事宜。然而，印度军方现在急于获得先进的反坦克导弹。国防部消息称，对"长钉"重新燃起的兴趣可能会影响美国提出的与印度共同生产"标枪"反坦克导弹的建议。因为陆军需要 20000 枚先进的反坦克导弹。但国防部的消息称，如果购买，"长钉"反坦克导弹将车载使用，而"标枪"反坦克导弹为便携使用。军队目前依靠其"竞赛"-M和"米兰"反坦克导弹,而其射程不足2000米。印度陆军2010年的先进反坦克导弹征求建议书发给了以色列拉斐尔武器开发集团、总部位于巴黎的欧洲导弹集团(MBDA)、美国雷神公司、通用动力公司和俄罗斯国防出口公司。然而,只有以色列拉斐尔武器开发集团回应了该招标,其他公司回避了印度的技术转让要求。

印度陆军现打算购买第三代"长钉"反坦克导弹系统,包括321部导弹发射器、8356枚导弹和15套训练模拟器以及相关配件和技术转让。军队将把"长钉"反坦克导弹装在其俄制BMP-2步兵战车上。

以色列埃尔比特系统公司将与泰国军工企业合作生产以色列ATMOS 155毫米自行榴弹炮,该合作项目自2012年以来一直在进行,这表明两国工业关系通过2013年曼谷国防和安全展有了更进一步的发展。根据协议,泰国订购六套ATMOS自行榴弹炮系统,埃尔比特公司将在以色列建造第一套系统,其他五套将在技术转让之后由泰国皇家陆军(RTA)武器生产中心(WPC)火炮和迫击炮生产部门生产,在2013年年底之前向泰国皇家陆军交付以色列生产的系统,泰国国内生产的系统在2015年交付。目前两国间其他的合作项目正在进行中,主要集中在以色列军事工业公司(IMI)开发、泰国购买和生产的一系列装备。例如,以色列军事工业公司与泰国皇家陆军军事炸药厂(MEF)合作生产81毫米和120毫米迫击炮弹,以及155毫米双模块火炮装药系统。以色列军事工业公司也与泰国皇家陆军武器生产中心和国防部国防技术研究所分别合作生产105毫米M156高爆坦克弹和火箭炮系统。这些合作项目反映了以色列正逐渐渗透泰国的国防市场。近年来已签订的其他协议包括泰国皇家空军采购以色列Innocon公司与复合材料制造商G-Force公司合作生产的战术无人机系统,泰国皇家陆军还接收了1000多挺以色列军事工业公司制造的5.56毫米内盖夫(Negev)轻型机枪和15000支5.56毫米塔沃尔(Tavor)Tar-21突击步枪。

欧洲地区的销量明显增长,达到16亿美元,这主要受益于与意大利签署的10亿美元的补偿合同。作为以色列采购阿莱尼亚·马基公司M-346教练机的回报,意大利承诺购买2架以色列航宇工业公司

（IAI）/湾流 G550 特种电子任务飞机（SEMA）以及 IAI 的光学侦察卫星。2012 年年初，德国也签署了一项增购拉斐尔武器开发集团"长钉"反坦克导弹的合同，价值数亿美元。导弹技术和防空系统在以色列武器出口中约占 25% 的份额。IAI 与印度早先签署的价值 14 亿美元的巴拉克－8 海军防空反导系统合同仍在产生效益。以色列拒绝就是否将这一远程海军导弹系统向阿塞拜疆出售做出回应，外界估计这一合同价值 8 亿 ~ 9 亿美元。

在最近以色列与加沙的冲突中大放异彩的"铁穹"反火箭系统却尚未接到销售订单。尽管拉斐尔武器开发集团向南非和印度开展了大量营销工作，但两国都未选择这一系统，而韩国却采购了"铁穹"的多任务雷达（MMR）用于火箭探测和预警。有报道称"铁穹"系统已出售给新加坡，但以色列对与该国的全部合同缄口不言。以色列国防工业的第三大市场是美国和加拿大，2012 年销售额为 11.9 亿美元。一些以色列公司在巴西推销世界杯和奥运会安保设备的努力收获不大。对拉美的整体销售额为 6.04 亿美元。

作为以色列军火出口拳头产品的无人机（UAV）销量占该国整体出口量的 3%，在该领域仍仅次于美国。由于以色列国内市场狭小，不足以维持产品规模生产的合理成本，因此该国 75% 的产品要向国外出口。以色列国防部在加紧出口许可监管的同时，也在不断解密自主技术，以推动向国外的出口，降低成本。以色列安全生产总量的 71% 都用于出口。2012 年，以色列在安全出口方面再一次延续了自 2003 年开始的上升趋势。以色列大部分安全产品（价值约 40 亿美元）是运往亚洲和太平洋地区。价值约 35 亿美元的合同是与欧洲国家、美国、加拿大、拉丁美洲和非洲等国家和地区签署的。根据以色列国防部武器和技术基础设施发展管理局主管的看法，以色列在安全出口领域具有优势：一方面是由于安全技术已被以色列国防军进行了战场测试；另一方面是由于以色列国防部和安全工业所进行的长期规划。以色列国防军的大部分能力是基于以色列国防工业开发各类技术，它们之中的大部分都受国防部武器和技术基础设施发展管理局的资助。

二 武器来源

以色列国防军的陆军武器主要为自行设计制造，但导弹拦截及海空军武器装备出于成本、技术和政治考虑，有一部分为进口，主要进口对象为美国、西欧国家。波音公司与以色列（IAI）公司正在联合研制的新的"箭"3拦截器成功完成了首次飞行试验，这种拦截器用于增强以色列的弹道导弹防御能力。"箭"3是以色列和美国联合研制的"箭"武器系统中的下一代拦截器。与以前的拦截器相比，"箭"3能更早地发射并拦截地球大气层外更高的高空威胁。波音公司副总裁兼战略导弹防御系统总经理吉姆·契尔顿说："这次试验的成功，表明十年来我们与IAI公司在'箭'项目及其他国际导弹防御倡议上进行了卓有成效的合作。波音公司对能够帮助推进'箭'项目而感到骄傲，该项目为以色列的国家多层反弹道导弹防御战略提供了经过验证的装备。""箭"3的首飞，是在以色列国防部和美国导弹防御局联合实施的一次以色列国家导弹防御系统试验期间完成的。"箭"3拦截器从以色列的一个试验场发射升空，并于地中海上空终止了其飞行。"箭"武器系统是世界上第一个实用型国家导弹防御系统。作为主承包商，IAI公司负责系统集成和拦截器最后的总装。除合作研发"箭"3外，波音公司还为现役"箭"2提供了若干拦截器部件。波音公司在亚拉巴马州汉斯韦尔生产"箭"武器系统的主要部件和子系统，而其关键合作伙伴遍及全美。

美国国会正推进美国参与发展以色列的"铁穹"反导系统，该系统允许美国合作者一定程度地参与其中。美国众议院2013年6月将奥巴马总统的申请资金从0.96亿美元增加到2.84亿美元，用于推动美国资助以色列导弹防御系统。此前，美国已经提高了对以色列导弹项目的支持。美国财政支持以色列导弹防御项目开始于20世纪80年代的"箭"高空反导项目，为此项目美国花费了10亿美元的研发资金。导弹防御项目的资金还不包含在每年美国提供给以色列的30亿美元军事援助资金之内。6月6日美国众议院武装部队委员会（HASC）通过了2.84亿美元的资金援助，其中包括追加1500万美元用于以色列拉斐尔武器开发集团旗下的先进防御系统公司研发"铁穹"防御系统。"铁穹"防御系统是以色列唯一经过战斗检验的反导武器，其摧毁概率为85%。它还是美国防务公司唯一没有参与的项目。"铁穹"防御系统，是以色列的低空反导系统，设计用于拦截短程导弹和火箭，是目前世界上此类系统中唯一正在服役的。其特征是由电脑控制火控系统，能确定敌方导弹的运动轨迹。它只拦截将落在居民区的导弹，并忽略那些不会落在居民区的导弹。

2013年美国雷声公司和以色列拉斐尔武器开发集团正在寻求美国五角大楼的支持，以将美国和以色列联合研制的"致晕者"导弹集成到第四代"爱国者"拦截系统中。该项目名为"爱国者经济可承受先进能力-4"（PAAC-4），计划将原来"大卫投石索"项目中的"致晕者"拦截弹与雷声公司研制的"爱国者"3系统的雷达、发射装置和作战控制站集成到一起，使用两级多模制导的"致晕者"导弹取代原来的单级雷达制导的"爱国者"3导弹。基于"致晕者"导弹的PAAC-4拦截系统单位成本仅为原"爱国者"3导弹（200万美元）的20%，但是作战性能更强。这两家公司已得到以色列国防部的支持，并在向美国政府申请大约2000万美元的资金以进行PAAC-4系统原型机的演示试验。五角大楼方面称，导弹防御局和美国陆军正在考虑将"致晕者"导弹作为满足美国未来军事需求的一个可能解决方案，但是他们现在主要关注的还是实现"大卫投石索"系统的初步作战能力，以支持以色列的需求。

以色列第四艘德制"海豚"级潜艇"塔宁（INS Tanin）"号即将服役，以色列对其进行武器升级。2013年5月1日以色列海军第五艘"海豚"级潜艇"拉哈伯"已经下水。以色列从德国共订购了6艘"海豚"级潜艇，旨在应对伊朗的核威慑。"海豚"级潜艇长57.3米，排水量为1640吨，续航力为30天，动力装置采用3台16V 396 SE 84柴油发动机，装备有"不依赖空气推进"（AIP）系统、PRS-3被动测距声呐、"鱼叉"潜射型导弹、4CH（V）2型Timnex电子支援系统，以及ISUS 90-1 TCS武器控制系统。

美国洛克希德·马丁公司负责F-35项目集成及业务开拓的副总裁史蒂夫·奥布赖恩（Steve O'Bryan）在巴黎航展期间表示，尽管签约购买

F-35联合打击战斗机的时间比较晚，但是以色列将成为首个正式操作使用这种第五代战斗机的国际客户。按计划，首位以色列飞行员将于2016年年初抵达美国佛罗里达州的埃格林空军基地，他将在这里接受驾驶F-35A战斗机的培训。首架F-35I战斗机（F-35系列战斗机中专门出口以色列的型号）将于2016年年底交付给以色列空军，并将于2017年抵达以色列。而以色列空军的首个F-35I战斗机作战中队预计将于2018年形成初始作战能力。根据已签署的5年采购计划，交付以色列的首批F-35I（共19架，合同价值27.5亿美元）将在F-35战斗机第8～10批次小批量生产（LRIP 8～10）合同框架下制造，并将在2017年内全部交付给以色列空军。根据随后的一个5年采购计划，F-35I的后续采购订单将于2018年内签署。

第六章

社　　会

第一节　国民生活

一　就业

1. 就业概况

以色列建国后，由于移民潮高涨，人口增长迅猛，同时受自然条件的制约，以及与周边阿拉伯国家处于敌对状态等不利因素的影响，就业形势一直十分严峻。

20 世纪 60 年代初期，以色列的经济增长迅速，就业压力有所缓解，失业率降为 3% 左右，但分布不均。边远地区的失业率甚至高达 20% ~ 30%；亚非裔犹太移民由于受教育水平的限制，在劳动力市场上明显处于劣势，其失业率一直是整个劳动力人口平均失业率的 1.5 倍以上。1967 年中东战争之后，就业机会明显增多。

1970 年 10 月，以色列颁布了《失业保险法》，为失业者提供失业保险和救济金，以及相关的就业培训和职业介绍。同时，对于自愿失业者在领取政府救济上做出了一些限制，如自愿失业者登记三个月后才能申请享受失业保险待遇，使其不敢轻易放弃工作。

八九十年代，以色列经济发展平稳，政府重视劳动就业，劳动法规健全，职业结构合理，就业人数显著增长。1992 年就业人数比 1989 年增加了 10%。然而，大批苏联犹太移民涌入后，失业率激增。1991 ~ 1992 年失业率上升了50%。1992年失业人数达20.7万，失业率为11.2%。为了应对新的就业危机，工党政府在就业方面做出了很大的努力。1991年7月，议会通过"商务部门鼓励办法"，规定对商业部门雇用额外劳动力的雇主给予额外的工资补贴。如果雇主在1991年7月1日以前6个月平均雇佣工人数的基础上增加雇工人数，则可以减除雇主应缴纳的保险金形式的工资补贴。1993年，政府部门对领取失业补贴金者的年龄和收入做出了限制，规定失业保险者每年只可从全国保险协会领取一次失业保险金。这些举措在一定程度上提高了国内就业率，失业率从1992年的11.2%下降到1996年年初的6.6%。

1996年，内塔尼亚胡总理执政后，以色列的就业形势再次出现波折。新内阁上台的第一个月，失业率增至7.1%，人数达11.6万。这是自1993年以来失业人数最多的一个月。至1999年大选前，国内失业率接近10%，约有23万人失业。

21世纪，受国际金融危机的影响，以色列国内经济发展比较迟缓，失业率上升。2008年8月，失业率与上年同期相比上升0.9%。同年12月底，新增失业人口24000人，其中有17500劳工因裁员失业，占新增失业人口71.7%。据就业服务处统计，2009年1月有19719名劳工因裁员失业，在接下来的10个月，失业率平均每月增加1.3%。

2013年，以色列经济复苏，高科技产业获得了最佳的发展时机，但就业率却陷入低谷。从经济合作与发展组织公布的就业展望数据来看，第二季度的就业率比第一季度下降了0.2%，为66.7%，并进一步拉大了收入者之间的差距。

2. 女性就业

受宗教文化传统和社会经济等因素的影响，以色列的成年女子更注重家庭婚姻，大多从事服务、教育、卫生等行业低收入的工作，较少涉足高科技、管理和工程等高薪行业，以及与政治事务相关的工作。2000年，从业者中45.44%为女性，其中15.8%是全日制职工，而全日制男性职工的比例占34.1%。妇女在就业待遇中与男性相比还存在一定差距。例如，妇女的月平均工资只有男性的60.18%，每小时的平均工资是男性的

80.5%。西岸与加沙地区纺织厂中雇用的妇女，工资还不足以色列同类工人的60%。

2000年，为帮助女性摆脱在高科技领域就业的困境，以色列成立了专门的理事会，但并未达到预期目标。理事会的报告显示，2003年只有25%的女性在自然科学领域内修完学位，其中24%的高级学术人员在高等教育部门任职，还有29%的毕业生分布于各类技术行业。近些年这一状况有所改善，在大学攻读学位的多为女性，为日后大规模进军高科技领域奠定了基础。同时，越来越多的女性参加了各项社会政治活动，获得上校军衔的人数在十年内翻了一番。

随着社会地位以及受教育水平的提高，以色列阿拉伯妇女在70年代末80年代初也进入了劳动力市场，一些受过高等教育的妇女甚至成为律师、医生、工程师、记者和演员。阿拉伯妇女的就业率只有15%，而犹太妇女的就业率则能达到53%。

3. 就业服务机构

以色列最核心的就业服务机构是劳工和社会事务部（简称劳工部）下设的就业服务局、人力资源发展局和人才计划局。

在劳工部部长的领导下，成立了一个由政府、工会和企业者协会（雇主协会）三方组成的31人（三方各派10人）就业服务指导委员会，共同确定劳工部就业服务局的工作目标和任务。就业服务局下辖两个部门，其中之一主要负责处理就业问题，分设新移民、妇女、外国人就业、被占领土事务和生活补贴等处室。就业服务局在全国设有若干地方办事机构：4个高校就业办事处，以辅助大学毕业生就业；4个就业辅导站，为失业者提供咨询服务；15个地区就业服务办事处，分管上百个就业服务站，具体负责失业登记、职业介绍等事务；1个海员就业处，负责解决海员的就业问题。劳工部的劳动力市场计算机信息网将就业服务局与各地方办事机构连接起来，每个职员都有一个计算机终端。设在耶路撒冷的劳动力信息中心随时向全国各地发布各类劳动力市场信息。

劳工部人力资源发展局是专门从事职业培训的机构，其主要任务是宏观决策，即就全国的职业培训工作制定总体规划和政策。该局下设四个部门：（1）教材开发编辑部，主要负责开发和编辑全国职业培训的教材，同时开展职业调查，负责成绩考核、发放证书和培训监察工作；（2）计划组织部，其主要任务是制订培训计划和预算；（3）成人培训部，负责失业人员和在职员工的培训；（4）技术培训研究所，负责有关职业培训的科学研究工作。

此外，劳工部人力资源发展局还在地方上设有四个分支机构和一个全国性的职业培训网，主要负责失业人员、退伍军人、移民和在职员工的职业培训。培训网下设职业培训中心，其中政府办的占 15%，其余由企业或私人开办。培训层次有岗前培训，初、中、高级培训，以及转岗培训等。培训形式多样，有全日制、三三制、以师代徒等方式。培训时间从数月至数年不等。政府直接管理或委托社会开办的培训组织的经费由政府负责；商业性的培训机构则按有关规定收取培训费。参加培训的人员须参加由政府、雇主、培训单位三方负责人组成的测试委员会组织的考试，合格者可获得培训结业证书，然后持证在职业介绍机构登记求职。按规定，约60% 的岗位必须凭证上岗。经过培训的人员就业率达 50% 以上。据以色列《国土报》报道，2013 年以色列经济和贸易部将对参加培训的阿拉伯妇女、宗教正统派男性和残疾人补贴 85% 的学费。完成培训并找到工作的人还将获得 2000 谢克尔的奖励。

劳工部人才计划局的主要任务是：为决策提供咨询和进行综合性的经济分析与研究工作；收集、加工和发布全国劳动力市场的统计数据和信息，为劳工部各职能部门提供咨询和对就业决策与计划进行评估等。

1994 年，政府投资 1750 万美元建立全国就业服务信息网，把所有用工、求职信息和劳动力市场的动态分析资料及时输入微机，并免费为供求双方提供就业信息服务。此外，全国还有 300 多家专业性较强的私营就业服务机构，实行收费服务。

二　收入

建国之初，受经济发展和社会环境的制约，以色列人的收入水平并不高。至 50 年代中后期，这种局面有所好转。1956 年的国民收入为 20.92

亿谢克尔，比 1950 年增加了 1 倍左右。

60 年代，以色列还是贫富差距最小的国家之一。60 年代末至 70 年代，经济快速发展。1968～1972 年国民生产总值年平均增长率为 11.5%，高于 1948～1966 年的 10.5%，其中 1971 年为 11.1%，1972 年为 12.6%。人均国民生产总值也由 1950 年的 1710 美元增加到 1970 年的 5480 美元。

80 年代，贝京政府施行新经济政策，试图解决国内长期存在的经济问题，如取消外汇管制、取消进口补贴、出售一批国有企业等，但并没有取得理想的效果，反而出现了经济混乱和失控的局面，物价飞涨、失业率上升，严重影响国内居民的收入。

90 年代以来，以色列经济增长速度进一步加快。1991 年，大部分行业雇员的月工资超过 1000 美元。1994 年的国民生产总值达 435 亿美元，人均国民生产总值为 12500 美元，人均月工资收入为 1300 美元，最低工资也达到 540 美元。1995 年，20% 的居民拥有小汽车，每年有 36% 的以色列人出国旅游。1970～2000 年，国民生产总值增长了近 6 倍，人民生活水平大幅提高。

进入 21 世纪后，以色列人的国民收入急剧递增。虽然受巴以冲突的影响，2001 年的国内生产总值下降 0.6%，人均国民收入也由 2000 年的 18100 美元（居世界第 22 位）降至 17300 美元，但之后国内经济的发展又有所回升。2010 年的人均国内生产总值为 2.95 万美元，在世界排名第 47 位。2011 年人均国民收入已接近 32000 美元，2012 年略有下降，为 30612 美元。与此同时，收入不均现象愈发凸显。2002 年以色列议会成立了"收入不均调查委员会"。调查发现，在过去 20 年，贫富差距拉大了 23%；在过去 14 年，贫穷儿童人数增加了 50%，贫穷家庭数量增加了近 1/3。最富有阶层占全国人口的 10%，分享着 8000 亿谢克尔的资本，而其余 90% 的人只拥有 3000 多亿谢克尔的资本。最富有的 10% 人口的月收入约为 36490 谢克尔，而最贫穷的 10% 人口的月收入仅为 1635 谢克尔，前者收入是后者的 20 多倍。据统计，生活在贫困线以下的人数占总人口的 23.6%，这在素有"发达国家俱乐部"之称的经济合作与发展组织中是很不寻常的。

三　消费

建国后，以色列的消费结构发生了相应的变化：食品在消费总量中的份额下降，而各种服务、耐用消费品和住房所占份额上升。1955～1964年，由于不断引进外资，年人均消费额的增长率超过了5%。按固定美元等值计算，人均消费额也由50年代初期经济危机最严重时期的每年500美元，增加到60年代中期的1000美元以上。60年代中期，九成以上的人拥有收音机，越来越多的人购置了冰箱和汽车。

1966年，以色列消费者委员会成立，总部设在特拉维夫，有7名工作人员。该委员会的主要任务是：在商品质量和公共设施规范的纠纷中保护消费者利益，受理消费者的投诉和咨询，开展消费指导教育与群众性活动；向政府及有关部门转达消费者的呼声和提出立法性建议等。每年接受投诉和咨询近1万件次，商品检验15项，专题研究达50项。1969年，该委员会加入了国际消费者联盟组织。

70年代，由于受西方"享乐主义"思潮的影响，以色列人的高消费意识开始抬头，如竞相购买汽车、电子产品和家用电器等，并出现建房热和出国旅游热。然而，当人们的消费水平迅猛提高时，经济却处于停滞不前的状态。

1980年，以色列个人和公共消费及投资加在一起比国民生产总值高出15%，其主要原因就是个人消费额的增加，占国民生产总值的59%。1983年的国民生产总值中，个人消费额则升至65%。政府为遏制国内的通货膨胀，以厉行节俭为口号，冻结职工工资，使工人的生活水平下降了10%左右。同时千方百计限制消费。政府以增税为手段，使居民出国旅行的人数下降了20%～30%。同时，积极鼓励个人储蓄，银行年利率甚至高达100%，当然这不过是权宜之计。

近年来，以色列人收入的增加进一步刺激了消费。2012年，人均消费额达到了25772美元。同时，网上购物方兴未艾。2012年，由于高额的商品运输费用以及对电子销售商可信度的质疑，使许多人喜欢在线比较商品价格，然后去实体店购买。2013年，人们的消费方式发生了重大转变，85% 的信用卡持有者选择在互联网上购物。网上购物时，52% 的以色列人乐意选择有安全保障的国内商务网站，25% 的人经常光顾外国网站，其余的则两者兼而有之。据以色列互联网协会的数据显示，以色列人在美国网站的平均消费金额由 2012 年的 120 美元增加到 2013 年的 180 美元。

四　物价

以色列的物价水平较高，生活成本是欧美国家的两三倍。

1948～1951 年，以色列的生活条件较差，食物药品等必需品匮乏，价格昂贵，黑市猖獗。政府试图通过严格控制物价和物资定量配给来抑制国内的通货膨胀，但成效并不显著。1952 年第一次通货膨胀发生，1973 年通货膨胀率升至 20%，1979 年竟高达 80%。这与 1977 年利库德上台后所推行的经济政策密切相关。贝京政府大力发展资本主义市场经济，取消外汇管制和进口补贴政策，允许商品价格自由浮动。因此，进口速度加快，而出口量减少，短时间内物价飞涨。

20 世纪 80 年代，以色列的经济危机进一步加深，通货膨胀更为严重。1984 年的通货膨胀率高达 444.9%，消费价格指数也从 1980 年的 100 上升为 10754，因而媒体称"以色列经济进入了最糟糕的阶段"。为此，联合政府制订出一整套综合治理计划。物价方面的主要措施有：在减少对基本食品补贴的基础上，将汽油、面包、鸡蛋和牛奶等 800 多种基本商品提高价格，并相应提高各项服务费用，然后冻结物价 3 个月，违反者给予重罚。货币政策方面，政府宣布谢克尔与美元的比价贬值 18.8%，两个月之后，发行新货币，新谢克尔与旧谢克尔的比值为 1：1000。① 在一系列政策的推动下，国内的物价得到有效控制。1986 年通货膨胀率降至 19.7%，是 1973 年以来的最低值。消费价格指数上涨率也大幅下降，从

---

① 新以色列谢克尔（New Israel Shekel，英文缩写：NIS），简称谢克尔。纸币最大面值为 200 谢克尔，最小面值是 20 谢克尔；硬币最大面值为 10 谢克尔，最小面值为 10 分。据 2015 年 1 月 23 日汇率，1 美元可兑换 3.9512 谢克尔。

373.8%（1984 年）逐渐下降到 48.1%（1986 年）和 19.9%（1987 年）。

20 世纪末是以色列经济发展的黄金时期，政府采取一系列的经济和金融措施，如放宽私有资本、吸引外资、加大科研投入等，逐渐遏制了80 年代的高通货膨胀，平抑物价时间长达 20 年。1990～2010 年，以色列的物价上涨了 191.9%。1991～1998 年的消费价格指数（CPI）涨幅均超过 7%。1999～2010 年物价基本平稳，除了 2002 年 CPI 增幅是 6.5% 外，其他年份均未超过 4%，2003 年和 2006 年物价下降，CPI 的增幅分别为－1.8% 和－0.1%。

2011 年之后，以色列物价又进入了迅速上涨时期，并超过了政府设定的 3% 的警戒线。以蔬菜为例，物价上扬之初，在素以低价著称的耶胡达市场（耶路撒冷规模最大的蔬菜食品市场）上，每公斤 1～2 谢克尔的番茄与黄瓜就涨到了每公斤 4 谢克尔。2011 年以色列人均月工资为 2500美元，耶路撒冷一套三居室房间的月租金达 1500 美元以上。而在耶路撒冷或特拉维夫市中心买一套 100 平方米的公寓房，售价则高达到 60 万美元。2012 年 6 月的 CPI 同比增长 4.2%，引起了居民的强烈不满，出现大规模示威。示威者抗议房价、物价高涨，要求政府采取有效措施抑制通货膨胀。为缓和群众对高物价的不满情绪，内塔尼亚胡总理推动立法，简化新建住宅和土地审批手续，并紧急修建小户型廉租公寓，并承诺把免费教育推广到 5 岁以下儿童。

以色列的公共交通比较发达，但费用颇高。各城市的公共汽车实行统一票价，耶路撒冷为 6.4 谢克尔，一般城市为 5 谢克尔左右。2011 年耶路撒冷轻轨开通，目前票价为 6.9 谢克尔。

以色列的家庭汽车普及率较高，但汽车售价和油价之高均令人咋舌。例如，马自达 3 轿车在物价较高的英国仅为 8 万谢克尔，在以色列则为11.5 万谢克尔；本田思域轿车在美国仅售 1.6 万美元，在以色列却高达3.3 万美元，是美国售价的一倍。以色列缺乏石油资源，汽油价格较高，是美国油价的两倍，但油价相对稳定。2011 年油价一度上涨，但随后便恢复到一般水平。

以色列是全球手机使用费最高的国家之一。用户套餐的平均价格高居世界第三，每分钟通话费用位居世界前十。由移动运营商 Pelephone 提供的学生套餐项目，包含 400 分钟通话、400 条短信和 2 兆上网流量，要价180 谢克尔，颇受欢迎。

以色列的人均收入与美国、英国、法国等国相比仍有不小的差距，但物价水平较高，这种增长的不平衡性引起了民众的强烈不满。2011 年全国爆发了民众抗议活动，要求政府更多地考虑民生问题，关注物价变化。

五 住 房

作为移民国家的以色列，数十年来政府一直致力于解决住房问题，人均新建住宅面积位居世界前列。

1. 公有住房

以色列的公有住房主要是由政府投资建设或出资购买。1950 ~ 1970 年，国家在公有住房的建设上投入很大，其特点是对建筑物的全额投资。从 80 年代初起，国家对公有住房的投资方式有所变化，政府的直接投资明显地减少。1990 ~ 1992 年，为缓解大批苏联移民的住房问题，政府加大了扩建公房的财政支持力度。然而，由政府所资助建设的单元房，其标准明显低于私人市场同等的住房。主要的区别是公有住房的面积小，且设计简单，只有 45% 建于中心地区，大多位于边缘地区。中心区的房价要比边缘地区的房价高。据建筑和住房部依据相似私人市场住房价格估计，1999 年年底，中心区每套住房售价约 9 万美元，而其他地区为 5 万 ~ 6 万美元。公有住房的承租人可以得到租金补贴和承租担保等优惠条件。公有住房承租者主要是社会经济状况差，没有能力购买房屋的家庭，补贴金额则由出租屋的位置、面积以及承租人的身份等变量决定。近年来，政府逐渐压缩新建公有住房数量。为满足民众的需求，政府每年购买大约 200 套私人公寓，将它们纳入公有住房系统并加以管理。

2. 基布兹（集体农庄）住房

基布兹的住房多半是根据标准图纸建造的简单的二层建筑，往往依据标准单位分为两间或三间房的公寓群。随着经济的繁荣，基布兹成员的住房条件有了很大的改善。很多基布兹都有能力为其成员提供一套设施齐全的舒适住房，大多为花园式的二层别墅，包括客厅、卧室和卫生间等。未婚者也都有单间住所。此外，基布兹一般都具备育婴室、托儿所、幼儿园、少年之家、老年之家、餐厅、游泳池、运动场、俱乐部、文化室、洗衣房等公共设施，以满足其成员的生活需要

3. 移民住房

第一次中东战争期间，大批阿拉伯人逃离家园，其财产被政府接管。战后，约有 12 万新移民被安置在那些原来属于阿拉伯人的房屋里。

随着移民大潮的不断涌现，为新移民搭建的帐篷和临时性建筑遍及全国各地。1950 年，政府开始在各主要城市附近建立"移民安置中心"。新移民可在安置中心免费居住 5 个月，并在 5 年内领取住房补贴。他们一边工作，一边等待永久性住房，当然有人一等就是数年。安置中心共吸纳了近 25 万新移民。

在以色列的经济发展中，住房建设占总投资的 1/3。1948～1967 年，政府建造了约 65 万套住宅，其中 10% 是临时性建筑。住宅单元很小，每套平均不超过三个房间，设施也相当简陋。大批小城镇兴起后，住房矛盾才得以缓解。但苏联移民涌入后，住房问题再次凸显。为安置新移民，1991 年，政府在约旦河西岸和加沙地带建造了 1.35 万套住房，次年又增建了 5000 套。

4. 房价

20 世纪 80 年代末，大量俄罗斯犹太移民涌入，以色列住房短缺问题日益突出。移民对房屋有大量需求，而政府对房价又缺乏必要的调控，使得房价迅速飙升。房屋租赁价格原本就不低的耶路撒冷、特拉维夫、海法等大城市，更是雪上加霜。90 年代初，一套二室一厅公寓的月租金至少为 500 美元，对于以色列人而言，是一笔巨大的开支。为解决新移民的住房问题，政府采取免税和提高租金的措施，促使闲置住房进入租赁市场，

以缓解住房压力。1990 年年底，政府还直接参与了应急住房的修建计划，鼓励私人和国有承包商参与住房建设。同时，政府还向移民提供长期低息住房抵押贷款和无息贷款。政府甚至在被占领土上修建定居点，为犹太人免费提供宽敞的住房。

然而，高房价已成为以色列社会的焦点议题。2009 年，房地产价格上涨近 40%，2010 年，房屋价格上涨了 17.3%，各大城市的增幅为：海法 20%、耶路撒冷 17.5%、特拉维夫 17.75%。2011 年，特拉维夫一套四室公寓平均价格达 247 万谢克尔，一套 55 平方米的两居室的月租金也高达 5500 谢克尔。据以色列中央统计局 2011 年 3 月公布的数据显示，居民人均月工资才 8996 谢克尔。因此，很多大学毕业生、退伍士兵、年轻夫妇无力购置住房，多是租房，或者在郊区定居。

对于住房费用的急速上涨，以色列人将其归结于政府。金融危机之后，政府实行的宽松的货币政策造成国内通货膨胀。当巴以冲突相对平静时，投机性的住房投资则有所增长，从而使普通民众的购房愿望更难以实现。2011 年 9 月 3 日，以色列发生全国范围的大规模游行示威，超过 40 万人上街抗议房价和物价高涨，要求政府采取有效措施控制通货膨胀。2012 年，内塔尼亚胡总理推动立法，简化新建住宅和土地审批手续、改革房屋管理机构，紧急修建小户型公寓，以缓解住房危机。在购房者和投资者的推动下，2013 年最后一季度的住房交易量达到了 32200 套，是近 13 年来的顶峰。

六 社会保障与福利

以色列政府一直比较关注社会民生问题，大力发展国内社会保障与福利事业。犹太教信仰崇尚慈善精神，捐赠被看作是一件理所应当的事情，而善款多用于社会福利。在政府和个人的双重推动下，社会保障与福利制度迅速建立起来，并不断发展完善。

1. 社会保障

以色列的社会保障制度先于国家产生，在伊休夫（犹太人在巴勒斯坦的自治机构）时期就已经建立起来了。

伊休夫时期,犹太工人总工会、犹太民族委员会和志愿者组织等机构是社会保障制度的主要承担者,它们吸收、接纳移民,促进经济发展,为建国后社会保障制度的确立和发展奠定了坚实的基础。

建国后,以色列的社会保障制度逐渐发展完善,具有突出的作用。全国社会保险计划和儿童、教育、就业等一系列保险措施的实施,不断扩大社会保障制度的覆盖面,尽可能全面地保护所有公民的社会生活。同时,工党政府还进一步扩大、完善各项有利于贫困人群的社会保障制度。社会保障制度对收入进行再分配,有效地减少了贫困,缩小了贫富差距,有利于新移民更快地融入以色列主流社会,稳定社会秩序,促进经济发展。

1977年以色列政坛发生变化后,社会保障制度也随之得到调整。国家以市场为导向,逐步实施双层养老保险制度,并在移民安置、儿童补贴、医疗保险、失业保险等方面做出相应调整。社会保障制度在普遍性原则上增加可选择性,既保障了贫困人口的基本生活,又不损害高收入人群的生产热情。社会保障制度的合理化调整,贫富兼顾,共同促进,有效地减轻了国家负担,促进了经济发展和社会稳定。

80年代,议会通过了《收入支持福利法》,第一次以法律的形式提出社会保障制度的标准和权力,把享受国家保障和福利视为公民的权利与义务,并且规定由全国社会保险协会统一执行社会保障的职责,废除了地方机构和各基金会的自由裁决权利,为社会保障制度提供了有力的、统一的、规范的基础。

1995年,以色列开始实施《全国医疗保险法》,旨在为所有公民提供最低的福利标准,主要险种有老年人和幸存者保险、女性生育保险、工伤保险、失业保险等。在此基础上,政府还实施了一些补充计划,例如儿童补贴计划、针对大家庭和低收入家庭提供额外补贴等。

2. 社会福利

以色列社会主要靠国家、地方政府,以及私人保险机构和社会福利机构提供福利项目与服务,其资金来源是由政府、企业和有收入的个人三部分组成的国民保险基金。

1948年6月,以色列政府设立社会福利部,其前身是伊休夫全国委员会的社会福利部（1931 年设立）和英国托管当局的福利部（1944 年设立）。通过一系列的立法，从最初主要向民众提供医疗药品的社会福利逐渐发展完善起来。1958 年颁布的《社会福利法》规定：社会福利主要由地方政府负责实施，国家社会福利服务部主要起监督指导作用。1960 年通过的法规要求国家社会福利部负责看护儿童和精神病患者。1965 年通过的一项法律规定：社会福利部职责还包括对孤儿院和敬老院的监督。80 年代的《收入支持福利法》规定：由地方政府设立的社会福利局开设一些专门为妇女、青年、老年、残疾人等提供服务的俱乐部。

以色列的劳工社会事务部负责制定政策、法规和监督各级社会服务机构。社会服务机构主要划分为国家、社区和志愿者等级别，提供细致周到的服务，如老人照料、儿童教育、青年教养、就业培训、酗酒和吸毒防治、移民服务、缓刑教管、辍学补习、残疾康复、困难寄宿和特殊服务等。犹太代办处、世界犹太人组织、以色列工会福利分支、哈达萨、美国联合分配委员会的分支等机构也从事一些与社会福利相关的工作，其经费主要来自国外捐赠。

3. 社会保障与社会福利的范围

以色列社会保障和福利包含的范围极其广泛，包括移民安置、失业保险、医疗保险、工伤保险、家庭补贴、养老保险和安全保险等。

（1）移民安置

以色列建国伊始就设置了移民安置部，管理新移民入境、定居、培训和就业等事宜。新移民可在 3 年内享受许多优惠待遇，如领取生活救济、免费获得就业培训和指导、免缴所得税等。另外还有一些非官方团体组织，如"犹太建国会""青年阿里亚"等，给新移民教授希伯来语，帮助其解决一些实际困难，诸如办理身份证、健康保险、免税证件，领取津贴，找房子、工作等。

以色列的移民安置体系臻于完善，移民部与其他相关机构为移民提供为期 3 年的全套服务。一方面，政府加强定居点与城镇建设，以安置移民。截至 2010 年 12 月，约旦河西岸地区共有 121 个官方承认的居民点，人口达到 327750 人。另一方面，采取城乡共同发展的方针，加大对农业的投资力度，为新移民提供就业机会。

（2）失业保险

尽管以色列的劳动力资源并不丰富，但受移民潮的冲击，就业问题仍比较突出。为此，政府采取各种措施促进国内居民就业。1973 年 1 月，以色列正式建立了全国性的失业保险制度。根据失业保险法及有关规定，符合条件的 20～60 岁女性和 20～65 岁男性可以领取失业救济金。按照规定，失业者应到当地就业服务部门登记注册，失业救济金从待业第 5 天起发放。45 岁以上的失业者或需要赡养 3 人以上的失业者每年最多可领取 175 天救济金，其余的人则为 138 天。

（3）医疗保险

1995 年《全国医疗保险法》实施后，公民医疗保险的覆盖率达到 100%，全体公民可享受同一标准的医疗保险。门诊病人、住院病人和康复病人均在医疗保险范畴之内，从而改变了以前由各基金会自主决定保险范围的做法。保险费由全国保险协会统一收取，并按人数向各基金会分配。

（4）工伤保险

工伤保险范围，包括事故伤害和某些职业病。保险对象为所有受雇人员、管理人员、参加职业培训人员、接收恢复就业资格训练人员和自谋职业人员。工伤人员享受的福利包括医药和恢复性医疗所需的一切费用。工伤赔偿金为受伤前工资收入的 75%，但不得超过规定的最高限额。在工伤致死的情况下，其遗属（如只有配偶一人）可以获得相当于原来收入 60% 的赔偿金，或相当于原来收入 100% 的赔偿金（如遗属有 3 个或 3 个以上子女的女子）。

（5）家庭补贴

多子女的家庭补贴主要发放给那些有多个孩子参加保险的人员、自谋职业人员和无业人员的家庭。以 1999 年为例，国家规定前两个子女每人每月补贴 169 谢克尔，第三个子女每月补贴 338 谢克尔，第四个子女每月补贴 683 谢克尔，第五个子女每月补贴 574 谢克尔，第六个子女每月补贴 633 谢克尔，第七个及以后的每个子女每月补贴 591 谢克尔。2002 年，政府对此政策进行了调整，削减有两个孩子的单亲和双亲家庭所得补贴和其他社会保障福利政策。除儿童补贴外，国家保险协会还向收入低于国家规定最低标准的家庭和个人发放困难补贴。

（6）养老保险

法律规定，凡达到一定年龄的从业人员（男子为 70 岁，女子为 65 岁），以及未婚女子，有权获得退休养老金。家庭妇女可以自愿参加社会养老保险，但至少应缴纳 5 年的全额保险金。2012 年设立新养老基金，凡购买新养老基金的就业人员退休后，将按月领取一笔固定的收入，具体的金额取决于其所购买的养老基金在其退休之时的资产金额。养老金的数额是参照当地居民的生活水平，将工作期间缴纳的养老金及其投资增值部分在其退休之时的总价值，根据预期的寿命长短进行分摊，最终得出具体的金额。因此，退休金的数额不仅取决于其工作期间的工资水平，还取决于其退休之时的经济形势。在经济形势良好的情况下，其养老金投资收益较高，最终认定的养老金水平也较高，反之亦然。

（7）安全保险

以色列实行全民义务兵役制，国家对服兵役的人员及其家庭给予一定补助。1956 年的法律规定，服役人员的保险费由国家支付。政府鼓励公民到边境地区居住，提供免费或带有补贴的住房。在边境冲突中，平民若受伤，可获得赔偿金。

除政府提供的社会保障与福利之外，以色列还有数百个非政府的志愿团体，提供广泛的社会服务，诸如为残障人士、癌症研究等组织募捐活动。

七　移民

以色列是一个典型的移民国家，没有移民就没有以色列国。

在希伯来语中，犹太人移居巴勒斯坦被称为"阿里亚"，意为"上升"，新移民"欧里姆"就是"上升者"。建国前，世界犹太复国主义组织（1897 年成立）、以色列犹太人协会（1929 年成立）、犹太民族基金会（1901 年成立）、青年阿里亚（1932 年成立）等一系列组织机构，为早期犹太移民移居巴勒斯坦做出了巨大贡献。建国后，这些国际性组织依然存在，总部均设在以色列，并在美国、法国、南非等国设立分支机构，以色列政府对其具有一定的制约作用。上述组织机构在世界各地募集资金、动员和组织犹太人移居以色列，并通过举办展览、学术研讨会、教授希伯来语等活动弘扬犹太文化，是犹太人相互联结的纽带。

长期以来，鼓励和吸纳犹太移民一直都是以色列的基本国策，旨在建立一个以犹太人为主体的国家。《独立宣言》明文规定："犹太国家对所有的犹太人敞开大门。"《回归法》则把居住在以色列之外的犹太人称为"流散中的犹太人"，他们移民以色列只是为了"回归自己的祖国"。1952年4月1日，议会又通过了《国籍法》，规定每个年满18岁的犹太人只要回到以色列，就可以享有以色列公民的身份，除非他自己申明拒绝这一身份。这些法律赋予每个犹太人移居以色列的权利，但那些从事反对犹太民族活动的人和有可能危害公共安全的人除外。

以色列政府的移民政策对散居世界各地的犹太人产生了强大的吸引力。先期到达以色列的大都是大屠杀幸存者，其中包括直接从集中营和塞浦路斯运送来的10万犹太人，来自波兰的10万、罗马尼亚的10万、保加利亚的3.7万犹太人，以及来自捷克与匈牙利的2万犹太人。同时，政府还采取了两次大规模的移民行动：1949年以色列特工组织"神毯"行动，把5万也门犹太人集中到亚丁，然后空运至以色列；1950年5月至1951年12月，以色列策划以斯拉和尼希米行动，帮助12万伊拉克犹太人移民以色列。1948～1951年，来自中东国家的犹太人总数约为32.5万人，绝大部分祖祖辈辈生活在伊斯兰国家的东方犹太人都移居到了以色列，古老的东方犹太社团几乎消失殆尽。

1952～1954年，总共有5.4万犹太人移居以色列。与之前相比，移民数有所下降。1955～1957年，由于东欧局势紧张，波兰和匈牙利事件爆发，致使移民数量迅速回升，有17万犹太人踏上回归路。

60年代初，以色列经济长足发展，生活条件明显改善，东欧、南美和美国的犹太人纷至沓来。这批移民的文化层次比较高，带来了先进的科技、经济管理经验和资金。因此，这个时期被称为移民的黄金时代，移民人数超过 21.5 万。截至 1961 年，移居以色列的犹太人总数超过百万。

1967 年，第三次中东战争爆发，以色列在短短的六天内占领了超过本土面积三倍的阿拉伯领土，掀起了新一轮的移民浪潮。直到 1972 年，共有 20 多万犹太人移入，其中包括苏联犹太人。70 年代初，东西方关系出现缓和，苏联放宽了对犹太人离境的限制，部分苏联犹太人迅速移居以色列。

1977 年，利库德集团的贝京政府上台后，加速在被占领土修建定居点安置犹太移民，以色列的移民定居政策发生了明显的变化。

80 年代末到 90 年代初，东欧剧变，苏联解体，犹太移民浪潮来势汹涌。1990 年 6 月，以沙米尔为首的极右翼内阁执政，把吸收和安置犹太移民作为其首要的施政纲领。据以色列官方宣布，1990 年约有 20 万移民抵达以色列，打破了建国后头 3 年创下的最高纪录；1991 年，又有近 15 万苏联移民定居以色列，移民安置费竟高达 65 亿美元。此外，政府还实施了"摩西行动"（1984~1985 年）和"所罗门行动"（1991 年），将 2 万多埃塞俄比亚犹太人空运至以色列。

21 世纪以来，移民速度相对放缓，移民大多来自俄罗斯、美国等国。2011 年的移民数量是 16892 人，比上年增长 1.5%。

毋庸置疑，以色列也存在反向移民的现象。由于以色列的自然环境较差、生活条件和经济实力与想象中的差距较大、与周边阿拉伯国家长期处于对抗状态等原因，一些来自欧美的移民又陆续返回原居住国。此外，还有一些移居者并非犹太人，他们只是为了利用以色列宽松的移民政策，将其作为移居美国的跳板。70 年代之后，反向移民的现象尤为严重。以色列右翼政府在巴勒斯坦被占领土问题上的强硬态度使阿以矛盾不断激化，中东局势持续动荡，加之国内经济不景气，通货膨胀严重，许多以色列犹太人迁居欧美。从 80 年代中期开始，外迁的人数已远远超过移入者，特别是自 1987 年年底被占领土上的巴勒斯坦人起义以来，这种反向移民现象越来越严重。据以色列官方透露，平均每月有 2000 名以色列人远走他乡。1980~2003 年，有 7.2 万苏联犹太移民回流俄罗斯或迁往北美、西欧等地。反向移民数量累计已有 76 万之众，不仅对以色列社会的稳定和民族构成产生负面影响，而且还极大地伤害了犹太人的民族情感。因此，移出者成了其他犹太人蔑视的对象，拉宾总理就曾斥责他们是"堕落的怯懦者"。

第二节　社会管理

一　社会制度

1948 年以色列建国后，一直实行西方式"三权分立，相互制衡"的议会民主制，是一个典型的多党制国家。然而，以色列国的社会制度非常独特，不同于世界上任何一个国家，兼具社会主义社会和资本主义社会的双重制度特征。

1. 公有制

以色列的公有制源自犹太复国主义运动。20 世纪初，东欧犹太人的主动性和政治热情高涨，成为犹太复国主义运动的急先锋。1905 年，他们先后建立锡安山工人党和青年工人党。1908 年，精神中心党也在耶路撒冷设立办事处。移民们渴望建立一个公正合理，没有剥削压迫的民族之家。1909 年，他们首次在德加尼亚试办克武察（合作居住区），奉行各尽所能、各得其所的乌托邦式的社会准则，后逐渐发展成基布兹。基布兹是建立在生产资料公有制基础上的集体农业组织、农业公社或集体农庄，内部成员权利平等，个人生活必需品实行供给制，禁止劳动剥削。基布兹制是伊休夫乃至以色列国特有的社会公有制度。

1919 年，锡安山工人党和非常社会主义者合并为劳工联合党，是伊休夫政治、经济和军事等方面的主要领导力量。1920 年 12 月，劳工联合党与青年工人党共同建立犹太工人总工会，劳工联合党领导人大卫·本－古里安当选为总书记。这是一个集城乡工会、企业和行政于一体的综合性机构，参加者有工人、基布兹成员和知识分子等。总工会不仅维护工人的合法权益，而且建立各种企业，以便吸收日益增多的移民工人。总工会的企业包括工业、农业、交通、建筑、金融、文教和医疗等，在伊休夫的经济中起着举足轻重的作用，建国后成为"民族经济"的重要组成部分，占国民经济总产值的1/5。因此，在以色列建国初期，公有制发挥着极其重要的作用。以色列的公有制包含资产由国家所有、工会联盟所有和犹太社团所有三种形式。

国有制企业可分为三类：完全属于国家所有的电力公司、水资源公司、化学制品公司、电话公司、铁路公司和航空公司等；国家通过控股公司或以股东的身份所拥有的保险公司、商业银行和工商企业等；国家通过一些机构拥有电视台、广播网、全国所有的港口和飞机场、一家医疗网络和一家百货连锁店。1985年实行经济体制改革，但部分领域继续维持高度的集体化和国有化。从1990年的统计数字来看，非金属采矿业、水和电力工业、运输和通信业、石油和天然气行业、军事工业、农业的研究与开发中属国家所有的净资产的比例分别高达100%、96.4%、88.2%、82.8%、98%和91.4%。以色列的国有企业超过100家，总资产达1830亿新谢克尔，有6万多员工。大型国有企业得到以色列总工会的鼎力支持，因而垄断市场、不断为工人争取更多利益、防止政府通过立法引入更多机制。这些行为在某种程度上已经危害到以色列经济的发展。

2. 私有制

50年代中期，以色列实施"新经济政策"，鼓励个人的创造性，同时在调节资源分配方面，国家的干预作用减弱，市场力量有了更大的活动范围。此后，又不断放宽限制。1985年，政府实施"经济稳定工程"，降低政府对经济的干预程度，增强市场的竞争力。一些学者称之为"社会主义向资本主义的过渡"。2003年起，政府进一步加大对国有公司的私有化改制，鼓励私营企业。政府倡导完全的自由市场经济。虽然使经济的发展更为活跃，但也导致国家经济命脉被少数几个家族资本所控制，行业竞争减少，物价和税收较高，普通国民的生活成本逐渐上涨。

政府鼓励私营公司与国有公司平等参与国防装备的项目竞争。此举带动了一大批私营技术公司的高速发展，如埃尔比特系统公司。2003年防务业务占全公司业务的 90%，而国防业务量在以每年 10% 的速度增长的情况下，还不到其公司总业务量的 40%。2013 年，以色列政府部级联委会批准了以色列军事工业公司的私有化方案。根据该方案，以色列军事工业公司将被拆分为几个部分，用于保护国家核心利益的职能公司将由新成立的国有企业承担，其余部分将进行私有化，归入"以色列新军事工业公司"。

二　社会结构

经历了 1800 年的大流散，犹太人成为一个浪迹天涯，散居五大洲的世界性的多元化民族。从历史和宗教的角度来看，犹太人同属于一个民族，但由于深受居住国的影响，他们不仅在语言文化、宗教仪式、价值观念、生活习俗和外貌特征上差异明显，而且在社会地位上也存在较大差距，形成了以色列独特的社会结构。

1. 阿什肯纳兹人（Ashkenazim）

阿什肯纳兹人主要指中欧和东欧的犹太人后裔，包括移居南北美洲、南非和澳大利亚的犹太人。他们大都讲意第绪语，文化水平较高。19 世纪末和 20 世纪上半叶，他们成批移居巴勒斯坦，成为犹太复国主义运动的中坚力量，并从中产生出第一代以色列领导人，长期掌握国家命脉。阿什肯纳兹人在就业、收入、住房、教育等方面都有明显优势，一直处于社会上层，如作为政府官员、工程师、公司职员和基布兹成员等，在以色列的政治、经济生活中发挥着重要的作用。

宗教信仰方面，阿什肯纳兹人拥有自己的会堂、拉比法庭和大拉比，并且地位在拉比总署中居首位。虽然他们多宣布自己为正统派教徒，但是虔诚度比塞法尔迪人要低很多，非信仰者和只遵守某些传统律法的人为数不少。而且其犹太社团内部联系松散，宗教活动也较开明和自由。

2. 苏联犹太人

苏联犹太人也属于阿什肯纳兹人，但他们与早先移民的阿什肯纳兹人存在较大差距。

苏联犹太移民遍布以色列全境。1998 年，在全国 20 个城镇中的比例几乎都超过了 20%，在许多地区苏联移民形成了同一来源国的最大群体。在上拿撒勒和阿齐瓦，苏联移民的比例高达 42.5%，在卡米尔为 35.6%，在贝尔谢巴为 26.2%。

苏联犹太人是一个高素质的移民群体，是以色列极其宝贵的人力资源。据官方统计，1990～1999 年的移民中共有 90718 名工程师和设计师、19737 名外科医生和牙医，以及 21643 名护士和其他医疗辅助人员。在经历过艰难的经济、文化和心理调适期后，许多人都找到了能够发挥其专长的工作，甚至还提交了上千项研究课题，给以色列的经济、科技注入了生机与活力。

在宗教文化方面，由于苏联犹太移民中信仰虔诚者极少，许多人不遵守犹太教习俗与礼仪，推崇俄罗斯文化和世俗文化，给以色列社会文化和宗教领域带来巨大的冲击。从 90 年代起，苏联犹太人创办俄语电视台 HTB9 频道和报纸，广播电台 "以色列之声" 甚至也用俄语播音。2011～2012 学年，以色列有 150 多所学校教授俄语，学生人数达到 7500 人。

3. 塞法尔迪人（Sephardi）

主要指 15 世纪末离开西班牙和葡萄牙流散到荷兰、法国南部、意大利、保加利亚、希腊以及土耳其等国的犹太人后裔。他们一般讲拉迪诺语，文化程度不及阿什肯纳兹人，其中一部分人建国前就返回了巴勒斯坦。笼统地讲，这类犹太人在职业、收入和教育等方面都不及阿什肯纳兹人，但其中亦不乏富有者和杰出者，第五任总统伊扎克·纳冯就是其中之一。

4. 东方犹太人

阿什肯纳兹人（含苏联犹太人）和塞法尔迪人统称为欧美裔犹太人，二者之间的差别稍小，但与东方犹太人的差别相当大，仅从相貌肤色上看就一目了然。

东方犹太人又称亚非裔犹太人，指古代定居两河流域的犹太人后裔。随着新巴比伦王国的衰落，许多犹太人散居到北非和中东的伊斯兰国家，其中部分人继续向东迁移，直到印度。北宋年间到中国开封定居的犹太人便是其中一支。他们习惯讲阿拉伯语，文化程度较低，相当保守，拥有根深蒂固的犹太传统和东方价值观。他们对犹太复国主义缺乏热忱，也对按照西方模式建立起来的以色列社会感到陌生。19 世纪末到 20 世纪初，只有部分东方犹太人返回巴勒斯坦。建国后，中东局势恶化，大批东方犹太人返回以色列。他们与阿什肯那兹人之间的差距明显，文化教育水平和社会地位较低，大多从事一些劳动密集型的、科技含量低的工作或体力劳动等。70 年代后，在以色列出生的东方犹太人成长起来，在政治、经济和文化生活中发挥着越来越大的作用。

5. 阿拉伯裔以色列人

1952 年 4 月，《国籍法》颁布，明确了阿拉伯人作为少数民族的法律地位。1949 年第一次中东战争结束后以色列与阿拉伯前线国家达成的临时停火线，即所谓的"绿线"范围之内的 15.6 万阿拉伯人及其后裔被称为阿拉伯裔以色列人。2013 年，阿拉伯裔以色列人（含贝都因人）为 165.8 万，占人口总数的 20.7%，主要分布在加利利的中部和西部、小三角地区和内盖夫沙漠，其中加利利的拿撒勒是一个阿拉伯人口居多数的城市。

建国初期，以色列的阿拉伯人多是生活贫困、教育水平低下、居住在乡村的农牧民。经过数十年的发展，以色列阿拉伯人的人口素质有了显著提高。阿拉伯人中农业人口所占的比重不断下降。从 1963 年的 38.7% 下降到 1976 年的 19.2%，再降到 1981 年的 11.7%，至 1992 年仅有 4.6% 的阿拉伯人从事农业生产。大部分阿拉伯人转移到工业、建筑业和服务业等行业中去。在建筑业中，除了少数关键的管理和技术人员是犹太人外，几乎清一色都是阿拉伯人。

阿拉伯裔以色列人的人口素质和社会经济状况也发生了巨大的变化，其收入水平和物质生活条件已接近东方犹太人的水平。然而，巴以双方持续交恶的现实使生活在夹缝之中的以色列阿拉伯人处境尴尬，甚至遭受挤压和歧视，内心难免纠结迷茫。例如，每年都有数千名大学生毕业，但是近乎一半的大学生却找不到与其所学专业相适应的工作，能在政府部门中就业的阿拉伯人更是凤毛麟角。为了解决知识分子的就业难题，阿拉伯知识分子自发地组织起一些诸如阿拉伯工程师联合会之类的组织，但他们争取平等就业机会的道路仍然十分艰难和漫长。

贝都因人是阿拉伯人中的一支，最初他们主要分散于内盖夫地区的20个游牧部落中，骆驼和羊群是其重要的生活资源。50年代末，受农业和半无产化的影响，许多贝都因人逐渐放弃游牧生活，生活在有标准市政服务设施的永久定居点内，接受免费义务教育和职业培训。但遗憾的是，贝都因人的失学率在以色列是最高的。成年后，一些人在农业、建筑业和维修业中就业，也可自愿应征入伍。他们大都被安排在边境服役，据说贝都因人在侦探追捕方面具有超凡的技能，尤其是在夜间。

6. 德鲁兹人

德鲁兹人也是阿拉伯人中的一支，使用阿拉伯语，信仰伊斯兰教，属什叶派中伊斯马仪派的德鲁兹支派。德鲁兹人不同于其他穆斯林，他们不缴纳天课、不封斋、不行割礼、不朝圣，只过宰牲节和阿术拉节，实行一夫一妻制，保留较多的拜火教习俗。在以色列北部的加加利的农村和卡梅尔地区的22个村庄，约有8万德鲁兹人，主要是从事农业，部分人也涉足手工业和商业。1957年，政府正式承认德鲁兹人为独立的宗教社团，并实行义务兵役制。1967年第三次中东战争后，戈兰高地上的叙利亚德鲁兹人获得了以色列国籍，但许多人拒服兵役。

三　社会规范

作为一个以犹太民族为主体的现代化国家，以色列的社会规范主要由两部分构成。一是世俗的成文法；二是犹太教主导下的具有宗教性质的法规。

1. 世俗法

由于外部环境动荡不安，国内世俗团体与宗教团体之间又存在诸多分歧，以色列始终没有出台一部完整的宪法。1950年6月13日，议会通过了《哈拉里法案》："第一届议会责成宪法、法律和司法委员会准备以色列宪法草案。该宪法由单独的章组成，每一章都是独立的基本法。在委员会完成其工作之后，这些基本法将提交给议会，合起来就成为以色列的宪法。"

如前文所述，自 1958 年第三届议会通过了第一部基本法《议会法》以来，以色列议会陆续颁布了 14 部基本法。

2. 宗教法

以色列建国后，犹太教获得了巨大的发展，成为一个具备完善管理体系的宗教信仰。由阿什肯纳兹和塞法尔迪人大拉比领导的拉比总署掌握最高宗教权力，通过宗教法院、宗教学校、新闻媒体等途径处理有关犹太教的事务。同时，犹太教势力以宗教政党的形式进入议会，活跃于政坛，其影响力远远超过了自身实力。尽管犹太教实际处于国教地位，以色列的一些法律条文甚至与犹太教律法相吻合，然而，以色列仍然是一个世俗国家，《基本法》没有明确规定犹太教的特殊地位，宗教法规的法律效力则源自世俗法。

1953 年，以色列议会通过《犹太教法管辖权（结婚和离婚）》，规定："在以色列，犹太人结婚和离婚应遵照犹太宗教法进行。"1992 年 3 月，以色列在公法领域颁布了两部基本法：《人的尊严和自由》和《职业自由》。这两部基本法是以色列《人权法案》的主要构成部分，赋予了以色列人部分人权，但其内容有诸多向宗教派别让步之处。例如在立法目的方面规定以色列是一个"犹太民主国家"；赋予宗教法庭关于婚姻问题的专属管辖权等。以色列内务部在公民登记造册时也以宗教婚姻为准。从犹太律法的角度看，混合婚姻并不是宗教混合问题，而是皈依了某一方信仰的问题。没有拉比法庭认可的婚姻是无效的，在其他国家缔结的婚约在以色列也没有法律效力。

以色列人的日常生活深受犹太教的影响，遵守犹太教律法则成为其行为准则，如对安息日和犹太饮食法的遵守。

安息日是所有犹太节日中最特殊、最重要的节日，是上帝与选民立约的证据。据《圣经》记载，上帝在六日内创造天地万物，第七日休息，即安息日。犹太人谨守安息日为圣日是"摩西十诫"中的第四条诫命。星期五日落到星期六日落期间，不许工作，要学习经典和祈祷，与上帝进行交流。正统的犹太教徒认为遵守安息日的诫命甚至重于生命。

犹太教的饮食法极为严格，对食物种类、处理方法、饮食禁忌等都有详细的规定，如不可食用动物的内脏；必须是经过礼定屠宰的牲畜的肉才能食用；乳制品与肉类食品不可同时食用等。犹太饮食法在某些方面虽未严格执行，但其基本理念早已深入人心，如不出售或食用死因不明的、变质的肉类，确保屠宰卫生洁净等，值得称道。

四　社区建设

1. 社区管理

为了维护社会秩序和社会稳定，以色列早期的社区建设主要采取由政府主导的自上而下的原则，资金来源于国家税收。

社区的运作和监管主要由以色列社区中心协会（IACC）负责。该协会成立于 1969 年，内部实行董事会负责制。董事会成员由公众代表、政府和地方代表以及其他机构代表组成，经居民代表选举产生。政府通过教育部和文化部支持指导协会工作。社区中心协会对全国各地的社区中心负有指导、协调、培训、监督的职责。社区中心是一个独立主体，其功能相当于一个责任有限行会或非营利性机构，实行管理委员会负责制。管理委员会由教育部和文化部、社区中心协会、犹太代办处、地方政府和当地居民等各级部门的代表组成，负责制订计划等。若干个相邻的社区被划入一个区域，由区域主管来指导协调各社区的工作。

80 年代以后，以色列的社区建设发生了重大变化，主要是通过基层组织或非营利组织采取自下而上的方式来开展活动。资金多来源于捐款、基金或会员会费，发展目标则更为关注社会变迁、社会运动及居民的生活福利与改革等。各社区纷纷吸纳众多参与者，开展大规模的社会活动，以及使用大众媒介，因此，社区协作开始突破地理与行政管辖的限制。

2. 社区教育

以色列社区内一般都设有幼儿园、学校、博物馆、图书室、健身房，以及各种专业性较强的服务中心，诸如艺术教育中心、音乐教育中心等社区活动中心。社区在公民教育中发挥的作用无可替代，尤其是在学前教育和国防教育方面。

社区幼儿园为学龄前儿童就近接受良好的教育提供了方便。以色列的幼儿教育的显著特点是社区教育与家庭教育紧密结合，全方位地培养孩子的动手能力、思维能力和团队精神。政府专门实施了"幼儿及其家长的家庭活动"（Home Activity for Toddlers and Their Families，HATTF）和"学前儿童家庭指导计划"（Home Instruction Program for Preschool Youngsters，HIPPY），对幼儿家长进行分层指导，以提高国民素质。

以色列实行以义务兵役为主的兵役制度，坚持"全民皆兵"的原则。凡年龄在 18~29 岁的男子和 18~26 岁的女子，一般都要应征入伍服役。服现役期满后转入预备役，大致按照社区进行编制。社区国防教育是以色列国防建设的重要组成部分。社区经常组织相关的报告会向社区民众介绍国防安全政策，普及国防教育知识，组建志愿防御组织，开展军事教育活动等。

3. 社区服务

以色列是一个高福利国家，社区服务范围相当广泛。

社区保健服务中心和家庭医疗服务站负责社区的卫生防疫任务。家庭保健服务站的服务对象主要是孕妇、新生儿、婴幼儿、中小学生、老年人等群体。社区护士负责社区三级预防的每个环节及技术。为了努力提升社区内的医疗卫生服务水平，以色列还积极培养社区的全科医师。除上述两种医疗服务机构外，还有各类诊所、心理医生、社会工作者、营养师、自愿组织等作为社区医疗服务补充。

个人和家庭社会服务包括支援单身母亲、照顾儿童和残疾人；管教青年服务项目包括管教少年犯、预防和治疗酗酒者和吸毒者、辅导辍学生、留宿观察抑郁症青年等。

以色列是一个相对年轻的国家，但老龄化问题日益凸显。2011 年，65 岁以上的老年人占国内总人口的 10.3%。照顾和安顿老年人成为社区服务的主要项目之一，其中包括：健康保险、家庭帮助、个人关怀、住行帮助和心理辅导等。社区和志愿者协会还为老年人建立了 700 多所俱乐部，为其提供休闲娱乐服务，甚至还开设健身课程和训练班。此外，埃谢尔组织为老年人配置了适合其锻炼的健身器材，并进行为期 28 天的强化训练；"老年人生命线"在耶路撒冷每月为 6000 多位老人免费供应 9 万多份餐饮。

五 社会组织

以色列是中东地区唯一一个自由民主制国家，公民拥有各式各样的政治权利和公民自由。因此，以色列不仅党派众多，而且还有各种社会组织，几乎涵盖了社会的各个方面，体现了以色列社会的多元性和包容性。以下是对以色列主要社会组织的简要介绍，以社会组织成立的时间为序。

犹太国民基金会 1901 年，在瑞士召开的第五次犹太复国主义大会上决定成立犹太国民基金会。该基金会专门负责到世界各地的犹太社区募集资金，在巴勒斯坦购买土地，安置犹太移民，为以色列建国做出了巨大贡献。它是一个非营利性组织，拥有以色列 13% 的土地。21 世纪，该基金会仍继续开发土地，如致力于开发内盖夫地区，但更注重保护环境、节约资源，以及解决水资源短缺等问题。

基布兹 1909 年年底至 1910 年年初，犹太先驱们在约旦河谷南端金纳雷特湖畔的德加尼亚地区建立了第一个基布兹。到以色列建国前夕，基布兹的数量已增至 145 个。基布兹是建立在生产资料公有制基础上的农业公社或集体农庄，是犹太复国主义思想和社会主义理论相结合的产物。在基布兹内，所有生产资料、劳动产品和个人收入均归集体所有。基布兹成员在政治经济方面的权利一律平等，其住房、饮食、教育和医药卫生等都由集体负担。凡是有劳动能力的成员都必须从事力所能及的劳动，无劳动能力者则由基布兹提供生活保障。2012 年，基布兹仍是以色列占主导地位的农村经济合作组织，其总数约为 270 个。基布兹一般有三四百个成员，规模较大的有上千人。统一基布兹运动（即塔卡姆）是全国最大的基布兹联合会，吸纳了全国 60% 的基布兹。

以色列总工会 以色列总工会的前身是犹太工人总工会（The General Federation of Hebrew Workers in Palestine），希伯来语的音译是希斯达德鲁特（Histadrut），意为"组织""联盟"。该组织建立于 1920 年，是犹太复国主义思想和社会主义理论相结合的产物，为以色列国的建立奠定了基础。建国后，总工会将部分职能转让给政府，但仍保有很多重要的国家职能，是以色列最大的社会经济组织，与基布兹和国防军并列为国家的三大支柱。工党执政期间，形成了工党—政府—总工会国家政治核心链条，总工会实力迅速膨胀，发展成为名副其实的"国中之国"。在工党执政末期，因过度追随工党并墨守成规而备受争议。1977 年以后，由于受到利库德政府及以后历届政府在经济领域引进的竞争机制的影响，总工会对所属企业进行了私有化改革。《全国医疗保健保险法》颁布后，总工会失去了和医疗服务的联系，会员根基发生严重动摇，其影响力急剧下降。总工会的职能开始向西方式传统的工会职能转变。2006 年以来，新的领导者采取务实的态度，通过法律、谈判、罢工等手段，为工人争得了很多利益。

信仰者集团（Gush Emunim）　　前身为"火炭"，是 20 世纪 50 年代初由十余位 13～15 岁的男孩结成的名为"托拉学习先驱者核心"的秘密组织，其使命是通过在被占领土（尤其是约旦河西岸）开展定居运动而"推动神的拯救"。1977 年利库德集团执政后，其势力迅速壮大，成为具有强烈的原教旨主义和民族主义色彩的犹太右翼院外集团。其成员大多是受过良好教育的正统派犹太人（其中 2/3 出自犹太教教育体系），他们恪守犹太教教规，定期聚会；只承认犹太教律法，力主在犹太律法的基础上制定以色列法律；反对男女平等；政治上较为保守，与全国宗教党关系密切。

马沙夫（Mashav）　　"以色列国际合作中心"的希伯来语简称，成立于 1958 年，是以色列外交部的一个部门，旨在同发展中国家分享以色列快速发展的成功经验和科学技术。初期培训计划集中于开发人力资源，现已发展为涉及农业、医药、教育、社团、妇女、家庭等多个合作领域。马沙夫一直把消除贫困、保障粮食安全、提高妇女地位和提升基础卫生及教育服务作为优先考虑的工作目标，以保证社会、经济和环境的可持续发展。马沙夫在以色列和世界各地已经培训了来自 132 个国家的学员近 27 万人次，并在多个国家建立了数十个示范项目。马沙夫与中国已有 20 年的合作关系，在中国建立了 3 个示范项目，并于 1993 年在中国农业大学建立了中以国际农业培训中心。中方每年都有数十名技术人员赴以色列考察学习，3000～4000 名学员参加由以色列专家在中国举办的培训班。

黑豹运动 20 世纪 70 年代初，东方犹太青年成立的组织。东方犹太人的第二代移民对其在教育、就业、居住等方面的现状不满，要求获得与阿什肯纳兹同等发展的机会。1973 年，一些同情东方犹太人的左翼反传统人士加入其中，从而使黑豹运动演变成一个政治组织。该组织对内要求居民群体间实行平等原则；对外要求采取克制态度，缓和与阿拉伯国家的关系；主张承认巴勒斯坦人民的合法权利，支持他们的自由运动，寻求与他们和平共处的途径。

卡赫运动 1969 年由梅厄·卡罕拉比创建。卡赫运动是以色列最极端的右翼势力，其主要任务是用暴力将阿拉伯人驱逐出以色列；不容许建立巴勒斯坦国；消除阿犹和睦的思想；建立犹太定居点，根除犹太人反向移民的现象。在以色列、巴勒斯坦被占领土，甚至美国开展恐怖活动，是以色列政府和美国认定的恐怖主义组织。1981 年卡赫运动曾参加第十届议会竞选，获得 1 席。

撒拉之手（Yad Sarah） 1976 年由耶路撒冷前市长乌里·卢波利安斯基创办。该组织从为老弱病残人士免费提供康复辅助器械起家，已发展成为以色列最大的民间组织，设有康辅器具租赁维修中心、日间照料中心、紧急呼救中心和特殊儿童康复中心等非营利服务机构。目前，全国共有 103 个分支机构、6000 多名志愿者，每年救助 38 万人，为政府节省约 3.2 亿美元的医疗费用。它是以色列弱势群体最信赖的慈善机构，运营成本几乎全部来自募捐（政府不负担），其中 70% 来自以色列国内。①

新犹太复国主义运动 1983 年成立，由以色列前参谋长拉法易勒伊塔纳创建。该运动的宗旨是努力使国际社会承认大以色列的边界，在以色列人存在的所有土地上建立定居点，消除对以色列的任何威胁，加强民族统一。在经济领域，该运动主张减少对外国的依赖。

扎卡（ZAKA） 成立于 1989 年。最初的目的主要是为了应对恐怖袭击事件，处理袭击后的事务，包括对死者进行识别、辨认、埋葬等相关

---

① http：//www. yadsarah. org/index. asp？id = 61，2014 年 10 月 19 日。

事务。由于其在该领域内的实践能力和专业程度，扎卡现在涉及的业务范围有了很大的扩展。该组织应其他各国的请求，参与包括对自然灾害、飞机坠毁等事件的救助。目前，扎卡在十多个国家内拥有了 2800 多名志愿者，能够在灾害事件后迅速提供所需的救助服务。

以色列公共服务创业基金（Tmura）　成立于 2002 年，是以色列最成功的风险投资基金之一。其宗旨是通过分享高科技领域的财富，促进国内教育、青年人以及慈善业的发展；培养高科技领域人们的奉献精神；解决成长型企业在面对障碍和束缚时能力不足的问题等。资金来源主要是国内民众以及相关高科技产业公司的捐赠。主要投资领域为教育行业以及与青少年相关的项目计划，投资额已超过 950 万美元。

此外，一些国际性群众组织在以色列也建立了分支机构，如许愿基金会、全国儿童安全组织和国际特赦组织等。

六　近期的社会热点

1. 犹太定居点问题

犹太定居点问题是巴以和谈的主要障碍之一。2012 年年底，定居点问题又起波澜。

2012 年 11 月 29 日，联合国大会通过 67/19 号决议，将巴勒斯坦国在联合国的地位由联合国观察员实体升格为非会员观察员国。作为对巴勒斯坦获得联合国观察员国地位的"惩罚"措施，以色列内阁批准在 E1 地区新建 3000 套定居点住房的计划。比起在约旦河西岸和东耶路撒冷修建其他犹太人定居点住房的计划，以色列在 E1 地区的新建住房计划更具争议。E1 地区位于"绿线"（第一次中东战争后以色列与阿拉伯前线国家的停火线）之外，在耶路撒冷东北部和约旦河西岸最大的犹太人定居点马阿勒阿杜明之间。以色列一旦在 E1 地区修建定居点，将直接分割约旦河西岸南部与北部，使未来的巴勒斯坦国无法拥有完整国土。因此，巴勒斯坦国总统阿巴斯表示，如果以色列继续坚持在 E1 地区修建定居点，巴勒斯坦将采取应对措施。包括美国、欧盟国家、联合国在内的国际社会也强烈谴责以色列的定居点计划。

2013 年 5 月 8 日，以色列宣布在约旦河西岸扩建约 300 套住房的计划立刻引起强烈反响。巴勒斯坦首席谈判代表埃雷卡特当天表示，以色列通过的扩建定居点计划，意味着以色列政府执意将重启和平进程仅剩的希望击破。美国政府对以色列的此项计划也感到非常震惊。7 月 19 日，欧盟公布了针对巴勒斯坦被占领土上犹太人定居点的制裁新规，规定：欧盟不承认以色列对 1967 年 6 月之后所占领土拥有主权，具体包括戈兰高地、加沙、约旦河西岸和东耶路撒冷。欧盟认为，设立在上述地区的以色列公司和机构不具有合法性，因此禁止欧盟成员国与其进行合作，禁止的合作形式包括拨款、奖金和金融工具。

然而，面对国际社会的谴责，以色列并没有停止其扩建计划。8 月 11 日，以色列建设部部长乌里·阿里埃勒提出了在犹太人定居点新建 1200 套住房的计划。据卡塔尔半岛电视台网站报道，以色列当局还将在耶路撒冷实施一项土木工程，以在阿克萨清真寺南部数米远处建一座名为"求是"的遗址博物馆。这项工程被认为是自以色列通过武力占领耶路撒冷以来所实施的最危险、最具挑衅意味的计划项目。阿巴斯总统呼吁国际社会出面阻止以色列继续扩建犹太人定居点，认为以色列的行为破坏了美国推动的巴以和谈。美国和欧盟对此纷纷表态，谴责以色列继续扩建定居点。

11 月 12 日，以色列总理内塔尼亚胡命令住建部立即冻结对 E1 地区 1200 套新住房建设的招标。他认为，在以色列努力说服国际社会与伊朗就核问题达成一个"好的协议"之际，没必要因为定居点新建住房问题而在国际外交上付出代价。以色列定居点活动监测组织"现在就实现和平"领导人奥本海默当天表示，内塔尼亚胡下令停止 E1 地区 1200 套新住房建设招标，但在约旦河西岸和东耶路撒冷犹太人定居点新建 1.88 万套住房的计划仍在进行，其规模是"前所未有的"，"这说明内塔尼亚胡政府一方面假意进行以巴和谈，另一方面又在扩大修建定居点规模"。[①]

---

① 范小林：《以色列总理下令停止招标新建 1200 套定居点住房》，新华网，http：//news. xinhuanet. com/world/2013 - 11/13/c_ 118114181. htm。

2. 内塔尼亚胡连任总理

2013 年 1 月 22 日，以色列举行了第 19 届议会选举。内塔尼亚胡领导的以色列联合党与"我们的家园以色列"在选举中共赢得 31 席，而成立不久的中间派新政党未来党赢得 19 席，中间偏左的工党则赢得 15 席，前进党仅得 2 席。虽然以色列联合党的议席减少了，但仍维持第一大党的地位，佩雷斯总理授权内塔尼亚胡组建新内阁。经过一个多月的组阁谈判，内塔尼亚胡最终与中间派政党未来党等达成协议，组成联合政府。内塔尼亚胡实现连任，成为以色列建国以来任期第二长的总理，仅次于本 - 古里安总理。

新政府组成后，将面临来自国内外的一系列严峻挑战。国内方面，制定新的财政预算，改善政府的财政状况；降低房价，安抚民众；以及强迫极端正统派犹太教徒服役等问题都亟待解决。美以关系方面，如何应对新一届奥巴马政府中东政策的调整，是新政府面临的一大难题。因为在巴勒斯坦问题上，美以领导人均从自身利益出发，关注点不同，对问题解决的期望值难免会产生落差。此外，以色列的周边安全环境也正在日益恶化：哈马斯集团冲破了以色列的长期封锁，并通过与法塔赫和解重新"走向政坛"，其孤立处境明显改善；而埃及对哈马斯的大力支持，以及与伊朗关系的改善，使埃以和平条约面临前所未有的考验；叙利亚内战也对以色列产生了重大影响。如何妥善应对这些问题，是以色列新政府面临的严峻考验。

3. 启用最新赛博防御控制中心

据以色列陆军高层透露，以色列国防军的数字化基础设施受到的赛博攻击（即网络攻击）正在急剧增加范围正在扩大，攻击方既有敌对国家又有业余黑客。经过两年的规划，2013 年年初以色列国防军正式启用了其最新的赛博防御控制中心。

该控制中心由 20 名士兵组成，配合陆军监视所有的网络攻击企图，并与以色列政府赛博防御系统（又称 Tehila）保持密切联系。该中心还将与以色列安全局的信息安全机构保持联系，负责保护国家的能源基础设施、金融市场、通信网络和交通运输行业，以抵御敌方的赛博攻击。赛博防御控制中心将是赛博防御的神经中枢，全天候不间断运行，具有较强的指挥能力。

4. 奥尔默特贪腐入狱

根据"透明国际"组织的报告，2013 年，在 177 个国家参与的"全球清廉指数"排行榜中，以色列位居第 36 位；在经济合作与发展组织成员国中，以色列的排名却相对靠后，34 个成员国中位居第 23 位。事实证明，以色列国内的确存在腐败现象。奥尔默特案是"以色列历史上最严重的腐败案件之一"。这不过是以色列腐败问题的冰山一角。奥尔默特内阁先后有两名部长因贪污获罪；2012 年政府花费 1 万谢克尔为内塔尼亚胡总理订购高档冰淇淋；全国 250 多位市长、镇长中，接受过调查的竟超过 20%；等等。一项民意调查显示，半数以上的民众认为政坛贪污案正在逐年增加。法官戴维·罗森认为："一名公职人员收取贿赂类似于叛国者。"

1993 ~ 2003 年，奥尔默特担任耶路撒冷市长期间，商人什穆埃尔·戴齐纳替房地产开发商希勒尔·查尼向他行贿。按奥尔默特的指示，戴齐纳把钱交给奥尔默特负债的兄弟约西。收取"好处费"后，奥尔默特帮助"圣地"项目缩减了审批流程。据美联社报道，为给开发商批地，耶路撒冷的市政规划法甚至都被大幅修改了。"圣地"豪华住宅区矗立在耶路撒冷的一座山丘上，突兀醒目。不少以色列人认为这几幢高楼相当"丑陋"，与耶路撒冷古朴典雅的建筑风格相去甚远。

2010 年，以色列检方确定奥尔默特是"圣地项目丑闻案"的主要嫌疑人。2012 年，奥尔默特、耶路撒冷市前市长乌里·卢波利安斯基、以色列前土地管理局局长雅科夫·埃弗拉蒂、以色列工人银行前任总裁达恩·东克奈尔、耶路撒冷市前总工程师乌里·谢特里特及耶路撒冷市前副市长埃利泽·西姆哈约夫等 18 人受到行贿和受贿指控。法院最终裁定，奥尔默特在担任耶路撒冷市长的 10 年间从地产开发商处获得大约 56 万谢克尔的"好处费"。

2014 年 3 月 31 日，特拉维夫地区法院法官戴维·罗森宣判，奥尔默特受贿罪名成立。罗森宣布对奥尔默特两起受贿案件的有罪裁决：

其一为其担任耶路撒冷市长期间收取 50 万谢克尔贿赂、批准修建山顶"圣地"豪华住宅区项目；其二为在另一项不动产交易中收取 6 万谢克尔贿赂。5 月 13 日，特拉维夫地区法院以受贿罪判处埃胡德·奥尔默特 6 年监禁及 100 万谢克尔（约合 29 万美元）的罚款。奥尔默特由此成为以色列建国以来首位因腐败罪名获刑的总理。奥尔默特被裁定的罪名还附带"道德败坏"。根据以色列法律，这种法律上的道德缺陷将禁止罪犯在服刑期满之后 7 年内竞争公职。奥尔默特的政治生涯宣告终结。

奥尔默特因腐败获罪一事在以色列政坛和舆论界引发了持续的震动。以色列总统西蒙·佩雷斯告诉媒体记者："今天上午，我得知了宣判结果……对以色列而言，这是悲哀的一天。"以色列非政府组织"高质量政府运动"发表声明，强调对于国家反腐败行动而言，这是令人振奋的消息。声明称："这是悲哀的一天，但为更廉政的明天带来一些希望。对于反腐败工作者而言，这是响亮的钟声。"以色列总检察长尼灿在写给调查奥尔默特案检察官的一封信中说："对于以色列而言，这是悲哀的一天，一位前总理和其他公务人员以及商界大亨被判受贿、行贿。但同时，它证明了不管贪官身居何等高位，没有人可以凌驾于法律之上，这一点（以色列）应该引以为豪。"尼灿写道，"圣地项目丑闻案"是以色列反腐败战争中的一个里程碑。"今天，在走完一段漫长而颠簸的道路后，你们（检察官）在这场战役中取得了重要胜利。"负责本案的检察官塔德莫尔告诉以色列 YNET 新闻网记者，官员腐败的严重程度以及给社会带来的不良影响难以估量，但"从现在起，任何想要行贿或受贿的人休想逃脱法律制裁。这些行径终将曝光"。以色列经济部部长纳夫塔利·贝内特评价，针对奥尔默特的宣判是以色列的"进步"。"（政府）领导人允许犯错，但不允许贪污。一旦公务人员开始谋私，公众就不再信任他、甚至不再信任这个国家。"①

---

① 杜鹃：《以色列前总理奥尔默特因腐败获刑》，中国廉政网，http://csr.mos.gov.cn/mos/cms/html/122/396/201405/41796.html。

第三节 医疗卫生

据 2014 年 7 月 24 日联合国公布的《人类发展报告》：以色列的人类发展指数是 0.888，居全球第 19 位，平均期望寿命 81.8 岁，婴儿死亡率 3‰，5 岁以下儿童死亡率 4‰[①]。在中东地区，以色列的各项指标均名列前茅，这完全得益于其完善的医药卫生体系、高标准的卫生服务、高质量的医疗技术，以及国民自觉的公共卫生意识。

一 医疗卫生概况

20 世纪初，疟疾、伤寒等疾病在巴勒斯坦地区肆虐，一批由欧洲犹太社区资助的小诊所在此时建立起来，向当地的犹太人提供必需的健康医疗服务。英国委任统治时期，在巴勒斯坦的犹太人就初步形成了预防、诊断和治疗三个环节的医疗体系。建国后，以色列在此基础上建立健全了国家的医药卫生服务体系。医药卫生体系主要由卫生行政系统、医疗保险公司、医院系统和公共卫生系统构成，后三者在业务上相互交叉。

卫生部继承了英国委任统治时期的官方机构和一些犹太组织的功能，成为管理医药卫生系统的政府部门。卫生部负责制定卫生政策和保健预算、管理公共卫生服务部门、颁发医药卫生人员执业许可证等，此外还包常规和非常规军事打击的卫生应急管理等。六大行政区的卫生机构负责管理辖区的医药卫生服务。同时，政府还拥有和经营许多大型医院，并通过国内的四大医疗保险公司（疾病基金）Clalit、Meuhedet、Maccabi 和 Leumit 为国民提供医疗保险。其中的 Clalit，即普通职工疾病基金（KHC），是以色列第一个也是最大的医疗保险组织机构。这四大医疗保险公司不仅为全民提供医疗保险，还开设有多家医疗机构，包括覆盖以色列的社区诊所和大型综合医院，拥有全国 1/3 的住院床位。

[①] 联合国开发计划署（United Nations Development Programme）：《人类发展报告》（*Human Development Report*），http：//hdr. undp. org/en/countries/profiles/ISR，2014 年 7 月 24 日。

从世界知名的医疗中心到社区的小诊所，以色列都拥有高水平的医务人员和医疗设施。医务人员基本上由卫生部和医疗保险公司雇用和管理。2010 年，以色列大约有医生 38000 人，药剂师 6000 人，5 万多名护士（其中 72% 为注册护士），医护比为 1∶2。平均每千人拥有 4.6 名医生，这一比例全球最高。2010 年，以色列有 83 家公立医院、38 家私立医院，其中 47 家为综合医院，约有 14000 张普通病床。44% 的医院属于由政府经营的国有医院，此外约 30% 医院由 KHC 经营，还有两所属于哈达萨医疗机构的医院，占总数的 6%，余下的约 20% 由非营利性组织和宗教机构经营。[1] 医院自主经营，只负责法律责任，医疗事故由保险公司赔付。医院比较关注工作绩效，如手术量、门诊量、病床使用率、平均住院天数等。除了上述医院和专科医院外，还有遍及全国的门诊网、母婴保健中心（850 多个）、疗养院和康复中心，以及 2000 多个社区初级保健诊所，为国民提供便宜、便捷的卫生服务。各医院之间、医院与诊所之间，甚至是私立医院和公立医院之间都有良好的转诊机制。传染病、难以识别和处理的疾病都可以在短时间内转诊到相关的医院获得及时有效的救治。这些卫生保健机构中有 50% 左右是由卫生部直接管理的，其余是由卫生部给予财政资助或者基金负责管理。[2] 1995 年后，政府从服务体系、治理、补偿、收入分配以及内部管理等方面对公立医院系统进行改革。以色列的医疗水平较高，在癌症、帕金森综合征、阿尔茨海默病、多发性硬化症、糖尿病、神经系统疾病的诊断治疗上均取得重大突破，走在世界前列。

哈达萨（Hadassah）耶路撒冷希伯来大学医疗中心是一家提供专科和次专科专业治疗的三级医疗中心，曾于 2005 年提名诺贝尔和平奖。哈达萨医学中心拥有 30 间手术室、5500 名雇员、700 名医师及 1600 名护士，在耶路撒冷经营着两所大型医院，提供各式现代化的医疗服务，一些部门甚至是以色列国内唯一的诊疗机构。哈达萨还包括皮肤库、骨髓移植中

① 吴东晗等：《以色列医保改革透析》，中国医院院长网站，http：//www.h‑ceo.com/journal/read/1248/71.html，2011 年 9 月 1 日。
② 赵琦等：《以色列的医疗卫生服务体系》，《中国卫生资源》2009 年第 6 期。

心、心脏移植中心、基因治疗中心、肝移植中心，以及角膜手术、屈光手术、玻璃体视网膜手术及激光手术中心等国家级医疗机构。

拉宾医学中心（Rabin Medical Center）是以色列最大的医疗机构之一，利用创新的技术治疗血液和肿瘤疾病，实施骨髓和腹部器官移植。

舍巴医院在试管婴儿、骨髓移植以及心脏病的治疗方面处于世界先进水平。

以色列的医药卫生服务奉行"以人为本"的原则，强调权利与义务共存，旨在为全社会提供医疗保障。除上述医疗机构外，国内还有许多社会团体、志愿者服务机构开设的诊所，为新移民、阿拉伯人、外来劳工、非法务工人员等弱势群体提供医药卫生服务，帮助其实现基本的卫生保障。比如，一些医疗机构雇用特殊志愿者引导埃塞俄比亚犹太移民和苏联犹太移民享受卫生服务；在一些特殊街区设立流动门诊车，免费为非法劳工等特殊群体检查身体等。

21世纪，人口老龄化问题给以色列的医疗卫生服务带来了极大的压力。合理解决人口老龄化所带来的卫生资源配置问题，则迫在眉睫。一方面，人们需要建立健康生活和行为方式，以及完善的卫生保健体系；另一方面，作为全球公认的在生命医药科学领域的引领者和供应商，以色列致力于科技创新，以降低整体医疗成本来迎接这一全球性挑战。

二　公共卫生系统

以色列拥有惠及全民的公共卫生系统，主要有以下4个机构。[①]

公共卫生管理机构　卫生部下设公共卫生处，负责管理包括食品卫生、环境卫生与管理、流行病与实验室、妇幼保健、牙齿保健和健康教育等公共卫生项目。卫生部和六大行政区管理辖区内的公共卫生服务；疾病控制依托医院、诊所和专业机构；水、食品、职业与环境卫生直接由卫生行政机构管理。

---

① 戴继舫：《以色列公共卫生体系概述》，《中国社会医学杂志》2009年第4期。

公共食品安全的重点是保证食品成分标准适当、质量合格和清洁。以色列的科学家和公司对土壤和植被进行大量技术投资，增强其抗疾病的能力并提高它们的质量。在农产品流向市场前也会进行严格的技术检测。一种名为 Foods Can 3000 "智能芯片" 能在三秒之内检测出食物中含有的危险细菌，像沙门氏菌或者大肠杆菌。另外还有奶制品在线分析仪（Afilab），能更快、更高效地识别出奶制品中的污染物。为了保障食品安全，以色列已颁布两部法律：一是《公共卫生规章（食品）》，主要涉及食品安全及健康方面的问题；二是《标准法》，为以色列的食品设置产品标准，如质量、成分、标签、包装、重量和卫生方面问题。另外，以色列农业科技发达，转基因食品较多。以色列对转基因食品的法律和伦理问题比较关注，同时也注重沟通问题，以消除公众对转基因食品安全的担心。

妇幼中心　也称家庭卫生中心，主要由公共卫生护士和医生组成，负责传染病的报告、学校卫生和家庭探视等，为公民提供低成本、方便可及的服务。卫生部直接管理的妇幼中心有 460 家，其余的卫生部则提供经费支持。市政机构和医疗保险机构提供的公共卫生服务主要包括健康教育、儿童发育常规、0~5 岁儿童免疫，免疫接种覆盖率为 95%。独立执业的医生在构建家庭卫生服务方面也起到一定的作用。

以色列疾病控制中心　主要职能是收集更新与健康有关的数据，为决策提供依据。疾控中心指导委员会由卫生部下属的署长、代表、医院管理人员和疾控中心主任组成。疾控中心划分为 9 个领域和 2 个亚领域，协调开展疾病登记、疾病调查、出版专题书籍和召集专题会议等工作。[1]

公共卫生实验室　包括国家公共卫生实验室、地区和中心实验室，以及研究所和医学中心等各级实验室。公共卫生实验室负责检测细菌，病毒，水、食物、废水的毒物，药物和化妆品安全和效果，以及医院送检的样本，等等。

---

① The Israel Center for Disease Control Website, http：//www.health.gov.il/icdc1/.

三 医疗保险与保障

以色列的医疗保险制度早在建国前就已具雏形。犹太工人总工会接管了农业工人联合会（1911 年建立）的健康基金，全面负责工会成员的医疗健康。工会成员享受健康基金为其提供的医疗服务，并为他们因疟疾和在拓荒中遭受的其他伤害造成的损失提供保险。

建国以来，以色列的医药保健问题从未离开过公众视野，而对医疗保障制度公平与效率的探索，也一直是政府最关注的问题之一。1973 年议会通过了《健康保险法案》，要求所有雇主必须支付健康税。

20 世纪 80 年代，以色列最大的医疗保险公司 Clalit，即普通职工疾病基金（KHC），出现了财务危机，严重影响了医药卫生事业的协调发展。长期以来，以色列医药卫生服务的头绪繁多。例如，妇幼保健、精神病治疗以及一些慢性病患者长期保健主要由卫生部负责；门诊医疗由保险公司负责；三级医疗则分别由医疗保险公司、政府以及各类组织机构开设的医院提供。服务提供主体多元化导致服务体系缺乏统筹整合，效率低、重复现象严重。为了解决上述问题，1990 年内塔尼亚胡内阁执政期间，议会启动了《全国医疗保险法》审议程序。

经过近半个世纪的争议，以色列议会于 1995 年通过《全国医疗保险法》，以法律的形式明确了国家必须为全体国民提供医疗保健服务。法律的出台意味着政府已经承担起为其国民提供基础医疗卫生服务的责任。

1995 年之前，以色列没有强制执行医疗保险制度。《全国医疗保险法》正式实施后，政府要求居民必须选择一家医疗保险公司，用法律保障公民获得基本医疗保健的权利。国内的四大医疗保险公司，又称医疗基金，属于健康维护组织性质，既收保险费，又办医院。保险法规定，四大医疗保险公司根据投保人的数量获得政府相应的经费支持，同时依据投保人的年龄、性别和病情等因素给予适当的调整。例如，老年人的人均份额高于平均额度，病情严重的人会获得更多的帮助等。为了吸引公民投保，获得更多的经费支持，四大医疗保险公司在国家规定的基本医疗保障的基础上还会提供一些特色服务。

《全国医疗保险法》规定，医疗服务的各项标准为：只要投保人每月缴纳其收入 4.8% 的医疗保险税，不论年龄和健康状况如何，都可享受包括就医和住院在内的标准化医疗服务。国家医疗保险范围包括医学诊断与治疗、预防医学与健康教育、住院（一般、产科、精神和慢性病）、外科和器官移植（如果以色列不能移植，可以到国外就医）、儿童牙齿保健、急救与工作场所的医学服务、医药滥用与酒精中毒、医疗装备与设备、妇产科医疗、暴力伤害、卫生部规定的药物治疗、慢性病治疗和辅助治疗（理疗和职业治疗）等方面。在很多支付项目上，体现了预防为主和以人为本的理念。

全民参与的健康保险支付体系，保证了以色列医药卫生事业的质量、公平和安全。居民享受卫生服务的支付形式有 3 种：一是国家健康计划支付，这部分由四大医疗保险公司提供；二是通过自愿健康保险支付；三是患者自付。自愿健康保险可以作为国家健康保险计划的补充，因此在社区医生和医院就诊时采取混合支付方式。而没有进入国家健康计划的私人医院就诊时，由患者自付或通过自愿健康保险支付。以色列的医疗保障体系是由政府筹集经费，由四家保险公司支付费用和监督。由于医疗保险公司之间、医院之间，以及医疗保险公司与医院之间存在政府监督和管理之下的有序竞争，从而使整个体系得以经济有效地运行。[①]

2013 年，以色列的医药卫生支出占国内生产总值的 7.6%，比上年增加了 1.2%。在医药卫生支出中：政府的财政预算占 35%、雇主缴纳的健康税占 24%、个人缴纳的费用占 40% 和海外捐款占 1%。[②] 所有这些经费均由负责国家医疗保险计划的国家保险机构（National Insurance Institute，NII）管理。以色列 95.4% 的居民参加了国家健康保险，另外 4.6% 的居民（大多为阿拉伯人）也有权选择加入健康保险。

以色列的医疗保障着眼于公平。四大医疗保险公司以提供基础医疗服

---

① 戴继舫：《以色列公共卫生体系概述》，《中国社会医学杂志》2009 年第 4 期。
② 以色列中央统计局网站，http：//www1.cbs.gov.il/www/hodaot2014n/08_14_220e.pdf，2014 年 8 月 20 日。

务为主，而非偏重于附加性医疗服务，从而满足了中低收入者的健康保险需求。尽管如此，以色列的医疗保险制度仍然存在着一系列问题，而最突出的莫过于预算不足。普通职工疾病基金（KHC）从属于以色列总工会。政权更迭直接影响了 KHC 的资金来源。政府担心填补赤字的费用增加，迫使 KHC 以银行贷款代替了政府补贴，这无异于雪上加霜，KHC 的亏损更为严重。就在政府减少对 KHC 资金支持的同时，政府健康保障的总体资金（包含雇主缴纳的健康税）也在下降。四大医疗保险公司面临寻求额外收入的压力。为了弥补公有化的不足，以色列引入私有化，与公有化并存。私有化的扩大并不意味着政府在保险市场上参与度降低，而只是管理体制的转变而已。现在，以色列政府更着力于促进建立保险公司的规则和供给激励机制，促进医疗服务提供者相互竞争，并向消费者提供更高质量的服务。商业健康保险的市场份额至少在近期内还会持续增长，虽然这部分增长只向总系统注入了少量的资金，但它在整个健康保障系统中的影响却不可小觑。开放私人医疗保险市场后，以色列的政府责任反而更艰巨了。政府从直接管理转变为间接管理，监管的手段更加复杂。[①]

四 医学研究

以色列的医学和辅助医学研究主要集中在医疗器械与设备、生物技术与医药、诊断和医疗信息等方面，这些方面一直处于世界领先水平。

以色列的生命科学产业闻名遐迩，发展迅猛，活力四射。民用研发投入占 GDP 的 4.8%，居世界第一（其后为瑞典 4.3%，芬兰 3.5%，日本 3.1%，美国 2.8%）。其中，约 35% 的研究项目集中于生命科学领域，占用近一半的科研经费。

医疗器械与设备的研发和生产是以色列生命科学产业的第一大门类。以色列是世界第二大医疗器械供应国，在国际上具有重大影响。国内有

---

① 吴东晗等：《以色列医保改革透析》，中国医院院长网站，http：//www. h - ceo. com/journal/read/1248/71. html，2011 年 9 月 1 日。

1200 家生命科学产业公司，其中 62% 从事医疗器械研发和生产，产品以出口为主。出口的医疗设备主要为诊断和监测设备、门诊和家庭保健设备、科研和实验室设备、急诊或康复设备以及医院计算机系统等。2013年第一季度，医疗设备及电脑技术支持的医疗产品出口额达到 4.4 亿美元。其中向美国出口 1.64 亿美元，占医疗设备出口总额的 37%；向欧盟出口 1.32 亿美元，占医疗设备出口总额的 30%。世界主要医疗器械生产商，如通用电气、菲利浦、西门子、波士顿科学①和强生等均在以色列设立了研发中心。

　　凭借在电子、计算机、材料、光学和国防科技等领域的实力，以色列科学家和工程师联合将医疗设备和器械水准提升到世界级的高度。率先研制并使用了 CT 扫描仪、核磁共振成像系统、超声扫描仪、核医学摄像机、外科激光仪器、电子计算机监探系统、电子起搏器等尖端的医疗设备。基于核磁共振成像扫描提供的准确的脑部图像，以色列洞察力技术公司研制出不用在头颅上开洞就能实施神经外科手术的设备，即使用 1000倍聚焦超声波束可穿透完整头骨并清除病灶。类似的发明还有：防止牙齿菌斑聚积的受控释放的液体聚合物；缩小前列腺良性和恶性肿块的装置；矫正眼睛斜视的肉毒杆菌毒素；诊断肠胃疾病时使用的视频胶囊内窥镜②等。

　　2007 年，以色列医疗器械企业 Biolert 公司赢得了心理健康与神经系统领域"未来医学创新奖"（Medical Futures Innovation Award），该奖项由英国首相支持，是英国人最受追捧的医学奖项。Biolert 公司研制的epilert，是一个可针对持续的癫痫发作向医护人员发出提醒的无线装置。其独特的深颅技术，为无创治疗各种神经和精神疾病提供了可行方案。2013 年，以色列举办了医疗器械设备展及峰会，讨论主题包括医疗保健

---

① 波士顿科学国际有限公司是专注于微创伤介入医疗器械的研发、生产和销售的跨国公司。

② 以色列军工局开发公司有一个由医疗技术专业人士组成的智库，旨在将军工技术应用于生命科学领域。Given 图像公司开发的一种可摄像的胶囊内窥镜 PillCam，以及 Galil 医疗公司发明的治疗癌症的冷冻疗法，均来自拉斐尔高级防御系统。

信息技术，医院效率、应急防备和创伤、成像和机器人技术和个性化医疗等。

生物技术是以色列生命科学产业的第二大门类。1980 年以色列只有 4 家生物技术企业，1998 年也不过 25 家，2000 年就增至 150 家，到 2008 年年初激增到 900 家。28 年间，生物技术公司数量增加了 220 多倍，增速之快仅次于美国。2008 年，以每百万人口中有 128 个生物技术企业，企业密集度为全球第一。全球最大的生物制药企业梯瓦公司（Teva），也是以色列历史最悠久的制药公司，创立于 1901 年。该公司主打产品是治疗多发硬化症的合成药物"Copaxone"，其研发的治疗帕金森综合征的药物"Agilect"在市场上也很畅销。2007 年销售额 94 亿美元，利润 19.56 亿美元，2008 年市值为 373 亿美元。

在生物技术方面，以色列成绩斐然。是世界上最早采用羊膜穿刺技术、培育人体白细胞和批量生产 β 干扰素的国家之一。以色列理工学院还利用人类胚胎干细胞创造出有自己血液供应的心脏肌肉，可修复和替代因心脏病受损的心脏。该校还发现光电效应可控制纳米孔传感器通道，改进了使用固态纳米孔的方法，使 DNA 测序更精确、成本低且速度快。魏茨曼科学研究院则分离出了能产生含有来自人体组织的"人源化"小鼠模型的多能干细胞。他们创造的诱导多能干细胞可完全"复位"，为未来提升移植器官功能铺平了道路。他们还揭示了人脑小胶质细胞的某些神秘特性，为治疗老年痴呆症、肌萎缩症等脑健康疾病带来了希望。特拉维夫大学科研人员通过收集鼻子中的活检组织，通过鼻内神经元来诊断早期精神分裂症，提高了确诊速度和准确性。2013 年，红利生物集团有限公司开始建设世界上第一个生产再生骨的工厂，包括骨移植中心、研发中心以及一个总部和管理中心。

2013 年，以色列举办了国际生物医药大会，这是全球最重要的生命科学领域展览之一。共有数百家世界知名的企业和研究机构参展。该展重点展示了生命科学、生物制药和医疗器械的最新科研成果和技术产品。

2013 年 7 月，名为"心境"的以色列脑科学展在耶路撒冷举行。展览的主题是"人类的未来与揭开大脑之谜息息相关",通过观众与以色列顶尖脑科学研究的科学家互动,体验人类大脑的神奇奥妙,展示以色列脑科学研究成果。同年 10 月,首届以色列国际脑科学大会在特拉维夫举行。大会就在抑郁症和阿尔茨海默病中如何控制人脑、通过人脑–机器交互技术改变日常生活,以及模拟人脑计算等前沿领域进行了深入探讨,并展示了脑科学技术公司的最新产品。

五 医学教育

以色列具有严格的医疗卫生人员培训、考核、资格认定制度,以及医疗卫生工作岗位的公开竞争选聘机制,从而保证了高质量的医药卫生服务和医学科技的不断创新,医生甚至成了新技术的开发者和早期尝试者。以色列医生在心血管病、脑外科、整形外科等方面经验独到,医术精湛。

以色列共有 4 所医科院校,即耶路撒冷希伯来大学医学院、特拉维夫大学医学院、本–古里安大学医学院和海法大学医学院,分别附属于相应的基金会。其中,本–古里安大学医学院附属于普通职工疾病基金(KHC),以社区医学教育为主,重点是培养专业化的家庭医生。此外,以色列还有 2 所牙医专业学校、2 所药理学专业学校和 20 所护理学校,其中有 7 所院校可授予学位。

国家医学医疗中心作为以色列和中东地区最大的综合性医院、教学医院和医学科研中心,在干细胞研究、生物医药研发和康复治疗等方面独具特色,并在急症救护、心血管疾病、癌症、骨髓移植、辅助生殖、儿童癌症治疗等方面处于世界领先水平。

2002 年,三名"小丑医生"加入耶路撒冷哈达萨医疗中心,为患儿排忧解难,帮助他们恢复健康。2009 年,海法大学专门开设了医疗小丑专业,招收戏剧专业的学生,为他们提供第二职业选择。医疗小丑协会负责"小丑医生"第一年的全额工资,他们还与各医院签协议,使医疗小丑顺利过渡为医院的专职人员。2011 年,第一届国际医疗和小丑医生大会在耶路撒冷召开。

第七章

文　化

第一节　教育

一　教育概况

尊师重教是犹太民族优秀的文化传统。在犹太人心目中，办学仅次于敬神，教师的地位甚至高于父亲。建国后，以色列人尊重传统，把教育视为社会的基本财富以及进步发展的关键。教育体制的目标是把儿童造就成这个不同民族、宗教、文化和政治背景的人共处的民主和多元社会中富有责任感的成员。以色列的教育是以犹太人价值观、热爱祖国、自由与宽容原则为基础，设法向学生传授高层次的知识，并着重传授对国家的持续发展至关重要的科学技术和技能。希伯来语在 19 世纪末才重新振兴，但已成为日常口语和主要教学语言。

以色列建国前半个世纪，犹太移民陆续在巴勒斯坦建立学校。由于移民来自不同的国家和地区，所建立的教育体系各不相同，有以西方世俗教育为模式的，有以强调犹太传统文化为模式的，有带有较浓厚宗教色彩的。建国前夕，犹太人已拥有两所高等学校，36 所中等学校，在校学生万余名，犹太儿童的入学率高达 85％，这些成为以色列教育体系的雏形。建国后，以色列政府高度重视教育事业，教育体制得到不断发展和完善。

建国初期至 50 年代，以色列政府把教育工作的重心放在推行义务教育、建立统一的国民教育体系上。1949 年 4 月，以色列教育文化部成立，其主要职责是：维护发展教育体系；确定稳定的教育标准；培训和指导教师；推广教育计划和教学课程；改善教学条件，并组织和鼓励成人的教育文化活动。在教育文化部成立后不久，政府就颁布了《义务教育法》，规定 5～14 岁的儿童必须接受免费义务教育，父母可以在世俗学校和宗教学校之间为其子女做出选择。1953 年，以色列政府又颁布了一个重要的教育立法——《国家教育法》。全面推行义务教育，对伊休夫时期及建国初期存在的多元性教育体制进行改革；把全国教育分成普通教育和宗教教育两种；并对一些政党、团体及社会组织主办的学校实行国家统一管理。新教育法一方面是为了让学生学习知识和技能，以适应国家发展的需要；另一方面是促进来自世界各地的犹太人之间的交流融合，增强其犹太文化认同感。

1968 年，以色列对全国教育体制进行过一次较大的改革。这次改革包括修改《义务教育法》，把义务教育从原来的小学和初中扩大到高中，使实施义务教育的年限从 9 年延长至 11 年①，仅次于当时实施义务教育年限最长的荷兰、比利时和德国（12 年）。同时，调整传统的中小学教育结构，实行小学 6 年、初中 3 年、高中 3 年的 6∶3∶3 学制。但政府并没有强制推行新学制，因为学制改革涉及新学校的建立和学校布局的调整，而负责该项工作的地方政府往往以经费困难为由而拖延，非公立的宗教学校也坚持采取旧学制。所以，1968 年教育改革的目标至今尚未完全达到。此外，对中等教育结构和入学考试也进行了修改，目的是培养学生的个人能力，在各级教育中扩大了科学与技术方面的学习，并大大加强了计算机和实验室的应用。以色列的教育立法细致完备，终身教育观念深入人心。除了正规教育，还有中学后教育、成人教育、提高教育、补习班、军校培训、职业培训、函授大学等，人人不断更新知识。

70 年代中期，为了适应以色列经济的快速发展，政府再度调整教育方针，对职业教育和高等教育实行政策倾斜。设立各类技术职业学校，鼓

---

① 2001 年，议会通过《义务教育法》修正案，将义务教育年龄从 16 岁提高至 18 岁，即 3～18 岁少年儿童享受义务教育。

励学生及成人选修经济发展所急需的相关课程，如电脑培训、企业管理、市场策略等。1974 年，政府通过了关于提高公民（不论其年龄和教育程度）工业水平的决议。为此，教育文化部创办了公开大学，在全国各地设立了 25 个教学中心，分别接纳中学水准以下、中学水准以及大学水准的学员，每个学员都有接受导师指导的机会。教学中心设有齐全的图书馆、实验室及其他教学设备，提供 80 多种学位培训和职业培训。

至 80 年代，以色列的高科技产业已普遍兴起，政府重点扶持高等教育，加大投资力度，以培养高素质的工程技术人才。1972 年，大学所培养的工业工程师和技术人才为 11500 人，到 1984 年则增至 30800 人。每千名工业劳动力中工程师所占的人数由 1965 年的 8 人提高到 1982 年的 33 人。1984 年，以色列全国劳动力总人口中大学毕业并获得学位者的比例已高达 13%，而 1973 年这一比例仅为 7.6%。1992 年，以色列每 353 人中就有 1 人获得博士学位。高科技技术人才数量的激增，与政府对高等教育的大力扶持是分不开的。与此同时，政府也加强了对特殊儿童教育的关注。1988 年，以色列颁布了《特殊教育法》，规定对特殊儿童的教育不仅应该注意改善他们的身体素质、社会行为，还应对他们进行心理的疏导，技能的培训等，让他们能更好地发挥自己的潜力，融入社会。

90 年代后，以色列的国民教育支出一直呈上升趋势，高额的投资为教育的发展奠定了物质基础。在以色列的政府预算中，教育经费仅次于国防，约为 10%。即使在战争年代，教育开支也常常在 7% 以上。而自 70 年代中期以来，以色列的教育投资在国民生产总值中的比重一直没有低于 8%，超过了美国等发达国家。1995 年，佩雷斯政府还宣布把国防开支占国民生产总值的比重由 33% 降至 9%，节约的资金用于教育和科技事业的发展。按所占国内生产总值比例计算，以色列的教育预算高于世界上所有发达国家。以 2001 年的教育投资为例，与经合组织成员国作对比，以色列当年在教育方面的投资总额占国内生产总值的 8.6%，而经济合作与发展组织 30 个成员国的教育投资平均数只占它们国内生产总值的 6.2%，其中美国为 7.3%、丹麦为 7.1%，其他成员国大多要低于上述两个国家。以色列对小学至高中的教育投资占国内生产总值的 4.9%，对高等教育的投资占 2%，其余为学前儿童与成人教育投资。而经济合作与发展组织成员国分别占 3.8% 和 1.8%。① 2009 年，以色列在教育机构方面的支出占国内生产总值的 7.2%，而经济合作与发展组织的成员国只达到 6.4%。而到了 2010 年，以色列的教育经费支出又比上一年增长了 6.7%。至 2011 年时，则又上涨了 7.7%。2012 年以色列对教育的经费投资达到 63 亿多谢克尔，是 1975 年的 21.9 亿谢克尔的三倍。当然教育经费的不断增加与以色列高比例的学生人数也是分不开的。以色列接受希伯来语教育（不包括特殊学校的学生）的小学生最初只有 9 万多名，而现已接近 70 万名。

经过半个多世纪的不断发展和完善，以色列政府已经建立了一个完备的、独具特色的教育体系，教育投资、设施和人才等水准均居世界前列，培养了大批的卓越人才。以色列共有中小学校 2994 所（包括专门实习班），综合性大学 7 所。经济合作与发展组织的调查显示，以色列总人口中拥有大学学位的比例居全球第 4 位，仅次于俄罗斯、加拿大和日本。每万人中有 135 位科学家和工程师，是世界上人均拥有律师和注册会计师最多的国家。发达的教育为国民经济的发展做出了突出贡献。据计算，以色列工作年龄段（25～64 岁）人口平均接受教育的时间从 1974 年的 10.1 年增长到 2011 年的 13.4 年，后一数据在发达国家中名列第 16 位。在此期间，人力资本对以色列生活水平提高的贡献达到 40%。②

二　教育体制

以色列的教育包括学龄前教育、小学、中学（含初中、普通高中、职业高中）、专科、大学及成人教育。从 1968 年开始逐步推行小学 6 年、初中 3 年、高中 3 年新的中等教育体制，大学学制 4～6 年。在以色列，公办世俗学校占 60%，公办宗教学校占 30%，社会或私立学校占 10%。希伯来语学校的数量大约是阿拉伯语学校的 5 倍，但不论哪一类学校，学

---

① 徐启生：《以色列教育支出知多少》，《光明日报》2004 年 10 月 13 日。

② Bank of Israel, "The Development of Education in Israel and Its Contribution to Long - term Growth," http：//www. boi. org. il/en/NewsAndPublications/PressReleases/Pages/02 - 12 - 2013 - BoxSkira. aspx，February 12, 2013.

生都必须学习希伯来语、阿拉伯语和英语。

1. 学前教育①

以色列人很重视幼儿的学前教育，他们认为学前教育可以让孩子领先同龄人，尤其是在语言和社会化方面。以色列对幼儿也实行义务教育，其水平位居世界第三，仅次于德国和法国。

以色列的学前教育分为两个阶段：托儿所（日托中心）和幼儿园。托儿所接收 2~4 岁的幼儿，幼儿园接收 4~6 岁的幼儿。根据 1949 年制定的《义务教育法》，幼儿园最后一年为免费的义务教育。以色列的学前教育机构按照举办主体的不同，可以分为国立幼儿园、市立幼儿园、集体所有制幼儿园和私立幼儿园四类。前两种幼儿园都是公立幼儿园，由国家或地方政府投资兴办和管理。在国立幼儿园中，有一种幼儿园称为国立宗教幼儿园，属于国立宗教教育系统。这种幼儿园完全由国家投入，并同其他国立宗教教育机构一样，享有自治的权力，具体由教育部内的宗教教育局负责管理。集体所有制幼儿园是由农村地区的基布兹和莫沙夫创办的。私立幼儿园既有极端正统的犹太教党派创办的宗教幼儿园，也有世俗社会团体及个人经营的幼儿园。

按照以色列的政策，私立宗教教育系统的幼儿园在接受国家课程标准的前提下，获得国家教育经费资助。由于宗教党在以色列联合政府中的特殊地位，私立宗教幼儿园的教育经费多数由政府提供。在以色列的学前教育中，妇女组织创办了许多托儿所和幼儿园，发挥了很大的作用。

从学前教育的普及率来看，2002~2003 学年，以色列全国 2 岁幼儿的入学率为 22.7%，3 岁幼儿的入学率为 91.7%，4 岁幼儿的入学率为 91%，5 岁幼儿的入学率为 99.9%，其中希伯来（犹太）教育系统 5 岁幼儿的入学率为 100%，阿拉伯教育系统 5 岁幼儿的入学率为 97.4%。在希伯来教育系统中，市立和公立幼儿园有幼儿 295488 人（占 96%），私立幼儿园有幼儿 12569 人（占 4%），共计 308057 人。在阿拉伯教育系统中，只有 839 名儿童上私立幼儿园（占 1%），其余 77841 人（占 99%）

---

① 邱兴：《以色列学前教育投资研究》，《世界教育信息》2005 年第 12 期。

上市立和公立幼儿园，共计 78680 人。

社区学前教育是以色列学前教育的另一特色。社区学前教育十分重视父母参与儿童的教育，为此政府实施了两个重要的社区教育计划，即"幼儿及其家庭的家庭活动"计划和"学前儿童家庭指导计划"，力图对不同年龄幼儿的家长进行分层指导，以提高指导的效率。

"幼儿及其家长的家庭活动"是为 1～3 岁婴幼儿开设的家庭活动计划。该计划强调母亲与孩子的互动以及简单而经济的教具的使用，由专业协调员及专职家访员共同负责实施。"学前儿童家庭指导计划"是为 3～6 岁学前儿童开设的家庭指导计划，主要是帮助和指导社会处境不利的儿童的家长，因为这些儿童没有机会进入适当的教育机构，同时缺乏良好的家庭教育环境和足够的刺激，其生理和心理发展落后于同龄儿童。为此这一计划试图通过教育父母为儿童提供适宜的环境刺激，以使儿童得到正常的发展及发挥其潜能，促进儿童身心的全面发展。①

2. 中小学教育②

在以色列，中小学教师平均年龄 35 岁，工龄平均在 10 年以上，各级各类学校中教师的学历合格率在 85% 以上。小学教师中女性占 89% 左右，中学教师中女性占 67% 左右。以色列在校学生总数约占全国总人口数的 32%，教育工作者，包括部分兼职教师，占全国总就业人数的 12.3%。

以色列中小学教育体系的框架是与其社会的多元性相适应的。中小学分四类：公立学校、公立宗教学校、阿拉伯及德鲁兹学校和私立学校，其共同点是，课程设置都很注重教授人文和自然学科等基础知识。前两类学校都实行男女同校学习，课程内容大致相同，在教育文化部规定的教学计划中，希伯来语、犹太历史、犹太律法、犹太教义及教规等是每个犹太学生从小到大的必修课程，只是宗教学校更侧重犹太学科、传统和习俗的学习。阿拉伯及德鲁兹学校用阿拉伯语教学，特别注重讲授阿拉伯和德鲁兹人的历史、宗教和文化，但是也教授犹太文化知识和希伯来语。私立宗教

---

① 李平：《以色列社区学前教育简介》，《教育导刊·幼儿教育》2003 年第 Z2 期。
② 孙正达等：《以色列国》，重庆出版社，2004，第 390～391 页。

学校从属于信奉正统犹太教的各群体，实行男女分校，精讲和传授宗教知识及教义等。据统计，中小学生大约75%上公立世俗学校，20%上公立宗教学校，5%上私立宗教学校。各类学校的节假日则遵循各民族的宗教文化传统。

在6:3:3学制中，小学每周上课5天，中学6天；平均每周课时小学45小时，初中55小时，高中55~60小时。实行5级学分制，基础课程2级学分制，选修课程越多，级别分就越高，最高达5级。毕业考试为百分制，70分以上可加25分。必修课、选修课和学校自定课程的划分如下。

（1）必修课为各类基础课程，包括希伯来语、文学、圣经、数学、物理、化学、生物、历史、宗教、政治、电脑、英语、地理、体育等。政府认为希伯来语、圣经文化是犹太民族的根基，是犹太民族联结过去、现在和未来的纽带，因此在教育部规定的教学内容中，希伯来语和犹太历史、犹太律法、圣经等有关犹太教知识的学习是每个犹太学生从小到大都必须学习的课程。

（2）高中增加选修课，根据教育部教学大纲推荐的内容而设定，除了上述基础课程的高级班外，还有法语、阿拉伯语、心理学、电影艺术等。

（3）学校自定课程由学校根据家长委员会的意见开设，大纲由学校编写。教育部依据各类学校和不同学生的需要，为许多科目制定了可供多种选择的教材，以满足不同能力和资质的学生的需要。

以色列很注重对中小学生进行劳动职业技术教育，它不仅可以培养学生的劳动观念，而且使学生能掌握一定的技术知识。学校从小学一年级开始就开设有手工课，使学生对原材料、加工工具和加工过程有初步的认识。到了小学高年级和初中阶段，又为学生开设各种技术课程，学习包括材料加工、制图、电力、电子学等方面的知识。普通学校在八年级时（相当于我国的初中二年级）开设"以色列的工业和国民经济"课程，向学生介绍产品的生产、销售组织和财经原则。到高中阶段，其劳动教育就具有了明显的职业性质。

普通中学从工业技术或农业技术两方面对学生进行职业技术培训。通过劳动职业技术教育，学生在中学毕业后走上社会时较容易找到专业对口的工作。

以色列的中小学课外活动很多，小学每周 1 ~ 2 次，组织学生去各种博物馆、展览会参观或旅游。尽管义务教育免费，但书本费、活动费却不低。书本费每年 200 ~ 500 美元，活动费每年 100 多美元。

高中毕业后，除了宗教学校的学生和部分阿拉伯学生，其余的都须服兵役，男生 3 年，女生 2 年，服完兵役后可参加高考。一般学生服役期满后要花费 1200 ~ 1700 美元上复习班，然后再参加高考。凡未满 18 岁且未完成初等教育的青少年还必须参加专门的补习班。

以色列的高考充满竞争色彩，考生的综合成绩由三部分组成。一是从 11 年级（高二）起的学年成绩，供高校招生时参考。二是高中结业时的全国统考成绩，学生可根据自己的特长或专业取向选择考试科目。三是大学入学考试。这是对学生学习潜质进行的综合测试，5 个月举行一次，每个考生有 5 次考试机会。考试题多面广，考试时间为 3 小时 20 分钟，满分是 800 分。高校自行确定各院系的录取分数线。

3. 中等职业教育①

在以色列，与普通中学并存的还有专门的职业技术中学和农业中学。这与我国的中专和技校类似。在这类职业中学学习的，主要是 14 ~ 17 岁的学生（相当于普通中学 9 ~ 12 年级）。在这类学校，学生既接受职业培训，又接受普通课程教育。在职业中学设有三级职业培训课程，达到第一级的毕业生有条件升入高等学府继续深造；达到第二级的毕业生可获得职业证书；达到第三级的毕业生证明他掌握有实用的工作技能。农业中学通常设在有条件提供住宿的地方，除学习普通课程外，还学习与农艺学有关的科目。农业中学都有自己的实验农场，学生可从中获得生产的实践技能。职业中学为以色列培养了大批熟练工人和初级工程师。另外，还有军事预备学校，其办学宗旨是应以色列国防军特殊领域所需

---

① 孙正达等：《以色列国》，第 391 ~ 392 页。

培训职业人员和技术人员。军事预备学校有两种，一种是只招收男生，另一种是男女合校，所有学员一律住校。

未进入上述学校学习的青年将按照《艺徒法》的要求在指定的职业学校学习一门手艺。艺徒课程由劳工部设置，在职业网络附属学校传授。这类课程需要学习 3～4 年，前两年为课堂学习，后一两年中，学生每周学习 3 天，其余时间在他们所选择的行业工作。这类行业包括发型设计、烹饪、机修和文字处理等。①

4. 高等教育

（1）高等教育体制

以色列政府历来重视高等教育，不仅加大对高等教育的投资，还在方针政策上支持高等教育和科技产业。以色列大学作为政府拨款的国家或地方机构，由高等教育委员会审定其学术地位和学位授予权，监督其教学质量，参与其财政和决策权。该委员会由教育、文化和体育部部长主持，其成员包括学术界人士、社区代表和一名学生代表，是政府与高等教育机构之间在财政拨款问题上的中介机构，并负责促进各机构间合作。该委员会向政府和高等教育理事会提交预算提案，并按批准的预算拨款。高等教育预算中，70% 的资金来自公共资金，20% 来自学生的学费，其余来自私营部门。

以色列的高等教育发展迅速。大约在 1924 年，海法开办了培训工程师和建筑师的工程技术学院，耶路撒冷的希伯来大学作为青年人接受高等教育和吸引海外犹太学生的中心于 1925 年成立。建国时，这两所大学招收的学生总数大约为 1600 人。以色列拥有 67 家学术机构：9 所高校（包括开放大学）、36 所学院和 22 所教师培训学院，大学在校人数逐年增长（表 7 - 1）。由于不断扩大招生，接受高等教育的人数呈上升趋势。必须指出，犹太人接受高等教育的比例远超过非犹太人的比例。

随着苏联的解体，东欧形势的变化，以色列新移民追求高等教育的比例正在迅速上升，2012 年高等教育普及率居世界第二位。

---

① 参阅以色列上海领事馆官网。

表 7 - 1　以色列的在校大学生人数

学年	1969/1970	1979/1980	1989/1990	1999/2000	2009/2010	2010/2011
人数	35374	53355	75487	170953	243858	251000

资料来源：http：//www. jewishvirtuallibrary. org/jsource/Society_ & Culture/IsraelStatGlimpse. html，2015 年 1 月 11 日。

在 20 世纪七八十年代，以色列改革了高校入学考试制度，减少考试科目，降低入学要求，并通过对原有中学后教育学校的改造等途径，建立了数十所高等教育学院（包括师范学院），使越来越多的东方犹太人也同西方犹太人一样拥有了上大学的机会。① 近年来，政府又通过加大对欠发达地区的资金投入、增加大学录取比例、实行"向升学过渡计划"、向一些符合标准的学生提供第二次考试的机会等措施，为更多的不发达地区的学生提供平等的受教育机会。② 以色列的高等教育机构享有充分的学术和行政管理的自由，向所有那些符合入学条件的人敞开大门。不够入学资格的新移民和学生，可以参加预科班。

高校实行学分制，只要修完规定的学分，即可毕业。一般学生学完本科课程要 3 ~ 4 年，学生也可自行安排用 2 年，甚至 5 年时间毕业。学校非常注重培养学生独立学习的能力，教师授课提纲挈领，学生课下的大部分时间是在图书馆或计算机中心度过。教育、文化和体育部与各大学的教育学院合作，参与了进行中的使教育标准符合现代化教育方法的进程，如强制实行男女平等、提高教师地位、增加人文学科课程和促进科技研究。

高校十分重视科研工作，7 所大学是从事研发工作的主体，是基础研究的中心，也是高级科技人才的聚集地。以色列技术人员每千人发表论文数为 60.9 篇，属全球第一；瑞士为 50.2 篇，美国为 30.1 篇。以色列每万人中从事研发工作的有 160 人，属世界之冠，美国为 90 人。

此外，大学十分重视科研成果的转化，是技术发展的主力军和开拓

---

① L. Walker Lambert, D. Zimmerman, D. Cooper, J. Lambert, M. Gardner, and M. Slack, *The Constructivist Leader*, New York: Teachers College Press, 1995, pp. 21 ~ 24.

② 李玉芳：《以色列中小学教育制度及启示》，《外国中小学教育》2007 年第 10 期。

者。各高校都设有负责研究成果转化的专门机构，帮助学生和科研人员申请专利。大学是获得国内外专利最多的部门，获得的专利数量是美国大学的 2 倍以上，加拿大大学的 9 倍以上。[①]

（2）著名大学

耶路撒冷希伯来大学　始创于 1918 年，落成于 1925 年，是以色列第一所大学。除斯科普司山主校区外，还拥有吉瓦特拉姆校区（理工学院）、雷霍沃特校区（农学院）和英科拉姆校区（哈达萨医学院）。全校有 7 个学科群（人文科学、社会科学、法学、理学、医学、牙医学以及农业食品环境科学），15 个学院和 90 余个交叉学科研究中心以及 12 个图书馆（含犹太国家图书馆和大学图书馆），教学人员（从终身制讲师到教授）达 1300 人，海外讲学学者 170 人，在校学生 2.31 万人（包括本科生 1.25 万人、硕士生 6300 人、博士生 2000 人以及非学历进修生 2300 人）。

以色列技术工程学院　位于北部工业城市海法，是以色列成立最早的一所以工程和应用科学为主的大学，成立于 1924 年，是以色列国防科学研究的佼佼者。该院拥有国内最大的以研发为主的应用科学研究中心，航天工程学院在世界上有极高的知名度。该院设有 19 个系（科）、40 个研究中心、49 个本科专业和 65 个研究生专业。其中，材料工程、航天工程、计算机科学为著名专业，其机电工程可参照美国高校排名前五位，计算机工程前十位。该校有全职教师 666 名（教授 217 人，副教授 218 人，高级讲师 187 人，讲师 44 人），此外还有助教 19 人、各类教辅人员 449 人，有 13188 名在校生（其中本科生 9690 人、硕士生 2814 人、博士生 684 人）。2004 年该校两位科学家阿夫拉姆·赫什科和阿龙·切哈诺沃因发现蛋白质降解新工艺而获得诺贝尔化学奖。

魏茨曼科学研究院　成立于 1934 年，位于特拉维夫市东南约 35 公里的雷霍沃特市。该院是一个以研究为主的机构，有 5 个学科（生物、生物化学、化学、物理以及数学与计算机科学），18 个门类，800 个基础和应用研究项目，2400 名各类科研人员（包括 200 名博士后研究人员），从

---

① 钟翠花、李念文：《以色列的教育》，《人民日报》（海外版）2001 年 11 月 27 日。

事近千项研究。教学事务由研究生院主管，招生数仅有 800 人（200 名硕士生和 600 名博士生），教师与学生比为 1：2。

特拉维夫大学　成立于 1956 年，坐落在素有以色列文化、商业和工业中心之称的特拉维夫市，是以色列规模最大的一所综合性大学。该校设有 9 个学院（工程、精密科学、人文、管理、生命科学、社会科学、艺术、医学和法学）、106 个系以及 90 个研究所（中心），教职员 2200 人，2.6 万名攻读各种学位的学生、1 万名非学历学生以及 2800 名青年进修生。该校十分重视基础和应用科学的研究，其研究集中在电子器械、系统工程、电子计算机学、战略研究、医疗保健系统管理、技术预测、能源研究以及生态学等领域，是以色列首台超级电子计算机的诞生地。

巴伊兰大学　位于特拉维夫市东郊约 10 公里的拉马特甘市，是一所宗教教育气氛相当浓郁的综合性大学，成立于 1955 年。该校的宗旨是知识优秀、现代精髓与以色列传统相结合，远离政治，致力研究犹太学术传统。该校有 6 个学科群（精密科学、生命科学、社会科学、人文科学、犹太研究和法学），38 个系，5 个下属地区学院；1300 名教学人员，3.12 万名学生（信教学生和世俗学生各半），其中包括攻读学位学生 2.26 万名（本科生 16150 名、硕士生 5200 名和博士生 1250 名）和非学历进修生 8600 名。

海法大学　位于海法市的卡迈尔山上，成立于 1963 年。该校拥有 6 个学科群（人文科学、社会科学、教育学、法学、社会福利与健康研究、科学与科学教育）、57 个研究中心（所、实验室），以及全国闻名的考古博物馆、艺术廊等文化设施。该校有全职教师 500 人，学生 1.35 万人，其中本科生 8500 人、硕士生 4000 人、博士生 500 人以及少量的进修教师等。

内盖夫本－古里安大学　建校于 1969 年，坐落在以色列南部的贝尔谢巴市。1973 年以色列第一任总理本－古里安去世后，改为现名。有贝尔谢巴、斯德博克和埃拉特三个校区，在校学生总人数约为 2 万人，其中博士生 1300 名，研究生 5000 多名。毕业生人数多于 9 万。该校设有工程科学部、健康科学部、自然科学部、人文和社会科学部，以及管理学院和克莱德曼（Kreitman）研究生院。在新能源、旱地农业、水资源等领域的研究居世界领先地位，并且与工业界有着密切的合作，获得的非政府资助经费居以色列大学首位。

5. 成人教育

成人教育的发展反映了以色列教育系统和整个社会面临的挑战。

当初，移居以色列的犹太人，尤其是亚洲和非洲的犹太人，他们当中有相当大的比例没有接受过系统的正规教育，也没有掌握一门能够在现代化国家谋生的专业技能，语言交流也存在障碍。为了使这些移民能够迅速融入国家的主流生活，缩小成人间的教育和文化差距，使其能够完成正规教育，政府部门专门开设了速成职业培训班。培训班分日校和夜校，设在由劳工部和工业企业联合开办的中心以及技术与职业培训机构内，对移民和其他居民群体分级进行希伯来语教学。课程从几周到一年不等，包括基础教育、在职培训以及已经接受过文化和职业培训而学非所用的成人（主要是移民）的再培训。遍及全国各地的"民众大学"还开设了大量的成人教育班和讲习班，课程既有学术科目，也有大学文科。而家庭教学和指导课程，则是为了通过发展和提高家庭福利来改进家庭和社区生活的质量。广播电台还为移民播放"广播大学"等专题节目。

近年来，教育部以及公立与私立机构为了满足各种需要开设了各种课程，其范围从学习希伯来语、提高基础教育技能一直到提高家庭福利和增长文化知识，劳工部也在许多领域为成人开设了职业培训和再培训课程。成人教育越来越受欢迎，特别是备受老年人喜爱，因此许多大城市及城镇都开设了一些相关课程。

第二节 科学技术

一 科技发展简史和科研机制

1. 科技发展简史

以色列的科学研究史是犹太人返回故土的历史的一个必要部分。犹太复国主义的创始人西奥多·赫茨尔在《犹太国》一书中阐述了科技对新犹太国的重要性。他认为："社会问题的表现形式完全取决于我们的技术力量，技术可能给劳动力市场带来繁荣。我们那些真正造福于人类的技术发明家们将发明比这些更为美妙的东西。"① 他不仅把犹太国家设想为犹太人的现实家园，同时还是犹太人主要的精神、文化、科学中心。然而，巴勒斯坦地区面积狭小，自然资源匮乏，把这片曾是贫瘠、疾病肆虐的土地转变成一个现代化国家的愿望，成为后来科学研究和技术发展的动力。

建国前，相关的科技研究组织和机构在巴勒斯坦已经开始创立。农业方面，1921 年在特拉维夫设立的农业站，现已发展成为农业研究组织，是以色列最主要的农业研发机构。医疗卫生方面，希伯来保健站的成立开始了以色列的医疗与公共卫生研究工作。20 世纪 20 年代中期，在耶路撒冷希伯来大学又相继建立了微生物学院、生物化学系、细菌学系和卫生学系，以色列的医疗和公共卫生研究随之得到了很大发展，并为哈达萨医疗中心的成立奠定了基础。工业研究是 30 年代在死海实验室首先开始进行的；基础科学与技术方面的进展则是在希伯来大学、以色列工程技术学院和丹尼尔·西埃弗研究中心开始取得的。西埃弗研究中心后来发展成为魏茨曼科学研究院。

建国后，在科技立国思想的指导下，以色列历届政府都很重视科学研究发展以及科研成果的商品化。政府对科技研发的投入不断加大，其预算已占到国内生产总值的 3%，在民用研究和开发上的投入也达到 2.2%，而意大利和加拿大均为 1.3%，美国为 2.1%。

1994 年"科学基础设施高级战略委员会"成立。次年 8 月，以色列政府又宣布成立"全国研究与开发委员会"（NCRD）。该委员会由政府各部首席科学家、以色列科学院院长、以色列高教委员会下属计划与预算委员会主席、财政部官员、企业家和高级科学家等 51 人组成。这个委员会的设立说明以色列政府对科学研究发展是高度重视和支持的。在由以色列

① 〔奥〕西奥多·赫茨尔：《犹太国》，肖宪译，商务印书馆，1993，第 87 页。

工业贸易部负责的工业研究和开发方面，以色列工业贸易部首席科学家办公室 1995 年的预算为 3.07 亿美元。其重点支持的有电光学（26%）、计算机软件（21%）、化学（12%）、通信（9%）等领域。

以色列在科技发展过程中特别注重以下两个方面：

（1）大力开展国际交流与合作。以色列的研究机构、大学与国外的相应组织保持着广泛的交流和合作。科技部已与 40 多个国家签订了 50 多个政府间的科技合作协议。工业贸易部也与美国、加拿大以及西欧一些国家建立了科技合作研究基金。以色列政府还鼓励学者参加国际学术会议，到国外进行博士后研究，以及利用假期出国工作等。而且国际合作还是以色列获取科研经费的一个重要渠道。在 1948 年至 1988 年的 40 年里，以色列获得各方面的援助、捐赠、赔偿、投资的资金多达 550 亿美元。同时，双边的国际性基金在以色列对外科技合作中也发挥着重要作用。以色列 – 美国基金总额已达 3.3 亿美元，以色列 – 德国基金为 1.5 亿马克。1995 年 10 月，国务委员宋健访问以色列时，中以双方就建立 500 万美元中以基金签订了科技合作协议。

（2）高科技人才对科技的推动。以色列对高等教育的重视，为科技的迅速发展提供了大量优秀的科技人才。根据联合国的调查，有硕士、博士称号或者科技专著的以色列人占总人口的 15% 以上，全世界 600 名诺贝尔奖得主中，约 20% 有犹太血统。[1] 以色列的高科技人才除国内培养的以外，还有相当大一部分是从国外来的移民。在 1948～1989 年的 40 多年里，移民以色列的犹太人中拥有教授、副教授职称和博士、博士后学历的至少有 10 万人。1989 年年底到 1994 年，从苏联和其他东欧国家移民到以色列的 45 万犹太人中，有科学家 9000 名，工程师 5 万名。科学家、专家和技术人员的移入为高科技产品的开发和生产提供了诸多助力。

以色列被誉为"创新的国度"，人均拥有的高科技创业公司的数量位居世界前列，技术研发经费也居高不下。在纳斯达克上市的以色列企业数量仅次于美国，高于日本、德国、法国、英国、中国和印度等科技大国。

---

① 宋晓松：《以色列科技发展的特点及其启示》，《商业经济》2009 年第 8 期。

技术创新精神渗透全社会，成为一种生活方式，推动着整个社会不断开发快速高效的创新性解决方案。持续 20 年的风险投资产业帮助了高科技创新企业的成长，近 10 年风险投资募集了 200 多亿美金，成功孵化 100 多家公司在美国纳斯达克上市，完成并购 803 起，总交易金额 504 亿美元。这个仅有 800 万人口的国家所吸纳的风险基金数量，人均为美国的 2.5 倍、欧洲的 30 倍、中国的 80 倍和印度的 350 倍。目前，以色列与韩国正通过协议合作增强在科技领域的影响力，希冀挑战甚至超越硅谷，改变全球科技创新的格局。

以色列在科研开发方面虽然取得了显著的成果，但同时也存在一些问题。科研开发的投入虽然占国内生产总值的 3%，但仍面临经费严重不足的问题。工业贸易部首席科学家办公室 1995 年的工业研究和开发预算为 3.07 亿美元，但半年多时间资金就已用完。除非政府大幅度增加研究和开发的投入，否则近 300 家企业研究和开发项目将不同程度地受到影响。

2. 科研机制

以色列的研发主要是在大学、数十个政府和公共研究机构以及数百个军用、民用企业中进行。同时，在所有层次上，各研究机构与研究人员都保持国际的交流与合作，这也是以色列科技研发活动具有活力的一个实质性特征。其科研集群结构如图 7-1 所示。

（1）政府和公共机构的研究开发

政府和公共机构为半数以上的研发活动提供财政资助。在政府部门中，与科技关系密切的部门有农业部、通信部、国防部、教育文化部、能源部、环境部、卫生部、工业贸易部、劳工部、国家安全部和科技部 11 个部。各部都有自己的首席科学家，一般各自每年都有约 100 万美元的预算。政府的财政资助大多用于与经济发展相关的研究，主要是工业和农业领域。40% 以上的经费是通过国际、国家和政府的研究基金以及高等教育委员会管理的综合大学基金提供的。对各大学的拨款主要用于增进科技知识项目的发展，其余的则用于各种卫生保健与社会福利领域。

单一机构难以解决的大型研究计划的经费和协调问题，往往由

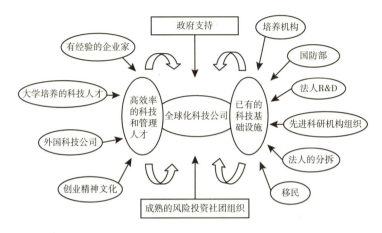

图 7 - 1　以色列的科研集群结构

资料来源：State of Israel，Ministry of Industry，"Trade & Labor Foreign Trade Administration"，http：//www. academy. ac. il。

TELEM 处理。TELEM 是一个由工业贸易部、科技部、高等教育委员会以及财政部等机构的代表组成的民间论坛。以色列加入欧盟框架计划、成为欧洲同步加速器实验室成员，以及最近的互联网二期计划，都是在 TELEM 的指导（必要时在经费方面给予帮助）下完成的。

以色列科学基金会（ISF）是以色列重要的研发机构之一。该基金会 96% 的经费来自政府财政拨款，占国家支持国内基础研究总经费的 2/3，每年资助大约 1000 名研究人员。该基金会采取同行评议制度来遴选资助项目。每份申请首先需要通过 6～8 位世界一流的同行评议，然后由专家委员会做进一步评审。资助率为 35%～40%，但实际的资助数额要视评委对其科学性的评价及实际需要而定。基金会还为诸如以色列参与欧洲核子研究委员会大型强子对撞机阿特拉斯探测器的制造提供资金，以及参与新设立的系列"医师-研究人员"专项拨款等。

以色列科技部对科研的发展也起到了很大的推动作用。其资助的重点是介于基础研究和工业研究的"通用研究"，并努力通过资助达到鼓励研究人员从事国家重点领域的研究、提高国家吸收移民科学家的能力、加强以色列科学家与国外同行合作等目标。以色列科技部在 1995 年投入 2200 万美元重点支持电光学、先进材料科学、生物技术、微电子学及计算机信息与通信技术五个领域的科学研究，并逐渐扩大到生命科学以及环境科学等其他重点领域。2012 年，工业贸易部首席科学家办公室的产业研发经费预算达到 4 亿美元，按当时的人口比例计算，以色列国民每年人均分摊 5 万美元的民用产业研发经费，此比例为世界之最。

（2）大学的科研开发

高等院校是以色列高级科技人才的聚集之地，也是基础研究的中心。据统计，以色列的大学承担了几乎所有的社会科学、30% 的自然科学与技术领域的研究工作。十多万名在校大学生中，约有 21% 的本科生和 50% 的博士生致力于科学和医药学研究。大学的专家学者出版的书籍和发表的论文几乎涉及所有的科学领域，约占全世界总出版量的 1%，在化学和计算机科学等领域具有非凡的影响力。以色列科学家与其他国家科学家合著的出版物在本国的出版物中也占据着相当高的份额。从事自然科学、工程、农业和医学研究的人数，在人口比例中远远高于其他国家。

为了使本国学术界与国际学术界融为一体，以色列鼓励学者参加国际学术会议，同时也鼓励到国外进行博士后研究，以及利用假期出国工作。以色列在研究机构、大学和政府级别上还与国外的相应组织保持着广泛的交流计划和合作项目。以色列也是举办国际学术会议的重要中心，每年都要主办许多这样的会议。

在开展科研活动的同时，大学在促进国家的技术进步中发挥着重要的创新作用。1958 年魏茨曼科学研究院建立了将研究成果转化为商业用途的组织机构，是世界上最先设立此类机构的研究机构之一。除一般的院系外，多数大学都设有跨系的研究中心和研究所，专门从事跨学科的基础课题研究，如大规模集成技术、旱地生态系统等，成为国家的应用研发中心，为诸如建筑、运输、教育等领域服务。此外，有很大比例的大学教员还会以顾问身份为产业部门提供技术、行政、财务和经营管理方面的咨询服务。

以色列的大学几乎承担了所有的基础研究项目和基础研究培训，还建立了应用研究基金或实验室，帮助开发有商业价值的研究项目。各大学及大部分研究所都有科工贸一体化的开发公司专门从事应用研究、推广研究成果，寻找外部的投资者和战略伙伴，在大学和生产企业及应用部门之间起着重要的中介作用。这些公司经常代表大学参与新公司或技术"温箱"的筹建，与国内外企业合作，建立起将科研成果转化为特定商品的附属工业企业。因此，与大学校园毗邻的高技术工业园区，率先获得了巨大的商业成功。特拉维夫大学的高技术工业园区如今已发展成为以色列最大的高技术工业园区。

（3）双边科研基金会

以色列同许多国家建立了双边的科研基金会，涉及基础研究、工业开发及市场营销等各个方面，在以色列的科学"革命"中发挥了决定性作用。

美以科学基金会（BSF） 成立于1974年，经费由以色列和美国以同等比例提供，资金总额达1亿美元。该基金会旨在扶植民用研究，资助了从人类学、生物医学工程到物理学和环境科学等诸多领域近2000项基础研究和应用研究项目。

美以农业研发基金（BARD） 成立于1978年，旨在为双方共同的利益促进和资助农业研发项目。相关建议必须由每个国家至少一个合作调查者提出。基金会的资金最初来自美以两国设立的一笔4000万美元的捐赠基金。该基金会每三年都会提供一笔约31万美元的资金用于资助两国研究者在此期间进行的项目研究。

美以工业研发基金会（BARD－F） 成立于1977年，目的是支持以色列和美国的合作企业在以色列开发科技项目，推进科研成果的转化，其中包括产品工艺技术和试销。基金会已在电信、电子、计算机软硬件、医疗设备等领域投资了200多个项目，相关销售额已达10亿美元。绝大多数在纽约证券交易所（60％）和纳斯达克（75％）上市的以色列公司都曾得到该基金会的支持。

美以科学和技术委员会 由已故的拉宾总理与当时的美国总统克林顿于1994年设立，旨在为那些可以改善生活和环境质量、促进两国经济和技术利益的长期项目提供资金。项目包括：探索一种发电能力达到数十兆瓦的太阳能发电方法；可以向人口稠密的城市提供清洁水的竖式脱盐装置；等等。

英以研发基金（BRITECH） 成立于 1999 年，该基金会最初资金来源于两国各自投资的 2500 万美元。其主要目标是支持两国公司在电信、生物技术和软件开发等领域的合作。2004 年协议到期，2006 年两国再次签订协议重建基金会。但与之前稍有不同，基金会为各项目提供的经费有所削减，按要求不得超过其费用的一半。

加以工业与研究开发基金会（CIIRDF） 成立于 1994 年，其运作模式与 BARD 相同。基金会为加拿大和以色列公司的合作项目提供一半的资金。该基金每年资助约 7 个项目，利用由加拿大 270 多名专家组成的网络来促进公司间的合作。

德以科学研发基金会（GIF） 成立于 1987 年，目的是支持双方互利领域的基础研究与应用研究。GIF 的资金来自双方，双方提供同等数额的经费，总额已有约 7500 万美元，资助的项目涉及生命科学、医学、化学、物理、数学、工艺学、农学、社会科学等领域。

新以工业研究开发基金（SII – RD） 1996 年建立。根据双方协议，以色列和新加坡各出资 100 万美元，研究开发使用数字技术解决图形预印和印刷流水线工艺的系统。

欧盟第五框架 以色列是唯一参加这项计划的欧洲本土之外的国家。根据这项计划，签字国的研究机构有资格在与欧盟国家合作的项目上获得资助。在电信和生物技术等领域，以色列有 16 个项目得到了资金支持。1999 ~ 2002 年，获得的资金总额为 150 亿美元。①

二 应用科学技术

以色列是一个科技发达的国度，在工业、农业、电子科技、生命科学、清洁能源和水技术等多个领域，一直处于研究与开发先进技术的

---

① 以色列驻华大使馆网站。

前沿。

1. 工业技术

扶助企业持续增长是以色列的工业战略中心。1984 年，以色列政府颁布了《工业研究和开发鼓励法》，旨在促进工业品的研发活动。该法律由工业贸易部下属的首席科学家办公室负责实施，仅在 2000 年该办公室就为约 1200 个项目提供了经费支持。民用研发的费用也在成倍增加：2004 年国家对民用研发的总投入约 43 亿美元，占 GDP 的比重高达 4.2%，位列世界第一；2011 年对民用研发的投资达上百亿美元。持续不断的高投入促进了以色列的技术创新，使之成为仅次于美国的第二创业大国，在国防、医疗器械、生物工程、电子、计算机、光纤、机器人制造等诸多领域居于全球领先地位。

以色列是世界上最重要的电子技术输出国之一，很多与大家日常生活密切相关的高科技产品如闪存盘、网络聊天软件、触摸屏等均源于以色列。电子工业是以色列发展最快的工业部门，多年来一直以每年 10% 的速度稳步增长。1992 年，以色列电子产品销售额约 40 亿美元，其中出口 6 亿美元。1994 年，以色列电子产品的出口额达到 32.6 亿美元，占以色列工业出口总额（不包括钻石）的 28.7%。

以色列的电子科技享誉全球。1995 年，耶路撒冷希伯来大学研制出一种具有 28 个结点的并行计算机，取得了突破性进展。计算机软件产业也发展得十分迅速，其软件产品涵盖通信、军事、工业控制、文化、教育、宗教等领域。在电脑辅助系统方面以色列也走在世界前列。泰克诺马提克斯公司生产的罗伯凯得程序工具能够自动上漆、钻孔、激光切割和点焊。丘比塔尔公司开发的"坚固 5600"系统能将电脑生成的图像转换成真实的三维模型。2011 年，内盖夫本－古里安大学的科学家研发了一种能通过思维控制计算机的装置，可帮助无法使用鼠标和键盘的残疾人操作计算机。2012 年，以色列理工学院与美国加州斯克里普斯研究院共同开发出一种生物计算机，可用于破译存储在 DNA 芯片中的加密图像。最近，以色列科学家还在此基础上研制出新的生物计算机传感器。该生物计算机在接受 DNA 或酶等生物分子信息后，经过一系列处理能输出与生物分子有关的数据。

电子通信技术方面，以色列在图像、数据、声音的数字化、处理、传输和放大方面的技术已处于世界先进行列。吉拉特卫星网络公司是仅次于美国休斯公司的世界第二大生产极小口径终端通信系统的企业，也是中国单向极小口径终端通信系统的第一供货商。

航空航天业方面，该领域不仅与国防有关，而且还推动了技术革新和民用产品的开发利用。1988 年，以色列航空工业公司与以色列空间机构合作，生产和发射了本国设计和制造的卫星。1995 年是以色列在空间科学方面比较活跃的一年：成功发射自主研发的"地平线 3 号"卫星，标志着以色列的空间技术已进入实用阶段；成功试飞第一架民用飞机、无人驾驶飞机及米格 21BIS 战斗机（机上所有的瞄准系统、装弹系统和高空观测系统均由以色列研制，飞机的显示屏还可向飞行员提供多种数据）；完成了性能优于"爱国者"的新一代箭式反弹道导弹的拦截试验。以色列无人驾驶飞机的生产技术也处于世界领先地位。2013 年，以色列城市航空公司推出了一款能够垂直起降、在障碍物之间自如飞行的"空中骡子"（Air Mule）无人机，采用的是内部螺旋桨技术以及革命性的"六个自由度"机动技术，设计紧凑精巧。

2. 农业技术

以色列政府除了在政策、规划和贷款等方面对农业进行宏观指导和管理外，还积极鼓励农业技术的研究与开发，其研发重点包括：干旱地区植物生理特性、沙漠治理与利用、利用生物和常规技术培育新的果蔬和观赏植物品种、抗病虫害作物和快速生长动物的培育、粮食的存储、生物虫害防治和食品保鲜技术等。以色列的农业研发几乎完全是依靠研究人员与农民之间的合作来完成的。研究的成果通过一个推广服务系统迅速传授给农民，以进行农田试验，生产中的问题则被直接反馈给科研人员。具体从事农业研发的主要是农业部下属的农业科研组织，而以色列的大多数农业研究所都和联合国粮农组织保持密切的联系。

高科技对以色列农业的迅速发展起着巨大的推动作用。以色列在农业生物技术、滴灌、土壤管理和利用工业废水灌溉等方面开了先河。这些技术进步成果已经用于畅销的农用产品——从遗传工程育种和生物杀虫剂到光降解塑料和计算机控制的灌溉、施肥系统。为了优化利用短缺的水资源、贫瘠的土地和有限的劳动力，以色列开始了一场农业耕作方式的革命。对于节水技术的探索促进了计算机控制的灌溉系统的开发，其中包括使水直接流到植物根区的滴灌方法。经过深入研究，内盖夫地下巨大的半碱化水库已被开发出来用于种植各种作物，如供给欧美冬季市场的优质西红柿和各种瓜果。利用电磁处理水的研究也获得了可喜的成果，经过处理的这种水可增强牲畜的体质和提高作物的产量。以色列自行设计和制造的计算机正广泛地应用于协调日常农事活动，例如指导施肥并监测有关的环境因素；按照经过测试的成本最低产量最高的产出比，为牲畜提供混合饲料，为家禽提供温度和湿度可控的环境。此外，还开发、制造和使用了各种创新的耕作、播种、收割、采集、分类和包装设备。科学研究和技术开发提供了植物组织自动培育、生物杀虫剂、抗病虫害种子和生物肥料，使农业获益匪浅。[①]

以色列农业研究组织（ARO）是以色列最重要的农业研究机构，下设大田与庄园物等 7 个研究所，全国 70% 左右的农业科研项目都集中于这个机构。其研发成果主要有牛优良品种培育、计算机化的牲畜和家禽饲养体系、生物肥料和生物杀虫、植物性状的遗传修饰、滴灌技术等。

以色列有两家非常著名的农业生物技术企业，它们是：Evogene 公司和 AgroGreen 公司。

Evogene 公司主要通过基因组改造培育优良作物品种，其拥有完善的芥菜 DNA 调节元件（DDR）数据库，同时拥有 8000 个番茄跳跃基因诱变品系的数据库和种子。近年来的重点研究对象是水稻、大豆和小麦等农作物。

AgroGreen 公司是一家研发、生产农用天然材料的生物技术公司，主

---

① 以色列驻华大使馆网站。

要产品包括生物肥料、促进植物生长提高产量的有益线虫、生物杀细菌剂、生物杀真菌剂以及植物生长刺激剂等。

3. 能源科技

以色列缺乏常规能源，因而对太阳能、热能、风能和生物燃料等替代能源的开发利用已卓有成效。以色列在太阳能的所有领域均居世界领先水平，也是人均拥有家用太阳能热水器最多的国家。以色列95%的家用热水是通过太阳能热水器加热的，而且通过使用改进的光电转换板，太阳能转化为电能的效率已达到14%～22%的世界先进水平。利用含一定盐分和矿物质成分的池塘水来吸收太阳能的技术已研发成功。以色列的地热能技术也比较先进，采集地热并将其转化为蒸气来推动动力涡轮机工作的地热电站现处于测试阶段。被公认为利用地热能发电全球领先的以色列"奥玛特"（Ormat）公司，不仅自身经营着总计约370兆瓦的地热发电厂，还与全球多家电力公司签署协议，使用由其认证的地热能技术。在利用风能方面，以色列已成功开发了一种带有一个可膨胀柔性转子的风能涡轮机。在生物能源方面，以色列海洋生物技术公司的科学家们研究出一种利用海藻制造生物燃料的新技术。

2002年以色列政府宣布，计划在内盖夫沙漠的希弗塔建造一座1200兆瓦的核电站。2010年以色列现任基础建设部部长表示，以色列正在正式研究建设核电厂的可能性，以推动能源的多元化发展。基建部同时也宣称，将利用法国的技术与约旦合作修建一座核电厂。事实上，以色列已经拥有两座核反应堆：一座是迪莫纳秘密核设施；另一座是位于特拉维夫附近的核研究中心。

此外，以色列许多学术研究团体和私营公司已经找出一些利用现有知识来创造可持续能源的方法。由以色列工程技术学院的一组科学家开发的塔式技术原型和随后进行的递增研究项目，可以利用干燥的空气和水（甚至海水或半碱化水）通过1000米高的烟囱产生能源，获得低成本的电力，与此同时，还能降低一半的海水脱盐成本。Engineuity公司开发的一种装在内燃机驱动的车辆上的独特制氢技术，克服了与氢相关的所有电流故障，拓展了混合动力汽车的开发研究方向。

4. 水技术

20 世纪 60 年代，以色列人发明了滴灌技术。他们铺设管网，采用自动控制系统，按时按量将水、肥料直接送入作物根部，节约水资源。该技术在以色列农业生产中的普及率达 80%（世界第一），为发展高效农业发挥了极为重要的作用。如今，世界各地都在推广和应用以色列的滴灌技术。2013 年，以色列耐特菲姆公司由于在土地滴灌、微灌技术上取得突出成就，获得了"世界水周"工业水奖。

在水循环利用和淡水制作方面，以色列一直名列前茅。每年大约有70% 的废水受到处理和净化，稳居世界首位，远超名列第二的西班牙（12%）。国有污水处理厂（Shafdan）的经营规模最大，经其处理的污水补给到附近的含水层，当需要用水时再从其中进行抽取。由于这些水经过了深度的加工处理，可以用于所有农作物的灌溉，不存在健康风险。每年大约有 1 亿立方米处理过的纯净水通过管道运输到内盖夫地区进行农田灌溉。内盖夫当地也有一些小规模的污水处理厂，经其初步处理的污水仅限于浇灌夏季的棉花田。

近年来，以色列空气制水公司还研发出一种能将空气中的水分转变为饮用水的空气制水机。其核心部分为一个水分吸收过滤系统，当吸入潮湿的空气后，可通过多种方式过滤掉污染物，最终生产出洁净的饮用水。该机器还会向过滤出的水中加入必要的矿物质，以使其更接近天然淡水。这种空气饮水机每天可从空气中提取约 365 升高质量的清洁水，平均每升水的耗电量仅为 0.31 度。英国国防部自 2013 年 6 月起开始正式启用以色列研制的这种"空气饮水机"，而美国、法国等北约军队也已使用同样的设备。

以色列被誉为淡化海水的先驱。海水淡化企业 IDE 公司开发的反渗透技术，可大幅度降低淡化海水成本。IDE 和法国 Veolia 公司投资 2 亿美元在阿什凯隆兴建的海水淡化厂，运用了反渗透技术生产淡水，每立方米的成本仅为 0.52 美元，堪称拥有世界上最经济实惠的淡水处理系统。该厂的日产淡水量达 100 万立方米，是全球规模最大的海水淡化厂之一。

三 人文社会科学

以色列在人文社会科学研究方面也取得了重大成就。在以色列的诺贝尔奖获得者中，除和平奖、经济奖和化学奖的得主之外，还有 1966 年阿格农获得的诺贝尔文学奖。在 2007 年时以色列作家阿摩斯·奥兹还获得了诺贝尔文学奖提名，虽然最后与奖杯失之交臂，但至少证明以色列在文学发展方面拥有着巨大的潜力。以色列人文社会科学研究主要集中在几所主要的大学中，它们都设有法学、史学、文学等学科的院系和研究机构。以色列的大型人文社会科学研究项目，如艺术、历史、哲学、宗教等都由以色列科学院出资赞助。

1. 人文社会科学项目

（1）希伯来古文字学项目

该项目始于 1965 年，由以色列的玛拉基·拜特哈、阿里、科莱特等学者同法国科学社会研究中心联合进行研究。该项目旨在研究中世纪以来希伯来文字的特点、正字法、技术与物理特性，并为研究希伯来文字建立系统性的研究工具。研究人员研究了 6500 多份手稿，并初步建立起电脑数据库。

（2）犹太文学与阿拉伯文学研究（Halakhic）

该项目的研究由本－兹维研究所负责，旨在重新认识《巴比伦塔木德》中的一些律法思想及其评论对犹太文学和阿拉伯文学的影响，并借此深入研究古希伯来语文学。

（3）犹太教礼仪研究

犹太教礼仪研究始于 2003 年，主要由内盖夫本－古里安大学负责，旨在建立一个正规严谨的反映犹太教礼仪的传统、形式和阶段的数据库，为犹太礼仪研究及其分支研究提供一个基础性的借鉴平台。该项目已翻译了从开罗等地发现的 6 万多首礼仪诗。

2. 考古成就

巴勒斯坦地区辉煌灿烂的古代文明为以色列的考古研究奠定了极其深厚的基础，并提供了广阔的前景。以色列的考古研究对象包括从史前

238

到奥斯曼帝国统治时期的历史遗迹。在以色列故土上进行的考古活动始于19世纪中叶,圣经研究者们在此进行勘察,以期找到《圣经》中提到的地点的遗址。19世纪末至20世纪初,许多残存的古墙(希伯来语为 tel)被挖掘出来。1913年法国犹太人雷蒙德·韦尔对耶路撒冷的大卫城进行考古勘察。建国后,全国上下,考古论今,蔚然成风,成绩斐然。

20世纪50年代,在发现《死海古卷》的库兰附近,陆续发现了11个洞穴,发掘出各类古代文书和与《圣经》有关的《以赛亚书》的古希伯来文抄本、《哈巴谷书》注释、亚兰文的《创世记》注释、《感恩诗歌》和《战争卷》,以及犹太圣殿的铜质藏宝图等。这是以色列考古学迄今为止最为重大的发现,大大推动了有关《圣经》、比较神学、希伯来语、早期犹太史和早期基督教史等的研究。

1963~1965年,以色列军队以及来自28个国家的数千名志愿者在耶路撒冷希伯来大学伊加尔·亚丁(Yigael Yadin)教授带领下,对死海附近的马萨达废墟进行发掘。他们清理出与史料记载完全吻合的犹太希律王宫殿城堡——一个具有宗教和艺术考古价值的建筑奇迹。据考证,在罗马人占领的数十年间马萨达城堡成为其要塞,宫殿、居室、储藏室、古罗马蒸汽浴室、水窖、犹太会堂、墓碑、犹太教经卷、瞭望塔、防御工事和供水系统等一应俱全。该遗址被视为犹太民族英雄主义和珍爱自由的象征,成为犹太人爱国主义教育的重要场所。

1967年,考古界开始对大卫城遗址展开全面系统的考古发掘。出土了巴比伦之囚以前的大量陶器、石器、铁器,以及镶嵌有木制、骨制和象牙物品的装饰物等大量文物。1988年,在遗址上建立了耶路撒冷大卫塔历史博物馆,展出大量文物,勾勒出整个耶路撒冷4000年来的历史线索。

此外,还有许多重大的考古发现,诸如,与耶稣相关的迦百农遗址和太巴哈遗址;罗马和拜占庭时代的凯撒里亚、贝特谢安和巴尼亚斯等城市遗址;穆斯林时期的拉姆拉城等遗址;十字军时期的阿卡、凯撒里亚、贝尔沃和尼姆罗德等城堡要塞遗址。

第三节　文学艺术

一　文学①

从广义上讲，以色列文学是三千多年来犹太民族文学的延续。《圣经》不仅是犹太民族文学的源泉，也是世界文学宝库的一朵奇葩。大流散时期，由于受所在国语言文化的影响，犹太文学的语言成分相当复杂，犹太人用希伯来语、意第绪语和拉迪诺语创作，或是直接使用英语、德语、阿拉伯语等居住国语言写作。建国后，希伯来语文学成为以色列文学的主体。以色列文学以其继承传统、不断创新、不断关怀人性的渐进过程，绽放出独特的魅力，令人瞩目。当代以色列文学大体经历了三个发展阶段。

第一阶段是传统文学阶段（1948 年至 50 年代末）。大部分作家都参加过犹太复国主义运动，为以色列建国做出了很大贡献。这一阶段文学创作的特点是文学和民族复兴运动相结合，并使文学服务于后者，很多作品都体现出个人与民族命运休戚相关。稍后，一大批直接反映犹太人生活和精神风貌的作品迅速问世。这是犹太人继《圣经》文学之后再一次以主权民族的身份出现在作品中。作品中人物的经历、伦理道德、命运和精神风貌实际上都是犹太民族集体经历、伦理道德和精神风貌的缩影。这一时期还出现了一批被称为"独立战争一代"的青年作家，如穆谢·沙米尔、大卫·沙哈、汉诺克·巴托夫、阿哈农·梅格德、本杰明·塔穆兹、史·伊扎尔等。他们运用现实主义手法，以敏锐的目光、冷静的思考、洗练的笔触大胆地揭示生活的本质，其作品具有艺术的深沉和厚实。其中沙米尔的《血肉之王》、巴托夫的《账单与灵魂》、塔穆兹的《锁着的花园》深受读者喜爱。

---

① 本小节主要参考了徐新的《以色列文学四十年》，《当代外国文学》1993 年第 3 期；徐新的《以色列文学漫谈》，《译林》1995 年第 2 期。

第二阶段是新浪潮阶段（20 世纪 50 年代末至 70 年代中期）。这一时期的作家大多是在以色列建国后成长起来的"新浪潮的一代"，其生活态度、思维方式和道德观念都与前代作家大不相同，他们掀起了文学创作的新浪潮。尽管犹太民族不再颠沛流离，但建国后并不太平的中东形势和连绵的战争、来自周边阿拉伯世界的敌视和压力，使以色列始终无法解决安全问题。再加上移民大量涌入，国内经济的压力巨大，社会问题日益复杂，人们在精神上和心理上承受着沉重压力。作家们觉得传统文学已经无法表达人们的情感和周围的生活，文学需要新的创作手法和题材来适应社会生活和人的精神世界的需要，从而表现出一种与现实主义传统相分离，甚至反叛的倾向。作家们以同时期西方出现的卡夫卡等现代派文学大师为学习的对象，积极推进本土文学的现代派，并且使新流派成为 20 世纪六七十年代以色列的主流文学。新浪潮终于在文学界掀起了巨浪。

率先在以色列文坛掀起"新浪潮"的作家是 50 年代末登上文坛的耶胡达·阿米亥、平哈斯·沙迪、大卫·沙哈等，紧跟其后的是 60 年代在以色列文坛崭露头角的青年作家阿哈龙·阿佩菲尔德、A. B. 耶胡什亚、艾其斯·奥兹飞耶和约书亚·凯纳兹等人。这些作家在进行文学创作时，主观色彩更为浓重。他们关注个性化的感受，努力挖掘人们的心灵隐秘，借此来反映人类的共性。与之相适应的自然是意识流、印象派、表现主义、荒诞派、存在主义、超现实主义等西方现代派作家惯用的表现手法。主要代表作有平哈斯·沙迪的《寓言式生活》、沙伯泰的长篇小说《往事绵绵》和《完美的过去》，以及阿哈龙·阿佩菲尔德的《烟火》和《卡特瑞娜》。此外，伊茨哈克·奥巴斯是位荒诞派和超现实主义的大师，其成名作是《丽珊达之死》；著名诗人耶胡达·阿米亥和 T. 卡尔米则在诗歌领域大开现代派之风，他们的"多元"隐喻及梦幻的碎片赋予了诗歌以游戏品性和超验性。

尤为重要的是，以色列文学在这一时期走向了世界。1966 年，瑞典皇家文学院宣布将该年度的诺贝尔文学奖授予以色列著名作家撒母耳·阿格农。以色列文学顿时受到全世界的注目。

第三阶段是多元化阶段（70年代以来）。此前，尽管以色列文坛上流派纷呈，作品层出，但几乎所有的作品都是以阿什肯纳兹人的生活为描写对象。文学上呈现出来的是犹太人较为单一的生活经历，即以欧洲文化为背景、来自西方的犹太移民的生活经历。以色列评论家罗彻勒·福斯滕伯格认为，当时"只存在一个以色列。而这个以色列是男性的、阿什肯纳兹人的、脱胎于拓荒者运动的和具有明显犹太性的以色列"。80年代以来，作品更多涉及自我和家庭，进一步走出意识形态和民族的圈子，更加关注如何表达犹太人作为个人、作为人类社会的普通人所面对的问题和所要实现的目标。作家更倾向于对个体的描述，在表现手法和语言上追求多样化。塞法尔迪人文学和女性文学的崛起，以及文学创作的个性化倾向打破了阿什肯纳兹文化独霸文坛的局面，多元化是这一阶段犹太文学的主要特征。

塞法尔迪人文学的先锋是青年作家阿尔伯特·斯维萨，其作品集《阿库德》由三个相互关联的短篇组成，叙述了一个塞法尔迪人移民在以色列贫民区生活成长的故事。以此揭示生活在以色列的塞法尔迪人不同寻常的心理感受，从而提出长期存在的"塞法尔迪人问题"。另一位推动塞法尔迪人文学发展的是老作家A. B. 耶胡什亚，其长篇小说《马利先生》描写了主人公一家五代人的生活状态，向读者展现了一百多年来塞法尔迪人的生活情境和精神状态。萨米·米彻尔于1993年出版的长篇小说《维克多利亚》塑造了一位在艰难生活中展现出精神力量的塞法尔迪人妇女形象。

多元化的第二个标志是女性作家群体的兴起。女性文学的特点首先表现在对妇女的不幸和悲哀的关注、对压制妇女旧传统的揭露和批判上。她们是一批思想活跃、才华横溢的文字工作者，无论是在创造力方面，还是在艺术手法的运用上都值得赞颂。著名的女诗人拉结的《我知道该怎样谈论自身》就是一篇反映妇女不幸的作品。另一位女诗人达丽亚·拉维克维奇的《机械玩偶》，以机械玩偶为比喻形象说明了女性总是处于一种受男性摆布的从属地位。诗人李·阿娅伦在《填房女与惶恐感》中通过对填房女子心理的描写，反映了女性的惶恐和不安。著名小说家巴农的

《费拉德尔》则不仅反映旧传统对妇女的压制，而且在故事高潮中写出主人公的大胆"反抗"。进入 80 年代，随着女性意识觉醒的发展，以色列女性文学更加深刻地揭露男性社会对女性的压迫，代表作为亨德尔的《零钱》和卡斯特尔 – 布罗姆的《一个生了双胞胎却使自己蒙受屈辱的女人》。

随着女性文学的发展，年青一代的作家们将注意力从重大的社会题材转向个人的生活题材，出现了福斯滕伯格所说的只反映个人生活的"琐事文学"。即从单一的个人或者某一小圈子人的视角出发，去观察周围社会发生的普普通通的琐事。这一时期的作家很少有人再把自己看成是民族的化身或代表了，也不再以犹太民族复兴运动的积极参与者自居，而是更多地关心自己和家庭。他们的作品不再大量的以以色列人的经历为中心，而是反映出更加普遍的趋势，往往具有异化的、深度超现实的和表现特有风格的性质。其中一些作家如耶胡达·卡齐尔、埃特加尔·凯雷特、加迪·陶布、伊里特·利诺尔和米拉·马根等受到近乎狂热的崇拜，他们的新书稳居畅销书榜首。

此外，大批苏联犹太移民到来后，以色列已成为除俄罗斯本国以外最大的俄文文学创作中心。一向不受重视的阿拉伯裔文学家也开始受到关注。1992 年 5 月，阿拉伯裔小说家艾米尔·哈比比获得以色列文学奖。

近年来，我国学者也致力于以色列文学作品的翻译。2010 年，在以色列希伯来文学翻译研究所的资助下，《以色列当代文学译丛》由上海译文出版社全部出版。该译丛选收了以色列最负盛名的 10 位作家、诗人的代表作，即耶胡达·阿米亥的《开·闭·开》、尤拉姆·卡纽克的《亚当复活》、梅厄·沙莱夫的《蓝山》、阿哈龙·阿佩菲尔德的《奇迹年代》、阿摩司·奥兹的《黑匣子》、S. Y. 阿格农的《一个简单的故事》、大卫·格罗斯曼的《证之于：爱》、亚伯拉罕·耶霍舒亚的《情人》、哈伊姆·毕厄的《充斥时间的记忆》和约书亚·凯纳兹的《爱的招魂》等，共 10 卷。这是迄今中国最系统最全面展示以色列当代绚丽多彩的文学创作的珍贵文学丛书。

二 音乐与舞蹈

1. 音乐

以色列人酷爱音乐。音乐是以色列最具实力、最活跃的文化项目。

以色列有着丰富的民族音乐遗产，包含了古代希伯来的传统和犹太流散地各种不同文化的传统。《圣经》里有许多关于犹太乐器和音乐活动的记载，其中 shofar 是一种用公羊角制作的乐器，至今还在犹太新年和赎罪日的仪式上使用。19 世纪起，随着欧洲近代音乐的发展，约有 30 多位犹太裔音乐家成为世界级的音乐大师。犹太复国主义运动时期，东欧和中欧的民间音乐传入巴勒斯坦，并与中东风格的曲调结合起来，创作出"权威的"音乐。当时颇为流行的是用《圣经》或传统的犹太故事创作的民歌，以及反映人们日常生活或基布兹农垦生活的歌曲。

娜奥密·谢莫尔被誉为"国家级词曲作家"，她创作、改编和翻译了几百首歌曲。其作品不仅得到了音乐界人士的认可，更获得了以色列普通大众的喜爱。她那种意境深远、充满激情的风格直到今天仍影响深远。其代表作是《金城耶路撒冷》，被称为"以色列非官方国歌"。

以色列爱乐乐团（IPO）是以色列著名的交响乐团。最初名为巴勒斯坦爱乐乐团，建国后改为现名。在布罗尼斯拉夫·胡伯曼的努力下，乐团于 1936 年年底进行了首场演出。1959 年，乐团开始在特拉维夫介绍经典的歌剧曲目，同时由其成员构成的新以色列四重奏团也得以问世。60 年代末，乐团开始举办鲁宾斯坦音乐节，每年都要在国内外巡回演出上百场，观众达 30 万人次。

合唱是以色列人热衷的演唱形式。无论是在犹太会堂，还是非宗教场合，都能听到合唱的歌声。早在 1920 年，犹太工会成员就组成了合唱队。以色列著名的合唱团有：赫米奥拉女声合唱团、特拉维夫爱乐合唱团、特拉维夫室内合唱团、拉马特甘室内合唱团、莫兰合唱团、基布兹国家合唱团、伊楚德合唱团、加利利地区合唱团、耶路撒冷鲁宾音乐舞蹈学院安科尔青年合唱团、纳阿玛女声合唱团等。以色列将每年 5 月定为犹太歌咏月。津里亚世界合唱大会和合唱节则蜚声世界乐坛。

　　以色列非常重视音乐人才的培养，建国伊始即在特拉维夫和耶路撒冷分别成立了音乐学院。20 世纪 60 年代初，耶路撒冷希伯来大学开创了高等院校设立音乐教育与研究课程的先例。此后，特拉维夫大学和巴伊兰大学也增设了音乐研究系，主要研究犹太音乐和以色列各民族的音乐，尤其侧重于东方犹太社团的音乐。这些音乐学院为以色列培养出大批的音乐人才。此外，以色列还有一个非常著名的研究机构以色列音乐研究所（IMI），一个累计出版了 3000 多种音乐图书资料的以色列音乐出版社（IMP）以及以色列音乐中心。

　　苏联犹太移民迁入以色列后，给全国各地的中小学音乐教育、音乐学院和社区中心注入了活力。许多专业音乐家，包括演奏家、歌唱家和音乐教师纷至沓来，新的交响乐队、室内管弦乐队和小型合唱团应运而生，使以色列的乐坛发生了巨变。以色列作曲家协会有 200 名会员，其中 20 人为新移民。

　　各种力量汇集在一起，使以色列拥有了一支人数众多、造诣极高的音乐队伍。他们为以色列创造出了两种各具特色的音乐形式：一种是既具有俄罗斯音乐的成分，又表现出希腊音乐和阿拉伯音乐的旋律，同时还保留了以色列音乐那种富有抑扬顿挫特点的古典音乐；另一种是由以色列乐坛新秀创作出来的，充满活力、风格独特的民间音乐。

　　以色列被认为是世界上音乐活动最丰富、最频繁的国家之一。国际竖琴比赛和阿图尔·鲁宾斯坦钢琴比赛都是世界级音乐盛会。地方性音乐节有共因格夫基布兹的音乐节和在克法布卢姆基布兹举办的室内音乐节，吸引了来自世界各地的音乐爱好者。各种乐团从独奏音乐会到大型交响音乐会，将美妙动听的古典音乐呈现给观众，其中最震撼的当属在罗马古城凯撒里亚、十字军城堡阿卡，以及经过修复的罗马圆形剧场等历史遗址上举办的音乐会。

　　特拉维夫的曼恩音乐厅和耶路撒冷的国际会议中心音乐厅，均为可容纳 3000 名观众的现代化音乐厅。1982 年以色列新歌剧院落成后，开始上演具有很高专业水平的歌剧，激发了公众对歌剧的热情。1994 年，特拉维夫演艺中心建成并投入使用，有 1600 个席位，具备世界一流的舞台、灯光和音响等设施。稍小一些的音乐厅有耶路撒冷剧院、特拉维夫演艺中心、特拉维夫和以色列博物馆，以及全国各地社区和基布兹的文化中心等。以色列听众欣赏音乐的水平相当高，国际知名的客席音乐家和国际知名的以色列独奏音乐家，如平哈斯·祖客曼、什洛莫·明茨、丹尼尔·巴伦波伊姆和伊扎克·佩尔曼等，深受以色列人喜爱。

在国际乐坛，以色列也表现得非常活跃。除了邀请世界各国的乐团、音乐家来以色列演出交流外，以色列爱乐乐团每年在国外都要演出40场，耶路撒冷交响乐团、海法交响乐团、以色列室内乐团、基布兹室内乐团、雷霍沃特室内乐团以及里雄莱锡安交响乐团每年都要赴欧洲和北美演出，场次多达80场。以色列的许多指挥和音乐演奏家在国外著名的乐团任职，以色列逐渐成为一个具有竞争力的"音乐输出国"。以色列的音乐输出不仅包括演员和开办大师级课程的教师，而且也包括作曲家。年青一代的作曲家有：奥迪德·泽哈维、迈克·沃尔普、茨皮·弗雷舍、拉切尔·加尔因、哈加尔·卡迪马、英安·里夫等，他们的作品均在国外演奏过，并获多个奖项。

2. 舞蹈

在犹太人的社会生活和宗教生活中，舞蹈是一种不可或缺的表达方式。20世纪20年代，来自西方、由专业编导创作、专职演员表演的艺术舞蹈开始出现在巴勒斯坦的舞台上。40年代，民间舞蹈兴起。1944年，第一届民间舞蹈节的举办使民间舞蹈发生了巨大的转变。艺术家们吸收了散居世界各地的犹太人舞蹈主题和居住国的传统舞蹈，并融入现代的舞蹈元素，编导创作出具有时代特征的民间舞蹈。多姿多彩的民间舞蹈充分反映了移民社会的多元化性质，展现了犹太开拓者在以色列故土上自由平等、团结友爱的精神风貌，以及重返家园后的现实生活，如罗马尼亚霍拉舞，舞蹈动作简单老少皆宜，众人围成圆圈手拉手翩翩起舞。

始于1988年的卡迈尔舞蹈节，是以色列舞蹈界一年当中的盛事。在为期三天的表演活动中，以色列专业舞蹈团、国内上百个民间舞蹈团体和一些外国的舞蹈团体同台献艺，吸引了数十万舞蹈爱好者。而舞蹈爱好者共同参与的大型舞会则通宵达旦，场面蔚为壮观。

以色列有 6 个专业舞蹈团，都具有很高的专业水平和独特的艺术风格。

因巴尔民族舞蹈中心　1949 年，舞蹈家萨拉·莱维-塔尔创建了因巴尔舞剧团，后改为现名。该舞蹈中心的节目以《圣经》为主题，并吸收了东方犹太舞蹈、音乐和诗歌的传统，是以色列历史最悠久的专业舞蹈团。

巴特谢瓦舞蹈团　1964 年由马特·格雷厄姆与巴特谢瓦·德·罗斯柴尔德男爵夫人创办，并确立了以色列舞蹈的发展方向。该舞蹈团共有 65 名成员，包括舞蹈演员和技术人员。该团非常重视芭蕾训练，同时也积极从事社会公益活动，将舞蹈推向全社会。1991 年欧哈德·纳哈林担任艺术指导后，使该团迎来了新的发展机遇。

以色列芭蕾舞团　从一个古典舞蹈班发展而来的，其创办人是该团的两位艺术指导伯塔·亚姆波尔斯基和希勒尔·马克曼。这是国内唯一的专业古典芭蕾舞团，演出的节目基本上都是由亚姆波尔斯基、巴拉钦和其他国际知名舞蹈编导创作的。

基布兹当代舞蹈团　1970 年由加阿通基布兹成员耶胡达·阿哈龙创建。他成功地将一个由年轻的业余舞蹈人员组成的团体转变为以色列最主要的当代舞蹈团，为舞蹈界注入新的活力。

科尔·乌德玛玛舞蹈团　1978 年由莫谢·埃弗拉蒂创建。他发明了一种舞蹈教学方法，让失聪的演员通过地板传出的振动来跳舞。该团以其高超的艺术成就和对失聪人员恢复身心健康所做的贡献而享誉世界。

茵芭·平托舞蹈团　由茵芭·平托创立，她曾是巴特谢瓦舞蹈团成员。平托同副艺术总监阿夫沙洛姆·波拉克一起创作了许多舞蹈作品，比如世界著名的作品《蚝华马戏团》，该剧在以色列和国外进行了数百次演出。

此外，还有一些小型舞蹈团和独立编舞人员，活跃在耶路撒冷、特拉维夫和海法等城市，如塔玛尔舞蹈团、亚朗·马戈林舞蹈团和里纳·斯琴菲尔德舞剧团等，这些舞蹈团大多以一位舞蹈家为中心，其活动经费往往自筹或者靠社会赞助。在独立编舞人员中最为出色的是亚斯米恩·高德尔，其舞蹈语言富有女性的特质，2001 年在纽约获得贝丝奖。伊曼钮尔·加特和雷纳纳·拉兹是一颗正在升起的新星，其作品《两个粉红小可爱》已在世界各地演出。

除专业团队外，以色列舞蹈爱好者组建了"舞蹈运动业余爱好者协会"。该协会开展了形式多样的活动，如开设舞蹈课程，举办舞蹈比赛、艺术节和研讨会等，并积极参与国际活动，与世界冠军联赛、世界体育舞蹈协会等国际组织进行合作。

在舞蹈培训领域，以色列人功不可没，做出了巨大的贡献。如在世界各地广泛传授的摩西·费尔登克赖斯教学法，以及埃什科尔－瓦赫曼舞蹈动作符号体系，这是记录舞蹈和其他动作的三大体系之一。1989 年苏珊娜·德拉尔舞蹈戏剧中心在特拉维夫开始营业，成为国内舞蹈事业的中枢。此外，还有一些专门培训舞蹈人才的机构，如鲁宾音乐舞蹈学院的舞蹈系、巴特－多尔舞蹈班、特拉维夫的塔尔曼·耶林舞蹈学校等。特拉维夫的以色列舞蹈图书馆和以色列舞蹈档案馆也是舞蹈研究机构，负责出版舞蹈方面的图书和《以色列舞蹈年刊》。

三　电影

以色列的电影大多反映了宗教信仰、战争、和平、民族冲突等社会问题，呈现出写实风格。

1912 年，俄籍犹太人雅阿科夫·本－多夫拍摄了第一部短纪录片《埃尔兹的犹太人生活》。之后，犹太人在巴勒斯坦拍摄了多部纪录片。直到 1950 年，导演阿玛尔才拍摄了以色列第一部故事片《休战》。1954 年，以色列通过了奖励民族电影生产和必须放映以色列短片的法令。陆续拍摄的几部故事片中，比较著名的是 T. 迪金森导演的《24 号高地没有回答》（1955 年）。

20 世纪 60 年代是以色列电影创作的成熟期。1961 年，海法电影资料馆成立。1969 年，民族电影生产基金供给协会成立。60 年代共摄制了 18 部故事片，较知名的有阿尔特维斯导演的《牢记》（1964 年）和乌里·

佐哈尔导演的《月球上的一个洞穴》（1965 年）等。

1970 ～ 1976 年，以色列电影市场几乎被廉价庸俗的电影充斥。1977 年赎罪日战争后，反映战争创伤的电影占主导地位。70 年代年产故事片 12 ～ 15 部，主要有罗辛比尔克导演的《小木鸟》（1977 年）、阿弗拉姆·赫弗纳导演的《维恰尔案件》（1979 年）。1979 年教育和文化部设立了专门资助国产故事片制作和发行的"国家电影基金"。该基金从各电视台的广告收入中提取资金，每年拿出 500 万美元的资金用于资助生产 7 部左右的影片。

20 世纪 80 年代，以色列电影行业深受政治因素的影响，电影工作者们力图把视点放在巴以冲突等严肃题材上，讲述意义深刻的故事，但观众对本土电影的热情已经消退。因此，多位活跃于影坛的导演不再将政治和宗教的主题放在首位，而是着眼于对人的关爱，思索人的基本生活和尊严等问题，显示出电影工作者的道德勇气和胸怀。他们在世界影坛崭露头角，如《阿维娅的夏天》获得 1989 年柏林国际影展杰出艺术贡献银熊奖。同时，青少年电影也有很大的发展，如儿童心理影片《阿邦的前半生》，反映新一代以色列青年心声的青春爱情喜剧片《特拉维夫的情事》，表现一种新的以色列文化特色的影片《晚婚》以及反映一个缺少威严父亲的家庭的情节剧影片《受伤的翅膀》等。以色列于 1984 年举办了耶路撒冷电影节，1986 年举办了特拉维夫国际学生电影节，并在美国的纽约和旧金山、德国的柏林等电影文化中心举办了以色列电影节，对外宣传和展示以色列电影艺术的创作成就。

20 世纪 90 年代后，以色列高质量并具有商业价值的电影业才真正发展起来，在国际电影节上屡屡获奖。2005 年第 58 届戛纳电影节上，汉娜·拉斯洛因在阿莫斯·吉塔斯导演的《自由地带》中的出色表现而获得最佳女演员奖。小说家埃特加尔·凯雷特和希拉·格芬导演的影片《水母》荣获 2007 年戛纳电影节金摄影机奖。讲述第一次黎巴嫩战争的《波弗特》是由约瑟夫·塞达导演的，赢得了 2007 年柏林电影节最佳导演奖和其他 11 个奖项，还是当年提名角逐奥斯卡最佳外语片奖的五部电影之一。

以色列没有政府直接管辖或经营的电影制片厂，国内 30 多个制作公司全部为私营。以色列政府只有一个下设于国家教育和文化部的以色列电影中心，其主要职能是促进以色列电影业基础设施的建设和影片生产，其中包括合作拍片，积极鼓励外国电影制片者到以色列拍片。该中心还负责制定影片的等级标准和分级，但不包括对影片的内容进行审查。这意味着暴力和色情片可以自由发行，只要影院按照分级标准放映和影片有相应的需求市场。

耶路撒冷希伯来大学的斯皮尔伯格电影资料馆存有世界上最多的以犹太人为主题的电影资料。该资料馆由希伯来大学和以色列国家档案馆合办，主要任务是收集、保存关于犹太人的电影并编制目录，供世界各地的研究者以及电视、电影创作者查阅。以色列有 5 所开设电影教育专业的学校：特拉维夫大学艺术学院、萨姆·斯皮尔伯格电影艺术学院、哈斯发电影学校、贝特兹维艺术学校和电影艺术学校。

四 绘画、雕塑与摄影

以色列人酷爱艺术，对绘画、雕塑与摄影等艺术形式一直表现出不断创新的态势。东西方文化的交会和以色列的现代气息，以及源于国外的艺术风格，都对以色列的艺术发展产生了重大影响。国内的自然风光、民俗风情是这些艺术形式恒久不变的主题，展现了其独特的艺术魅力。

1. 绘画

为了鼓励年轻有为的犹太人学习和研究以色列故土的艺术，1905 年犹太复国主义者代表大会批准建立了一所美术学校。翌年，来自保加利亚的鲍里斯·沙茨教授（1867～1932 年）在耶路撒冷建立了比扎莱尔工艺美术学校，旨在结合欧洲绘画技巧与中东装饰形式创造出一种"正宗犹太艺术"。1910 年该学校已有 32 个系，500 名学生，创作了许多表现《圣经》场景的绘画。这些作品充满了对往昔的回忆和对未来的遐想，其中的形象多取材于也门犹太社团和当地的贝都因部落。这一时期的著名艺术家有沙米尔·赫森伯格（1865～1908 年）、埃夫拉姆·列勒恩（1874～1925 年）和阿贝尔·潘（1883～1963 年），其作品进入了世界各地的犹太艺术品市场。

1921 年，在耶路撒冷旧城的大卫古城堡举行了第一次重要的艺术展览，参展画作大都出自比扎莱尔学校。但不久，该校特有的民族风格、东方气息的直陈手法已显得落伍，受到了来自本校内部年轻的反对派和新移民艺术家的挑战。挑战者们与"正宗犹太艺术"分庭抗礼，在创作中运用近似原始的技巧描绘中东地区的日常现实，突出风景画面中的强光部分和明快色调，着意刻画异乡情调，如简朴的阿拉伯生活方式。这些被称之为"希伯来艺术"的表现形式在以色列·帕尔迪、采昂纳·塔格、平哈斯·利特维塔夫斯基、那胡姆·顾特曼和雷郁芬·罗宾等人的画作中都不难看出。与此同时，艺术活动中心从耶路撒冷逐渐转移到生机勃勃的新城——特拉维夫。

20 世纪 30 年代，巴勒斯坦的绘画艺术风格深受西方的新观念，尤其是巴黎绘画界的表现主义的影响。摩西·卡斯特尔、麦纳克姆·山米和阿雷·厄沃赫等画家的作品倾向于通过变形手法描绘充满情感、带有神秘主义色彩的现实社会。稍后，德国艺术家赫尔曼·斯特拉克、莫德查·阿尔顿和雅各布·施泰因哈特等移居巴勒斯坦。他们与已在耶路撒冷定居约 20 年的德国艺术家安娜·蒂肖和利奥波德·克拉考尔等汇集成一派，主要致力于表现自己对耶路撒冷的景色及其周围群山的理解与感受。这些艺术家对当地艺术的深入发展做出了重大贡献，尤其是在比扎莱尔学校校长阿尔顿和施泰因哈特的领导和指点下，新一代艺术家日臻成熟。

第二次世界大战期间，巴勒斯坦的犹太艺术家与巴黎的联系中断，加上大屠杀造成的心灵创伤，使摩西·卡斯特尔、伊扎克·丹齐格和阿哈隆·卡哈那等艺术家开始接受新兴的"迦南人"思想，试图通过复兴古代神话和异教主题，谋求与土著居民打成一片，共同创造出"新的希伯来民族"。

1948 年的独立战争导致纳夫塔利·贝泽姆和阿夫拉汉姆·奥菲克等艺术家采取了一种社会立场鲜明、富于战斗精神的风格。然而，建国初期形成的最令人瞩目的画派是"新视野"派。该派画家力图使以色列绘画摆脱地方色彩，进而跻身于当代欧洲艺术之林。该派有两大发展趋势：一

是追求抒情风格，表现依稀可辨的地方风光片断，使用冷色调，其代表人物是"新视野"派的主将约瑟·亚里茨基，以及阿维格德·斯丹麦茨基和耶海兹克尔·史特来西曼等著名画家；二是徘徊于几何主义与形式主义之间的抽象派风格，其代表人物是出生于罗马尼亚的艺术家马塞尔·扬科，他曾在巴黎学习，是达达主义的创始人之一。"新视野"派使抽象艺术在以色列画坛取得了主导地位，直到60年代初。

60年代，艺术家们承上启下，使"新视野"派与70年代追求个性的艺术风尚得以衔接。史特来西曼和斯丹麦茨基都是特拉维夫市阿维尼学院的教师，他们极大地影响了以色列第二代画家，如拉菲·拉维、阿维瓦·尤里、尤里·利夫席茨和李·尼科尔等。第二代画家们在寻求个人意象的过程中，以形式多样的绘画作品向抒情抽象派的精细画风提出了挑战，其作品借鉴了海外的各种表现主义和象征性抽象的风格。

70年代，以色列绘画艺术以极简抽象派艺术为特征。拉瑞·阿布拉姆逊和摩西·格舒尼等艺术家的作品主要表现为对意念的讲解而不是对美学的思考。

八九十年代，一些画家在个人实验的气氛中创作，似乎只是寻求自我满足和对以色列精神的感受，他们把多种材料和技巧以及形象结合起来，如希伯来文字母和人类的紧张及恐惧情感等。平哈斯·科亨-加恩、德加尼特·贝雷斯特、加比·克拉斯莫、齐比·杰瓦、茨韦·戈尔德施坦、大卫·雷伯等人的作品力求扩大以色列艺术的定义，使之超出传统概念和题材，既是乡土文化独特的表现形式，又是当代西方艺术中一个生机勃勃的组成部分。

21世纪以来，以色列在绘画方面非常注重国际交流与互动。2013年在海法会展中心举办了为期两周的西班牙超现实主义艺术家萨尔瓦多·达利作品展。这是以色列迄今举办的最大规模的艺术展，也是全世界最大规模的达利作品展之一。同年8月，两位以色列当代艺术家阿丽玛和露丝在广东美术馆举办了"无框的空间——以色列当代艺术展"，让中国观众领略了当代以色列的绘画艺术风貌。

2. 雕塑

作为一种鲜明的艺术表现手法，雕塑给人以一种静态的但却具有强烈视觉冲击力的艺术形式，是以色列艺术发展中不可或缺的元素。经过几位雕塑家的长期努力，以色列雕塑艺术逐渐兴盛起来。

建国前，摩什·兹弗尔、阿哈隆·普里弗尔和巴特亚·里山斯基所代表的学术气息浓厚的雕塑派成了雕塑艺术领域的主流。20 世纪 40 年代末，一批艺术家深受古代迦南人的艺术风格的启发，其中最为突出的是伊扎克·丹齐格。他用努比安红砂岩雕成的异教猎手尼姆洛德的英雄形象，糅合了中东地区原始的雕刻艺术与现代人体艺术，是一个很好的尝试。

从 20 世纪 50 年代起，以色列开始流行钢铁材质的雕塑。60 年代，为那些在以色列历次战争中的阵亡将士塑造纪念物成为历史赋予艺术家的新使命。耶西洋·沙米用钢材焊接的海军纪念碑，竖立在阿赫则夫，表现了自然的残酷和人类对付暴虐破坏的能力。丹尼·卡拉文创作的内格夫旅纪念碑，位于贝尔谢巴郊外，使人联想起沙漠战斗的特有性质。

在法国艺术思想尤其是表现主义的影响下，以色列当代艺术家就地取材，创作出与环境融为一体的雕塑作品，以充分表达他们对社会现实的考量。依格尔·图马金为表达对战争的抗议，运用几何和象征的抽象形式，创作出表现力极强的形体与象征结合的作品。梅纳什·卡迪什曼几何极简抽象派的倾向则尤为明显，他雕刻的羊无不表现出孱弱无助的受害者形象。

以色列一些雕塑家已得到国际承认，其中有依格尔·图马金、丹尼·卡拉文、科索·埃卢尔和以色列·哈达尼，在国外许多场所都可以看到他们的作品。

3. 摄影

19 世纪中叶，巴勒斯坦地区的摄影业主要是提供摄影服务，向朝圣者和游客出售作为纪念品的圣地（主要是基督教圣地）照片。犹太复国主义运动兴起后，为了适应世俗的审美情趣，摄影师们开始通过歌颂英雄的镜头将犹太社会在巴勒斯坦的发展摄制成纪录片，描述先驱者在以色列故土上耕耘和建设城镇的情况。

一些颇具才华的摄影记者忠实地记录了这个国家的成长经历，包括蒂姆·吉达尔、大卫·鲁宾格、维尔纳·布劳恩、鲍里斯·卡尔米、泽夫·拉多万、戴维·哈里斯和米哈·巴尔·安等。一些摄影家的拍摄介于"文献摄影"与"艺术摄影"这一无形界限之间，诸如，专门从事人物摄影的阿利扎·奥尔巴赫，潜心拍摄大自然的尼尔·福尔贝格、多伦·霍维茨和沙伊·吉诺，投身于水下摄影的戴维·达罗姆，以及一对从事空中摄影的搭档杜比·塔尔和莫尼·哈马蒂。

　　在新生代的摄影师中，最吸引人眼球的是阿迪·内斯（1966年出生）。1990年，他的系列作品《士兵》轰动一时，他探索的是以色列国民尤其是同性恋、身份模糊的男性的身份认同问题。他在令人不安的贫困、无家可归的背景下，运用《圣经》中的人物故事拍摄了《圣经故事》。1999年他仿效达·芬奇《最后的晚餐》的构图，拍摄了以色列士兵的生活图像。该作品在索斯比年度犹太及以色列作品拍卖会上以26.4万美元售出，堪称以色列摄影艺术被世人认可的转折点。

　　巴里·弗里德兰德的作品是由几十甚至是几百幅照片通过无缝拼接构成的，往往表现出惊人的准确、清晰和透视效果。2007年他的摄影展"地方与时间"对当代以色列的一些基本情况进行了介绍：耶路撒冷东部咖啡馆里一次只有男人的聚会、一群虔诚的正统犹太教信徒的年度朝圣、以色列居民被迫从加沙地带撤离。影展起初在特拉维夫艺术博物馆举办，而后继续到纽约现代艺术馆展出，这是该艺术馆首次举办以色列艺术家的个人展。

　　由于摄影作为纯粹的艺术媒介已成为流行的艺术形式，在美术馆、博物馆、管理者和收藏者的积极支持下，涌现出一批富有创造力的摄影家。他们的艺术摄影具有高度的个性，探索生与死、艺术与幻想等问题，表现手法不拘一格，从形式主义和极简抽象派到景象化和知识概念化。一些展览摄影作品的重要场所也应运而生，其中第一流的是坐落在艾因哈罗德基布兹的"艺术之家"的两年一度的摄影展和位于加利利北部的特尔哈的"新摄影博物馆"。

　　科学技术的进步极大地推动了以色列摄影艺术的发展。魏茨曼科学研

254

究院研究出了一种新的超分辨率图像放大算法。这项新算法可以令照片放大 3 倍后依然拥有良好的细节表现和一定的锐度。

五　文化设施

以色列全国约有 200 个大大小小的博物馆，分布在都市、城镇和基布兹内。这些文化设施展示了以色列考古学、人类学、历史学和手工业等方面的成就，每年都吸引了数百万人前来参观。

以色列国家博物馆　1965 年正式开放，设在耶路撒冷。该馆是以色列最大的博物馆，主建筑"圣书之殿"的外观造型有如巨大的白瓷盖子，其设计灵感来自存放"死海古卷"的陶罐的盖子。"圣书之殿"珍藏着"死海古卷"、先知以赛亚书最古老最完整的版本等各个时代的《圣经》，堪称"圣经博物馆"。该馆是一座国家级的博物馆，还包括：比扎莱尔工艺美术博物馆；犹太人与人种史展馆，展品反映了世界各地犹太社团的典型风格；美术陈列馆，既有按时期划分的展室，也有综合性展厅，收藏了来自各大洲的艺术精品；考古文物厅，陈列了从史前时期到 15 世纪的展品；雕塑公园，展出了 60 多件雕塑作品；具有教育功能的青年馆，设有美术陈列室、教室和制作室；东耶路撒冷的洛克菲勒展馆，收藏当地的考古文物；东耶路撒冷的培利艺术中心，专门为阿拉伯少年儿童设立各种项目；设在耶路撒冷市中心一座百年老宅的画廊蒂奇奥屋（兼作咖啡厅）。该馆还举办各种短期展览以及其他活动，从讲座、研讨会、放映电影到室内音乐会，不一而足。

特拉维夫艺术博物馆　建于 1932 年，现馆址是 1971 年开放的。该馆设有收藏古典和现代艺术品，特别是以色列本土艺术品的中心画廊，以及青少年馆，定期举办各种短期展览、朗诵会、室内音乐会和放映艺术影片等活动。海伦娜·鲁宾斯坦现代艺术展览馆也隶属于该博物馆。

艺术之家　建于 1934 年，位于艾因·哈罗德基布兹。这是以色列第一座乡村博物馆，也是在基布兹运动中兴建的第一个艺术博物馆。收藏了来自世界各地犹太人的绘画、雕塑和民间艺术作品。这里经常举办短期专题展览，并开展各种教育和研究活动。

海法博物馆 建于 1949 年。包括古代艺术馆，专门展览以色列以及地中海沿岸的考古发现；现代艺术馆（建于 1951 年），展出从 18 世纪中叶至今的世界各地的艺术品；史前陈列馆；国家海事陈列馆和季科京日本艺术陈列馆。博物馆的空间虽小但布展精当，常年举办各类临时展。

以色列故土博物馆 建于 1953 年，位于拉马特阿维夫。该馆的主要展品有玻璃器皿、陶器、铜器、铸币和民俗品等，其综合性馆藏体现了这一地区在考古学、人类学和历史学等领域的发展成就。例如，"男人与手艺"展览展出了古代编织、珠宝和陶器的制作工艺，以及研磨谷物和烤面包的方法。博物馆还包括一座天文馆，以及泰尔·考西尔洞穴遗址，已发掘出 12 层人类文明遗迹。位于特拉维夫市中心的特拉维夫 – 雅法历史陈列馆和发表《独立宣言》的独立大厅也隶属该馆。

以色列犹太大屠杀纪念馆 位于耶路撒冷纪念山上，是根据以色列议会 1953 年通过的法令而建立的，旨在永久纪念在第二次世界大战期间死于纳粹大屠杀的 600 万犹太人。纪念馆包括历史博物馆、档案馆、艺术博物馆、正义大道、儿童纪念馆、毁灭社区幽谷、纪念碑、犹太会堂、书店、教育中心等多个区域，为全球最大的大屠杀纪念馆。

伊斯兰 L. A. 迈尔艺术学院 建于 1974 年，设在耶路撒冷。收藏有陶器、纺织品、珠宝、各种仪式用品等种类繁多的永久性展品，囊括了从西班牙到印度的上千年的伊斯兰艺术。博物馆还举办各种短期的专题展览。

大流散博物馆 建于 1978 年，坐落在特拉维夫大学校园内。该馆利用现代技术和视听装置追溯各个时代散居世界各地的犹太社团的历史。馆内展品是按主题安排的，每层楼都有一个研究区。该馆还举办以犹太人为主题的短期展览，有一个以视听手法按年代表现犹太人历史的展览，还有定期举办的范围广泛的教育和文化项目以及巡回展览。

耶路撒冷大卫塔历史博物馆 建于 1988 年，坐落在耶路撒冷老城内大卫塔城堡遗址上。该馆收藏了第一圣殿时期（公元前 960 ~ 前 586 年）以来的文物，包括哈斯蒙尼王朝时期（公元前 1 世纪）的城塔和部分城墙遗迹，以及希律王（公元前 37 ~ 前 4 年）建造的巨塔地基。该博物馆按时间顺序布展,展现了耶路撒冷从最初迦南人建城直至当代的 4000 年历史。每个展厅都顺着一条"时间主线"来描述主要事件,运用地图、录像带、全息图、图画和模型等来加强展览效果。夜幕降临后,在大卫塔城堡里还上演大型声光秀,吸引着来自世界各地的观光客。

第四节　体育

一　体育运动

以色列人普遍强调身心健康的重要性,重视体育锻炼,但不大重视竞争激烈的体育比赛。原因有二:一是以色列实行义务兵役制,几乎所有年满 18 岁的以色列公民都要参加军事训练;二是可能受到历史上哈斯蒙尼王朝抵制奥林匹克运动会的影响。以色列人喜欢各种形式的休闲娱乐运动,如跑步、远足、打篮球、踢足球等,尤其是海上和沙滩运动。广阔的海域和优质的海滩为以色列人提供了良好的运动场地,他们擅长潜水(有 5 万名合格的潜水员,人均居世界首位)、游泳、滑水和驾驶帆板等运动,喜欢在沙滩上打排球、玩"板球"——以色列人发明的一种沙滩游戏,用桨击球使其在空中保持滚动。

以色列的体育与军事训练紧密联系在一起,校园内外都开展了国家军事训练项目"谢拉克"。其目的是加强青少年的身体素质、射击能力和野外生存能力,培养纪律性、组织性和对国家的忠诚,以及友爱的协作精神。此外,还有对自卫术的学习。自卫术最初应用于以色列特种部队的作战训练,后经过不断的改良,也被广泛应用于平民百姓的自卫防身、体形锻炼中。1964 年艾米·里奇特劳德大师开始向民众传授自卫术,由于这种自卫术不仅可以保护自身性命,还能强身健体,很快就成为以色列国民教育系统中非常重要的一部分。小学和中学的学生都必须要学习这一课程。而国内男女老幼在体育部门和教育部门的赞助下也可以学习这种自卫术。

以色列十分重视残疾人体育工作,在耶路撒冷、特拉维夫和海法等地开设多家残疾人体育俱乐部，其中以战士之家和伊兰最为著名。这类俱乐部通过体育运动对残疾人进行康复训练，帮助其恢复体能，效果十分显著。由于在国内普遍开展了深入细致的残疾人体育工作，因此该国运动员在残疾人奥运会和其他赛事中屡获佳绩。

二　体育组织

建国前，巴勒斯坦有四大犹太体育组织：马卡比厄（建于 1912 年）、贝塔（建于 1924 年）、哈普尔（建于 1923 年）和伊利兹尔（建于 1939 年）。马卡比厄运动会被称为"犹太奥林匹克"，自 1932 年起，每 4 年举行一次，吸纳了来自世界各地的犹太运动员。此外还有一些体育组织，如 1926 年成立的哈坡埃尔、1922 年成立的足球协会。

建国后，以色列的体育组织机构趋于完善。除篮球和排球这两个项目与欧洲相应的组织相关联外，其他体育组织都隶属于亚洲运动联合会和亚洲体育协会。比较活跃的体育组织如下。

竞技运动联合会　成立于 1931 年。该组织拥有 2.2 万名运动员、400 个竞技运动俱乐部，负责管理 16 个竞技项目的比赛。参加者最多的比赛项目是排球（约 6000 人）、手球（约 3000 人）、击剑、乒乓球和游泳。近年来，以色列的妇女、阿拉伯人对竞技运动的兴趣不断增长，参加竞技运动的人数逐年增加，绝大多数的排球运动员和游泳运动员来自基布兹。

足球协会　成立于 1922 年。以色列足球协会共资助了 550 个足球队，名下有 1.5 万名运动员。国家足球队在世界杯、奥运会和亚运会上都有着令人满意的表现。在 1976 年的蒙特利尔奥运会上，以色列队还与法国队一比一战平。足球运动员在世界舞台上的影响也在不断增强，目前有 20 多位以色列足球运动员效力于欧洲顶级俱乐部。

网球协会　成立于 1950 年，拥有 600 多个俱乐部。1949 年以来，以色列的网球运动员一直参加戴维斯网球公开赛。

篮球协会　成立于 1968 年，拥有 500 个篮球队，其中约 1/3 来自基布兹。篮球运动在以色列普及程度越来越高。特拉维夫的马卡比篮球队在 2004 年和 2005 年曾两度赢得欧洲联赛冠军。2009 年，马卡比队球员欧米·卡斯比成为第一位在 NBA 打比赛的以色列人。

以色列棒球联盟 成立于 2007 年,是世界上首个球季比赛只打七局的职业棒球联盟。若比赛出现平手,两队球员将于赛后进行全垒打比赛决定胜负,犹如足球的点球大战。

学生竞技运动协会 成立于 1953 年。该协会不受政治影响,在国际学生竞赛中代表以色列参赛。对于学生来说,除了由俱乐部和竞技运动协会提供广泛的参与竞技运动的机会外,还有许多与学校有关的竞赛活动,既有区域性的中级水平的比赛,也有国家级水平的比赛。

三 奥林匹克竞赛

1935 年,犹太人在巴勒斯坦建立了奥林匹克委员会,次年申请参加柏林奥运会,因巴勒斯坦问题未被批准。1952 年国际奥委会承认了以色列国家奥委会的会员资格。从此,以色列参加了除 1980 年以外的历届奥运会,其参赛项目有:篮球、摔跤、自行车、帆船、射击、体操、柔道和举重等。

1972 年 8 月 26 日,在慕尼黑奥运会上,5 名巴勒斯坦"黑九月"成员袭击奥运村的以色列选手,导致了 17 名以色列运动员和教练员死亡。

1992 年,在巴塞罗那奥运会上,以色列选手 Y. 阿拉德在女子柔道 63 公斤级的比赛中获得银牌,S. 斯马德加在男子 73 公斤级比赛中获得铜牌,为以色列实现了奥运奖牌的零突破。2004 年,以色列在雅典奥运会上取得历史性突破,获得男子帆船帆板金牌,并获得一枚男子柔道铜牌。2008 年北京奥运会,22 岁的祖巴里获得了男子帆板 RS:X 级季军。

虽然以色列奥运代表团的实力相对薄弱,但是其运动员仍然是国内媒体报道的焦点。在奥运会期间,以色列的报纸、电视、广播、网络媒体常会打破常规,在体育版甚至头版大量报道奥运会中以色列运动员的表现,借此彰显民族自豪感。

四 体育教育

以色列政府十分重视青少年的体育工作,对不同的学龄段设置相应的课程。出于让青少年拥有"强健身体"的目的,军事训练与体育紧密结合，以色列在校园内外开展了国家军事训练项目"谢拉克"（Shelack）。谢拉克的目的是提高青少年的身体素质、射击能力和野外生存能力，增强组织纪律性，培养对国家的忠诚以及友爱的协作精神。

以色列有 4 所专门培养体育师资的师范院校，其中首屈一指的是温盖特体育学院。该校创办于 1944 年，为以色列培养了大批高素质的体育专业人才，在国际体育界也具有一定的影响力。该校设有体育天才开发中心、精英体育部门、顶级运动中心、利伯斯坦运动医学科学与研究中心、国际犹太人体育名人堂、以色列体育名人堂等机构；还有游泳池、体操馆、室内运动场、健身房、运动场等 37 种体育场馆设施，是以色列运动员和体育爱好者心目中的"圣地"。

以色列拥有顶尖的运动医学专家和器械设备，在国际上享有盛誉。温盖特体育学院的利伯斯坦运动医学科学与研究中心为运动员提供诸如体能检查、运动生理学、运动医学、营养学和日常体育锻炼的咨询服务，以帮助其在国际大赛中取得好成绩。此外，该中心还开展了一系列的科研活动，诸如运动员的日常训练、运动成绩与运动生理学和运动医学之间的关系，如何帮助运动员在赛后快速恢复，不同的气候条件对运动员运动成绩的影响，运用生物技能反馈疗法对运动员受伤后的并发症进行治疗等，为运动员提供广泛的体育运动方面的科研信息，使其更安全有效地从事体育训练。该中心的行为科学部开发了用于专业心理技能培训的"温盖特 5 步法"，为参加雅典奥运会的以色列代表团提供了极大的帮助。

第五节　新闻出版

一　新闻报刊

以色列是一个民主国家，公民享有充分的言论自由。针对新闻的自由开放程度，媒体与政府之间曾进行过多次的较量。1948 年，政府、军方和新闻界三方共同签署了一项协议，决定设立新闻审查制度，目的是防止泄露国家机密。据此，审查办公室向媒体提供一份涉及军事和安全事务的清单，任何与此有关的报道在发表前都需交审查人员过目；以危害国家安全为由，审查人员可删除新闻报道中的任何内容。在申请政府新闻办公室发放的新闻采访卡时，记者必须签署表示遵守军事审查制度的承诺书。1963年，以色列的新闻从业者自发成立了"新闻委员会"，目的是维护新闻自由，同时督促媒体和记者遵守职业道德及道德规范。新闻从业者还设立了道德法庭，对那些违反相关规定的媒体或记者进行道德审判。1989年，最高法院做出一项裁决，规定只有确信即将发表的新闻将危及公共安全时，才可对其进行审查。而媒体则有权对审查官的决定表示反对，并向"三人委员会"（由政府、军方和新闻界代表组成）提出申诉。法院此举的目的是限制军方的新闻审查。1998年，政府正式颁布《信息公开法》，强调信息公开与新闻发布的重要性。

以色列人高度关注新闻时讯，国内新闻出版业相当发达。特拉维夫是以色列的新闻出版业中心。周五的报纸大量刊登副刊，因此容量大增，而周六因为是安息日，所有报纸停止出版。国内发行的报纸杂志总数约为1188种，其中日报36种，有17种为希伯来语报纸，其余报纸为阿拉伯语、英语、俄语、意第绪语、法语、德语、匈牙利语、波兰语和罗马尼亚语等。希伯来语报纸往往政治倾向明显或宗教色彩浓厚。多数报纸依赖政党、宗教组织或公共基金会的资助，如《观察家报》（*Haztofeh*）就属于全国宗教党，这在一定程度上影响了其报道的自由度。

以色列的通讯社有：犹太通讯社（JTA），设在耶路撒冷；以色列通讯社（INA），1923年成立，每天发希伯来文电讯稿，设在耶路撒冷；以色列联合通讯社（ITIM），1950年成立，设在特拉维夫。

以色列的主要报刊有：《国土报》（*Ha'aretz*），创刊于1918年，有希伯来语和英语两种文字，属于无党派报纸，发行量约为5.5万份，被誉为以色列的《纽约时报》，以高水平的新闻报道和评论著称，在国内具有较大影响和较高声望；《耶路撒冷邮报》（*The Jerusalem Post*），创刊于1932年（当时名为《巴勒斯坦邮报》），为英文日报，属于反映政府观点的半官方报纸，发行量5万份，是以色列发行量最大的英文报纸，也是中东地区发行量最大的报纸之一，在以色列国际传播中具有十分重要的地位，是一份被广泛认可的报纸；《新消息报》（*Yedioth Ahronoth*），创刊于 1939 年，是支持利库德集团的希伯来文晚报，发行量为 30 万份；《晚报》（Mz'ariv），创刊于 1948 年，是希伯来语晚报，其观点基本支持政府的立场，发行量为 15 万份；《团结报》（Al Ittihad），是阿拉伯文日报，以色列共产党机关报。另外，《环球报》被誉为报界新秀，创刊于 1983 年，是最年轻的报纸，也是唯一的商业类日报；2002 年，在特拉维夫创办了第一份中文报纸《特拉维夫－北京》，成为数万名在以色列的中国人唯一的中文读物。2007 年 3 月，巴勒斯坦英文报纸《巴勒斯坦时报》（2006 年年底创刊）在以色列国内公开发行，引起了强烈反响和争议，但多数民众持宽容态度。

在以色列报刊界，新闻周刊《哈莱曼·哈兹》的观点鲜明，风格自由，独树一帜。其出版人和总编尤里·阿夫拉里赞成与巴勒斯坦解放组织谈判，并支持建立巴勒斯坦国。1951 年他出任周刊总编后，努力将杂志打造成雅俗共赏的大众读物，最终实现盈利，并成为 60 年代末新潮杂志效仿的对象。

1977 年大选后，执政的利库德集团通过其控制的广播电视部，竭力在新闻事件的报道和评论中体现、表达自己的观点和立场。1984 年广播电视部部长尤里·普罗特对新闻界攻击政府的范围做出限制。

进入 80 年代，以色列报纸行业竞争激烈，销量下降，成本上升。这促使其开始向美国报纸看齐，许多报纸像《今日美国》一样向读者提供精短新闻，用大标题配发大量新闻图片。而有的出版物因无力对抗激烈的竞争，只好关门大吉，如新闻周刊《考特岁特·罗西特》。同时，国内出版商开始受到外商的觊觎，而这些外商大都支持保守党派的施政纲领。1981 年，美籍以色列裔巨富江格买下了《哈莱曼·哈兹》杂志一半的股份。接着，英国的报业大亨罗伯特·迈克斯韦尔买下了以色列著名报纸《晚报》1/3 的股份，加拿大联合报业集团的老板戴维·罗德尔也以 1.7 亿美元买下了《耶路撒冷邮报》。①

在巴以问题的报道上，新闻媒体通常表现出较为明显的倾向性。例

---

① 阿才编译《以色列报业向何处去》，《新闻战线》1990 年第 9 期。

如，对巴勒斯坦平民被打死之类的报道，媒体只是轻描淡写，而对以色列遭袭击的报道，则是连篇累牍。2004 年 11 月，《新消息报》在其网站上揭露了一些以色列士兵有组织地亵渎巴勒斯坦武装人员尸体并拍照的情况，并指责上述行为已经成为以军中的一种普遍现象。这一丑闻被披露后，以军方迅速做出反应，对这一指控的真实性提出质疑，但同时承诺将彻查相关事件。

在报道国内新闻时，媒体享有比较高的自由度，既批评在野党，也抨击执政党，甚至将监督政府的职能发挥到了极致。80 年代，沙龙曾因发动入侵黎巴嫩战争一事被媒体曝光而被迫辞去国防部部长职务，他担任总理期间的两桩受贿丑闻——希腊岛受贿案和南非商人科恩非法捐款案，也是媒体最先披露的。内塔尼亚胡总理的经济丑闻、前国防部部长莫迪凯的性丑闻，都是媒体捅出来的。

以色列摄影师的作品时常引起国际社会的极大关注。2006 年，欧迪德·巴利提在加沙地带拍摄的新闻图片《犹太定居妇女同以色列警察发生冲突》，获得了 2007 年度美国普利策突发新闻摄影奖。

二 广播电视与通信

1. 广播电视

以色列的国有和商业广播电视机构必须遵守议会颁布的《广播电视管理局法》和《第二广播电视管理局法》。

以色列广播局是以色列最早和最具权威的有声新闻传播媒体，总部设在耶路撒冷。其历史可追溯到创办于 1936 年的"耶路撒冷之声"电台。1948 年先后改名为"卫国之声"（Kol HaHagana）和"以色列之声"（Kol Yisrael）。1951 年更名为"以色列广播网"。1965 年根据议会通过的法案正式定名为"以色列广播局"，而"以色列之声"则成了无线电广播部门。1968 年 5 月 2 日以色列广播局正式运营，每天用希伯来语、阿拉伯语、英语、意第绪语、俄语等 17 种语言播音，工作日每半小时更新一次新闻报道，是许多以色列人获取资讯的主要渠道。

"国防军之声"是军方电台，建于 1951 年，用希伯来语播音，颇具权威，听众甚广。

以色列的电视行业发展得较晚，远远落后于绝大多数西方国家，甚至晚于邻近的一些阿拉伯国家。大多数犹太人对电视台存有偏见，反对建立电视台。他们认为电视会减少国民的阅读时间，而西方电视节目势必会冲击希伯来语以及以色列文化，不利于国家的整合。1966 年，以色列电视教育中心成立，主要播放电视教学课程，包括学校课程和成人教育课程。1968 年，政府才设立了第一家公共电视台，用阿拉伯语播放教育节目和公共广播节目，其主要受众是被占领土上的巴勒斯坦人。

80 年代末，以色列政府解除了对传媒的严格管制，但电视台仍受议会监管，电视节目的制作还要受到教育文化部所属的公共委员会的监督。电视台台长由政府任命，董事会只有形式上的推荐权。董事会成员由各党派代表组成，而收取的执照费却由财政部部长控制。

1990 年，以色列出现了第一家私营电视台和 7 家地方有线电视台，拥有新闻、电影、音乐、体育等数十个新闻娱乐频道，其利润主要来源于广告收益。1994 年，政府批准建立商业电视网，7 家有线电视台合并为 3 家。

以色列的公共电视一台的运营模式类似英国的 BBC 电视台，主要播放新闻采访、专题片、体育节目以及电视剧等各种文娱节目，其中 70%的电视节目是在国内制作的。该台的电视节目以希伯来语为主，没有广告，收视费是其主要收入来源。以色列的收视费以户计算，每年缴费约 125 美元。公共电视二台是商业电视台，由 3 家公司经营，新闻节目的收视率最高，广告费是其主要收入。教育部门还设有教育台，播放适合各个年龄段的教育节目。2001 年 4 月，政府宣布成立公共电视三台（第二个商业台），专播新闻。此外，在以色列还能收看到法、德、俄、美、英、土耳其、意大利、西班牙以及阿拉伯国家发送的约 50 个频道的电视节目。

1996 年，以色列与国外公司合作制造并发射了"阿莫斯号"卫星，可为以色列国内以及中东和欧洲的用户提供广播电视的数据传输服务。例如，向匈牙利、波兰、斯洛伐克、罗马尼亚和捷克等国提供以色列 YES卫星电视公司和美国 HBO 电视台的节目。2000 年，以色列第一家卫星直播电视台开播。

在以色列，新闻节目颇受欢迎，本地制作的娱乐节目相对匮乏，电视剧主要依赖进口。最初，主要从美国和英国等西方国家进口电视剧，在黄金时段播放。进口的电视节目和本国的阿拉伯语节目都配有希伯来语字幕。

2. 通信与新媒体

长期以来，以色列的电信业由政府控制。1985 年，国有的贝泽克（Bezeq）电信公司开始经营全国的电话网。90 年代，苏联移民的大量涌入推动了电信公司业务的快速发展和服务质量的提高。1991 年，政府出售了贝泽克公司 13.8% 的股份，并逐步实现私有化。1994 年，政府批准成立了第一家私有性质的通信公司移通公司，允许其进入移动电话市场。1997 年，两家专门提供国际长话服务的公司即巴拉克（Barak）公司和卡维·扎哈夫（Kave Zahav）公司相继成立。1999 年，伙伴通信公司成立。2003 年由马塔夫有线系统媒体、特维尔国际通信和黄金频道三家有线电视公司成立的合资公司——以色列有线电视运营商 "Hot"，几乎与以色列最大的卫星电视公司 YES 平分天下。Hot 在经营有线电视业务的同时，也经营固定电话和宽带业务，成为以色列电信业的一个强有力的竞争者。此外，还有来自法国的电信运营商 Orange。这些私营的通信公司打破了国家对电信业的垄断，从而使以色列成为世界上手机普及率最高、国际长话费和手机通话费最低的国家之一。

21 世纪，以色列的新媒体发展迅猛，相关公司已经有 720 家，其中约 450 家是新创公司。这些公司的业务主要集中在广电内容管理、广告管理、电子学习、电子商务、社交网络、数字电视、网络电视、游戏等领域。公司的规模一般都比较小，大都处于起步阶段，当然也不乏像任天堂双屏（Nintendo Dual Screen）、阿贝斯（Optibase）、派拉特媒体（Pilat Media）等已初具规模的企业。过去，相关企业主要是在欧美进行市场开拓，现在已经逐步加大向中国、俄罗斯、印度和巴西等重要的新兴市场渗透的力度，努力推销包括直播卫星、通信设备、信息处理、存储与安全技术、传输与显示解决方案等在内的各种技术。

在国际舆论方面，新媒体有助于让外界更全面地了解以色列。2008

年年底至 2009 年年初，以色列以阻止加沙地带武装人员向其境内发射火箭弹为由实施"铸铅行动"，空袭加沙。这一举动使国际舆论一片哗然，对以色列的指责之声不绝于耳。一群以色列学生打算对此进行反击。他们和志愿者向世界各地的媒体网站用多种语言来回复关于以色列的帖子，创办 helpus win. org 网站，并增添了卡桑计数功能。当火箭弹击中以色列后，网站信息立即自动更新，其中包含此次袭击的地点以及火箭弹的数量。这是以色列的第一次新媒体战，在某种程度上为其赢得了公共外交的胜利。

在日新月异的信息化时代，以色列积极开展国际技术交流与合作。2013 年，"以色列信息通信技术洽谈会"在天津举办。以色列工业贸易部首席科学家办公室和产业研发中心负责人率领了 10 家著名企业的首席执行官、运营总监等参加洽谈会。以方共推出 19 项信息通信技术和成果，与中方 40 多家科技企业、科研机构、大学、金融机构、园区及科技企业孵化转化载体负责人围绕电子元器件产业化、软件信息服务、软件代理、投资开发等达成了 22 项初步合作意向。

三　图书出版

犹太民族是一个酷爱读书的民族。以色列的人均年读书量和拥有出版社的比例，在全世界一直都名列前茅。

每年 6 月上旬，以色列都要举办一场全国性的文化活动——希伯来读书周。读书周活动始于 1926 年，所有城市均可参加，对希伯来语的复兴以及希伯来语图书出版业的发展都起着巨大的推动作用。以色列人每年平均购买 5 本书，每个读者平均购买 12 本书。以世纪之交为例，当时以色列总人口为 640 万人，读者约 300 万人，每年销售各种图书 3400 多万册，其中，1300 万册为一般文学图书，900 万册为教科书，600 万册为宗教图书，300 万册为百科全书，300 万册为旧书。

以色列有专业出版社及发行机构共 1450 家，其中 1/3 带有宗教色彩。按体系可以划分为四大类：大型综合出版社、秉承犹太复国主义纲领的出版社、高校出版社及中小型私营出版社。大型综合出版社的特点是整合度高，主要有 3 家出版集团，即"金涅列特·兹莫拉""克杰尔·赛法利姆""耶迪沃特·赛法利姆",占据了国内大半个图书发行市场。劳动人民出版社和工人图书出版社带有犹太复国主义的色彩,其主要任务是用书籍来武装读者的头脑,为推动犹太人社会、文化、经济和政治生活的复兴储备精神食粮。高校出版社一直保持着较高的出版权威,也出版科普类读物,努力完善自身体系,扩充读者群体。中小型出版社为保证自身的独立性,通常专注于做好各学科领域的专业出版业务,并力争获得各大基金会和社会团体的支持。

以色列平均每年出版 5000 种新书(到 2008 年仍然如此),新书平均印数为 2000 册。图书品种齐全,包括文学类、宗教类以及教科类图书等。文学类的图书数量最多,并不断增长,其中诗歌的增长最快,每年有 700 种新诗集出版。2010 年以色列作家戴维·格罗斯曼获得"德国出版业和平奖"。

以色列出版图书所使用的文字种类较多,有希伯来文、英文、阿拉伯文和俄文等。长期以来,英文和希伯来文图书的出版销售基本上是平分秋色。世纪之交,希伯来文图书的销售量超过了英文图书,但英文图书的前景却相对乐观。因为,以色列人一般从 6 岁起就正式学习英语,英语相当于第二"母语",许多人都能阅读英文原著。1962 年成立的希伯来语文学翻译研究所,是以色列作家和国外出版商的桥梁。在该研究所的资助下,2010 年上海译文出版社翻译出版了以色列当代文坛最负盛名的 10 位作家、诗人的代表作。

施泰马茨基(Steimatzky)是以色列一个高度集中的图书出版发行机构。创办于 1925 年,最初只是著名发行商西弗里(Sifri)的一个小小的竞争者。80 年代,施泰马茨基并购西弗里,逐步控制了以色列的图书发行业务。该机构共有 6 个图书批发仓库,专门为独立书店提供图书。它在全国还有 150 个图书销售点,并且控制着本国报刊和国外报刊的进出口权。

2000 年,新兴图书连锁店"左梅斯法林"(Tzomet Sfarim)进入以色列图书市场,其分店已增至 80 家。该连锁店采用折扣战略向施泰马茨基发出强劲挑战,让出版社深受其害,陷入赔本经营的困境。2009 年 6 月初，有出版商提交了一份提案，要求效仿法国的图书定价制，在新书出版后的两年内稳定售价，不许打折。2013 年以色列颁布的图书法规定：从 2014 年起，新书出版的 18 个月内，不允许零售商以低于出版社建议的零售价格出售，只允许对旧书进行打折促销。此举有助于缓解出版社的经营压力，但新图书法应同时禁止图书零售商向出版社索要过低折扣才能更好地解决这一问题。例如，出版社计划对新书的平均价定为 55 谢克尔，但为了应对图书零售商的折扣要求，出版社往往把新书的平均价提高到 80 谢克尔左右，而最终为高价书埋单的是广大读者。

第八章
外　交

第一节　外交政策

　　以色列建国后，旋即接受了一场战争的洗礼，国力弱小、资源匮乏的以色列危在旦夕。因此，其外交政策的基本出发点是谋求国际社会的承认、尽可能地争取大国支持，以此来维护自身的生存和安全。为了获得美苏两个超级大国的共同支持，以色列曾一度奉行"中立"政策，并获得成功。这是因为，一方面，战后英法势力逐渐衰落，冷战刚刚开始，美苏完全对立的格局尚未形成，美苏依靠二战取得优势，大力向中东渗透，阿拉伯国家和以色列均成为其拉拢的对象；另一方面，以色列工党属于第二国际的民主社会主义流派，政治上的"中立"色彩为其奉行中立政策提供了便利。事实证明，正是在美苏的共同支持下，以色列才得以产生，并取得第一次中东战争的胜利。

　　20世纪50年代以后，东西方两大阵营形成，美苏对抗加剧，以苏关系不断恶化，以色列的"中立"外交逐渐丧失了回旋余地。由于与西方国家的意识形态接近，以色列最终选择了美国和西方国家，实行一边倒的对外政策，以便在东西方激烈对抗中更好地维护国家的安全和利益。这一外交转变为日后美以关系的发展奠定了基础。

　　60年代中期，苏联加紧对中东的渗透，极力拉拢激进的阿拉伯国家，向埃及提供军事援助，派遣军事专家和技术人员。在美苏对抗的大背景下，美以关系迅速升温，确立了"特殊关系"。美国出于全球战略利益的考虑，为了遏制苏联向中东地区扩张，从这一时期起一直将以色列视为其在中东抗衡苏联南下扩张和阿拉伯激进国家的桥头堡。在政治、经济、军事上全力支持和援助以色列，在数次中东战争中，美国的援助对以色列获胜起到了至关重要的作用。

冷战时期，以色列与美国建立了全面发展的战略合作关系，美国的对外政策和态度是影响以色列外交政策的重要因素。因此，以色列与西欧国家建立了友好关系，同作为美国后院的拉丁美洲国家保持了密切往来，视非洲为以色列对第三世界国家政策的一个重点地区（美国为防止苏联的渗透而大力支持以色列和非洲国家交往），与东欧各国的关系则一波三折，同中国的建交谈判一再拖延。冷战结束前，美以关系在美国里根总统在任期间达到顶峰。在很大程度上，正是得益于美国的巨大支持和援助，到冷战结束时，以色列不仅在国家安全环境方面有明显改善，而且发展成为中东地区的经济、科技和军事强国。[①]

除了东西方两大阵营，以色列积极与本地区亲西方的国家（如伊朗和土耳其），以及地区外的大国（如中国）和地区（拉丁美洲和60年代以后的非洲）发展关系，提供资金和先进的农业技术援助等。拉丁美洲地区是以色列谋求国际社会承认最成功的地区。1948年5月至1949年5月的一年里，世界上有53个国家承认了以色列，其中20个为拉美国家。

冷战结束后，以色列的生存和安全环境得到明显改善。美国依然是以色列外交的重心，历届政府都全力发展和维护同美国的特殊关系，每年从美国获得数十亿美元的经济和军事援助。同时，为了减轻对美国的过分依赖，顺应国际形势缓和的大趋势，以色列开始推行全方位外交政策。以色列力争保持同西方国家传统的友好关系；在亚洲、大洋洲及东欧地区取得了外交突破，先后与俄罗斯和东欧国家建立或恢复外交关系，与众多第三世界国家建立外交关系，如在1992年与中华人民共和国建交；争取同阿拉伯国家改善关系，接受"以土地换和平"原则，愿意在联合国242号

---

① 谢立忱、李文俊：《以色列的外交策略》，《西亚非洲》2007年第6期。

决议的基础上解决土地问题，推动中东和平进程。以色列先后与埃及和约旦签署了和约，恢复了与叙利亚的和平谈判，同其他阿拉伯国家的关系也有不同程度的改善。全方位外交进一步扩展了以色列的外交空间，使其在很大程度上摆脱了外交孤立的处境，缓和了中东局势，促进了国家的安全利益。

90年代中期，以色列的对阿政策出现了不稳定迹象。一方面是因为历史、宗教、领土等原因，阿以冲突不可能在短时间内获得根本解决；另一方面，巴以谈判屡遭挫折，双方内部的极端势力迅速增强，以色列的右翼政党和巴勒斯坦方面的哈马斯影响力急剧扩大。巴方的暴力袭击和以方的武力镇压呈螺旋式上升。但巴以双方都已经认识到，战争不能解决巴勒斯坦问题。

"9·11"事件后，以色列对待巴勒斯坦当局的政策发生了一些变化，必须符合美国反恐战争的需求。自2010年年底，由突尼斯席卷到整个阿拉伯世界的"阿拉伯之春"运动，造成中东地区原教旨主义、极端主义和宗教政党势力抬头，给以色列的安全形势带来严重威胁。所有这一切，无疑对以色列的国防与外交政策产生了深刻影响。

目前，以色列与世界上159个国家有外交关系。以色列在国外设有76个使馆、19个总领馆和5个代表团。[①]

第二节　与美国的特殊关系

一　1948年至20世纪50年代末

以色列和美国的"特殊关系"是以色列外交的中心，坚持不懈地谋求与美国建立战略盟友关系是以色列对外政策的基点，这对于保障以色列的国家安全至关重要。美国的支持和援助，尤其是军事援助是以色列确保

---

① 中国外交部官网，http：//cs. mfa. gov. cn/zggmcg/ljmdd/yz＿645708/ysl＿648252/gqjj＿648260/t1088284. shtml，2015年1月11日。

生存和安全的基础。在对待美以特殊关系方面，以色列国内并没有太大的分歧，各党均致力于发展和维护美以特殊关系，相关政策成为以色列历届政府外交的重中之重。

1948 年 5 月 14 日下午 4 时，以色列国宣告成立。16 分钟后，美国承认以色列临时政府。杜鲁门总统如此迅速地宣布承认这个犹太国家，除了与犹太复国主义者此前在美国的活动有关外，主要是美国出于对中东地区战略利益的考量。以色列建国符合美国的战略利益，即将英国势力排挤出巴勒斯坦和中东地区，遏制苏联染指中东的野心，夺取在中东地区的主导权。同时，美国犹太利益集团对美国制定中东政策有很大的影响，直接影响美国对以色列的态度。但另一方面，美国对以实行武器禁运，尽管它允许民间提供旧武器和志愿兵参与巴勒斯坦战争。

以色列成立后的头 3 年，美国给予大量援助。仅 1949 年美国的援助额就达 1 亿美元，[①] 这在当时是一个惊人的数目，几乎相当于英国在世界范围内的经济援助的总和。美国的援助对于以色列恢复和发展国内经济、巩固国防以及安置难民等都起到了至关重要的作用。

1953 年艾森豪威尔上台后，美国推行联阿抗苏政策，从而导致美以关系一度跌入低谷。艾森豪威尔可以算得上是战后美国历任总统中对以色列态度最强硬的总统。1953 年下半年，美国着手组建一个从一开始就将以色列排除在外的地区性防御组织。为了拉拢阿拉伯国家伊拉克加入该组织，美国从 1954 年开始向伊拉克提供军事和经济援助。以色列为此向美国提出抗议，但美不予理会。随后，以色列向美国提出签订一项双边共同防御条约、购买美国先进的导弹系统，均遭到白宫的拒绝，美国担心此举会激怒阿拉伯国家，阿拉伯国家对参加美国主导的防御组织毫无兴趣，而海湾国家的石油对美国具有重要意义。以色列深感失望，转而与英法秘密联合，1956 年背着美国发动了第二次中东战争。对此美国极为不满，公开反对三国侵略埃及。艾森豪威尔致电以总理本－古里

---

① Herbert Druks, *The Uncertain Friendship: The US and Israel from Roosevelt to Kennedy*, Westport: Green Wood Press, 2001, p. 126.

安，敦促以色列履行联合国决议，撤出西奈半岛和加沙地带。美国甚至准备对以色列进行经济制裁。在美国和苏联的强大压力下，以军被迫撤出了西奈半岛。

第二次中东战争结束后不久，中东地区的民族解放运动风起云涌，一些亲美政府被推翻。与此同时，苏联在中东扩张势力，阿拉伯国家的联合进一步增强。于是，美以两国间的谅解和信任大大增强了，开始建立起正常的磋商关系。美国在这种交往过程中不断强调其承担着以色列的安全与领土完整的道义责任，其目的是把以色列作为对付苏联在中东扩张的桥头堡。在发展以美关系方面，以色列表现出了极大的主动，多次表明亲美立场，积极配合美国的中东战略。美以双方展开密切合作，确立起"特殊关系"。美国大力武装以色列，通过大量的经济和军事援助，确立以色列对阿拉伯国家的军事优势；在国际上美国也大多支持以色列在阿以冲突中的立场，在联合国中经常否决对以色列不利的提案。

整个冷战时期，以色列一直充当美国在中东地区遏制和抗衡苏联向该地区渗透与扩张的桥头堡。以色列不仅向美国提供各种反苏军事基地和重要军事情报，而且积极充当美国在中东地区与苏联争霸的代理人，为其提供新式武器的实验场。

二 20 世纪 60 年代至 80 年代

1961 年，肯尼迪总统提出以色列在保卫美国的中东利益方面具有不言而喻的重要性。1962 年以色列外交部部长果尔达·梅厄访美期间，肯尼迪宣称以色列是美国没有正式签约的盟国，第一次明确宣布了以色列的特殊地位，美以关系发生了质的变化，美以特殊关系形成。美国开始向以色列提供远多于 50 年代的经济援助，并正式提供军事援助（霍克式导弹）。1963 年，肯尼迪总统在给以色列总理艾希科尔的信中表示：美国信守保证以色列领土完整的义务。1964 年 7 月和 1968 年 1 月，约翰逊总统在与艾希科尔总理的两次会晤中重申美以有着"特殊关系"。1969 年以色列成功步入有核国家行列，这在一定程度上得益于美国出于双方之间

"特殊关系"的考虑而采取的"有所选择"的核不扩散政策。[①] 但是，这一时期美以关系仍有波动。

70 年代，美国推行"尼克松主义"，在全球范围内进行战略收缩，更加注重战略伙伴的作用，在中东加速武装和援助以色列。正是美国的经济和军事援助，帮助以色列渡过了 20 世纪六七十年代的多次危机，在历次中东战争中愈战愈强，维持了对阿拉伯国家的军事优势。据统计，截至 1987 年，以色列获得的各项援助达到 500 多亿美元，其中美国的援助占 400 多亿美元。

事实上，美以关系并非完全平衡。美国在中东有多种利益和目标，以色列并不能代表美国在中东的全部利益。对以色列而言，美国的援助和支持对以色列的生存和安全不可或缺。在 1973 年第四次中东战争中，埃及和叙利亚一举收复部分失地，打破了美苏维持的中东"不战不和"的局面；同时，阿拉伯产油国拿起石油武器，对西方实行石油禁运，引起西方国家内部的分化。美国认识到要遏制苏联势力在中东的扩张，必须改变其一味偏袒以色列的狭隘政策，缓和同阿拉伯国家的矛盾，谋求阿以和解，实行同阿以双方发展友好关系的"双轨"中东政策。这本身也有利于以色列的长远安全。为此，美国对以政策发生了重大变化。美国要求以色列改变以往的政策，与阿拉伯国家进行和谈。

1973 年十月战争结束后，经过反复谈判，以色列与埃及和叙利亚分别签订军事脱离接触协议。1978 年以后，在美国促成下，埃及和以色列签署了《戴维营协定》和《埃以和平条约》，使中东地区两个最强大的国家达成和解，从而为阿以问题的和平解决打开了缺口。

1981 年里根政府上台后，美以关系出现转机，双方确立了全面战略合作关系。里根总统明确表示："以色列对美国有战略价值"，"我们必须制定具体表述这种立场的政策"。[②] 1981 年年底，美以就签署《美以战略合作谅解备忘录》达成协议。1983 年 11 月，美以建立了"军事和政治联

---

① 王震：《论 20 世纪 60 年代美国对以色列的核不扩散政策》，《国际政治研究》2013 年第 2 期。

② 赵伟明：《以色列基本国策的支点》，《世界政治与经济》1992 年第 5 期。

合体"。1986 年 5 月，以色列作为非北约成员国参加了美国"星球大战"计划，从而使美以军事合作上升到了一个新水平。1988 年 4 月，两国正式签署《美以战略合作谅解备忘录》。这是美国同中东或北约国家之间的第一个战略协议。协议确立了美以之间的军事、政治、经济、战略和情报等方面的全面合作关系，并且首次确定了两国军事合作的性质和规模，从而把双方业已存在的战略合作关系正式化了。在整个 80 年代，美国向以色列提供的各项援助显著增加。据统计，1980～1988 年，美国提供的援助总额达到 252.06 亿美元，是过去 30 年总额的 2 倍。这样，以色列在美国中东战略中的地位便上升到了顶峰，美以"特殊关系"也相应地得到飞速发展。

三 后冷战时期

冷战结束后，美以"特殊关系"存在的基础——遏制苏联向中东的扩张——消失，以色列在美国中东战略中的地位受到了冲击，但美以"特殊关系"的总格局基本保持不变。

一方面，美国仍全力维护以色列的生存权利及安全利益，但更多的是约束以色列不符合美国利益的行动。美国在中东的主要战略目标演变为大力推动中东和平进程，在继续保证以色列的生存和安全前提下，努力深化同阿拉伯国家之间的关系。但是中东个别不服从美国意志的地区强权（伊拉克和伊朗）对美国主导的中东安全体系造成了新的威胁，并直接威胁到了以色列的安全。这样，美以之间就有了新的战略合作基础。因此，以色列在美国"东遏两伊，西促和谈"的中东战略实施中成为重要的战略盟友。在 1991 年海湾战争期间，面对伊拉克的导弹袭击，以色列自始至终保持克制。此外，在中东和平进程问题上，美国力促双方通过对话、谈判达成协议，以色列的利库德政府尽管不太愿意，最终仍同意参加马德里中东和平国际会议。

1993 年年初，克林顿总统入主白宫后，美以关系再次出现转机。克林顿不止一次地称以色列是美国在中东唯一的、真正的朋友，强调美以间的"特殊关系"。1993 年 3 月，克林顿和拉宾总理在华盛顿举行会谈，双方表示要"把现有的战略伙伴关系提高到一个新水平",并规划了美以间今后 10 年的一系列安全合作的安排。同年 8 月,以巴经秘密谈判,草签了《奥斯陆协议》,但最后的正式文本是在白宫草坪上签署的,以此表示对美国的敬意。然而,以巴谈判因各种因素一波三折,进展迟缓。2000年 7 月,克林顿主持下的以巴戴维营会谈以失败告终,克林顿希望在任内完成以巴谈判的愿望化为泡影。

此后,以巴关系急剧恶化,而新上任的布什总统陷入了反恐战争的泥潭,无暇顾及和平进程。2002 年 10 月,布什签署国会外交授权法,承认耶路撒冷为以色列国首都。同时,沙龙政府以反恐旗号向阿拉法特施压,并实施单边撤离加沙行动。此前,中东问题国际四方委员会(联合国、美国、欧盟和俄罗斯)于 2003 年 4 月正式公布"路线图",要求分阶段完成巴以最终地位谈判,实现巴勒斯坦建国。但直到布什卸任,"路线图"的计划仍无法付诸实施。

2008 年奥巴马总统上台后,美以双方高层互访频繁。仅以 2012 年和2013 年为例,即可窥见一斑。2012 年 1 月,美参谋长联席会议主席邓普西访以。2 月,以副总理兼外长利伯曼、副总理兼国防部部长巴拉克访美。美国家安全顾问多尼隆访以。7 月,美国务卿希拉里·克林顿访以。8 月,美防长帕内塔访以。3 月,以总统佩雷斯、总理内塔尼亚胡、国防军总参谋长甘茨访美。4 月,以总统佩雷斯、副总理兼国防部部长巴拉克访美。9 月,以总理内塔尼亚胡访美。11 月,以国家安全事务助理、国家安全委员会主席阿米德罗尔、国防部部长巴拉克访美。2013 年 3 月,美总统奥巴马访以。美国务卿克里 2013 年曾 5 次访以。①

在巴以冲突中美国继续奉行偏袒以色列的政策。2012 年 11 月,以色列对加沙地带发动了代号为"防务之柱"的军事行动,美国给予支持。2014 年 7 月,以色列国防军对加沙地带实施"护刃"行动,造成巴方伤亡人数超过万人。奥巴马总统首次发表声明,一边批评哈马斯袭击平民的

---

① 中国外交部官网,http://cs.mfa.gov.cn/zggmcg/ljmdd/yz_645708/ysl_648252/gqjj_648260/t1088284.shtml,2015 年 1 月 11 日。

行为，一边赞赏以色列接受埃及提出的停火协议的行为、强调以色列具有防卫的权利。美国国务卿克里前往中东斡旋，他在谴责巴以双方暴力行为的同时，同样坚持声称以色列拥有自卫的权利。美国国防部部长哈格尔呼吁解除哈马斯武装，促成加沙地区的永久停战。美国对以色列的支持，是造成巴以本轮冲突时间长、伤亡多的重要原因之一。

总之，美以"特殊关系"是以色列外交的重心，也是美国实现其中东战略的重要支柱。以色列是世界上接受美国援助最多的国家。然而，美国的全球利益不可避免地与以色列的国家利益发生摩擦，时有龃龉，双边关系出现波动。在国际上，美以"特殊关系"也是一个饱受争议的话题，尤其是引起了伊斯兰激进势力对美国的强烈抨击。

第三节 与西欧各国的关系

一 与英国、法国和德国的关系

长期以来，西欧各国都是以色列的政治盟友和对外经贸联系最为密切的地区之一，但与美国相比，与西欧各国的关系以经济文化关系最为突出。以色列与西欧各国保有传统关系，并从实际出发区别对待，经常调整其外交政策。本书仅以英国、法国、德国为例，扼要叙述如下。

1. 与英国的关系

委任统治末期，英国当局与巴勒斯坦犹太社团发生激烈冲突。第一次中东战争期间，英国支持阿拉伯国家进攻以色列。之后，双方虽然捐弃前嫌，建立良好关系，但英国在以色列西欧政策中的地位则落后于法国。1956年，以色列曾与英国和法国结成了军事联盟，共同发动了苏伊士运河战争。随着英国大国地位的削弱，以色列为避免日后可能承担的风险，逐步把外交关系的重心由英法转向美国。

70年代以来，英国的中东政策主要体现在欧共体的政策之中。但是，英国对以色列的政策相比欧盟其他国家却表现出一定的独立性。2002年7月，针对以色列对加沙地带与约旦河西岸采取的军事行动，英国决定将通过美国"通道"向以色列出售武器部件。在 2008 年 12 月以色列空袭加沙的行动中，英国又做出了与欧盟完全相反的决定：拒绝呼吁以色列停火。2009 年 8 月，以总理内塔尼亚胡访问英国，与英国首相布朗磋商巴以局势。2014 年 7 月，面对巴以之间的新一轮军事冲突，英国政府甚至"史无前例"地决定向以色列出售军事装备。

2. 与法国的关系

战后初期，以色列试图通过与法国发展政治与军事关系制约周边阿拉伯国家。长期陷入阿尔及利亚困局的法国也想借助以色列牵制其他阿拉伯国家，以维持其在中东地区的势力范围和永保大国地位。因此，法国是五六十年代唯一向以色列出口包括幻影式战机在内的各种武器的西方大国，并帮助其建设核反应堆。但在戴高乐东山再起以后，从阿尔及利亚脱身的法国于 60 年代停止了向以色列的武器出口。

70 年代，在政治方面双边关系虽时有龃龉，但在经济、科技、文化上的相互往来仍很密切。由于第四次中东战争带来的影响，以色列在国际关系上进一步孤立，以法国为代表的西欧各国都疏远了以色列。80 年代，法国试图以西欧大国身份对阿以双方施加影响。在黎巴嫩战争中，法国极力促成巴解部队安全撤出贝鲁特，并参加了美国主导的多国部队，但这一政策一度导致了阿拉伯世界的敌视。此后，巴黎努力与阿以各方协商，支持召开中东和会。

21 世纪，以法双边关系不断发展。2012 年 10 月，内塔尼亚胡总理访问法国，重点商讨伊朗核问题。长期以来，伊朗核问题始终威胁着以色列的国家安全。法国作为伊核问题六国之一，其主张与以色列不谋而合。2013 年 11 月，在国际社会与伊朗就伊核问题再次谈判前夕，法国总统奥朗德到访以色列后明确表示，"我们反对伊朗拥有核武器，这不仅是对以色列的威胁，也是对全世界的威胁。我们希望在日内瓦达成协议，但前提是伊朗必须明确表示放弃核武器"。以色列总理内塔尼亚胡也认为，"法国是以色列真正的朋友"。①

---

① 孟小珂：《法国与以色列"亲密接触"引发诸多关注》，《中国青年报》2013 年 11 月 19 日。

3. 与德国的关系

由于众所周知的原因，以色列与德国的关系尤为特殊和敏感。德以和解是在极其复杂的国际国内环境下进行的。来自美国的压力、德国恢复主权的政治诉求和以色列的经济困境推动了德以两国开启和解的历程。德国的忏悔认罪、经济赔偿、去纳粹化和民间交往等做法最终则促使两国跨越历史与仇恨走向真正的和解。[①] 1953 年以色列和联邦德国订立两国关系"修正案"，1965 年两国正式建交。双方在经贸、科技、军事和文化上往来日益增多，联邦德国甚至向以色列提供了包括坦克在内的军火。

德国的赔款帮助以色列重建经济、吸收移民，德国也成为以色列在欧洲最坚定的盟友之一。1952 年，德国与"犹太人对德国索取物质赔偿大会"达成第一个赔偿协议，赔款相关事宜写进了德国法律。德国政府和"索赔大会"已达成 20 多个协议，累计提供了超过 700 亿美元的物质赔偿。根据 2013 年 5 月达成的协议，德国政府承诺于 2014 年至 2017 年向全球约 5.6 万名大屠杀幸存者赔付 7.72 亿欧元。[②] 在德国财政紧缩的背景下，这一举动更加难能可贵。

除了给予经济和政治支持，德国也热衷于促进两国间的文化交流。活跃在以色列的德国基金会资助人权组织和宗教活动，两国都对彼此的当代文学、哲学作品表现出极大兴趣。德国阿伦施巴赫研究中心的民调显示，61% 的以色列人对德国就历史问题的反省表示满意，80% 认为两国关系已实现正常化。曾有一半以上的德国人认为以色列是"世界和平最大威胁"，如今只有极少数德国人这么认为。

近年来，两国政府磋商已成常态，不断修复关系，从而建立起牢固的友谊，双方合作十分紧密。

2008 年 3 月，在以色列庆祝建国 60 周年之际，德国总理安格拉·多罗特娅·默克尔对以色列进行了一次"历史性访问"。这是默克尔 2005

---

① 吕蕊：《和解政治与联邦德国－以色列建交》，《欧洲研究》2013 年第 4 期。

② 袁震宇：新华国际时评：德国何以获得以色列信任，http：//news. xinhuanet. com/world/2014－02/25/c_ 119498926. htm。

年出任总理以来第三次访以，创造了多项象征意义十足的"第一"，揭开了两国关系史上的新篇章。奥尔默特总理和默克尔召开了有史以来第一次德以部长级联席会议①。默克尔是首位在以色列议会大厦发表演讲的德国总理，而这一殊荣通常只属于国家元首和国王。她说："只有当德国为其历史上的道德灾难担起持久的责任，我们才会拥有人性化的未来。德国对以色列的安全负有特殊历史责任，这是我们国家存在的理由之一。"

2009 年 8 月，内塔尼亚胡总理访问德国，与默克尔总理磋商中东问题。

2010 年 1 月，内塔尼亚胡总理率领 6 名内阁成员访问德国，其中包括国防部部长埃胡德·巴拉克和外交部部长阿维格多·利伯曼。双方举行第二次内阁联席会议，高度评价两国关系，重点讨论了制裁伊朗问题和中东和平进程。内塔尼亚胡表示，犹太人大屠杀 65 年后，作为独立犹太人国家的总理到访德国，这是一个"历史性时刻"。默克尔认为，德国"对以色列的生存和未来负有历史责任"，所以两国在各方面展开合作"尤其重要"。

2012 年 6 月，德国总统约阿希姆·高克访问以色列。12 月，内塔尼亚胡总理再次访问德国，共同商议中东和平进程。

2014 年 2 月，默克尔率 16 位部长和国务部部长访问以色列。这几乎是倾巢而出，如此规模尚属首次。默克尔一行与内塔尼亚胡总理及其内阁成员举行了第五次内阁联席会议，就以巴和谈、伊朗核问题及以德双边合作等进行磋商，并就加强双边外交、贸易、国防、科研合作和文化交流等签署了一系列协议。在会后举行的联合新闻发布会上，默克尔表示，抵制以色列从来就不是德国政策的一个选项。德国不会因为犹太人定居点问题抵制以色列，因为抵制无助于和平进程。她表示德国是以色列"坚定的支持者"，支持以色列的安全需求，同时表示支持巴以和平相处。内塔尼亚胡表示，希望欧洲其他国家能在抵制以色列问题上采取与德国同样的立

① 德国只同"极少数国际伙伴"举行部长级（内阁）联席会议，诸如以色列、法国和波兰等。

场。在以巴和谈问题上，他重申支持两国方案，要求巴方承认以色列是一个"犹太人国家"。关于伊朗核问题，内塔尼亚胡重申了以色列在伊朗核问题上"零铀浓缩、零离心机和零钚生产"的原则。默克尔也表示，伊朗一旦拥有核武器，不仅对以色列构成威胁，也是对欧洲安全的威胁。为了表彰默克尔对以色列安全的承诺，佩雷斯总统授予她以色列国最高荣誉"总统勋章"。

二 与欧共体（欧盟）的关系

欧洲是以色列重要的贸易伙伴。60年代以后，随着欧共体以及后来的欧盟的发展，西欧各国的对外政策口径趋向统一，包括同以色列的关系在内。1973年第四次中东战争爆发后，严重依赖从中东进口石油的西欧国家改变了对以色列的一贯立场，不再支持美国的中东政策。同年11月，欧共体九国外长会议发表联合声明，强烈敦促阿以双方严格遵守安理会的338号决议，希望在联合国各项决议的基础上在中东恢复公正与和平。之后，阿拉伯石油输出国组织宣布，石油减产的决定不适用于西欧。1977年埃及总统萨达特的耶路撒冷之行受到了欧共体的欢迎。1980年6月，欧洲委员会发表《威尼斯声明》，对美国一手操纵埃以和谈表示不满。《声明》宣称："……以色列应该撤出（它占领的）阿拉伯领土，承认阿拉伯人的正当权利，承认巴解组织的地位和巴勒斯坦人民的自决权……"这个声明构成了80年代欧共体对阿以冲突和以色列的基本政治立场。以色列则宣称声明是试图破坏中东和平进程的"慕尼黑阴谋"。①

1982年以后，欧共体对以色列的政策基本上坚持政治和经济分离的政策。1975年，以色列与欧共体建立自由贸易区，1995年同欧盟重新签署自由贸易协定。1987年12月被占领土的巴勒斯坦人起义开始后，欧共体在政治上严厉谴责以色列的行为，并实行相应的经济制裁。1991年海湾战争发生后，以色列与西欧各国的关系有所改善，直至在西班牙马德里

① Colin Legum ed. , Crisis and Conflicts in the Middle East/ the Changing Strategy: From Iran to Afghanistan, New York: Holmes & Meier, 1981, p. 96.

召开中东和平国际会议。西欧各国支持政治解决阿以冲突，积极参与中东和平进程，《奥斯陆协议》就是在挪威的积极参与下以巴达成的秘密协议，此后西欧国家积极向巴勒斯坦自治区提供援助，并派观察员参加了1995年自治区的选举。欧盟也是中东问题"四方机制"之一。2004年12月，以色列与欧盟签订《欧洲近邻政策》协定。

近年来，以色列的巴勒斯坦政策时常影响其与欧盟的关系。2012年，欧盟外交事务和安全政策高级代表阿什顿访以。2012年11月，以色列安全内阁批准在约旦河西岸和东耶路撒冷犹太人定居点新建3000套住房的计划。欧盟成员国外长会于12月在布鲁塞尔发表声明，表示深感忧虑并强烈反对，并重申定居点计划是中东和平进程的障碍，欧盟与以色列的各项协议绝不适用于以色列在1967年占领的巴勒斯坦领土。2013年3月，佩雷斯总统访问欧盟。

第四节　与日本的关系

历史上，日本人与犹太人没有恩怨，且同情犹太人的境遇。第二次世界大战期间，日本政府没有配合纳粹德国的消灭犹太人行动，个别日本人，如驻立陶宛领事三浦秋原、犹太学家拙素户什等还帮助犹太人从欧洲转道日本逃往中国。因此，以色列建国后对日本颇有好感。

1952年旧金山和会后，以色列与日本正式建立外交关系，在东京设立了公使馆。1963年公使馆才升级为大使馆，但两国之间几乎没有任何贸易上的直接往来，只保持极其有限的非官方接触。日本对中东的了解也比较有限。

1973年第四次中东战争爆发之前，日本对中东的政策是"亲阿"而不"反以"。但石油危机之后，两国关系发生重大改变。1973年11月22日，日本内阁官房长官宣布了日本对中东的政策，其核心内容是：不承认以色列武力获取和占领的任何领土，要求以军必须从1967年战争占领的所有领土撤出。日方在声明的最后部分指出："日本政府将继续严重关切中东事态的变化，根据未来形势的发展'重新考虑'对以政策。"该声明成为此后日本一个时期内对中东政策的基础。

1973 年石油危机后，日本大力推行各种节能措施，效果显著。到 80 年代前半期，日本的石油进口量非但不增，反而急剧下降，这促使它把自己的中东政策调整为在阿以之间建立"平衡"。1985 年 9 月，以色列外交部部长兼副总理沙米尔应邀访日，这是以色列政府高官第一次访日。日本为了避免刺激阿拉伯国家，诡称之"商业之旅"，继而两国开始了大量"非官方"来往。同年 10 月，以色列财政部部长莫代和不管部部长阿伦斯访日。1988 年 6 月，日本外相首次访问以色列，标志着日以关系进入新阶段。1989 年 2 月，以色列总统受日本首相竹下登之邀赴日参加天皇裕仁的葬礼，其间同日本首相竹下登会晤，竹下登表示日本愿在中东发挥更积极的协调作用。1989 年和 1990 年日本分别邀请了时任巴勒斯坦领导人阿拉法特和时任以色列外交部部长阿伦斯访日，日本的"阿以平衡"政策的实施达到巅峰阶段。

冷战结束后，美国国内的犹太院外集团趁机游说政府对日本施压，建议布什政府通过日美贸易谈判，逼迫日本放弃名存实亡的抵制政策，改善日以关系。1991 年 4 月，日本首相海部俊树与美国总统布什在旧金山会晤。布什呼吁日本放弃抵制政策，树立参与中东和平进程的自信。海部俊树表示日本将考虑改善日以关系，不会再一味顾忌阿以矛盾。海部俊树的表态被称为日以关系的"历史性"发言。海湾战争加快了日以关系的发展步伐。"沙漠风暴"行动发起后，日本政府也刮起了对以外交"旋风"。从 1991 年起，几乎每年都有日本首相、外相或特使访问以色列。面对日本频频摇动的"橄榄枝"，以色列亦有新的打算。它认为苏联解体后，除美国以外数日本最为强大，必须拉紧日本。以色列甚至表态，它赞成日本成为联合国安理会常任理事国。日以关系迅速走进"蜜月期"。1992 年 7 月，日本驻以大使馆商务处正式设立，至此日以关系完全实现了正常化。双边贸易发展迅速，2000 年日本成为以色列在亚洲的第一大贸易伙伴。但是，对于以色列关心的伊核问题，日本出于自身石油利益的考虑，态度却始终比较暧昧。2012 年 12 月以来，安倍晋三再次当选日本首相后，在"夺回强大日本"的口号下推行"积极和平主义"，热衷参与中东事务，

日以关系步入新阶段。2013 年 7 月，日本外相到访以色列，在与以色列
总统佩雷斯的会谈中表示："愿从政治和经济两方面支持中东和平进程。"
2014 年 5 月内塔尼亚胡访问日本，成为 6 年来首次访日的以色列总理。
在与日本首相安倍晋三会谈结束后，双方一致同意将以色列与日本建成
"一种新的全面合作伙伴关系"。

第五节　与阿拉伯国家的关系

以色列建国后，长期与周边阿拉伯国家处于敌对状态，发生过 4
次大的战争，尤其是第三次中东战争以后，以色列侵占了巴勒斯坦和
阿拉伯邻国的约旦河西岸、加沙地带、西奈半岛和戈兰高地等大片土
地（被占领土），使其实际控制领土面积约达到 1947 年分治决议规定
的两倍。之后，以色列与阿拉伯国家之间的关系发生了巨大变化，简
述如下。

一　与埃及的关系

1979 年 3 月，以色列同埃及正式签订和平条约，两国结束了战争状
态，以色列同意归还全部西奈半岛。1980 年 2 月，双方互派大使。1989
年 3 月，以撤出西奈半岛最后一块埃及领土塔巴地区。2000 年 11 月，为
对以色列以武力镇压巴勒斯坦平民表示不满，埃及召回驻以大使。2002
年 2 月，以驻埃大使向埃及总统递交了国书，标志着两国关系转暖，但埃
宣布降低与以关系，切断除外交关系以外的政府交流，以抗议以军入侵巴
勒斯坦。2005 年 3 月，埃驻以大使到任。2008 年 10 月、2009 年 7 月和
11 月，佩雷斯总统访问埃及。2009 年 5 月和 12 月，以总理内塔尼亚胡访
问埃及。

2011 年埃及政局发生变化后，埃及军方承诺继续遵守埃以和约，以
方对此表示欢迎。2011 年 8 月，以军误杀数名埃及士兵，引发埃及大规
模反以示威。9 月，埃示威民众冲击以驻埃使馆，迫使以使馆人员紧急撤
离。2012 年 3 月，埃及议会通过决议，要求驱逐以驻埃大使并停止向以

输送天然气。4月，埃及宣布停止向以供应天然气。6月，穆尔西当选埃及总统，埃以关系进入低谷。7月，埃及召回驻以色列大使，并公开支持巴勒斯坦反抗以色列的斗争。9月，以埃重新互派大使。11月加沙冲突爆发后，埃及召回驻以色列大使以示抗议，以色列也撤回驻埃及大使。2013年7月，埃及政局再次动荡，军方领导人阿卜杜勒·法塔赫·塞西当选新一任总统。埃以关系回暖。

总体而言，尽管两国实现了和平，但主要来往限于经济领域和官员互访，双边关系实际呈现为"冷和平"。2011年4月25日，美国皮尤研究中心发布一份民间调查结果，显示54%的被调查者主张中止埃以和约。[①]4月28日，埃及宣布准备永久开放与加沙地带连接的拉法口岸（此前口岸由埃、以共同管理），这便于包括哈马斯在内的加沙地带的人员出行和物资流通。同时，埃及还积极调解巴解组织与哈马斯的关系。对于巴以冲突，埃及也一直扮演着调停者的角色。2012年以来，巴以之间爆发的两次军事冲突，埃及都积极从中斡旋，而巴以双方还经常在埃及领土上举行谈判。

二 与巴勒斯坦的关系

1993年9月13日，以色列同巴解组织相互承认并签署加沙－杰里科先行自治协议。1994年5月4日，以巴在开罗正式签署关于巴勒斯坦在加沙－杰里科先行自治的执行协议，此后巴勒斯坦民族自治机构宣布成立，阿拉法特任首任主席。1997年1月15日，以巴签署《希伯伦协议》，以撤出希市80%地区。1998年10月23日，巴以在美签署《怀伊协议》，规定以从约旦河西岸撤出13.1%的土地；12月15日，巴全国委员会通过修宪决议，删除其中的灭以条款。1999年9月，双方就执行《怀伊协议》签署《沙姆沙伊赫备忘录》；9月13日，启动了最终地位谈判。但因双方在攸关切身利益的重大问题上分歧严重而进展不利。2000年9月起，双

---

① 以色列《国土报》网站2011年4月27日报道。

方爆发暴力冲突，即阿克萨起义。①

2001年1月，沙龙政府上台后奉行"安全优先"政策，2002年6月正式决定在西岸地区沿1949年停火线修建"隔离墙"。隔离墙将大片巴勒斯坦领土划入以色列管辖之下，并使巴勒斯坦的社会和家庭遭受割裂，使巴勒斯坦人的日常出行面临重重困难。2004年7月，海牙国际法院宣布以色列修建隔离墙违反国际法，应予终止并拆除已修建的隔离墙。7月，联合国大会以压倒性多数通过决议，要求以色列执行海牙国际法院的裁决。但以色列政府认为，修建隔离墙是政治问题，不是法律问题，国际法院无权就此进行裁决。

2007年3月，包括哈马斯在内的巴勒斯坦民族联合政府成立，以色列内阁以压倒性多数决定继续实行对巴的抵制政策。以表示不会同不接受"三项条件"的巴联合政府谈判，也不会同该政府中曾是以谈判对象的法塔赫成员联系，呼吁国家和社会抵制新政府。2007年11月安纳波利斯中东和平国际会议召开后，巴以开始就巴最终地位问题、落实"路线图"计划等进行谈判。因以继续扩建定居点，双方在耶路撒冷、难民和边界等核心问题上分歧严重，谈判未取得实质性进展。

从2008年12月27日开始，以色列对哈马斯控制的加沙地带实施代号为"铸铅"的大规模军事行动，造成巴方至少225人死亡、700多人受伤。2009年1月8日，安理会通过1860号决议，要求双方立即停火。经埃及等国斡旋，以方和哈马斯等武装派别于1月18日宣布停火。美国奥巴马政府上台后，加大促和力度，并就定居点等问题向以色列施压，促成美、以、巴三方首脑会晤。2009年11月，以方宣布暂停约旦河西岸定居点建设10个月的"限建令"。经美国斡旋，以巴双方于2010年5月启动间接谈判进而于9月初重启直接谈判。由于以方拒绝延长"限建令"，和谈于10月初再次中断。2011年9月，巴勒斯坦正式申请成为联合国成员

---

① 2000年9月，以色列反对党领袖沙龙拜访了圣地——圣殿山，这是全球宗教争夺最激烈的地点之一。这一地点对犹太人、穆斯林和基督徒维持宗教的重要性是相似的。沙龙的行动被许多巴勒斯坦人认为是故意的挑衅行为并且在那里引起了骚乱，双方对此事件的动机有争论，这个事件即阿克萨群众起义。

国，后因美国、以色列等国强烈反对而未果。

2012 年以来，中东问题"四方机制"、约旦等推动巴以进行多次接触，但未能取得实质性进展。4 月、5 月，巴以领导人就复谈问题互致信件，以总理内塔尼亚胡还表示支持巴建立"领土连贯"的国家，但双方在定居点、边界等核心问题上分歧依旧，和谈未能重启。11 月，联合国大会通过决议，授予巴勒斯坦联合国观察员国地位。以色列随即采取暂时冻结向巴方移交代收税款、宣布新建定居点住宅等措施予以报复。同月 14 日至 22 日，以色列对哈马斯控制的加沙地带实施代号为"防务之柱"的大规模军事行动，加剧了巴以双方的紧张局势。联合国秘书长潘基文呼吁双方保持克制。美国奥巴马总统强调各方必须采取措施防止暴力升级。中国外交部发言人表示，中方敦促有关方面特别是以色列保持最大限度克制。"防务之柱"行动最终在联合国的斡旋下落下帷幕。

11 月 29 日，第 67 届联合国大会以 138 票赞成、9 票反对、41 票弃权的高票通过了给予巴勒斯坦联合国观察员国地位的决议。以色列政府对此反应强烈，于 30 日批准在约旦河西岸和东耶路撒冷犹太人定居点新建 3000 套住房计划。

2014 年 6 月，3 名以色列青年在约旦河西岸城市希伯伦附近被绑架事件引发新一轮的巴以军事冲突。7 月，以色列国防军针对加沙地带的巴勒斯坦武装展开"护刃"行动。据不完全统计，此次冲突共造成巴方 1 万余人伤亡、近 30 万人流离失所。8 月，在埃及的斡旋下，巴以双方达成长期停火协议。

三 与约旦的关系

约旦与以色列的关系相当特殊。历史上，约旦河东岸曾经是巴勒斯坦的一部分，1921 年英国政府将其划出，成立外约旦酋长国。因此，以色列一些强硬人士曾经反对约旦从巴勒斯坦划出去，而后来又提出由约旦吸收巴勒斯坦难民，以避免他们回归以色列。委任统治时期，约旦王室曾居中调停巴勒斯坦地区阿拉伯人与犹太人之间的冲突。1947 年，联合国第 181 号决议通过后，约旦阿卜杜拉国王基于"如果巴勒斯坦必须分治，那么巴勒斯坦阿拉伯地区必须借助约旦的力量才能独立"的认识，赞成巴以分治。

1967年以后，以色列占领约旦河西岸，但西岸在法律上仍为约旦领土，其市政官员仍由约旦委任。1985年2月，约旦同巴解组织达成协议，协议规定双方建立邦联；举行由安理会常任理事国和与冲突有关的各方参加的国际会议，进行和平谈判。协议遭到以色列的反对，随后约旦中止了同巴解组织的对话。

1987年的巴勒斯坦起义开始后，以色列受到国际上的强大压力。1988年7月，约旦宣布断绝与西岸的"法律和行政联系"，实际上放弃了对西岸的主权。此后，约旦由于与以色列不再存在领土问题，因此在《奥斯陆协议》签订后开始的谈判中，双方很快达成了协议。1994年7月，以色列和约旦在华盛顿签署和平条约，宣告结束两国长达46年之久的战争状态。同年11月，以、约建交并互派大使，实现了两国关系正常化。2008年1月，以总理奥尔默特访问约旦。2009年5月，以总理内塔尼亚胡访约。2010年7月，内塔尼亚胡总理再次访约。8月，以国防部部长巴拉克访约。2013年5月，以总统佩雷斯列席在约旦举行的世界经济服装论坛中东及北非会议。

四　与叙利亚的关系

20世纪70年代末以来，随着埃及与以色列签订和约和关系正常化，叙利亚成为对抗以色列的主要阿拉伯国家和阿拉伯世界里激进国家的代表。叙利亚一方面通过进口苏联武器加强自身力量；另一方面通过参与黎巴嫩事务和在黎驻军对以色列进行牵制。1991年10月以后，叙利亚参与了马德里和会，并与以色列就戈兰高地等双边关系问题展开会谈。以色列要求双方先建立外交关系，之后再谈领土问题，而叙利亚则坚持先谈领土问题，因此谈判无法取得突破。

1991年11月，以色列议会通过《捍卫戈兰高地法》，进一步确认了高地为以色列领土。但在1992年9月，以首次表明"以土地换和平"的原则也适用于戈兰高地，之后，以叙和谈断断续续地进行。1996年，谈判中断。1999年双方恢复了中断近4年的谈判，但仍未取得突破。2001

年 2 月沙龙当选以总理后，提出无条件恢复谈判的要求，叙利亚予以拒绝。2002 年 2 月，叙总统巴沙尔表示愿就戈兰高地问题与以达成和平协议。2003 年 5 月，以总理办公室证实：伊拉克战争前，以与叙在约旦进行了接触，但以方拒绝叙方立即重开谈判的建议。2006 年 3 月，以允许戈兰高地生产的苹果向叙利亚出口；6 月，4 架以色列战斗机侵入叙利亚领空，飞越阿萨德总统的夏季行宫；9 月，3 名以色列议员访叙，与阿萨德总统进行了会见。2007 年 1 月，瑞士承认曾为以叙秘密谈判斡旋，但以总理奥尔默特否认。2008 年 5 月，以叙双方宣布在土耳其斡旋下展开非直接谈判，谈判进行了四轮，因 2008 年年底的加沙冲突中止。2011 年 6 月 5 日，巴勒斯坦和叙利亚示威者在戈兰高地集会，纪念第三次中东战争爆发 44 周年，与以军发生冲突，造成 20 多人死亡。

2011 年叙利亚危机爆发，改变了以色列的地缘政治环境。此前，虽然叙利亚与以色列的关系一直都很紧张，但双方维持了多年的"冷和平"状态。一旦巴沙尔政权倒台，即将上台的逊尼派政权有可能完全打破这种局面，届时以色列将会陷入极不安全的境地。因此，以色列一直密切监控叙利亚化武问题的动向，严防其落入黎巴嫩真主党等敌对势力之手。为了防患于未然，以色列不仅对叙利亚境内的一些军事目标进行了数次空袭，而且还督促国际社会就销毁叙化武问题达成共识。

2012 年 11 月 11 日下午，以色列对叙利亚进行了警示性炮击，作为对早些时候由叙利亚境内发射的迫击炮弹落入戈兰高地以色列控制区内的回应。这是自 1973 年以来，以色列首次对叙利亚发动袭击。2013 年 1 月 30 日凌晨，以色列出动数架战机，低空飞行躲避雷达探测，侵入叙利亚领空，空袭了位于大马士革农村省一处军事科研中心，造成 2 人死亡，5 人受伤。6 月 6 日，叙利亚政府军与反对派在戈兰高地的库纳特拉市发生激烈交火。叛军中有不少外国雇佣兵和恐怖分子，他们试图通过向以色列发射炮弹之类的行为引发以色列与叙利亚的战争。

2014 年，面对伊斯兰极端宗教势力建立的"伊斯兰国"已经扩展到叙利亚东北部地区的形势，以色列保持高度警惕，加强安全防护措施。可以说，除巴勒斯坦以外，叙利亚是阿以矛盾中最重要的一方。

五　与黎巴嫩的关系

1982年6月，以色列入侵黎巴嫩。1985年6月，以军撤出时在黎南部保留约850平方公里的安全区，扶植约3000人的"南黎巴嫩军"，并经常同黎巴嫩和巴勒斯坦武装发生冲突。此后，黎巴嫩参加了马德里和会之后的对以谈判。然而，由于叙利亚对黎巴嫩的影响，尽管黎巴嫩与以色列之间的纠葛并不太复杂，但双方仍然难以达成协议。1998年4月，以内阁通过决议，提出愿有条件地执行联合国425号决议，从黎南部撤军，但要求黎在安全问题上做出承诺，遭黎、叙拒绝。2000年5月，以单方面从黎南部撤军。但黎、叙坚持以还应撤出谢巴地区。

以色列撤军后，真主党在黎巴嫩的影响不断扩大，这使以色列感到担忧。2006年7月，真主党武装人员潜入以北部一军事据点，摧毁一辆以军装甲车，打死3名、绑架2名以军士兵。此后，以对黎发动大规模军事行动，进行陆海空全面封锁，对其大城市持续实施空袭。空袭对贝鲁特的基础设施造成重大破坏，平民死亡人数达1110人，约百万人逃往邻国。同时，真主党武装也向以北部城市发射了近4000枚火箭弹，近30万以居民逃离家园，而以军在战斗中进展迟缓，伤亡惨重。8月11日，联合国安理会一致通过1701号决议，要求黎以停火。8月14日，双方正式停火。10月1日，以军宣布完全撤出黎巴嫩，但双方在谢巴农场归属、地中海海上边界划定等问题上仍有争议。

2011年叙利亚危机发生后，以色列担心叙利亚的先进武器，尤其是化学武器，落入黎巴嫩真主党之手。以色列袭击了临近黎巴嫩边境的杰姆拉亚地区，该地区被一些西方国家认为是叙利亚化学武器库所在地。2013年12月29日，两枚从黎巴嫩南部发射的火箭弹击中以色列北部地区，所幸没有造成人员伤亡和财产损失，以色列迅速还击。

六　与其他阿拉伯国家的关系

20世纪80年代以来，海湾国家尤其是沙特阿拉伯在解决阿以冲突方面发挥了越来越大的作用。马德里和会召开后，1994年10～11月，第一届中东北非经济首脑会议在摩洛哥的卡萨布兰卡召开，共有 61 国和国际组织的代表及大批企业家与会。会议呼吁取消对以色列的直接禁运，决定设立地区性发展机构。由于利库德政府的强硬政策，此后以色列与阿方的矛盾明显增多。1997 年 11 月，第四届中东北非经济首脑会议在卡塔尔首都多哈召开，许多阿拉伯国家抵制了会议，此后再未举行类似会议。尽管阿拉伯国家与以色列的关系没有出现根本改善，这一时期摩洛哥和个别海湾国家仍然与以色列发展了某种关系。2002 年 3 月，在贝鲁特举行的第 14 次阿拉伯国家联盟首脑会议上，通过了以沙特王储阿卜杜拉的建议为基础的《阿拉伯和平倡议》。倡议要求以色列全面撤出 1967 年以来占领的所有阿拉伯领土，接受建立以东耶路撒冷为首都、拥有主权、独立的巴勒斯坦国，并根据联合国第 194 号决议公正解决巴勒斯坦难民问题。在此基础上，阿拉伯国家将同以色列签署和平协议，并在实现全面和平的前提下逐步与以色列建立正常关系。2013 年 4 月，阿拉伯国家代表团访美，表示愿在 1967 年边界基础上，通过少量土地置换实现"两国方案"。

从 2010 年 12 月开始，整个阿拉伯世界陷入了巨大的政治动荡，突尼斯和埃及的政权先后倒台，叙利亚的反政府示威不断，利比亚国内冲突升级。对于以色列来说，在以巴冲突的解决仍遥遥无期的时候，阿拉伯邻国的动荡意味着一个安全不确定时代的来临。

第六节　与伊朗的关系

一　1979 年霍梅尼革命之前

波斯人与以色列的关系源远流长。早在古波斯帝国时期，居鲁士大帝在灭亡新巴比伦之后，就曾允许巴比伦城中的犹太人返回巴勒斯坦。由于伊朗加入了西方主导的军事联盟，从以色列 1948 年建国一直到伊朗巴列维王朝倒台的 30 多年里，其与伊朗的关系一直很亲密。因此有学者认为这是一种准同盟关系，也有学者将这一时期界定为两国关系史上的战略联盟期。

1948 年建国后，以色列曾利用伊朗作为中转站，把伊拉克的犹太人送往以色列。1950 年 3 月伊朗在事实上承认了以色列国的地位，但两国建立正式外交关系的努力受到了伊朗国内保守的伊斯兰宗教势力的强烈反对。伊朗作为中东的非阿拉伯伊斯兰国家，对以色列抱有一定程度的同情。它在联合国投票反对以色列进入联合国，但同时也表示不介入阿以冲突。

1957 年年底，以伊重修旧好，两国关系得到了较快发展。由于伊朗国内宗教势力及激进阿拉伯国家的反对，当时巴列维国王只能将与以色列的关系维持在事实上承认的框架内，这也为两国关系确定了基本模式。50 年代的以色列虽然在巴勒斯坦战争和苏伊士运河战争中取得了军事上的胜利，但这并没有使以色列获得真正的安全。1958 年，以色列提出了"外围联盟"的政治策略，希望与包括伊朗在内的中东地区非阿拉伯国家结成联盟。巴列维国王着眼于地区安全格局，认识到伊朗的安全在以色列的"外围联盟"框架内能够得到最好的维护。加之 1963 年巴列维开始推行的以土地改革为中心的"白色革命"导致了伊朗国内的不稳定，而伊朗与阿拉伯国家的关系也在不断恶化，因此，巴列维国王加快发展与以色列的关系。伊朗向以色列大量出口石油，以色列帮助伊朗发展农业并向其出口武器装备。可以说，共同的安全和经济利益是这一时期以伊两国关系繁荣发展的根本推动力。[①]

1973 年第四次中东战争期间，阿拉伯国家运用石油武器使巴列维国王对阿拉伯国家的力量有了进一步认识。伊朗在继续加强与以色列传统关系的同时，开始重视培养伊朗与阿拉伯国家的友谊。但当时两国所面临的地缘政治环境并未发生根本变化，从长远角度看，两国都不希望相互关系过于疏离，因此在许多领域也有很多新的合作。

二　1979 年霍梅尼革命之后

1979 年 1 月，伊朗发生伊斯兰革命，巴列维国王被迫流亡国外，宗

---

① 何志龙、靳友玲：《巴列维时期伊朗与以色列的关系》，《暨南学报》2009 年第 2 期。

教领袖霍梅尼回国建立了政教合一的伊斯兰共和国。由于巴列维王朝与美国的特殊关系和美国在阿以问题上对以色列的支持，霍梅尼把反对巴列维国王与反美反以交织在一起，将以色列称为"伊斯兰的敌人"，以伊双边关系发生了根本性改变。伊朗拒绝承认以色列，并断绝了与后者的一切官方联系；反以成为伊斯兰政权的立国之本，并且经常付诸行动。

新世纪以来，在以伊双边关系中，有两个关键性的节点。

第一个节点就是"9·11"事件。"9·11"事件后美国发动全球反恐战争，把伊朗列在支持国际恐怖主义国家的黑名单之首，还把伊朗称为"邪恶轴心"。从地缘政治看，此后的阿富汗战争和伊拉克战争使美国和以色列在事实上形成了对伊朗的包围态势，从而导致伊朗的地缘安全环境急剧恶化，而伊朗国内的保守派势力也因此进一步加强。由于阿拉伯世界一致认为美国在中东和平进程中一直偏袒以色列，伊朗也认为以色列是美国在中东的代理人。伊朗国内逐渐强势的保守派也一贯指责美国，称其在中东的霸权行径是为了以色列的利益，可见除双边关系层面以外，复杂的地区安全格局和宗教意识形态等外部因素导致了后"9·11"时代伊以关系的持续恶化。

第二个关键节点是"伊朗核问题"。2003年年初，伊朗宣布提炼出核电站燃料铀；2004年11月底，伊朗宣布中止铀浓缩，这使得伊朗核问题一度缓解。可是到了2006年年初，伊朗再次恢复了已中止两年多的核燃料研究。伊朗核问题再次引发地区局势紧张。

伊朗可能拥有核武器的前景让以色列人倍感焦虑，以色列官员和军事将领多次在公开场合呼吁国际社会向伊朗施加政治和经济压力，并且暗示，如果国际社会施压无法阻止伊朗核武器计划，以色列可能将单方面动用武力，打击伊朗的核设施。而伊朗也不甘示弱，对以色列进行口诛笔伐，认为以色列霸道和蛮横。针对以色列不断的武力威吓，伊朗国防部部长曾经针锋相对地明确警告说，如果以色列敢于袭击伊朗核设施，伊朗将以牙还牙，摧毁以色列的迪莫纳核基地，并让"这个犹太国家在地球上不复存在"。然而，以色列官员在私下里承认，伊朗的核设施无法摧毁，因为它过于分散和隐蔽。

2006 年 6 月，国际社会就伊核问题形成了六国磋商机制。经过多轮磋商，2013 年 11 月伊核问题六国与伊朗达成了一项阶段性协议：伊朗承诺停止 5% 浓度以上的铀浓缩活动，不再增加离心机。但是，该协议同时也承认了伊朗的核权利。以色列总理内塔尼亚胡称此项协议是"历史性的错误"。

第七节　与土耳其的关系

一　1980 年以前

1947 年，土耳其对联合国巴勒斯坦分治决议表示反对。土耳其担心以色列国将是共产主义政权。基布兹的发展、工会作用的扩大、以军使用苏式武器等现象表明，以色列有可能是苏联在中东扶植起的一个共产主义卫星国。在第一次中东战争中，土耳其保持中立。但在 1949 年 3 月 24 日，土耳其正式承认以色列国，是世界上第一个承认以色列并与之建交的伊斯兰国家。

1950 年 1 月，两国互建外交代办处，在联合国形成了投票联盟，政治关系迅速升温。土耳其允许保加利亚、叙利亚和伊拉克犹太人转道土耳其移居以色列。50 年代，两国成为重要的贸易伙伴。但在 50 年代中期，土耳其对待以色列的态度明显发生变化。1955 年，土耳其拉拢伊拉克等国组建亲美、反苏的巴格达条约组织，并称"土以关系是微不足道的"。1956 年苏伊士运河战争爆发后，土耳其谴责以色列是对中东和平的最大威胁。1956 年 11 月，土耳其外交部宣布召回驻以色列公使。12 月，两国外交关系降至代办级。其实，这只不过是一个外交姿态而已，多年来，土以两国互派的外交使团人员都很齐备，而且通常由大使头衔的外交官担任"代办"。1957 年，土耳其总理孟德里斯和外长左鲁在巴黎秘密会见以色列驻意大利大使艾里亚胡·沙逊。双方认为土以两国要秘密加强军事合作，应对苏联在中东地区的渗透。

1958 年 8 月底，以色列总理本－古里安和外长果达尔·梅厄秘密访问安卡拉，与土耳其总理孟德里斯和外长左鲁会晤。两国秘密签署了关于加强外交、军事、商业、科学和情报合作的协议，共同对付埃及的纳赛尔主义、泛阿拉伯主义和苏联共产主义的威胁。上述协议标志着两国间政治关系的显著提升，以及土以秘密外层联盟的建立。1960 年 5 月政变后上台的凯末尔·古塞尔将军继续重视且秘密发展与以色列的联盟关系。

1965 年 10 月，苏莱曼·德米雷尔领导的土耳其正义党上台执政。该政权外交政策的目标之一是加强土耳其与西亚北非地区的阿拉伯和伊斯兰国家的友好合作关系，以土关系发展进入低迷期。1966 年 4 月，土耳其军事情报部门冻结了与以色列的情报合作。1966 年，土停止了 1958 年土以秘密协议。在 1967 年战争中，土耳其不允许美国通过境内的阿达纳军事基地支持以色列，反对以色列通过武力手段强占阿拉伯国家领土，并积极为阿拉伯国家提供人道主义援助。1969 年 9 月，土耳其外长卡格来扬在伊斯兰组织会议上表示支持联合国第 242 号决议，要求以色列撤出在 1967 年战争中占领的阿拉伯土地。1973 年战争期间，土耳其两次表态反对以色列以武力手段占领阿拉伯国家领土，反对美国通过土耳其的军事基地援助以色列。1980 年 7 月，以色列议会通过耶路撒冷法案，宣布耶路撒冷是以色列不可分割的首都。土耳其政府谴责以色列的行为，关闭了驻耶路撒冷的领事馆。1980 年 9 月，土耳其军人通过政变上台；12 月，土军政府宣布把与以色列的关系降为二秘级，两国关系降到冰点。①

二 1980 年以后

1989 年 5 月，埃及重返阿拉伯国家联盟，对以土关系来说是一个改善的契机。有埃及作先例，土耳其发展与以色列关系时便不再顾忌阿拉伯国家的反对。1982 年，土耳其在联合国就谴责以色列占领戈兰高地的决议进行表决时，投了弃权票。1986 年 9 月，土耳其派了一个有经验的大使级外交官埃克雷姆·顾文迪仁去特拉维夫出任驻以色列代办。80 年代中期，土以在贸易和军事情报等方面加强了合作。

---

① 章波：《冷战时期土耳其和以色列关系述评》，《西亚非洲》2010 年第 8 期。

1991 年 10 月，马德里中东和会召开，以土关系再次升温。1991 年
12 月，土耳其宣布同时把它同巴勒斯坦和以色列的外交关系提升为大使
级。1993 年签署的《奥斯陆协议》标志着中东和平进程迈出了重要的一
步，土耳其对此做出积极反应，派遣了一名大使去以色列。不久，土耳其
外交部部长对以色列进行了非正式访问，两国制定了今后几年内安全合
作、反恐和在中亚进行农业合作的方案。1996 年 2 月，土耳其与以色列
签署军事训练合作协定，这是土耳其第一次正式与非伊斯兰国家进行军事
合作；3 月，两国签订自由贸易协定。

2002 年，伊斯兰宗教色彩浓厚的正义与发展党上台后，土耳其政府
加强了对伊朗核问题、叙以和谈以及巴勒斯坦问题的关注和调解。此时作
为新兴经济体的土耳其，经济、政治实力不断上升，它试图以此彰显自己
在地区政治中的地位。因此，土耳其积极发展与阿拉伯国家的关系（尤
其是在经贸方面），与美国开始疏远，在伊拉克战争中甚至拒绝让美国借
道。由此，土以关系也步入不确定轨道。2010 年 5 月 31 日，以色列军队
在公海上对援助加沙船队中的"蓝色马尔马拉"号船拦截检查时与船上
人员发生冲突，以军开枪打死 9 名土耳其公民。事件发生后，土方向以方
提出公开道歉、赔偿损失等四项要求，以方则无意道歉。这一事件将对未
来土以关系产生不利影响。

第八节　与俄罗斯的关系

一　苏联解体之前

以色列与苏联的外交关系曲折多变。十月革命前，俄国拥有世界上规
模最大的犹太社团之一，犹太复国主义的许多领袖均来自俄国，并信奉社
会主义思想。犹太人通过建立银行、办糖厂、修铁路和其他公共设施，在
苏联赢得了声誉。二战后，巴勒斯坦问题成为国际社会关注的热点。而在
中东，绝大多数阿拉伯国家均为英国前殖民地，执政的是保守的亲西方的
君主制政权，苏联很难施加影响，后者因此决定支持犹太国的建立。1947

年 11 月 29 日，苏联等 8 个东欧国家在联合国大会上对巴勒斯坦"分治"决议投了具有决定作用的赞成票。在随后爆发的新一轮阿犹冲突中，苏联通过东欧国家送去武器帮助犹太人发起反攻，扭转了不利的形势。1948年年初，阿犹冲突又趋激化，美国见势不妙，向联大两次建议托管巴勒斯坦，但都遭到苏联东欧国家的反对。

在以色列建国后的第三天，即 1948 年 5 月 17 日，苏联宣布承认以色列，成为继美国和危地马拉之后第三个承认以色列的国家。5 月 26 日，苏联在以色列设立大使馆，此后还多方支持以色列。对当时的以色列来说，与苏联建交意味着当时世界上两个不同阵营中最强大的国家都支持犹太人国家。苏联的承认为东欧其他国家承认以色列开辟了道路。第一次中东战争中，苏联的支持在军事上更有意义。因为在战争的头六周，美国宣布对中东禁止出售或运输武器，以色列主要靠从苏联进口的大炮、机枪和飞机打赢了这场战争。[①]

除了民主德国以外，1948～1950 年，以色列先后和保加利亚、匈牙利、波兰、捷克斯洛伐克、罗马尼亚以及南斯拉夫等东欧社会主义国家建立外交关系。在以色列加入联合国的问题上，苏联也给予大力支持。1949年 5 月 11 日，联合国正式接纳以色列为成员国，这意味着这个国际上最大和最具权威的国际组织承认了以色列。

此后，以色列与苏联之间关系趋向紧张。虽然犹太复国主义带有社会主义色彩，但以色列实行的是西方式的议会民主制度，同苏联政治体制截然不同。以色列吸引外来犹太移民的政策也与苏联的移民政策冲突。吸收移民是解决以色列人力资源不足的主要手段，也是以色列的既定政策，而苏联犹太人是以色列的主要移民来源之一。20 世纪 50 年代初，苏联禁止本国犹太人迁往以色列，并对试图移民的犹太人采取了诸如囚禁和流放的严厉措施。1953 年，在苏联还发生了指控几名犹太医生谋杀斯大林的事件，引起了国内的反犹情绪。这些无不引起以色列一些激进人士的不满，

---

① 〔以色列〕果尔达·梅厄：《梅厄夫人自传》，章仲远、李佩玉译，新华出版社，1986，第 217 页。

终于在 1953 年 2 月，犹太极端分子炸毁了苏联驻以色列大使馆。苏联则断绝与以色列的外交关系。以苏关系紧张，是促使以色列外交倒向美国的重要因素之一。

1952 年埃及革命的胜利，标志着部分阿拉伯国家由保守转向激进的开始，这推动了苏联采取亲阿反以政策。1955 年，苏联和捷克斯洛伐克向埃及出售了包括坦克和飞机在内的大批武器，对以色列构成重大威胁，这是苏联对以色列和阿拉伯世界政策改变的标志。1956 年第二次中东战争爆发后，苏联迅即反应，强烈要求英、法、以三国停火。除召回驻特拉维夫大使表示抗议外，还停止了两国间的经贸合作，甚至威胁使用核弹。最后，由于美国也向以色列施加压力，以色列不得不撤出西奈半岛。

60 年代后，苏联不断阻挠犹太人回归以色列。1966 年 10 月，苏联甚至公开批判犹太复国主义，认为其等同于种族主义，两国关系日益恶化。第三次中东战争期间，苏联宣布与以色列断交。以色列努力修复两国关系，但大多是民间的秘密运作。即使有两国外交人员的往来，也只能在第三国进行接触。

1987 年以后，以苏关系开始解冻，双方互派外交代表团访问，恢复领事关系。从 1989 年起，大批苏联犹太人移居以色列，掀起了移民高潮。1990 年 8 月，以色列外长阿伦斯访问莫斯科，1991 年 10 月中东和会召开之前，两国正式恢复大使级外交关系，苏联由此参加了马德里和会。在苏联的带动下，从 1989 年起，以色列逐步与捷克斯洛伐克、波兰、民主德国、保加利亚、南斯拉夫、阿尔巴尼亚等东欧国家恢复了邦交。1989～1991 年，从上述东欧国家移居以色列的犹太人约占以色列接纳移民总数的 20%。

二 苏联解体之后

1991 年 12 月，苏联解体，以色列宣布承认独联体所有国家，并相继同包括俄罗斯在内的独联体 15 国建立外交关系。在外交政策方面，继承了原苏联地位的俄罗斯主张回归"文明的西方世界"，谋求与美国建立"伙伴关系"。由于高加索地区的独立，过去被视为重要利益的中东地区因独联体国家的界隔，其地缘政治的重要性下降，加上俄罗斯经济状况的持续恶化，俄罗斯的外交政策以经济优先，将重点放在恢复大国地位和处理独联体事务上。因此，俄罗斯对中东传统盟国叙利亚的经济军事援助和对巴勒斯坦问题的关注有所减弱，与以色列的关系进一步趋于和缓。

2000 年普京出任总统以后，俄罗斯经济实力逐步恢复，在外交上也开始致力于重振大国声望，逐步"重返中东"，其表现就是加强与叙利亚的联系，甚至计划恢复在叙的军事基地，并向伊朗出口军火和核反应堆，积极参与巴勒斯坦和黎巴嫩等热点问题的解决，成为美国主导的中东问题国际四方委员会成员之一。由此，与以色列的矛盾开始出现。2005 年 2 月，以色列总理沙龙表示反对俄罗斯向叙利亚人出售导弹，认为这批武器可能落入恐怖组织之手。俄罗斯则宣称俄叙间仅限于出售"射手"近程导弹系统，以色列认为"射手"系统同样会对以俄关系产生巨大影响，并扬言以色列完全可以将莫斯科排除在巴以冲突调停方之外。2005 年 4 月，普京访问埃及、以色列和巴勒斯坦，访问中提出了在俄罗斯召开中东问题国际峰会的建议。

2006 年 1 月，哈马斯在巴勒斯坦立法委选举中胜出，组织政府，俄罗斯是第一个承认这一具有历史性意义的选举结果的大国。普京在随后召开的记者招待会上表示，俄从不认为哈马斯是恐怖组织。3 月初，哈立德·迈沙阿勒等哈马斯领导人应邀访问了俄罗斯，这是哈马斯第一次正式访问伊斯兰世界以外的国家，而俄罗斯的行动在国际上获得了广泛认同。俄罗斯此举的目的：一是重返中东，恢复自己在中东地缘政治中的大国地位，提高对中东和谈的影响力；二是改善与伊斯兰世界的关系，以加强联邦的统一，淡化因车臣问题而导致的与伊斯兰国家之间的龃龉，并展示俄罗斯作为沟通东西方的桥梁的世界角色。①

但是，俄罗斯因本国军事工业的衰落而需要以色列的先进武器，再加上其他因素，它也无意将与以色列的关系彻底搞僵，两国仍然维持着多方面的密切来往，而以色列也软硬兼施，促使俄罗斯改变其政策。2008 年 1 月，以副总理兼外长利夫尼访俄；3 月，俄外长拉夫罗夫访以；10 月，以

① 卿文辉：《俄罗斯与哈马斯对话的背景与影响》，《俄罗斯研究》2006 年第 1 期。

总理奥尔默特访俄。2009 年 8 月，以总统佩雷斯访俄。佩雷斯在访俄之后表示俄罗斯已同意重新考虑向伊朗出售 S－300 防空导弹系统事宜。因此，俄罗斯实际上也把对伊朗的军售作为与以色列和西方讨价还价的筹码。同年，俄罗斯从以色列购买了 12 架无人机，俄国防部部长谢尔久科夫表示从以色列获得的经验与知识将有助于俄罗斯军队的现代化。2010 年 9 月，以色列国防部部长巴拉克与俄罗斯国防部部长谢尔久科夫签订协议，扩大两国在反恐和核武器防扩散领域的合作。以色列媒体报道称，巴拉克对俄罗斯的访问，目的之一是阻止俄罗斯向叙利亚出售 P－800 巡航导弹。因此，新世纪俄以关系总的来看是在波折中保持稳定。2012 年 4 月，以国家安全事务助理阿米德罗尔访俄。5 月，俄总统普京访以。11 月，以总统佩雷斯访俄。12 月，普京谴责以色列批准在约旦河西岸和东耶路撒冷新建 3000 套住房的计划。2013 年 6 月，以副外长埃尔金访俄。2014 年 3 月，以色列在克里米亚入俄问题上表示中立。

第九节　与中亚五国的关系

中亚的哈萨克斯坦、乌兹别克斯坦、塔吉克斯坦、吉尔吉斯斯坦和土库曼斯坦独立后，以色列与五国建立了外交关系，并实现通航。以色列与中亚五国的经贸往来都是在国际条约和国际组织框架下进行的，如亚洲相互协作与信任措施会议、联合国及其下属机构等。同时，以色列与美国协调，提出向中亚国家提供援助的共同方案，其中以色列负责提供农业和医药援助，并传授开发荒漠土地的经验，美国负责该项计划的资助。1992 年以来，以色列同中亚五国签署了一系列有关农业、能源、医药、通信和培训等方面的协议，并直接投资和派遣技术专家。为了帮助那些到中亚地区谋求发展的以色列人，以色列还设立了一个咨询中心。

以色列与哈萨克斯坦的外交关系较为稳定，经贸合作密切。1992 年，哈萨克斯坦总理捷列先科访问以色列，两国建立政府间合作委员会。1995 年，哈萨克斯坦总统纳扎尔巴耶夫访以，签署了两国基本关系宣言等文件。以色列派专家帮助哈萨克斯坦发展农业，并提供主要用于购买农业机械设备的 8000 万美元贷款。1996 年双方开始实施农业技术合作计划，采用以色列的微型喷灌和温室设备设计方案，于 2000 年建成了阿拉木图州恩别克希哈萨克区"库纳尔雷"农场。2003 年，以色列国际合作中心在哈萨克斯坦就荒漠化治理、水资源利用、医学等领域进行技术培训，建立了农业示范基地。2008 年双方贸易额达 25 亿美元。2009 年 6 月 30 日，哈萨克斯坦总统纳扎尔巴耶夫在与以色列总统佩雷斯举行会谈时表示，以色列是哈萨克斯坦在中东地区的重要伙伴，哈萨克斯坦与以色列在经济、政治和人文等领域展开了全方位合作。2009 年，哈萨克斯坦国防部副部长与以色列武器系统开发商索尔塔姆系统公司（Soltam Systems Ltd）的代表进行会晤后发表声明，哈萨克斯坦与以色列正在积极组建合作企业，期望以哈萨克斯坦北部的彼得罗巴浦洛夫斯克（Petropavlovsk）兵工厂为中心，在以色列军品公司的帮助下，为哈萨克斯坦军队生产武器装备。在 2011 年第二届国际蜜蜂节期间，哈萨克斯坦国家养蜂业联盟和以色列拉姆达尼蜂业有限公司签署了合作备忘录。2013 年的一项劳务市场统计结果显示，在哈萨克斯坦与非独联体国家的劳动力和人才流动中，德国、加拿大和以色列最受哈方外出务工人员的青睐。在 2013 年第六届阿拉木图国际钢琴比赛中有来自以色列的评委，表明双方的交往已扩及文化领域，达到了更高的层次。

乌兹别克斯坦在独立之初即与以色列展开了较深层次的交往。1991～1992 年，以色列同乌兹别克斯坦合作使 6 万多名犹太人从该国移居以色列。在乌兹别克斯坦，实验田的棉花作物增产了 40%，用水减少了 2/3。这一试验引起了该地区所有国家的重视。1992 年塔什干工贸洽谈会上最重要的成果之一就是乌方与以色列特列伊德科姆·尼耶克斯公司创办了生产棉株滴灌设备的合资企业。受 2005 年"安集延事件"① 影响，以色列

---

① 2005 年 5 月 12 日夜间，位于乌兹别克斯坦东部的安集延市发生武装骚乱事件，一群武装分子袭击了安集延市、州的一些警察岗哨和军队营地，夺取武器弹药，骚乱者还冲击了安集延市监狱，释放了一批在押犯。次日，武装骚乱演变成"要求政府下台"的抗议活动，卡里莫夫总统紧急前往安集延采取措施，并于当晚平息了武装骚乱。骚乱共造成169 人死亡。乌总统卡里莫夫 14 日指出，挑起这起骚乱事件的是极端主义势力。

一度将外交人员撤出乌兹别克斯坦，但之后双方恢复正常关系。2008 ~ 2012 年，以色列向乌兹别克斯坦出口大型带角种畜，帮助提高其育种水平。2009 年，在联合国开发计划署和乌兹别克斯坦农业和水资源管理部的合作开发项目协议下，以色列农业专家对乌兹别克斯坦畜牧业发展给予大力帮助。以色列派农业专家到塔什干地区培训和指导农民，帮助解决畜牧养殖、草料调配和储存、提高产奶量等问题，同时还向农民们展示了现代化农业科技及设备。

1993 年，吉尔吉斯斯坦总统阿卡耶夫率代表团正式访问以色列，双方签署了关于两国在许多领域发展与加强合作的一系列文件。作为苏联的产棉基地，种棉业是塔吉克斯坦经济发展的三大支柱之一。20 世纪 90 年代，以色列在塔吉克斯坦进行棉花育种工作。塔吉克斯坦科学院数学研究所与以色列相关科研机构长期保持合作关系。2010 年后，双方经贸往来逐渐增多。2012 年 5 月 2 日，塔吉克斯坦能源与工业部部长古尔·舍拉利会见以色列驻塔大使，商讨双方在太阳能发电投资、设计和建设的合作问题，并准备在矿物开采和加工、水果、蔬菜、皮革和羊毛加工等进行进一步合作。

1995 年，土库曼斯坦取得"永久中立国"地位，奉行"开放外交"政策，推动了与以色列的外交关系。双方的交往主要涉及贸易、环境、能源、资金和技术等方面。以色列的公司长期与土库曼斯坦政府在石油和天然气的承包开发领域合作，不断扩大石油加工投资力度。2014 年 11 月，以色列外交部欧亚和高加索司司长乌迪德·约瑟夫率代表团抵达阿什哈巴德，与土库曼斯坦外交部部长梅列多夫举行会谈，讨论了双方在经济、贸易、商务、农业、水资源管理、卫生、体育、教育和文化等领域的合作。

以色列与吉尔吉斯斯坦的外交关系多侧重于贸易和人员往来。20 世纪初，以色列成为吉尔吉斯斯坦瓜果和蔬菜的主要进口国。

总之，近年来以色列与中亚五国的交往已从最初的农业和医药援助扩展到科技、能源、环境、通信、军事和文化等领域的全方位的合作。例如在军事方面，出于摆脱俄罗斯军事控制的目的，中亚五国特别是哈萨克斯坦积极寻求武器来源多元化，加强与以色列的军事合作，因此以色列的军工产品在中亚地区很有销路。然而，由于中亚五国均为伊斯兰会议组织（OIC）成员国，在巴以和谈等重大问题上与以色列的立场观点相去甚远。在与各国的交往过程中，以色列还竭力遏制伊斯兰激进主义在中亚地区的蔓延。

第十节 与中国的关系

一 1992 年正式建交之前

1950 年 1 月 9 日，以色列正式宣布承认中华人民共和国，成为最早承认中国的中东地区国家，也是最早承认新中国的 7 个非社会主义国家之一。当天，以色列断绝了与中国台湾的外交关系。此后，以色列除了与台湾进行一些民间贸易外，始终坚持不与其建立任何形式的外交和官方关系，坚持认为中华人民共和国是中国的唯一合法代表。时任外交部部长的周总理曾致电以外长夏里特，感谢以对中国的外交承认，并希望两国建立外交关系。但由于以政府瞻前顾后，犹豫不决，两国与建交失之交臂。

1950 年 6 月朝鲜战争爆发后，以色列站在美国一边，为了不得罪美国，在与中国建交的问题上采取拖延战术。在以政府中，有人提出要在政治和外交上支持韩国，有人还提出要派兵加入联合国部队参加朝鲜战争。这样的议案虽然没有获得通过，但是派遣医疗队参与联合国的行动，标志着以色列第一次从中立立场转向与西方结盟，从而为中以双边关系的发展设置了障碍。中以驻缅甸大使还曾经为此做出过努力，试图修补双方的关系。但由于当时大环境的影响，以色列的整个外交都是亲美的，不少人包括驻美大使阿巴·埃班极力反对同中国接近。

万隆会议以后，中国和阿拉伯世界的关系升温，进而在同以色列关系上持观望态度。1956 年，苏伊士运河战争爆发，中以之间关系彻底中断。这期间的交往主要是两国共产党之间的接触，但以色列共产党在很大程度上不能作为双方沟通的桥梁。因为它在当时主要是追随苏共的。尽管中国在阿以冲突问题上明确地站在阿拉伯国家一边，从 60 年代中期开始又坚决支持巴勒斯坦人民恢复合法权益而开展的武装斗争，但并未否认过以色列的生存权。周恩来总理曾致电以色列总理艾希科尔，说明中国政府在核武器问题上的立场，毛泽东主席还曾应以色列共产党总书记的请求，就苏联犹太人的合法宗教权益问题同赫鲁晓夫进行交涉。

到 70 年代，中以关系开始逐步恢复。在 1971 年第 26 届联合国大会投票表决恢复中国的合法席位时，以色列不顾美国的压力投了赞成票。1977 年埃及总统萨达特访以，中国予以支持。1978 年 9 月，埃以在美国签署了《戴维营协议》，结束了两国之间长达 30 年的战争状态。80 年代初，阿拉伯国家又召开了非斯会议，承认以色列有"生存权"，这为阿以和谈以及中以接近扫除了重要障碍。此时，中以双边经济、科技接触逐步增加，中国在对阿以冲突表态时，不再持一边倒的立场，而是主张通过政治途径，公正、合理地解决冲突。1989 年，中国国际旅行社代表团访以，决定在特拉维夫设立办事处；以方也同意在北京开设以色列科学及人文学院联络处，这两个于 1990 年正式开设的机构成为双方事实上的领事机构。

冷战结束后，中东地区显露和平曙光。1991 年 10 月，阿以双方在马德里举行了和平谈判，为中以建交提供了新的契机。1992 年 1 月 24 日，中以双方迈出了历史性的一步，正式建立外交关系，中国随后参加了阿以多边会谈。尽管以色列是中东地区最早承认新中国的国家，但却是该地区最晚同中国建交的，时隔 42 年。

二 1992 年正式建交之后

中以建交后，两国关系不断发展。在政治上，双方高层互访不断，政治往来频繁。这为加强双方相互了解和促进双边关系的发展奠定了坚实的基础。1992 年 9 月，中国国务委员兼外交部部长钱其琛访问了以色列；当年 12 月，以色列总统赫尔佐克访华。1993 年 5 月和 10 月，以色列副总理兼外长佩雷斯和总理拉宾先后访问中国。1994 年，中国副总理邹家华访以。1997 年，中国领导人李岚清、温家宝和钱其琛等也先后访以。1998 年 5 月，内塔尼亚胡总理率团访华。1999 年 4 月，魏茨曼总统访华，并出席了在昆明举行的世界园艺博览会开幕式。高层互访证明了中以之间关系的不断发展。

2000 年，以色列在美国的压力下违反合同，拒绝向中国出售"费尔康"预警机。虽然以方不断表示"惋惜""遗憾"，但中以关系不可避免地陷入低谷。2001 年，巴拉克总理原计划来华访问，但因预警机事件及新一轮的巴以冲突，巴拉克未能成行。以色列的毁约行为显然引起了中国政府的强烈不满。事件发生后的 3 年里，中方没有部长级以上官员访问过以色列，两国间更没有大的军事贸易合同。

2004 年 12 月，国务委员唐家璇访以并与以副总理兼外长沙洛姆举行会谈。双方均积极评价中以关系，表示愿共同推动两国关系在现有基础上取得更大发展。唐家璇建议双方保持高层接触和交流；本着互利互惠、共同发展的原则，大力拓展双边经贸合作；鼓励两国文化、教育和民间交往，进一步巩固双边关系的基础。2005 年 6 月，中国外长李肇星访以，并与以副总理兼外长沙洛姆举行会谈。2006 年另组新党的以色列总理沙龙，由于突发重病，原定的访华之旅无法成行。2007 年 1 月，以总理奥尔默特访华，他多次表示，中国的发展对以色列来说是机遇不是威胁，以色列欢迎中国的商品，也积极推进对中国的高技术产品出口。

2012 年，中以迎来双边建交 20 周年，以此为契机，两国关系进入了新阶段。在政治上，中断数年的高层互访得以恢复。2012 年 3 月，以色列副总理兼外长利伯曼访华。2013 年 5 月，以色列总理内塔尼亚胡在获得连任后选择首访中国，表示愿加深与中国的科技交流，并期盼双方成为真正的合作伙伴。经济、能源及伊朗核问题成为其此次访问的三大目的。12 月，中国外长王毅访以。2014 年 4 月，佩雷斯成为时隔 11 年访华的以色列总统。习近平在同佩雷斯的会谈中表示，中方"充分理解"以方在伊核问题上的相关立场，同时也希望巴以和谈早日取得实质性进展。佩雷斯对此表示认同，并希望中方为巴以和谈继续发挥重要作用。最终，双方一致决定推动中以友好交流合作取得更大进展。

高层互访的实现，推动了中以之间各个层面的交流。2012 年 5 月，以色列国防军总参谋长本尼·甘茨访华，作为对 2011 年中方陈炳德总长访以的回访。12 月，中国商界领袖组团访以。2013 年 5 月，应以色列地方政府联合会的邀请，延安市市长梁宏贤率中国地方政府代表团访以。7 月，中国健康产业领军企业应邀访以。2014 年 7 月，中国文化产业协会访以。8 月，中国地震局代表团访以。9 月，由以色列原国土安全部部长、警察总监唐·罗恩将军率领的以色列安防代表团访问深圳市安全防范行业协会。同月，中国国务院副总理汪洋会见来访的以色列前总理巴拉克。

三　经贸关系

中以双方在经贸合作方面有很大的互补性：作为世界第二大经济体，中国具有广阔的市场，以方则在高科技领域占有优势。农业合作是中以两国应用技术领域合作的亮点。1993 年，两国农业部签署了农业合作谅解备忘录，并陆续建立了一些农业合作项目。中国引进了以色列的滴灌技术。2009 年，双方合作的"纳米技术在污水资源化及农业安全利用上的应用研究"项目已经完成，中方通过引进以色列纳滤膜组件，自主研发了一套"纳米氧化镁—过滤—纳滤"三级组合纳米水处理工艺，并进行了示范应用。

2011 年 2 月 27 日至 3 月 2 日，中国商务部部长陈德铭应邀率中国政府经贸代表团访以。在耶路撒冷举行的中国－以色列经贸合作研讨会上，双方共同交流和探讨合作前景。陈德铭指出，在中以共同努力下，两国经贸合作取得了长足进展，并呈现出以下特点：一是规模扩大，2010 年双边贸易额达 77 亿美元，比建交之初增长 150 倍①；二是方式丰富，从贸易为主向贸易、高技术合作和风险投资共同发展；三是领域拓宽，从最初的农业合作，扩大到海水淡化、生物医药、可再生能源、电子通信、网络技术等多个领域；四是层次多样，两国中央政府间合作稳步推进，地方合作发展迅速。以色列具有较高的科技水平，与中国在市场规模、制造能力等方面形成优势互补，中以合作的潜力很大，具有广阔的发展前景。例如，以色列安全科技公司瑞斯可（RISCO）已打入世界上最大自动提款机市场——中国自动提款机市场。根据与中国多家银行签订的协议，瑞斯可将为数以万计的自动提款机提供安全保护，即给自动提款机上装置感应器，如果有人试图盗取现金，感应器立刻报警。2013 年，瑞斯可已为 10 万台中国的自动提款机装置了感应器。

---

① 截至 2013 年，中以双边贸易额从 1992 年建交时的 5000 万美元跃升至 108 亿多美元。

大事纪年

公元前 1700 年	希伯来人进入迦南，后因饥荒迁往埃及。
公元前 1230 年（一说 1250 年）	摩西率领希伯来人逃出埃及，在西奈山接受"十诫"。
公元前 1028 年	撒母耳立扫罗为王，希伯来王国建立。
公元前 1013 年	大卫即位，定都耶路撒冷。
公元前 973 年	大卫去世，儿子所罗门继位。
公元前 957 年	所罗门王在耶路撒冷建立"第一圣殿"（所罗门圣殿）。
公元前 930 年	所罗门去世，希伯来王国分裂为犹大王国和以色列王国。
公元前 722 年	以色列王国被亚述帝国灭亡，十个以色列人部落流亡并消失。
公元前 586 年	犹大王国被新巴比伦王国征服，"第一圣殿"被毁。
公元前 538 年	波斯帝国释放巴比伦之囚，允许犹太人返回以色列故土。
公元前 516 年	耶路撒冷第二圣殿落成。
公元前 332 年	亚历山大征服巴勒斯坦，希腊统治时期开始。
公元前 323 年	亚历山大大帝去世，犹太人游离于托勒密王国和塞琉古王国之间。

以色列

公元前 200 年	塞琉古王国占领耶路撒冷,强制推行希腊文化。
公元前 166 年	马卡比起义,随后建立哈斯蒙尼王朝(公元前 142 ~ 前 63 年)。
公元前 128 年	犹太人摧毁撒玛利亚人在基利心山上的圣殿。
公元前 63 年	罗马统帅庞培攻陷耶路撒冷。
公元前 60 年	犹太人发动反抗罗马统治的起义。
公元前 40 年	希律成为巴勒斯坦的统治者。
公元前 4 年	希律去世,犹地亚成为罗马帝国的一个行省。
约 30 年	耶稣受难。
66 年	犹太战争爆发。
70 年	罗马人攻克耶路撒冷,焚毁"第二圣殿"。
73 年	守卫马萨达要塞的犹太人集体自杀,要塞陷落。
132 年	巴尔·科赫巴率领犹太民族发动最后一场起义。
135 年	巴尔·科赫巴起义失败。罗马皇帝哈德良将犹太人驱逐出巴勒斯坦,犹太民族进入大流散时代。
622 年	阿拉伯人取代东罗马帝国,控制巴勒斯坦。
1066 年	来自法国、西班牙、意大利和摩洛哥的犹太人进入英国。
1290 年	英国驱逐犹太人。
1492 年	西班牙驱逐犹太人。
1882 ~ 1903 年	第一次阿里亚,即犹太人大规模迁往巴勒斯坦。

1896 年	西奥多·赫茨尔出版《犹太国》。
1897 年	第一届犹太复国主义大会在瑞士的巴塞尔召开。
1904 年	西奥多·赫茨尔病逝于维也纳。
1904～1914 年	第二次阿里亚。
1909 年	犹太人在加利利湖畔建立第一个基布兹（集体农庄）。
1917 年	英国政府发表《贝尔福宣言》，赞成在巴勒斯坦建立犹太人的民族家园。
1919～1923 年	第三次阿里亚。
1920 年	巴勒斯坦犹太人建立犹太工人总工会及其防卫组织"哈加纳"。
1922 年	国际联盟正式授权英国对巴勒斯坦进行委任统治。
1922 年	犹太社团的代表机构犹太代办处建立。
1924～1932 年	第四次阿里亚。
1925 年	耶路撒冷希伯来大学建立。
1929 年	巴勒斯坦的犹太人和阿拉伯人首次发生大规模流血冲突。
1931 年	犹太地下武装"伊尔贡"成立。
1933～1939 年	第五次阿里亚。
1936～1939 年	巴勒斯坦阿拉伯人举行针对犹太人和英国当局的暴动。
1939 年	英国政府就巴勒斯坦问题发表白皮书。
1939～1945 年	第二次世界大战期间欧洲犹太人遭到德国纳粹的大屠杀。
1941 年	犹太突击队"帕尔马赫"成立。
1942 年	美国犹太复国主义者会议通过比尔特莫尔纲领，明确提出建国要求。

1947 年	联合国大会通过"巴勒斯坦未来治理问题的决议",即 181 号决议。
1948 年	英国委任统治结束,犹太人随即宣布建立以色列国。第一次中东战争爆发。
1950 年	以色列正式宣布承认中华人民共和国。
1952 年	以色列与联邦德国签署《德国赔款协定》。
1956 年	第二次中东战争,或称苏伊士运河战争。
1958 年	以色列颁布《基本法:议会》和《社会福利法》。
1960 年	以色列颁布《基本法:国家土地》。
1964 年	以色列颁布《基本法:总统》。
1964 年	巴勒斯坦解放组织成立。
1967 年	第三次中东战争。联合国安理会通过 242 号决议。
1968 年	以色列颁布《基本法:政府》。
1969 年	果尔达·梅厄接替突然病逝的艾希科尔出任以色列总理。
1970 年	以色列颁布《失业保险法》。
1973 年	加哈尔集团联合其他右翼组织,成立利库德集团。
1973 年	第四次中东战争。
1974 年	梅厄夫人辞职,拉宾担任总理。
1975 年	以色列颁布《基本法:国家经济》。
1976 年	以色列颁布《基本法:军队》。
1977 年	利库德集团上台执政,贝京出任总理。
1977 年	埃及总统萨达特应贝京总理邀请访问耶路撒冷。
1979 年	以色列与埃及签署和平条约并达成《戴维营协议》。

1980 年	以色列颁布《基本法：耶路撒冷——以色列的首都》。
1980 年	以色列与埃及建交。
1982 年	以色列摧毁巴勒斯坦解放组织在南黎巴嫩的基地。
1984 年	以色列颁布《基本法：司法》。
1987 年	巴勒斯坦人采取暴力抗议行动。
1988 年	巴勒斯坦全国委员会在阿尔及尔召开第19 次特别会议，宣布建国。
1988 年	以色列颁布《基本法：国家监察长》。
1991 年	以色列与苏联正式恢复外交关系。
1991 年	中东和平会议在马德里举行。
1992 年	中国和以色列正式建立外交关系。以色列总统赫尔佐克访华。
1992 年	工党在第 13 届大选中获胜，拉宾组建新政府。
1992 年	以色列颁布《基本法：人的尊严和自由》、《基本法：政府》（取代 1968 年的相关法律）和《基本法：职业自由》。
1993 年	以色列副总理兼外长佩雷斯和总理拉宾先后访问中国。
1993 年	拉宾和阿拉法特在美国正式签署《以色列和巴勒斯坦解放组织临时自治安排原则宣言》。
1994 年	拉宾和阿拉法特在开罗签署《关于实施加沙－杰里科自治原则宣言的最后协议》。
1994 年	以色列与约旦在华盛顿签署和平条约。稍后两国建交并互派大使。
1994 年	以色列颁布《基本法：职业自由》，取代

	1992 年的相关法律。
1995 年	以色列实施《全国医疗保险法》。
1995 年	拉宾总理遇刺身亡，佩雷斯接任总理。
1996 年	内塔尼亚胡在以色列首次总理直选中获胜，出任总理。
1997 年	内塔尼亚胡与阿拉法特签署《希伯伦协议》。
1997 年	中国领导人李岚清、温家宝和钱其琛等也先后访以。
1998 年	内塔尼亚胡总理率团访华。
1998 年	巴以双方恢复和谈，并在美国马里兰州签署《怀伊备忘录》。
1999 年	魏茨曼总统访华，并出席在昆明举行的世界园艺博览会开幕式。
1999 年	巴拉克在总理直选中获胜，重启中东和平进程。巴以在埃及的沙姆沙伊赫签署《沙姆沙伊赫备忘录》。
2000 年	利库德集团主席沙龙"参观"圣殿山，引发巴勒斯坦人强烈抗议。
2001 年	以色列举行最后一次总理直选，沙龙以绝对优势胜出。
2001 年	以色列颁布《基本法：政府》，取代 1992 年的相关法律。
2002 年	以色列政府计划在内盖夫沙漠的希弗塔建造一座 1200 兆瓦的核电站。
2002 年	布什签署国会外交授权法，承认耶路撒冷为以色列国首都。
2003 年	沙龙在内阁会议上提出单边脱离计划，即以色列单边撤离加沙。

2004 年	以色列科学家阿夫拉姆·赫什科和阿龙·切哈诺沃获得诺贝尔化学奖。
2004 年	以色列与欧盟签订《欧洲近邻政策》协定。
2005 年	以军撤离加沙地带。
2006 年	沙龙中风陷入深度昏迷，奥尔默特为临时总理。
2006 年	前进党在大选中获胜，奥尔默特担任总理。
2007 年	在美国总统布什的主持下，新一轮中东和会在美国安纳波利斯举行。
2008 年	齐皮·利夫尼取代丑闻缠身的奥尔默特当选前进党主席。
2008 年年底至 2009 年年初	以色列实施"铸铅行动"，空袭加沙。
2009 年	第18届大选后，利库德集团主席内塔尼亚胡成功组阁，出任总理。
2010 年	以色列加入经济合作与发展组织（OECD）。
2011 年	工党退出联合政府，巴拉克宣布退出工党，另建"独立党"。
2011 年	以色列正式部署"铁穹"系统。
2012 年	世俗中间党派未来党建立，并成为以色列第二大党。
2012 年	以色列对加沙地带发动代号为"防务之柱"的军事行动。
2013 年	以色列国防军正式启用最新的赛博防御控制中心。
2013 年	以色列举行第19届大选，内塔尼亚胡总理成功连任。
2014 年	以色列对加沙地带实施代号为"护刃"的军事行动。

参考文献

一 中文著作和译著

〔奥〕西奥多·赫茨尔：《犹太国》，肖宪译，商务印书馆，1993。

〔美〕劳伦斯·迈耶：《今日以色列》，钱乃复等译，新华出版社，1987。

〔美〕纳达夫·萨弗兰：《以色列的历史和概况》，北京大学历史系翻译小组译，北京人民出版社，1973。

〔瑞典〕斯德哥尔摩国际和平研究所：《SIPRI 年鉴 2006 军备、裁军和国际安全》，中国军控与裁军协会译，时事出版社，2007。

〔以色列〕果尔达·梅厄：《梅厄夫人自传》，章仲远、李佩玉译，新华出版社，1986。

〔以色列〕埃利·巴尔纳维主编：《世界犹太人历史——从〈创世记〉到二十一世纪》，刘精忠等译，黄民兴校注，中国人民大学出版社，2007。

〔以色列〕艾兰·佩普：《现代巴勒斯坦史》，王健、秦颖、罗锐译，上海人民出版社，2010。

〔英〕诺亚·卢卡斯：《以色列现代史》，杜先菊、彭艳译，商务印书馆，1997。

〔英〕沃尔特·拉克：《犹太复国主义史》，徐方、阎瑞松译，三联书店上海分店，1992。

陈腾华：《为了一个民族的中兴：以色列教育概览》，华东师范大学出版社，2005。

郭懋安主编《国际工会运动知识手册》，中国工人出版社，1993。

李伟建等：《以色列与美国关系研究》，时事出版社，2006。

彭树智主编《二十世纪中东史》，高等教育出版社，2001。

上海社会科学院法学研究所编译室编译《各国宪政制度和民商法要览》（亚洲分册），法律出版社，1987。

冯基华：《犹太文化与以色列社会政治发展》，社会科学文献出版社，2010。

孙正达等：《世界列国国情习俗丛书·以色列国》，重庆出版社，2004。

孙正达等：《以色列国》，当代世界出版社，1998。

汤晶阳、张小平主编《世界主要国家军事战略》，国防工业出版社，2005。

王京烈主编《面向二十世纪的中东》，社会科学文献出版社，1999。

肖宪：《中东国家通史·以色列卷》，商务印书馆，2001。

徐向群、余崇健：《第三圣殿：以色列的崛起》，上海远东出版社，1994。

徐新、凌继尧主编《犹太百科全书》，上海人民出版社，1993。

阎瑞松主编《以色列政治》，西北大学出版社，1995。

杨光：《中东的小龙——以色列经济发展研究》，社会科学文献出版社，1997。

杨曼苏：《以色列——谜一般的国家》，世界知识出版社，1992。

以色列新闻中心编《以色列概况》（中文版），耶路撒冷，2007。

张俊彦主编《中东国家经济发展战略研究》，北京大学出版社，1987。

张倩红：《以色列史》，人民出版社，2008。

赵克仁：《美国与中东和平进程》，世界知识出版社，2005。

赵伟明：《以色列经济》，上海外语教育出版社，1998。

二　学位论文

肖宪：《1949～1979年的中国—中东关系》，西北大学博士论文，

1997。

雷钰：《以色列议会选举制度研究》，西北大学博士论文，2004。

谢宝明：《试析以色列对华军售问题对两国关系的影响——以"费尔康"预警机事件为例》，外交学院硕士论文，2008。

庄建青：《以色列政党制度及其对外政策的影响》，青岛大学硕士论文，2009。

三　英文著作

Cordesman, Anthony H. , *Arab – Israeli Military Forces in an Era of Asymmetric Wars*, Westport: Praeger Security International, 2006.

Druks, Herbert, *The Uncertain Friendship: The U. S. and Israel from Roosevelt to Kennedy*, Westport: Green Wood Press, 2001.

International Institute for Strategic Studies (IISS), *Military Balance*, 2007.

Legum, Colin, ed. , *Crisis and Conflicts in the Middle East/ the Changing Strategy: From Iran to Afghanistan*, New York: Holmes & Meier, 1981.

Lambert, L. Walker, D. Zimmerman, D. Cooper, J. Lambert, M. Gardner, and M. Slack, *The Constructivist Leader*, New York: Teachers College Press, 1995.

Nathanson, Roby and Associates, *Union Responses to a Changing Environment: The New Histadrut – the General Federation of Labour in Israel*, Bethesda, Md. : Congressional Information Service, Inc. , 2001.

United Nations Development Programme, *Human Development Report*, New York: UNDP, 2013/2014.

四　网站

以色列驻华大使馆网站
以色列驻上海总领事馆网站

以色列中央统计局网站

中国外交部网站

腾讯网

搜狐网

法制网

科技网

新浪网

百度百科

中国战略网

中国伊斯兰学术城

https：//www. wikipedia. org/

索 引

后　记

　　本书的编撰人员是专门或部分从事以色列、犹太研究的专业人员。感谢连永亮、吴宝岩、郭磊、龙昭、高岚、臧建和田驰对本书的贡献。由于本书涉及面广，作者的水平有限，难免有失当之处，敬请读者指正。

　　本书分工如下：

导　言　雷钰、黄民兴

第一章　概览　雷钰

第二章　历史　雷钰、韩志斌

第三章　政治　黄民兴、孙小虎

第四章　经济　黄民兴、赵继云

第五章　军事　孙小虎、黄民兴

第六章　社会　雷钰、夏水云

第七章　文化　雷钰

第八章　外交　雷钰

全书统稿　雷钰、黄民兴

雷钰　黄民兴
2015 年 6 月 11 日

新版《列国志》总书目

非洲

阿尔及利亚
埃及
埃塞俄比亚
安哥拉
贝宁
博茨瓦纳
布基纳法索
布隆迪
赤道几内亚
多哥
厄立特里亚
佛得角
冈比亚
刚果
刚果民主共和国
吉布提
几内亚
几内亚比绍
加纳
加蓬
津巴布韦
喀麦隆
科摩罗
科特迪瓦
肯尼亚
莱索托
利比里亚
利比亚
卢旺达

马达加斯加
马拉维
马里
毛里求斯
毛里塔尼亚
摩洛哥
莫桑比克
纳米比亚
南非
南苏丹
尼日尔
尼日利亚
塞拉利昂
塞内加尔
塞舌尔
圣多美和普林西比
斯威士兰
苏丹
索马里
坦桑尼亚
突尼斯
乌干达
赞比亚
乍得
中非

欧洲

阿尔巴尼亚
爱尔兰
爱沙尼亚
安道尔

奥地利

白俄罗斯

保加利亚

北马其顿

比利时

冰岛

波兰

波斯尼亚和黑塞哥维那

丹麦

德国

俄罗斯

法国

梵蒂冈

芬兰

荷兰

黑山

捷克

克罗地亚

拉脱维亚

立陶宛

列支敦士登

卢森堡

罗马尼亚

马耳他

摩尔多瓦

摩纳哥

挪威

葡萄牙

瑞典

瑞士

塞尔维亚

塞浦路斯

圣马力诺

斯洛伐克

斯洛文尼亚

乌克兰

西班牙

希腊

匈牙利

意大利

英国

美洲

阿根廷

安提瓜和巴布达

巴巴多斯

巴哈马

巴拉圭

巴拿马

巴西

秘鲁

玻利维亚

伯利兹

多米尼加

多米尼克

厄瓜多尔

哥伦比亚

哥斯达黎加

格林纳达

古巴

圭亚那

海地

洪都拉斯

加拿大

美国

墨西哥

尼加拉瓜

萨尔瓦多

圣基茨和尼维斯

圣卢西亚

圣文森特和格林纳丁斯

苏里南

特立尼达和多巴哥

危地马拉

委内瑞拉

乌拉圭

牙买加

智利

大洋洲

澳大利亚

巴布亚新几内亚

斐济

基里巴斯

库克群岛

马绍尔群岛

密克罗尼西亚

瑙鲁

纽埃

帕劳

萨摩亚

所罗门群岛

汤加

图瓦卢

瓦努阿图

新西兰

国别区域与全球治理数据平台

www.crggcn.com

"国别区域与全球治理数据平台"（Countries, Regions and Global Governance, CRGG）是社会科学文献出版社重点打造的学术型数字产品，对接国别区域这一重点新兴学科，围绕国别研究、区域研究、国际组织、全球智库等领域，全方位整合基础信息、一手资料、科研成果，文献量达30余万篇。该产品已建设成为国别区域与全球治理数据资源与研究成果整合发布平台，可提供包括资源获取、科研技术服务、成果发布与传播等在内的多层次、全方位的学术服务。

从国别区域和全球治理研究角度出发，"国别区域与全球治理数据平台"下设国别研究数据库、区域研究数据库、国际组织数据库、全球智库数据库、学术专题数据库和学术资讯数据库6大数据库。在资源类型方面，除专题图书、智库报告和学术论文外，平台还包括数据图表、档案文件和学术资讯。在文献检索方面，平台支持全文检索、高级检索，并可按照相关度和出版时间进行排序。

"国别区域与全球治理数据平台"应用广泛。针对高校及国别区域科研机构，平台可提供专业的知识服务，通过丰富的研究参考资料和学术服务推动国别区域研究的学科建设与发展，提升智库学术科研及政策建言能力；针对政府及外事机构，平台可提供资政参考，为相关国际事务决策提供理论依据与资讯支持，切实服务国家对外战略。

数据库体验卡服务指南

※100元数据库体验卡，可在"国别区域与全球治理数据平台"充值和使用

充值卡使用说明：
第1步 刮开附赠充值卡的涂层；
第2步 登录国别区域与全球治理数据平台（www.crggcn.com），注册账号；
第3步 登录并进入"会员中心"→"在线充值"→"充值卡充值"，充值成功后即可使用。

声明

最终解释权归社会科学文献出版社所有

客服QQ：671079496
客服邮箱：crgg@ssap.cn

欢迎登录社会科学文献出版社官网（www.ssap.com.cn）和国别区域与全球治理数据平台（www.crggcn.com）了解更多信息

图书在版编目（CIP）数据

以色列/雷钰等编著. —2 版. —北京：社会科学文献出版
社，2015.12（2022.3 重印）
（列国志）
ISBN 978 - 7 - 5097 - 7416 - 8

Ⅰ.①以…　Ⅱ.①雷…　Ⅲ.①以色列 - 概况　Ⅳ.①
K938.2

中国版本图书馆 CIP 数据核字（2015）第 082450 号

· 列国志（新版）·
以色列（Israel）

编　　著／雷　钰　黄民兴 等

出 版 人／王利民
项目统筹／张晓莉
责任编辑／周志宽　郭白歌
责任印制／王京美

出　　版／社会科学文献出版社·国别区域分社（010）59367078
　　　　　地址：北京市北三环中路甲 29 号院华龙大厦　邮编：100029
　　　　　网址：www. ssap. com. cn
发　　行／社会科学文献出版社（010）59367028
印　　装／三河市尚艺印装有限公司

规　　格／开　本：787mm × 1092mm　1/16
　　　　　印　张：23　插页：1　字　数：334 千字
版　　次／2015 年 12 月第 2 版　2022 年 3 月第 3 次印刷
书　　号／ISBN 978 - 7 - 5097 - 7416 - 8
定　　价／79.00 元

读者服务电话：4008918866